中国语 文章

중국어 문장 바로 쓰기 Ⅲ

1,865개 문제와 해석

김현철
유성은
김시연
강수연
박미정
편역

신아사

일러두기

1. 이 책은 원래 北京语言学院出版社에서 출판한 李忆民 主编의『现代汉语常用词用法词典』(1995)에 나온 단어를 1986년 北京语言学院出版社에서 나온『现代汉语频率词典』의 使用 빈도순으로 2,200개를 골라 중국어 문장의 오류분석을 위해 만든 것으로 1999년『중국어능력검정시험 HSK 1865』라는 제목으로 출판된 것을 다시 수정하여 출판한 것이다. 각 단어마다의 설명을 중심으로 잘못 쓰여진 문장 1,865개를 분석하였다. 설명이 불충분한 경우 보충하였으며 예문의 내용도 이해를 돕기 위해 고치기도 하였다.

2. 전체 책의 구성을 사전식으로 편집하여 빈도순으로 그 단어의 쓰임을 설명하였고, 우리말 해석을 곁들여 작문연습과 독해 연습도 가능토록 하였다. 단어에 따라 쉽게 이해될 수 있어 틀린 문장이 없을 경우 생략하였다.

3. 복잡하고 이해가 힘든 어법용어나 설명을 피하고 중국어 문장의 구성원리와 올바른 작문에 필요한 1,865개의 문장을 정확한 분석을 통해 제시함으로써 기존의 어법서에서 설명하고 있는 것과는 또 다른 방법을 통한 어법교육과 작문교육을 시도하였다.

4. 내용의 성격상 원문에 나오는 어법용어는 가능한 우리말로 옮겨 적었다. 하지만 일반적으로 통용되는 것은 그냥 적기도 하였다.

5. 본문에 나오는 기호들의 설명은 다음과 같다.
   ① * : 이 표시는 어법적으로 맞지 않는 문장, 즉 틀린 문장을 나타낸다.
   ② ☞ : 이 표시는 틀린 문장을 맞게 쓴 것을 말한다(해답이 두 개 이상일 때도 '☞'는 하나만 표시하였다).

6. 매 단어 옆에 한어병음을 표기하였고, 그 옆의 숫자는 사용빈도 수를 표시하는 것으로 낮을수록 많이 쓰이는 단어임을 나타낸다. "■" 표시 옆의 숫자는 예로 든 전체 문장의 수를 표시한다.

7. 『现代汉语频率词典』에서는 같은 단어라도 품사가 다르면 사용빈도수를 다르게 표기하고 있는데, 여기에서는 빈도가 높은 것으로 통일하였다.

8. 이 책은 자매편인 『중국어 문장 바로 쓰기Ⅰ－2020개의 문제와 해답』, 『중국어 문장 바로 쓰기Ⅱ－872개의 문제와 해답』과 같은 의도에서 작문과 어법공부를 할 수 있도록 하였다.

9. 책 뒤에 한어병음순 색인을 달아 놓아 찾는데 편리하도록 하였다.

10. 본문의 영어이름은 한글발음으로 고쳤다(예 : 查尔斯 → 찰스).

2007년 가을 다시 적음

차 례

〈빈도순 0801~0850〉

〈빈도순 0851~0900〉

〈빈도순 0901~0950〉

〈빈도순 0901~0950〉

중국어 문장 바로쓰기 Ⅲ

1,865개 문제와 해석

빈도순 0001~0050

◆ 的 de 1

▪ 0001 : 나는 백화점에서 杭州의 가위를 샀다.

* 我在百货大楼买了把杭州的剪刀。

☞ 我在百货大楼买了把杭州剪刀。

설명 "杭州"가 관형어로 쓰여 중심 되는 단어의 생산지를 표시하고 있으므로 마땅히 "的"를 빼야 한다.

▪ 0002 : 이 세 사람 중에 한 명은 외국인이고 둘은 중국인이다.

* 这三个人的里面，一个是外国人，两个是中国人。

☞ 这三个人里面，一个是外国人，两个是中国人。

설명 명사가 관형어로 쓰여 방위명사를 수식할 때, "的"를 쓸 필요가 없다.

▪ 0003 : 우리 집과 이 노인과는 매우 좋은 관계를 맺고 있어, 자주 서로 방문한다.

* 我们可跟这个老人有很好关系，经常互相访问。

☞ 我们可跟这个老人有很好的关系，经常互相访问。

설명 부사의 수식을 받는 단음절 형용사가 관형어로 쓰일 때, 반드시 "的"가 필요하다. 위 문장은 정도부사 "很"이 수식하는 "好" 뒤에 "的"가 빠져 있다.

▪ 0004 : 중국은 매우 아름다운 나라이며, 인구도 매우 많고 역사도 유구하다.

* 中国是一个很美丽国家，人口很多，历史悠久。

☞ 中国是一个很美丽的国家，人口很多，历史悠久。

설명 이음절 형용사가 관형어로 쓰일 때, 일반적으로 "的"를 쓴다. 하지만 "清洁车(청소차), 糊涂虫(멍텅구리), 先进分子(선진적인 인물), 光辉榜样(훌륭한 모범)"과 같이 이미 의미가 합쳐져 고유명사화된 경우 "的"를 생략하기도 한다.

▪ 0005 : 차에 매우 많은 사람이 있는데, 앉아 있는 사람보다 서 있는 사람이 더 많다.

＊ 汽车里有很多人，站着人比坐着人更多。

☞ 汽车里有很多人，站着的人比坐着的人更多。

설명 동사 및 다른 구조가 관형어로 쓰일 때, 일반적으로 "的"를 쓴다. 위 문장은 관형어와 중심어 사이에 "的"가 빠져 있다.

▪ 0006 : 나는 대학에서 교향악단에 참가했었는데, 매년 두 차례 공개 연주회를 열었다.

＊ 我在大学参加了交响乐队，每年举行两次的公开演出。

☞ 我在大学参加了交响乐队，每年举行两次公开演出。

설명 계산기능을 표시하는 수량사가 관형어로 쓰일 때, "的"를 쓸 수 없다.

▪ 0007 : 그 때 우리는 나무 아래에 앉아서 수다스럽게 얘기했다.

＊ 那时我们坐在树下，七嘴八舌的说话。

☞ 那时我们坐在树下，七嘴八舌地说话。

설명 부사어 뒤에서는 "的" 대신 "地"를 써야 한다.

▪ 0008 : 할아버지는 우리에게 그 나라의 역사에 대해 매우 재미있게 말씀하신다.

＊ 祖父给我们讲那个国家的历史，他说的很有意思。

☞ 祖父给我们讲那个国家的历史，他说得很有意思。

설명 보어 앞에서는 “的” 대신 “得”를 써야 한다.

▪ 0009 : 호텔을 떠나 역에 도착했을 때, 내 친구는 그의 사진기를 잊고 안 가져 온 것을 알았다.

＊ 离开饭店到达火车站的时候, 我朋友发现忘了带他照相机。

☞ 离开饭店到达火车站的时候, 我朋友发现忘了带他的照相机。

설명 인칭대체사가 관형어로 쓰여 소유관계를 나타낼 때, 반드시 “的”를 써야 한다.

▪ 0010 : 나는 上海의 날씨를 그다지 좋아하지 않는다. 上海의 날씨는 너무 습하고 눅눅하다.

＊ 我不大喜欢上海天气, 上海天气太潮湿。

☞ 我不大喜欢上海的天气, 上海的天气太潮湿。

설명 명사가 관형어로 쓰여 소유관계를 표시할 때, 일반적으로 “的”를 쓴다.

▪ 0011 : 그는 침대에서 이리저리 뛰면서 말하기를 : “이제 나도 돈이 생겼어. 사랑하는 사람과 결혼할 수 있어. 무엇이든 다 살 수 있어!”라고 하였다.

＊ 他在床上一边跳一边说 : “现在我有钱了, 可以跟亲爱结婚了, 什么都可以买了!”

☞ 他在床上一边跳一边说 : “现在我有钱了, 可以跟亲爱的结婚了, 什么都可以买了!”

설명 형용사 “亲爱” 뒤에 “的”가 빠졌다. “的”자 구조가 전치사 “跟”의 목적어로 쓰였다.

▪ 0012 : 우리 일본사람 입장에서 보면, 최고급 요리는 살아있는 해산물이며, 특별히 모든 사람의 사랑을 받는 것은 생선회이다.

* 对我们日本人来说, 最高级的菜是生的海产品, 特别受大家的喜欢的是生鱼片。

☞ 对我们日本人来说, 最高级的菜是生的海产品, 特别受大家喜欢的是生鱼片。

설명 겸어 뒤에는 "的"를 쓸 수 없다. "大家"는 동사 "受"의 목적어 겸 동사 "喜欢"의 주어로 쓰였다.

▪ 0013 : 결국 이 작은 생물은 살아남았다.

* 结果是这个小生物被留下来的。

☞ 结果是这个小生物被留下来了。

설명 "的"는 본래 이렇다는 것을 표시한다. 만약 어떤 변화를 통해 이와 같이 되었다면 "的"를 쓸 수 없다.

▪ 0014 : 평원이 얼마나 광활한가!

* 平原多么广阔的!

☞ 平原多么广阔啊!

설명 감탄문 끝에는 "的"를 쓸 수 없다.

▪ 0015 : 우리는 생선 먹는 것을 좋아한다. 왜냐하면 주위가 모두 바다이기 때문이다.

* 我们喜欢吃鱼, 因为周围都是海的。

☞ 我们喜欢吃鱼, 因为周围都是海。

설명 존재를 표시하는 "是"자문 끝에 어기조사 "的"를 쓸 수 없다.

▪ 0016 : 콩고는 중앙 아프리카의 나라이다.
＊ 刚果是个中非国家的。
☞ 刚果是个中非国家。

설명 판단을 표시하는 "是"자문에서 "是"의 목적어와 주어가 동일한 관계를 가질 때, 문장 끝에 어기조사 "的"를 쓸 수 없다.

▪ 0017 : 나는 이 사전을 펼칠 때마다 저절로 웃음이 난다.
＊ 每当我打开这本词典时，就不由得微笑起来的。
☞ 每当我打开这本词典时，就不由得微笑起来。

설명 어기조사 "的"는 "不由得"와 어울릴 수 없다.

◆ 了 le 2

▪ 0018 : 법원에서는 刘宝에게 3년 징역형을 선고하려고 한다. 왜냐하면 그가 죄를 범했기 때문이다.
＊ 法院要判处刘宝三年徒刑，因为他犯罪。
☞ 法院要判处刘宝三年徒刑，因为他犯了罪。

설명 완성을 표시하는 동사와 목적어 사이에는 마땅히 "了"를 넣어야 한다.

▪ 0019 : 비가 끊임없이 내려서 우리는 하는 수 없이 집에 틀어 박혀 있다.
＊ 雨一个劲儿地下了，我们只好闷在家里。
☞ 雨一个劲儿地下，我们只好闷在家里。

설명 동사가 지속적인 동작을 표시할 때，"了"를 쓸 수 없다.

▪ 0020 : 이렇게 해 나간다면, 아이들이 나중에 나쁜 습관을 키우게 될 수 있다.

* 这样下去，孩子以后会养成了不好的习惯。

☞ 这样下去，孩子以后会养成不好的习惯。

설명 가능을 표시하면서 완성을 표시하지 않는 문장에서는 "了"를 쓸 수 없다.

▪ 0021 : 이미 왔으니, 아예 며칠 머물렀다가 다시 떠나도록 해라.

* 你既然来了，索性住了几天再走。

☞ 你既然来了，索性住几天再走。

설명 时量词가 있지만 동작의 완성을 표시하지 않을 경우, "了"를 쓸 수 없다.

▪ 0022 : 이 여인은 젊은이의 상처를 좀 씻어 내고, 다시 그의 옷을 좀 기웠다.

* 这女人洗了洗小伙子的伤口，又补补了他的衣服。

☞ 这女人洗了洗小伙子的伤口，又补了补他的衣服。

설명 "了"는 중첩된 동사 사이에 놓여 잠시 동작이 일어남을 표시한다.

▪ 0023 : 저 꽃은 곧 荷花女로 변했다.

* 那朵花立刻变了成荷花女。

☞ 那朵花立刻变成了荷花女。

설명 동사 뒤에 보어가 있을 경우 "了"는 보어 뒤에 놓여야 한다.

▪ 0024 : 하루는 그가 강가에서 양을 방목했는데, 갑자기 하늘이 어두컴컴해 지더니 비가 내리기 시작했다.

* 一天, 他在河边放羊, 突然天变了黑沉沉的, 下起雨来。

☞ 一天, 他在河边放羊, 突然天变得黑沉沉的, 下起雨来。

설명 동사와 정태보어는 "得"로 연결되므로 위 문장의 "了"는 "得"로 바꾸어야 한다.

▪ 0025 : 어느 날 내가 진찰하러 갔는데, 간 김에 그를 문병했다.

* 有一天, 我去看病, 顺便去了看他。

☞ 有一天, 我去看病, 顺便去看了他。

설명 연동문과 겸어문에서 "了"는 보통 두 번째 동사 다음에 온다.

▪ 0026 : 그가 지은 죄가 매우 무겁다.

* 他犯了罪很严重。

☞ 他犯的罪很严重。

설명 동사가 관형어로 쓰일 때, 뒤에 "了"를 쓸 수 없다.

▪ 0027 : 우리는 20분 동안 버스를 탔는데, 벌써 도착했다.

* 我们坐了二十分钟的公共汽车就到。

☞ 我们坐了二十分钟的公共汽车就到了。

설명 "了"가 직접 동사 뒤에 쓰여 완성을 표시하는 것이 아니라 단지 일에 변화가 있음을 나타낼 수도 있다.

- 0028 : 큰어머니께서는 약을 받으시고 매우 감격해 하신다.

* 大娘接过药, 很感激了。

☞ 大娘接过药, 很感激。

설명 동사가 변화를 나타내지 않고 심리활동을 표시할 때 뒤에 "了"를 쓸 수 없다.

- 0029 : 나는 어머니께 이것이 어떻게 된 일인지 알려 드렸다.

* 我告诉了母亲这是怎么回事了。

☞ 我告诉母亲这是怎么回事了。

설명 일종의 변화를 표시하는 문장에서는 동사 뒤에 "了"를 쓸 필요가 없다. 하지만 문장 끝에 반드시 "了"를 써야만 한다.

- 0030 : 나는 차츰 중국어를 말할 수 있게 되어 상황이 많이 좋아졌다.

* 我慢慢地会说汉语了, 情况好多。

☞ 我慢慢地会说汉语了, 情况好多了。

설명 "了"가 형용사 "好多" 뒤에 쓰여 일종의 변화가 이미 완성되어 새로운 상황이 일어났음을 표시한다.

- 0031 : 지난주에 나는 매우 바빴다.

* 上星期我很忙了。

☞ 上星期我很忙。

설명 변화를 나타내지 않는 묘사성 형용사 뒤에는 "了"를 쓸 수 없다.

- 0032 : 내가 중국어과에 들어온 후, 줄곧 이 선생님을 뵙지 못했다.

* 我到汉语系以后, 一直没看见这位老师了。

☞ 我到汉语系以后, 一直没看见这位老师。

설명 "了"의 부정형식은 동사 앞에 "没"나 "没有"를 쓰고 "了"는 빼 버려야 한다.

▪ 0033 : 그는 8월 15일에 北京에 왔다.

＊ 他是八月十五号到了北京。

☞ 他是八月十五号到的北京。

설명 "是…的"의 구조에서 "的"를 "了"로 바꾸어 쓸 수 없다.

◆ 是 shì 3

▪ 0034 : 그가 지금 하고 있는 일은 중국어를 통역하는 것이다.

＊ 他现在的事业是一位汉语翻译。

☞ 他现在的事业是作汉语翻译。

설명 "是"는 두 가지 사물을 연계시켜 같음을 표시한다. 위 문장에서는 "是"가 두 가지 다른 사실을 이어주고 있으므로 "一位"를 "作"로 바꾸어 써야 한다.

▪ 0035 : 그녀의 이전 두 남편은 모두 저질스러운 인간이다.

＊ 她前后两个丈夫都下等人。

☞ 她前后两个丈夫都是下等人。

설명 분류를 표시하는 두 가지 사물은 반드시 "是"를 써서 연결시켜야 한다.

▪ 0036 : 우리 아빠와 엄마는 모두 늙으셨다.

＊ 我的爸爸和妈妈都是老了。

☞ 我的爸爸和妈妈都老了。

설명 일반 형용사 술어문에서 형용사 앞에 "是"를 쓸 수 없다.

◆ 一 yī 4

▪ 0037 : 내 생일 때, 모든 친구들이 내게 생일카드를 보내왔다.
* 我生日时，一个个的朋友都给我寄来了生日卡。
☞ 我生日时，一个个朋友都给我寄来了生日卡。

설명 "一"로 구성된 수량구가 중첩되어 관형어로 쓰일 때, 중첩된 "一"를 하나 생략할 수 있는데, 이 때 수량구 뒤에 "的"를 쓸 필요가 없다.

▪ 0038 : 방학하기만 하면 나는 여행을 간다.
* 一放假我去旅行。
☞ 一放假我就去旅行。

설명 하나의 행동이나 상황이 곧바로 이어짐을 나타낼 때, 뒤에 꼭 "就"를 써야 한다.

▪ 0039 : 새벽에 일어나자마자 그는 곧 조깅하러 갔다.
* 早晨一起床就他去跑步了。
☞ 早晨一起床他就去跑步了。

설명 "一…就…"의 격식에서 "就"는 주어 앞에 올 수 없고, 마땅히 주어 뒤, 동사 앞에 와야 한다.

▪ 0040 : 나는 술만 마시면 얼굴이 빨개진다.
* 我一喝酒，脸红。
☞ **我一喝酒，就臉紅**。

설명 앞에서 조건을 표시하고 뒤에서 결과를 나타낼 때도 뒤에 "就"를 써야 한다.

▪ 0041 : 宋군은 방금 자신의 약력을 적었다.

* 刚才小宋把自己的简历写一写。

☞ 刚才小宋把自己的简历写了写。

설명 동작이 이미 완성되었을 때, 중첩된 동사 사이에는 "一" 대신 "了"를 써야 한다.

◆ 不 bù 5

▪ 0042 : 그의 도움이 없었더라면 이 일은 잘 처리할 수 없었다.

* 不有他的帮助, 这件事是办不好的。

☞ 没有他的帮助, 这件事是办不好的。

설명 동사 "有"의 부정형식은 "不有"가 아니라 "没有"이다.

▪ 0043 : 그는 왜 자신의 견해를 직접 말하지 않았니?

* 他为什么把自己的想法不直接说出来呢?

☞ 他为什么不把自己的想法直接说出来呢?

설명 "把"자문에서 "不"는 "把" 앞에 와야 한다.

◆ 在 zài 6

▪ 0044 : 너의 외할아버지와 할머니는 모두 살아 계시니? / 모두 살아 계셔.

* 你的外祖父母都在了吗? / 都在了。

☞ 你的外祖父母都在吗? / 都在。

설명 "在"가 쓰인 긍정문에서는 "了"를 쓸 수 없다.

▪ 0045 : 李 선생님은 방금 여기 계셨다.

＊ 李老师刚才在我。

☞ 李老师刚才在我这儿。

설명 "在"의 목적어로는 반드시 장소를 나타내는 단어가 쓰인다. 사람을 가리키는 명사나 대체사 뒤에는 "这儿"나 "那儿" 등을 덧붙여야 "在"의 목적어가 될 수 있다.

◆ 有 yǒu 7

▪ 0046 : 작년 12월 어느 날 나는 体育馆에 중국 친구를 찾으러 갔다.

＊ 去年十二月的有一天, 我去体育馆找中国朋友。

☞ 去年十二月的一天, 我去体育馆找中国朋友。

설명 명사 앞에 종속의미를 지닌 관형어가 있을 경우 "有"는 쓸 수 없다.

▪ 0047 : 어제 저녁 나는 배가 아팠다.

＊ 昨天晚上我有肚子疼。

☞ 昨天晚上我肚子疼。

설명 신체의 일부가 불편하거나 정상적이지 못함을 나타낼 때, "有"를 쓰지 않는다.

▪ 0048 : 우리 집 뒤에 작은 산이 하나 있다.

＊ 我家后面一座小山。

☞ 我家后面有一座小山。

설명 존재를 나타내는 위 문장에 "有"가 빠져 있다.

▪ 0049 : 새해 때는 이틀을 쉰다.
* 新年的时候有放假两天。
☞ 新年的时候放假两天。

설명 "有"는 술어동사 앞에 쓰일 수 없다.

◆ 个 gè 9

▪ 0050 : 나는 北京语言文化大学에서 4년간 공부했다.
* 我在北京语言文化大学学习了四个年。
☞ 我在北京语言文化大学学习了四年。

설명 "天", "年", "夜" 앞에는 "个"를 쓸 수 없다.

▪ 0051 : 그는 진짜 北京语를 한다.
* 他说一个地道的北京话。
☞ 他说一口地道的北京话。

설명 전문 양사를 가진 명사 앞에는 일반적으로 "个"를 쓰지 않는다.

▪ 0052 : 이 2년간의 공부를 위해 나는 온 힘을 다해 오랜 시간 일했다.
* 为了这个两年的学习，我拼命工作了很长时间。
☞ 为了这两年的学习，我拼命工作了很长时间。

설명 지시대체사와 수량사 사이에는 "个"를 쓸 수 없다.

▪ 0053 : 그녀는 오르존족 최초의 의사이다.

* 她是一个鄂伦春族第一个医生。

☞ 她是鄂伦春族第一个医生。

설명 "一个"와 "第一个"가 한 문장속에서 같이 쓰일 수는 없다.

◆ 他 tā 10

▪ 0054 : 찰스는 자기자신에 대해서 매우 엄격하고자 한다.

* 查尔斯要求他很严格。

☞ 查尔斯要求自己很严格。

설명 施事주어와 受事목적어가 동일 인물일 때, 인칭대체사 "他"를 수사목적어로 쓸 수 없다.

▪ 0055 : 그는 또 외국학생 한 명을 발견하고, 이 학생에게 신문을 볼 건지를 물었다.

* 他又看见一个外国学生, 问他要不要看报。

☞ 他又看见一个外国学生, 问这个学生要不要看报。

설명 "他"가 가리키는 대상이 문장 속에 분명하게 드러나 있어야 한다. 하지만 위 문장의 뒤에 나온 "他"는 대신하는 대상이 분명하지 않다.

◆ 就 jiù 11

▪ 0056 : 식당은 곧 문을 여니, 조금만 기다리세요.

* 食堂就马上开门, 请等一会儿。

☞ 食堂马上就开门, 请等一会儿。

설명 "就"가 짧은 시간 내 곧 발생함을 나타낼 때, 부사어로 쓰여 동사나 형용사를 수식한다. 그러므로 위 문장에서는 동사 앞에 놓아야 한다.

▪ 0057 : 결혼에 필요한 물건은 이미 다 준비했다.

* 结婚的东西就早准备好了。

☞ 结婚的东西早就准备好了。

설명 위에서 “就”는 이미 오래 전에 어떤 일이 일어났음을 강조하고 있다. 이때 “就” 앞에 반드시 시간사나 기타 부사가 와야 한다.

▪ 0058 : 이 자전거는 너무 낡아서, 그가 시내에 들어갈 때마다 고장이 난다.

* 这辆自行车太旧了, 他每次进城就要出毛病。

☞ 这辆自行车太旧了, 他每次进城都要出毛病。

설명 앞에 나온 사람이나 사물의 전부를 총괄할 때, 반드시 “就”가 아니라 “都”를 써야 한다.

▪ 0059 : 그는 北京에서 한 달을 머물다가 떠났다.

* 他在北京住了一个月就走。

☞ 他在北京住了一个月就走了。

설명 위 문장이 표시하는 동작은 이미 실현된 것이므로 술어 뒤에 “了”를 써 주어야 한다.

▪ 0060 : 우리가 호텔에 들어서자마자 그녀가 보였다.

* 我们一进饭店看见了她。

☞ 我们一进饭店就看见了她。

설명 위 문장은 반드시 “就”가 있어야 한다. 앞에 나온 “一”와 어울려 고정구 “一…就…”를 이룬다.

- 0061 : 우리 반에서 그녀만이 여자이다.

* 我们班她就一个是女的。

☞ 我们班就她一个是女的。

설명 "就"가 범위를 확정짓는데 쓰이기도 한다. 이때 "只(只有)"의 뜻으로 쓰이며, 반드시 한정하는 단어 앞에 온다.

- 0062 : 이 본문은 너무 길어서 나는 하루종일 외워서야 겨우 다 외웠다.

* 这篇课文太长, 我背了一天就背下来了。

☞ 这篇课文太长, 我背了一天才背下来了。

설명 행위나 동작실현이 매우 늦거나 천천히 이루어짐을 표시할 때는 "就"가 아니라 "才"를 써야 한다.

- 0063 : 네가 기왕 중국어를 배우기 시작했으니, 잘 배워야 한다.

* 你既然开始学习汉语, 应该学好它。

☞ 你既然开始学习汉语, 就应该学好它。

설명 가정, 인과, 조건, 목적, 양보, 선택 등의 관련 복문에서는 뒤 절에 "就"가 쓰인다. 위 문장은 고정구 "既然…就…"의 격식이다.

- 0064 : 시장은 주택 개혁문제에 대해 모두에게 보고했다.

* 市长就关于住房改革问题, 向大家作了报告。

☞ 市长就住房改革问题, 向大家作了报告。

설명 동작의 대상이나 범위를 얘기할 때, "就"는 주어 앞에 쓰일 수도 있고, 또 문장 가운데에 쓰일 수도 있다. 하지만 이때 "就"는 다른 전치사와 같이 쓸 수 없다.

◆ 着 zhe 13

▪ 0065 : 그녀는 기뻐서 계속해서 웃고 있다.

* 她高兴得直笑着。

☞ 她高兴得直笑。

설명 동사가 보어로 쓰일 때, 뒤에 "着"를 쓸 수 없다.

▪ 0066 : 茶山 아래 한 아가씨가 살고 있는데, 香娘이라고 한다.

* 茶山下住一个姑娘, 叫香娘。

☞ 茶山下住着一个姑娘, 叫香娘。

설명 "着"는 동사 뒤에 쓰여 동작이 진행된 후 어떤 사물이 어떤 상태에 처하게 됨을 표시하며, 주로 존재문에 쓰인다. 위 문장에서는 "住"라는 동작이 어떤 사람을 한 장소에 오랫동안 머물게 했음을 표시하므로 동사 뒤에 "着"를 써야 한다.

▪ 0067 : 매우 많은 사람들이 통행증을 얻기 전에, 아주 오랜 시간을 기다려야 한다.

* 很多人得到通行证以前, 要等着好长时间。

☞ 很多人得到通行证以前, 要等好长时间。

설명 동사 뒤에 "着"가 왔을 경우, 뒤에 또다시 보어를 쓸 수 없다. 만약 동사 뒤에 반드시 보어를 써야 한다면 "着"를 빼야 한다.

▪ 0068 : 내 가방을 계속 거기에 두었는데, 왜 안 보이는지 모르겠다.

* 我的皮包一直那里放在着, 不知怎么就不见了。

☞ 我的皮包一直在那里放着, 不知怎么就不见了。

설명 "着"와 앞 동사 사이에는 어떠한 성분도 올 수 없다.

▪ 0069 : 그 여자는 남자친구와 같이 이 도시에 남기로 결정했다.

* 她决定和男朋友一起留着这个城市。

☞ 她决定和男朋友一起留在这个城市。

설명 동작이 어떤 결과를 일으킴을 강조할 때, 동사 뒤에 반드시 결과보어가 와야 한다. 그러므로 "着"를 쓸 수가 없다.

▪ 0070 : 그 때, 언어면에 있어서 나는 정말로 벙어리와 같았다.

* 那时, 在语言方面, 我真像着一个哑巴。

☞ 那时, 在语言方面, 我真像一个哑巴。

설명 지속을 표시하는 동작은 실제로 일종의 상태를 나타낸다. 그러므로 지속을 표시하는 비동작 동사 뒤에는 "着"를 쓸 수 없다.

◆ 上 shàng 14

▪ 0071 : 연못 밑의 진흙이 매우 많다.

* 塘底上的泥沙很多。

☞ 塘底的泥沙很多。

설명 물체의 낮은 부분을 표시할 때는 "上"을 쓸 수 없다.

▪ 0072 : 그는 침대를 떠나 뜰로 걸어갔다.

* 他离开床上走到院子里。

☞ 他离开床走到院子里。

설명 만약 명사와 관련된 동사가 이 명사가 표시하는 물체만을 설명할 뿐 그것의 표면이나 범위를 설명하는 것이 아니라면 이 명사 뒤에 "上"을 쓸 수 없다.

▪ 0073 : 나는 그와 벤치에 앉아서 잠시 얘기를 했다.

* 我跟他坐在长椅谈了一会儿。

☞ 我跟他坐在长椅上谈了一会儿。

설명 물체의 표면을 표시하는 위 문장에서 "벤치에서"라는 의미를 나타내는 "上"이 빠져 있다.

▪ 0074 : 채소밭에서 그는 우리에게 채소가 성장하는 상황을 소개해 준다.

* 在菜田上他给我们介绍蔬菜生长情况。

☞ 在菜田里他给我们介绍蔬菜生长情况。

설명 일정한 경계선 안을 표시할 때, "上"을 쓸 수 없고 "里"를 써야 한다.

▪ 0075 : 내 평생 이런 사람은 만난 적이 없다.

* 在我的一生上从未遇到过这样的人。

☞ 在我的一生中从未遇到过这样的人。

설명 시간을 표시할 때는 "上" 대신 "中"을 쓴다.

▪ 0076 : 너희는 매일 몇 시간 일하니?

* 你们每天几个小时上班?

☞ 你们每天上几个小时班?

설명 정해진 시간에 따라 일상 활동이나 공부 등을 할 때, 동사 "上"은 명사 목적어를 가질 수 있다. 하지만 보어가 있을 경우, 동사 뒤 그리고 목적어 앞에 보어를 두어야 한다. 위 문장은 동사 "上"의 위치가 잘못되었다.

▪ 0077 : 그녀는 산을 오른다.

* 她爬山上。

☞ 她爬上山。

설명 "上"이 방향보어로 쓰였을 경우, 동사 뒤에만 올 수 있으며 명사 목적어 뒤에는 올 수 없다.

▪ 0078 : 觉慧 역시 鸣凤이 그를 이토록 사랑하리라고는 생각지도 못했다.
* 觉慧也想不到鸣凤这么爱上他。
☞ 觉慧也想不到鸣凤这么爱他。

설명 시작을 표시하지 않는 묘사성 문장에서는 방향보어 "上"을 쓸 수 없다.

▪ 0079 : 그 여인은 이 총각을 보자마자 그를 사랑하게 되었다.
* 那个女人一看到这个小伙子就爱了他。
☞ 那个女人一看到这个小伙子就爱上了他。

설명 시작과 계속을 표시하는 문장에서 동사 뒤에 때때로 방향보어 "上"을 쓴다.

◆ 说 shuō 15

▪ 0080 : 엄마 말을 잘 들어라.
* 好好听妈妈的说。
☞ 好好听妈妈的话。

설명 "说"는 동사 "听"의 목적어가 될 수 없다. 그러므로 "说"를 명사 "话"로 바꾸어야 한다.

▪ 0081 : 이런 내 말이 맞는지 어떤지 모르겠다.
* 不知道我的这些说对不对。
☞ 不知道我的这些话对不对。

설명 "说"는 주어가 될 수 없다. 그러므로 명사 "话"로 바꾸어 써야 한다.

▪ 0082 : 나는 아버지께서 하신 말씀을 잊어버렸다.

＊ 我忘记了我爸爸的说话。

☞ 我忘记了我爸爸说的话。

설명 "说话"는 "동사+목적어"로 이루어졌으므로, 하나의 명사로는 사용될 수 없다.

▪ 0083 : 기차에서 새로 사귄 친구와 한참동안 얘기했다.

＊ 在火车上，和新交的朋友说话了半天。

☞ 在火车上，和新交的朋友说了半天话。

설명 시간보어는 반드시 동사 "说" 와 목적어 "话"사이에 쓰여야 한다.

▪ 0084 : 아가씨는 소곤소곤 대답하여 말했다. 저것은 연꽃 연못이야.

＊ 姑娘轻轻回说，那是荷花塘。

☞ 姑娘轻轻回答说，那是荷花塘。

설명 말로써 대답하는 것을 표시할 때, "回说"라고 할 수 없다.

▪ 0085 : 이전에 그는 내가 중국에 유학 오려는 것을 몰라서, 내가 그에게 말을 하자 매우 기뻐했다.

＊ 以前他不知道我要来中国留学，我说他以后，他很高兴。

☞ 以前他不知道我要来中国留学，我对他说了以后，他很高兴。

설명 "说"의 受事者가 만약 사람을 표시하는 명사이거나 인칭대체사일 경우, 마땅히 전치사 "对"나 "跟"을 써서 부사어가 되게 해야 한다.

▪ 0086 : 어른들이 이 소식을 알리는 것을 듣고 나는 몹시 흥분했다.

* 听大人们说这个消息, 我很兴奋。

☞ 听大人们告诉这个消息, 我很兴奋。

설명 "消息"는 일반적으로 동사 "告诉"와 어울려 쓰인다. 그러므로 "说"와 어울려 쓰일 수 없다.

▪ 0087 : 어떤 사람은 중국어를 조금 할 수 있다.

* 有的会一点说中文。

☞ 有的会说一点中文。

설명 "说" 앞에 조동사가 있을 경우 중간에 다른 성분을 넣을 수 없다.

▪ 0088 : 기숙사로 돌아가는 길에 나는 高군이 테니스 치는 것을 보고 그에게 물었다. "테니스 좋아해?"

* 回宿舍的路上, 我看见小高在打网球, 我问小高说 : "你喜欢打网球吗?"

☞ 回宿舍的路上, 我看见小高在打网球, 我问小高 : "你喜欢打网球吗?"

설명 동사 "问"은 "说"와 어울려 쓰이지 않는다.

◆ 人 rén 16

▪ 0089 : 영국의 젊은이들은 비교적 자유롭게 말하고 일한다.

* 英国人的年轻人说话·做事比较随便。

☞ 英国的年轻人说话·做事比较随便。

설명 중심사가 사람이나 같은 류의 사람을 가리킬 때, 수식어에 다시 "人"을 쓸 수가 없다.

▪ 0090 : 잠시 후 차안의 사람들이 갈수록 많아졌다.
＊ 过了一会儿，人在汽车里越来越多。
☞ 过了一会儿，汽车里的人越来越多。

설명 어떤 상황을 묘사할 때, "人"은 단독으로 주어가 될 수 없다.

▪ 0091 : 나는 어떤 사람이 휘파람을 부는 것을 듣고서 머리를 들어보았더니 전등을 설치하는 전기기술자였다.
＊ 我听见一个正在吹口哨的人，抬头一看，是一个安灯管的电工。
☞ 我听见一个人正在吹口哨，抬头一看，是一个安灯管的电工。

설명 "人"은 "听"의 목적어가 될 수 없다. 위 문장에서는 "人"과 그것을 수식하는 말이 잘못 사용되었다.

▪ 0092 : 그는 상사와 하급자에 대한 견해가 완전히 다르다.
＊ 他对上司和下级的人的看法完全两样。
☞ 他对上司和下级的看法完全两样。

설명 "上司"와 "下级"는 "人"의 관형어가 될 수 없다. 그러므로 위 문장에서는 "人"을 빼야 한다.

▪ 0093 : 그는 전기기술자이다.
＊ 他是一个电工人。
☞ 他是一个电工。

설명 어떤 직업을 표시하는 명사 뒤에는 "人"을 쓸 수 없다.

▪ 0094 : 비록 사람들이 늘 그녀를 질책하지만, 그녀는 조금도 화를 내지 않는다.
* 虽然人常常指责她，可是她一点也不生气。
☞ 虽然人们常常指责她，可是她一点也不生气。

설명 일반적으로 한 명이 아닌 여러 사람을 가리킬 때, "人"이나 "人人"을 쓸 수 없다.

◆ 和 hé 17

▪ 0095 : 어느 날 나는 친구와 함께 물건을 사러 시내에 갔다.
* 一天我让朋友一起进城买东西。
☞ 一天我和朋友一起进城买东西。

설명 두 사람이 함께 움직이는 것을 표시할 때, 두 번째 施事者는 "跟"이나 "和"로 연결시켜야 한다.

▪ 0096 : 세계에서 분화구가 가장 큰 화산이 여기 있지만, 이것이 풍경에는 아무런 영향도 미치지 못한다.
* 世界上火山口最大的火山在这里，不过这和风景没有什么影响。
☞ 世界上火山口最大的火山在这里，不过这对于风景没有什么影响。

설명 사물간의 상대적인 관계를 표시할 때, "和"를 쓸 수 없다.

▪ 0097 : 4등간에 타야 중국 보통 사람들의 생활과 의식, 그리고 생각을 더욱 많이 이해할 수 있다.
* 坐四等舱可以更多地了解中国普通人的生活・思想・看法。
☞ 坐四等舱可以更多地了解中国普通人的生活・思想和看法。

설명 두 개 이상의 성분을 같이 나열할 때, "和"는 일반적으로 맨 뒤 두 성분 사이에 놓아야 한다.

▪ 0098 : 그 공원은 매우 넓고 아름답다.

* 那个公园非常大和美。

☞ 那个公园非常宽广和优美。

설명 "和"는 나열된 두 개의 단음절 형용사를 연결시켜 술어로 쓰이게 할 수 없다. 위 문장은 "和"로 연결된 단음절 형용사의 쓰임이 잘못되었다.

▪ 0099 : 내 고향은 매우 아름답고 평온하다.

* 我的故乡优美和平静。

☞ 我的故乡非常优美和平静。

설명 "和"로 연결된 두 개의 이음절 형용사가 술어로 쓰일 때, 앞에 반드시 공동의 수식어가 있어야 한다.

▪ 0100 : 아버지께서는 늘 편지로 내가 열심히 공부하고 일하도록 격려하신다.

* 父亲来信总鼓励我努力学习和努力工作。

☞ 父亲来信总鼓励我努力学习和工作。

설명 "和"로 연결된 두 개의 동사가 술어로 쓰일 때, 앞에 단지 하나의 수식어만 있으면 되고, 나누어 사용할 필요가 없다.

▪ 0101 : 서로 얘기를 나눈 후에, 나는 많은 것을 이해했고, 또한 한중 양국 청년들의 태도와 풍습상의 차이를 알게 되었다.

* 通过交谈，我了解了很多事情和看出韩中两国青年在风度和习惯上的区别。

☞ 通过交谈，我了解了很多事情，也看出韩中两国青年在风度和习惯上的区别。

설명 "和"는 구와 문장을 연결시킬 수 없다.

◆ 地 de 18

▪ 0102 : 그는 모두 600원을 벌어서 득의양양하게 집으로 돌아갔다.

＊ 他一共挣了六百块钱, 得意洋洋回家了。

☞ 他一共挣了六百块钱, 得意洋洋地回家了。

설명 四字成语가 부사어로 쓰일 때, “地”를 써야 한다.

▪ 0103 : 이렇게 가면 날이 저물어도 집에 도착할 수 없다.

＊ 这么地走, 天黑也到不了家。

☞ 这么走, 天黑也到不了家。

설명 부사와 지시대체사가 부사어로 쓰일 때, 일반적으로 “地”를 쓰지 않는다.

▪ 0104 : 그는 손뼉을 치며 우리를 환영한다.

＊ 他鼓掌地欢迎我们。

☞ 他鼓掌欢迎我们。

설명 소수의 동사를 제외하고 동사가 부사어로 쓰일 때, 일반적으로 “地”를 쓰지 않는다.

▪ 0105 : 그는 미소지으며 말하기를, “이제 괜찮아 며칠 안 있으면 퇴원할 수 있어.”라고 하였다.

＊ 他微笑地说, 现在没问题了, 过不了几天就能出院了。

☞ 他微笑着说, 现在没问题了, 过不了几天就能出院了。

설명 동작의 지속을 나타낼 때, “地”가 아니라 “着”를 동사 뒤에 써야 한다.

▪ 0106 : 요며칠 나는 잘 놀았다.

∗ 这几天我玩地很好。

☞ 这几天我玩得很好。

설명 동사, 형용사와 보어 사이에 “地”를 쓸 수 없다.

◆ 也 yě 19

▪ 0107 : 그는 책 세 권을 샀고, 나는 네 권을 샀다.

∗ 他买了三本书, 我也买了四本书。

☞ 他买了三本书, 我买了四本书。

설명 “也”를 쓰려면 앞뒤 문장의 수사가 일치해야 한다. 일치하지 않는다면 “也”를 쓸 수 없다.

▪ 0108 : 몇 달 뒤에 모두들 그의 그림을 샀기 때문에 그는 유명한 화가가 되었다.

∗ 几个月以后, 谁也来买他的画, 他成了著名的画家。

☞ 几个月以后, 谁都来买他的画, 他成了著名的画家。

설명 “也” 뒤에는 일반적으로 부정형식이 오며, 긍정형식에는 주로 “都”를 쓴다.

▪ 0109 : 여기에는 상점도 많고, 물건을 사는 사람도 많다.

∗ 这儿的商店很多, 也买东西的人很多。

☞ 这儿的商店很多, 买东西的人也很多。

설명 만약 술어가 주술구조로 이루어져 있다면 “也”를 주어와 술어 사이에 놓아야 한다.

▪ 0110 : 설령 그가 오더라도 나는 그에게 신경쓰지 않겠다.
＊ 即使他来了，我不理他。
☞ 即使他来了，我也不理他。

설명 "即使"가 나타내는 조건은 아직 실현되지 않은 일이거나 사실과 상반되는 일로 주로 "即使…也…"의 형태로 쓰인다. 또한 "也"는 조건이나 가정의 성립 여부에 관계없이 그 결과가 같음을 나타낸다.

◆ 你 nǐ 20

▪ 0111 : 내 친구가 나에게 영화 보러 가자고 했는데, 가볼 수가 없어 그에게 언짢아하지 말라고 했다.
＊ 我朋友请我看一个电影，我不能去看，请你不要见怪。
☞ 我朋友请我看一个电影，我不能去看，请他不要见怪。

설명 제 3자를 칭할 때, "你"를 쓸 수 없다.

▪ 0112 : 당신이 귀국하지 않는다면 당신 엄마가 몹시 보고 싶어하지 않을까요.
＊ 要是你不回国，还不把你妈妈想死你。
☞ 要是你不回国，还不把你妈妈想死。

설명 목적어로 쓰인 "你"가 너무 많이 쓰였다. 뒤의 "你"를 빼야 한다.

▪ 0113 : 당신은 처음 중국에 온 건가요?
＊ 是第一次你来中国吗?
☞ 你是第一次来中国吗?

설명 "是"자문에서 주어는 "是" 앞에 온다.

◆ 我们 wǒmen 21

▪ 0114 : 1983년 11월 7일 오후 1시경, 우리는 두 조로 나누어 등산한다.
* 一九八三年十一月七日下午一点多钟, 分两组登山。
☞ 一九八三年十一月七日下午一点多钟, 我们分两组登山。

설명 위 문장에서 주어 "我们"이 빠져 있다.

▪ 0115 : 그는 우리에게 어디에 가느냐고 물었다.
* 他问我们我们到什么地方去。
☞ 他问我们到什么地方去。

설명 "我们"은 겸어문에서 겸어로 쓰일 수 있다. 그러므로 위 문장에서 "我们"을 빼야 한다.

▪ 0116 : 202반의 학우들은 하느님이 비를 내려 그들의 참관에 영향을 주었다고 원망하였다.
* 二○二班的同学责怪老天爷下雨, 影响了我们的参观活动。
☞ 二○二班的同学责怪老天爷下雨, 影响了他们的参观活动。

설명 "我们"은 제3인칭의 복수를 대신할 수 없다. 그러므로 위 문장에서 "我们"을 "他们"으로 고쳐야 한다.

◆ 到 dào 22

▪ 0117 : 鸣凤은 그들 두 사람의 관계가 불평등하다는 것을 알게 되었다.
* 鸣凤认识他们两人的关系不平等。
☞ 鸣凤认识到他们两人的关系不平等。

설명 위 문장에서 결과보어 "到"가 빠져 있다.

▪ 0118 : 모두들 내가 오는 시간을 몰라서 아무도 나를 마중하러 오지 않았다.

＊ 大家不知道我来的时间, 所以没有人来接到我。

☞ 大家不知道我来的时间, 所以没有人来接我。

설명 동작의 결과를 강조하지 않는 경우에는 결과보어 "到"를 쓰지 않는다. 그러므로 위 문장에서는 "到"를 빼야 한다.

▪ 0119 : 차를 네 시간 여 가량 운전해서야 겨우 天津에 도착했다.

＊ 汽车开到四个多小时, 才到达天津。

☞ 汽车开四个多小时, 才到达天津。

설명 "到"는 시간의 양을 나타내는 단어 앞에 쓸 수 없다. 그러므로 위 문장에서는 "到"를 빼야 한다.

▪ 0120 : 택시가 없었기 때문에 밤 1시 반이 되어서야 우리는 겨우 여관으로 돌아왔다.

＊ 因为没有出租汽车, 夜里一点半我们才回了旅馆。

☞ 因为没有出租汽车, 夜里一点半我们才回到了旅馆。

설명 위 문장에서는 결과보어 "到"를 써야 한다.

▪ 0121 : 옷을 그가 있는 곳에 두었다.

＊ 衣服放到他了。

☞ 衣服放到他那儿了。

설명 위 문장에서 동사목적어가 장소를 나타내는 말이 아니므로 "到"를 쓸 수 없다.

◆ 大 dà 23

▪ 0122 : 马씨는 크게 화가 났다.

* 老马生了大气。

☞ 老马非常生气。

설명 "화가 나다"의 의미를 나타낼 때, "气" 앞에 "大"를 쓸 수 없다.

▪ 0123 : 이 일은 나에게 매우 깊은 인상을 주었다.

* 这件事给我很大的印象。

☞ 这件事给我很深的印象。

설명 위 문장에서의 "大"는 주어나 중심어와 어울리지 않는다.

▪ 0124 : 그는 키가 1미터 80이다.

* 他有一米八大。

☞ 他有一米八高。

설명 "大"는 "高"와 같지 않다. 위 문장에서는 "大"대신 "高"를 써야 한다.

◆ 里 lǐ 24

▪ 0125 : 그는 찻잎을 광주리에 넣었다.

* 他把茶叶放在筐了。

☞ 他把茶叶放在筐里了。

설명 장소의 의미를 지니지 않은 보통명사는 전치사 "在"의 목적어로 쓰일 수 없다. 위 문장에서 "里"가 빠져 있다.

▪ 0126 : 刘艳华가 강가에서 옷을 빠는데, 高之钢이 히죽이 웃으며 지나갔다.
* 刘艳华在河边里洗衣服, 高之钢笑嘻嘻地跑过去。
☞ 刘艳华在河边洗衣服, 高之钢笑嘻嘻地跑过去。

설명 "里"와 "边"은 의미상 모순되어 연이어 쓸 수 없다. 위 문장에서는 "里"를 빼야 한다.

▪ 0127 : 하늘에 구름도 없고 따뜻한 편이다.
* 天里无云, 比较暖和。
☞ 天上无云, 比较暖和。

설명 물체의 꼭대기부분이나 표면을 나타낼 경우에는 "里"를 쓸 수 없다. 위 문장에서는 "里" 대신 "上"을 써야 한다.

◆ 来 lái 25

▪ 0128 : 일요일에 나는 그와 한 친구에게 놀러갈 생각이다.
* 星期日, 我和他准备来一个朋友那儿玩儿。
☞ 星期日, 我和他准备去一个朋友那儿玩儿。

설명 화자가 있는 곳에서 다른 곳으로 가는 경우라면 "去"를 써야지 "来"를 쓸 수 없다. 위 문장에서는 "来" 대신 "去"를 써야 한다.

▪ 0129 : 두 명의 작가가 그저께 우리 할아버지께 왔다.
* 有两个作家前天来到了我爷爷那儿。
☞ 有两个作家前天来到了我爷爷这儿。

설명 보통 "来这儿"이라고 하지 "来那儿"이라고 하지 않는다. 위 문장에서 "来"는 목적어와 어울리지 않는다.

▪ 0130 : 그는 오늘 12시간 정도 일을 해서야 겨우 이 차를 다 고쳤다.
* 他今天干了十二个来小时，才把这辆车修好。
☞ 他今天干了大约十二个小时，才把这辆车修好。

설명 "来"가 수량사 뒤에 쓰여 대략의 수를 나타낼 때, 수사는 10이하의 한 자리수이어야 하며, 10이상의 수사 뒤에는 "来"를 쓸 수 없다. 위 문장에서는 "来"가 잘못 쓰였다.

◆ 都 dōu 26

▪ 0131 : 중국사람들은 모두 탁구를 좋아한다.
* 都中国人喜欢打乒乓球。
☞ 中国人都喜欢打乒乓球。

설명 "都"는 총괄하는 대상 뒤에 와야 한다. 그러므로 위 문장에서 "都"는 "中国人" 뒤에 와야 한다.

▪ 0132 : 일요일이면 언제나 우리는 王府井에 간다.
* 哪个星期日我们到王府井去。
☞ 哪个星期日我们都到王府井去。

설명 문장 안에 임의지칭을 나타내는 의문대체사가 있을 때, 술어에서 "都"를 써서 호응해야 한다. 위 문장에서는 "都"가 빠져 있다.

▪ 0133 : 鸣凤은 모든 어려움을 다 잊어버리고, 觉慧와 함께 생활할 것만을 생각했다.
* 鸣凤把都的困难全忘掉了，只想和觉慧生活在一起。
☞ 鸣凤把所有的困难全忘掉了，只想和觉慧生活在一起。

설명 "都"는 부사로 관형어로 쓰일 수 없다. 위 문장에서 "都"는 잘못 쓰였다.

▪ 0134 : 밥 먹을 돈도 모자라는데 오리구이 식당에 가고 싶다고?
＊ 都吃饭的钱不够了，还想去烤鸭店?
☞ 连吃饭的钱都不够了，还想去烤鸭店?

설명 "A조차 이러한데 B는 마땅히 이러해야 한다"는 것을 설명할 때 "连…都(也)…" 형식을 쓴다. 위 문장에서는 "都"가 잘못 쓰였다.

▪ 0135 : 연극을 다 보고 나서 우리는 모두 곧 차를 타고 학교로 돌아왔다.
＊ 看完话剧以后，我们都就坐汽车回学校了。
☞ 看完话剧以后，我们就都坐汽车回学校了。

설명 "都"와 "就"가 함께 쓰일 때, 일반적으로 "就"가 앞에 오고 "都"가 뒤에 온다. 위 문장에서 "都"의 위치를 옮겨 주어야 한다.

◆ 还 hái 27

▪ 0136 : 그녀는 아직 아이가 없다.
＊ 还她没有孩子。
☞ 她还没有孩子。

설명 "还"는 반드시 동사 앞에 위치하는데 만약 부정사가 있다면 당연히 부정사 앞에 위치해야 한다. 위 문장에서는 "还"의 위치가 잘못 되었다.

▪ 0137 : 承德公园이 颐和园보다 더 좋다.
＊ 承德公园还比颐和园好。
☞ 承德公园比颐和园还好。

설명 보통 비교문에서 "…比…还…"의 형식으로 사용된다. 위 문장에서는 "还"의 위치가 잘못 되었다.

▪ 0138 : 그는 편지를 배달하는 것 이외에, 다른 사람에게 편지를 읽어주고 편지를 써 주기도 한다.

＊ 他除了送信以外, 给别人读信·写信。

☞ 他除了送信以外, 还给别人读信·写信。

설명 "还"는 보통 "不但"이나 "除了" 등과 함께 쓰이는데, 위 문장에서 "还"가 빠져 있다.

▪ 0139 : 그녀는 또 그에게 애인을 1명 소개시켜 주어야겠다고 하였다.

＊ 还她说要介绍一个对象给他。

☞ 她还说要介绍一个对象给他。

설명 위 문장에서는 "还"의 위치가 옳지 않다.

▪ 0140 : 이번 시험 성적은 그래도 괜찮은 편이다.

＊ 这次考试的成绩算好。

☞ 这次考试的成绩还算好。

설명 "가까스로", "간신히"의 의미를 나타낼 때, "还"는 조동사나 부정사 앞에 와야 한다. 위 문장에서는 "还"가 빠져 있다.

◆ 把 bǎ 28

▪ 0141 : 우리는 그를 보았다.

＊ 我们把他看见了。

☞ 我们看见了他。

설명 감각, 시각, 청각, 지각을 나타내는 동사와 방향을 나타내는 동사는 把구문의 술어동사로 쓰일 수 없다. 그러므로 위 문장에서는 把자문을 쓸 수 없다.

▪ 0142 : 荷花女가 그를 데리고 집으로 돌아왔다.

* 荷花女把带回家来了。

☞ 荷花女把他带回家来了。

설명

"把"는 반드시 목적어를 지녀야 한다. 위 문장에서는 "把"의 목적어가 빠져 있다.

▪ 0143 : 그는 남이 그의 물건을 가져갈까 봐 두려워한다.

* 他害怕别人他的东西拿走。

☞ 他害怕别人把他的东西拿走。

설명

주어가 施事者일 때 동사의 受事목적어는 단독으로 동사 앞에 놓일 수 없고, "把"로 구성된 전치사구와 함께 부사어로 쓰여야 한다. 위 문장에서는 "把"가 빠졌다.

▪ 0144 : 그는 날이 어두워진 다음에 다시 단지를 파내려고 하였다.

* 他想等天黑以后再把坛子挖。

☞ 他想等天黑以后再把坛子挖出来。

설명

"把"자문에서 술어동사는 단독으로 "把"로 이루어진 전치사구 뒤에 올 수 없다. 동사의 앞이나 뒤에 반드시 관련된 성분이 있어야 한다. 위 문장은 동사 뒤에 보어를 첨가해 주어야 한다.

▪ 0145 : 그는 너무나 비통해서 乙姬의 말을 잊어버렸다.

* 他悲痛极了，忘记了把乙姬的话。

☞ 他悲痛极了，把乙姬的话忘记了。

설명

"把"자 구조는 술어동사의 앞에서 부사어로 쓰여야 한다. 위 문장에서는 "把"자 구조의 위치를 앞으로 옮겨야 한다.

◆ 去 qù 29

▪ 0146 : 작년 가을 우리가 여기 와서 저쪽의 인공산 위에서 여러 장의 사진을 찍었던 걸 기억한다.

* 记得去年秋天我们去这儿, 在那边的假山上照了好几张照片。

☞ 记得去年秋天我们来这儿, 在那边的假山上照了好几张照片。

설명 다른 곳에서 화자가 있는 곳으로 올 때, "去"를 쓸 수 없다. 위 문장에서는 "去"를 "来"로 바꾸어야 한다.

▪ 0147 : 王秋燕은 이런 활동을 좋아하지 않아서, 여기서 10분 동안 머무르다가 갔다.

* 王秋燕不喜欢这样的活动, 在这儿呆了十分钟就去了。

☞ 王秋燕不喜欢这样的活动, 在这儿呆了十分钟就走了。

설명 떠나다의 의미를 나타낼 때, 떠난 후에 어디로 갔는 지의 설명이 없을 때는 "去"를 쓸 수 없다. 위 문장에서는 "去"대신 "走"를 써야 한다.

▪ 0148 : 王兰은 지금 남쪽을 여행중이다.

* 王兰正在南方去旅行。

☞ 王兰正在南方旅行。

설명 문장에 "在"나 "正在" 등이 있을 때, "去"를 동사로 쓸 수 없다. 위 문장에서 "去"를 빼야 한다.

◆ 又 yòu 30

▪ 0149 : 그가 노래 한 곡을 부르고 나자, 모두들 그에게 한 곡 더 부르게 하였다.

* 他唱了一支歌以后, 大家让他又唱一支。

☞ 他唱了一支歌以后, 大家让他再唱一支。

설명 중복이나 계속의 의미를 나타낼 때, 두 번째 동작이 아직 실현되지 않은 경우에는 "再"를 써야지 "又"를 쓸 수 없다. 위 문장에서는 "又"를 "再"로 고쳐야 한다.

▪ 0150 : 중국의 건축물은 크기도 하고 눈부시게 아름답기도 하다.

＊ 中国的建筑又很大，又很鲜艳。

☞ 中国的建筑又大，又鲜艳。

설명 "又…又…"구조에서 "又" 뒤에는 보통 부사가 쓰이지 않는다. 위 문장에서는 "很"을 빼야 한다.

◆ 看 kàn 31

▪ 0151 : 마지막으로 그가 집을 떠난 뒤, 아무도 다시 그를 본 사람이 없다.

＊ 最后他离开了家，没有人再看过他。

☞ 最后他离开了家，没有人再看到过他。

설명 만약 "看"의 동작에 결과가 있는 경우라면 "看见"이나 "看到"를 써야 한다. 위 문장에서 "看"은 "看到"로 바꿔야 한다.

◆ 要 yào 32

▪ 0152 : 원래 아빠는 알리와 그의 여동생의 딸을 결혼시키려 하였는데, 알리의 집에 돈이 아주 많았기 때문이었다. 그러나 알리는 원하지 않았다.

＊ 本来爸爸想阿里跟他妹妹的女儿要结婚，因为阿里家很有钱，但阿里不愿意。

☞ 本来爸爸想要阿里跟他妹妹的女儿结婚，因为阿里家很有钱，但阿里不愿意。

설명 "要"는 겸어의 앞에 위치해야 한다. 위 문장에서 "要"의 위치가 잘못 되었다.

▪ 0153 : 어느 날 나는 그녀에게서 편지 한 통을 받았는데, 东京에 여행을 와서 나를 좀 만나려 한다고 하였다.

* 有一天我收到她的一封信，她说她到东京来旅行，想和我见见面。

☞ 有一天我收到她的一封信，她说她要到东京来旅行，想和我见见面。

설명 의지상의 요구를 나타낼 때 "要"를 써야 한다. 위 문장에서는 "要"가 빠져 있다.

▪ 0154 : 나는 네가 무척 그립다. 되도록 빨리 너의 사진을 나에게 보내주기 바란다.

* 我很想念你，希望尽快要把你的相片寄给我。

☞ 我很想念你，希望尽快把你的相片寄给我。

설명 의지상의 요구를 나타내지 않을 때는 "要"를 쓸 수 없다. 그러므로 위 문장에서는 "要"를 빼야 한다.

▪ 0155 : 나는 혼자서 밖에 나가 관광하고 싶지 않다.

* 我不要一个人外出旅游。

☞ 我不愿一个人外出旅游。

설명 의지상의 요구를 나타내지 않을 때, 부정형으로는 "不想"이나 "不愿"을 써야 한다. 따라서 위 문장에서는 "要"를 "愿"으로 바꾸어야 한다.

▪ 0156 : 나는 그들의 환대에 매우 감사하며, 만약 기회가 있다면 다시 曲阜로 그들을 보러 가려고 한다.

* 我很感谢他们的招待，如果有机会，我再去曲阜要看他们。

☞ 我很感谢他们的招待，如果有机会，我要再去曲阜看他们。

설명 "要"는 동사 목적어 및 수식성분의 앞에 위치한다. 위 문장에서는 "要"의 위치가 잘못되었다.

▪ 0157 : 马군은 아주 좋은 사람이다. 만약 내게 어려움이 있다면 나를 도와 해결해 줄 수 있을 것이다.

＊ 小马是个很好的人，如果我有困难的话，他要帮我解决。

☞ 小马是个很好的人，如果我有困难的话，他会帮我解决。

설명 "할 수 있다"의 의미를 나타낼 때는 "要"를 쓸 수 없다. 위 문장에서는 "要"대신 "会"를 써야 한다.

▪ 0158 : 성탄절 때, 우리는 수업하지 않아도 된다.

＊ 圣诞节的时候，我们不要上课。

☞ 圣诞节的时候，我们不用上课。

설명 "要"가 반드시 그러해야 함을 나타낼 때, 부정형으로는 "不用"이나 "不必" 또는 "不要"를 쓴다. "不要"는 명령문에 쓰여 금지를 나타낸다. 그러므로 위 문장에서는 "不要" 대신 "不用"을 써야 한다.

▪ 0159 : 봄은 기쁨의 계절이다. 날씨가 갈수록 따뜻해져서 눈이 녹자, 검은 땅이 드러났다.

＊ 春天是欢乐的季节，天气越来越暖和，雪融化了，黑色的土地要出现了。

☞ 春天是欢乐的季节，天气越来越暖和，雪融化了，黑色的土地出现了。

설명 이미 발생한 동작에는 "要"를 쓸 수 없다. 그러므로 위 문장에서 "要"를 빼야 한다.

◆ 很 hěn 33

▪ 0160 : 올 여름은 작년 여름 보다 더 덥다.

＊ 今年夏天比去年很热。

☞ 今年夏天比去年更热。

설명 비교문에서 정도가 증가했음을 나타내거나 혹은 큰 차이가 있음을 나타낼 때는 "很"을 쓸 수 없다. 위 문장에서는 "很" 대신 "更"을 써야 한다.

▪ 0161 : 그는 매우 남을 돕고 싶어한다.

* 他很帮助别人。

☞ 他很愿意帮助别人。

설명 직접 "很"의 수식을 받을 수 없는 동사 가운데 뒤에 목적어를 동반하여도 여전히 "很"의 수식을 받을 수 없는 동사가 있다. 위 문장에서는 동사 앞에 조동사를 덧붙여 주어야 한다.

▪ 0162 : 그들의 관계는 팽팽하게 긴장되어 있다.

* 他们的关系紧张得很要命。

☞ 他们的关系紧张得很。

설명 "得" 뒤에서 정도보어로 쓰일 때, 보어 "很" 뒤에는 기타 성분이 더 올 수 없다. 위 문장에서 "要命"을 빼야 한다.

▪ 0163 : 그는 아내의 충고에 전혀 개의치 않는다.

* 他对妻子的劝告很满不在乎。

☞ 他对妻子的劝告满不在乎。

설명 "满不在乎"는 이미 정도의 의미를 포함하고 있으므로 다시 정도부사 "很"의 수식을 받을 수 없다. 따라서 위 문장에서 "很"을 빼야 한다.

▪ 0164 : 나는 중국어 공부에 매우 흥미가 있다.

* 我对学习汉语很非常感兴趣。

☞ 我对学习汉语非常感兴趣。

설명 "很"은 다른 정도부사를 수식할 수 없다. 위 문장에서는 "很"을 빼야 한다.

◆ 能 néng 34

▪ 0165 : 너는 아직 젊으니까 반드시 일자리를 찾을 수 있을 거야.
＊ 你还很年轻, 一定找到工作。
☞ 你还很年轻, 一定能找到工作。

설명 능력이나 조건이 있어서 가능을 나타낼 때, "能"을 써 주어야 한다.

▪ 0166 : 나는 이 책들을 들 수 없다.
＊ 我不能拿得动这些书。
☞ 我拿不动这些书。

설명 가능보어의 부정형식은 동사와 보어사이에 "不"를 첨가하면 된다.

▪ 0167 : 어제 그의 아버지가 돌아가셔서 그는 지금 매우 괴로울 텐데, 오늘 그가 올 수 있을까?
＊ 昨天他爸爸死了, 他正难过着呢, 今天他来吗?
☞ 昨天他爸爸死了, 他正难过着呢, 今天他能来吗?

설명 어떤 행위가 발생할 가능성이 있음을 나타낼 때, "能"을 써야 한다. 따라서 위 문장에서는 "能"을 덧붙여 주어야 한다.

◆ 那 nà 37

▪ 0168 : 그녀의 두 눈동자는 정말 사랑스럽고, 동글동글하며, 반짝거린다.
＊ 她的双眼睛真可爱, 圆圆的, 亮亮的。
☞ 她的那双眼睛真可爱, 圆圆的, 亮亮的。

설명 비교적 먼 사람이나 사물, 또는 시간을 나타낼 때, 명사나 수량사의 앞에 "那"를 쓴다. 위 문장에서는 "那"가 빠져 있다.

▪ 0169 : 며칠 안돼서 그녀가 애지중지하는 말이 죽었다.
* 不几天, 那只心爱的她的马死了。
☞ 不几天, 她的那只心爱的马死了。

설명 명사 앞에 "那"가 있고 또 소유의 성질을 나타내는 수식어가 있을 때, "那"는 뒤에 위치한다. 위 문장에서는 수식어의 위치가 옳지 않다.

◆ 得 de 38

▪ 0170 : 모두들 밥 먹는 것도 잊고 놀았다.
* 大家玩忘了吃饭。
☞ 大家玩得忘了吃饭。

설명 "得"는 동사나 형용사 뒤에서 정태보어를 연결시킨다. 위 문장에서는 정태보어와 동사사이에 "得"가 빠져 있다.

▪ 0171 : 새로 산 자전거를 누가 훔쳐갔다.
* 新买得自行车被人偷走了。
☞ 新买的自行车被人偷走了。

설명 관형어의 뒤에는 "的"를 써야지 "得"를 쓸 수 없다. 그러므로 위 문장에서는 "得"를 "的"로 고쳐야 한다.

▪ 0172 : 어제 저녁에 나는 배가 너무너무 아팠다.
* 昨晚我肚子痛得极了。
☞ 昨晚我肚子痛极了。

설명 "极", "死" 등이 정태보어로 쓰일 때는 "得"를 써서 연결할 필요가 없다. 그러므로 위 문장의 "得"는 빼야 한다.

▪ 0173 : 내가 어떻게 말하든 그는 도무지 알아듣지 못한다.
* 我怎么讲, 他都听得不懂。
☞ 我怎么讲, 他都听不懂。

설명 가능보어의 부정형식에서는 "得" 대신 "不"를 쓴다. 위 문장에서는 "得"를 빼야 한다.

▪ 0174 : 그는 100m를 11초에 뛴다.
* 他一百米跑得十一秒。
☞ 他一百米跑十一秒。

설명 이미 완성된 동작을 나타낼 때, 동사 뒤에 가능보어를 쓸 수 없다. 그러므로 위 문장에서는 "得"를 빼야 한다.

▪ 0175 : 그들의 생활은 전환점을 맞았다.
* 他们的生活得了转折点。
☞ 他们的生活到了转折点。

설명 "得"는 동사로 "획득하다, 취득하다"의 의미를 지니는데 위의 문장과 같은 경우에는 "획득하다"의 의미보다는 "도달하다"의 의미를 지니고 있으므로 "得"를 사용하는 것이 적당하지 못하다. 따라서 위 문장에서는 "得"를 "到'로 고치는 것이 옳다.

▪ 0176 : 아이는 집을 찾지 못하자 바로 울음을 터뜨렸다.
* 孩子找不到家, 不得不哭起来了。
☞ 孩子找不到家, 就哭起来了。

설명 "不得不"는 "…할 수밖에 없음"을 나타내는데, 객관적인 상황이 어떤 일을 할 수밖에 없게 만드는 것을 나타내는 경우가 아니라면 "不得不" 형식을 쓸 수 없다. 따라서 위 문장에서의 "不得不"는 적당한 부사로 고쳐주어야 한다.

◆ 她 tā 39

▪ 0177 : 알리는 반에서 유일한 남자 학우로, 모두들 그와 문제를 토론하기를 좋아한다.

* 阿里是班上唯一的男同学，大家都爱和她讨论问题。

☞ 阿里是班上唯一的男同学，大家都爱和他讨论问题。

설명 남성을 나타낼 때 "她"를 쓸 수 없다. 위 문장의 "她"는 "他"로 고쳐야 한다.

▪ 0178 : 万里长城은 정말 장관이다. 나는 단지 한 번 구경했을 뿐이지만 매일 그곳을 볼 수 있었으면 좋겠다.

* 长城真壮观，我只参观了一次，可是我希望每天都能看到她。

☞ 长城真壮观，我只参观了一次，可是我希望每天都能看到它。

설명 사람 이외의 일반사물을 가리킬 때는 "她"를 쓸 수 없다. 그러므로 위 문장에서는 "她"를 "它"로 고쳐야 한다.

▪ 0179 : 그 귀여운 새끼 얼룩고양이가 컵을 땅에 떨어뜨려 깨뜨렸다.

* 那只可爱的小花猫，她把杯子碰到了地上摔碎了。

☞ 那只可爱的小花猫，把杯子碰到了地上摔碎了。

설명 위 문장에서 동작의 주체가 누구인지를 앞에서 이미 확실히 밝히고 있으므로 뒤 절에서 다시 주어를 써 줄 필요가 없다. 따라서 "她"를 빼야 한다.

◆ 好 hǎo 40

▪ 0180 : "吃大锅饭"이라는 말은, 일을 잘 하든 아니면 일을 잘 못하든 간에 똑같이 대우한다는 말이다.

* "吃大锅饭"就是说，无论好工作，还是不好工作，待遇都一样。

☞ "吃大锅饭"就是说，无论工作做得好，还是工作做得不好，待遇都一样。

설명 "好"가 형용사로 쓰여 일을 한 정도가 사람을 만족시켰음을 나타낼 때, 동사 뒤에서 보어로 쓰여야 한다. 그러므로 위 문장에서의 "好"는 위치를 바꾸어 정도보어의 자리로 와야 한다.

▪ 0181 : 그의 도움으로 小宝는 살아남게 되었다.
＊ 由于他的帮助, 小宝救好了。
☞ 由于他的帮助, 小宝得救了。

설명 "好"는 동사 뒤에서 결과보어로 쓰여 완성의 의미를 나타내는데, 만약 의미의 중심이 완성을 설명하는 데 있지 않다면, 동사 뒤에 "好"를 쓸 수 없다. 그러므로 "救好"를 "得救"로 고쳐야 한다.

▪ 0182 : 그 시대에 평안하고 조용한 생활을 생각한다는 것은 그리 쉬운 일은 아니었다.
＊ 在那个时代, 想过和平·安静的生活是好不容易的。
☞ 在那个时代, 想过和平·安静的生活是很不容易的。

설명 "好(好不)"가 형용사 앞에서 감탄의 의미를 가질 때, "是…的"구문에 쓰일 수 없다. 따라서 "好"는 "很"으로 바꾸어야 한다.

▪ 0183 : 우리는 가까스로 학교에 돌아왔다.
＊ 我们不好容易地回到了学校。
☞ 我们好不容易地回到了学校。

설명 "好不"가 이음절 형용사 앞에 놓일 때, "不好……"라고 할 수 없다. "好不容易"중의 "好"는 "不"의 뒤에 놓일 수 없다. 그러므로 위 문장의 "好"를 "不" 앞으로 옮겨야 한다.

▪ 0184 : 이 문제는 해결하기 쉽다.
＊ 这问题好容易解决。
☞ 这问题很容易解决。

설명 감탄 어기를 지니지 않을 때, 형용사 앞에는 일반적으로 “好” 대신 “很”을 써서 정도가 심함을 나타낸다. 그러므로 위 문장의 “好”는 “很”으로 고쳐야 한다.

◆ 年 nián 41

▪ 0185 : 나는 중국에 온 지 고작 1년 밖에 안되었는데, 중국어 수준이 매우 향상되었다.

* 我到中国才一个年, 汉语水平有很大提高。

☞ 我到中国才一年, 汉语水平有很大提高。

설명 “年” 앞에는 직접 수사를 덧붙여 쓸수 있으므로 양사는 쓸 필요가 없다.

▪ 0186 : 나는 北京에 온지 1년 남짓 되었다.

* 我来北京一多年了。

☞ 我来北京一年多了。

설명 1년보다는 길고 2년보다는 짧은 시간을 나타내는 경우에는 “一年多”라고 써야 한다. 위 문장에서는 “年”의 위치가 잘못되었다.

▪ 0187 : 내 친구는 나보다 한 살 어리다.

* 我的朋友比我小一年。

☞ 我的朋友比我小一岁。

설명 나이를 계산하는 단위는 “年” 대신 “岁”를 써야 한다.

◆ 他们 tāmen 42

▪ 0188 : 공원의 꽃이 모두 피었는데, 다들 그것들을 아끼고 돌봐야 한다.
* 公园里的花儿都开了，大家应该爱护他们。
☞ 公园里的花儿都开了，大家应该爱护它们。

설명 동물, 식물을 대체하는 경우에는 "他们"을 쓸 수 없고, "它们"을 써야 한다.

▪ 0189 : 외국 손님들이 공장에 왔을 때, 노동자들은 가지런히 줄지어 서서 그들을 환영했다.
* 当外宾来到工厂时，他们排成整齐的队伍欢迎他们。
☞ 当外宾来到工厂时，工人们排成整齐的队伍欢迎他们。

설명 "他们"이 가리키는 것이 불명확한 경우에는 나타내고자 하는 대상을 구체적으로 써 주어야 한다.

◆ 两 liǎng 43

▪ 0190 : 이번에 시내에 가서 총 28元을 썼다.
* 这次进城我一共花了两十八元。
☞ 这次进城我一共花了二十八元。

설명 "十" 앞에는 "两"을 쓸 수 없다.

▪ 0191 : 노트 한 권에 82전이다.
* 一个本子八毛两。
☞ 一个本子八毛二。

설명 여러 자리로 된 숫자에서 1단위 숫자는 "两" 대신 "二"를 써야 한다.

◆ 什么 shénme 45

▪ 0192 : 그는 하고자 하는 것은 다 한다.

＊ 他要什么做, 就什么做。

☞ 他要做什么, 就做什么。

설명 "什么" 혹은 "什么"로 이루어진 구가 목적어로 쓰일 때에는 반드시 동사 뒤쪽에 놓아야 한다.

▪ 0193 : 피곤해 죽겠는데 또 무슨 영화를 보러 간다는 거냐!

＊ 快累死了, 还去什么看电影!

☞ 快累死了, 还去看什么电影!

설명 만약 동사가 목적어를 수반하게 되면 "什么"는 목적어 앞에 놓인다.

◆ 从 cóng 46

▪ 0194 : 나는 어제 西安에서 北京으로 왔다.

＊ 从西安我昨天来到北京。

☞ 我昨天从西安来到北京。

설명 "从"으로 구성된 전치사구는 반드시 동사 앞에 놓인다.

▪ 0195 : 그들은 주연을 베풀어 유럽에서 온 친구를 환영한다.

＊ 他们设宴欢迎来从欧洲的朋友。

☞ 他们设宴欢迎来自欧洲的朋友。

설명 "从"으로 구성된 전치사구는 보어로 쓰일 수 없다.

- 0196 : 그의 집은 우리 집에서 멀지 않기 때문에 어려서부터 우리들은 매일 함께 있었다.

* 他家离我家不远, 所以从小时候, 我们每天在一起。

☞ 他家离我家不远, 所以从小时候起, 我们每天在一起。

설명 시간사와 연용될 때 "从"은 시간사의 앞에 놓이는데, 이때 시간사 뒤쪽의 "起", "开始", "以后" 등은 생략할 수 없다.

- 0197 : 나는 그 기간 동안 많은 것을 배웠다.

* 我从那段时间学到的东西不少。

☞ 我那段时间学到的东西不少。

설명 시간사가 있어도 기점을 나타내는 문장이 아닌 경우에는 "从"을 쓸 수 없다.

- 0198 : 지금 어떤 나이든 사람은 젊은 사람들을 그다지 이해하지 못하고, 낡은 안목으로 현재의 젊은이들을 대한다.

* 现在有的老年人不太了解青年人, 从老眼光看待现在的青年。

☞ 现在有的老年人不太了解青年人, 用老眼光看待现在的青年。

설명 "…에 따라(按照)", "…으로(使用)"의 의미를 나타내는 경우에는 "从" 대신 "用"을 사용한다.

- 0199 : 현재의 국제적 조건에서 보면 중국에 유리하다.

* 现在的国际条件来看, 对中国有利。

☞ 从现在的国际条件来看, 对中国有利。

설명 "从"으로 구성된 전치사구 뒤에는 "看", "看来", "来看" 등이 올 수 있는데, 이 경우 문제를 관찰하는 각도를 나타내 주어야 한다.

◆ 二 èr 48

▪ 0200 : 오후 2시에 난 영화를 보러 갈 것이다.
* 下午二点, 我要去看电影。
☞ 下午两点, 我要去看电影。

설명 일반적인 양사(点, 个, 件 등) 앞에는 "二"를 쓸 수 없고 "两"을 써야 한다.

◆ 出 chū 49

▪ 0201 : 田村은 이미 수속을 끝내서 내일이면 北京을 떠날 것이다.
* 田村已经办完手续, 明天就要出北京了。
☞ 田村已经办完手续, 明天就要离开北京了。

설명 분리, 나눔, 헤어짐의 의미를 나타내는 경우에는 "出"를 쓸 수 없다.

◆ 自己 zìjǐ 50

▪ 0202 : 교실에서 선생님께서 나를 또 칭찬해 주셔서 스스로 더욱 노력하게 되었다.
* 课堂上教师又表扬了自己, 自己更要努力了。
☞ 课堂上教师又表扬了我, 自己更要努力了。

설명 앞 문장에서 나왔던 사람을 다시 가리키는 경우가 아니면 "自己"를 쓸 수 없다.

▪ 0203 : 그는 자기의 과일을 그 환자에게 주었다.
* 他把水果自己的给了那个病人。
☞ 他把自己的水果给了那个病人。

설명 "自己"는 "水果"를 수식하는 말이므로 그 앞에 써야 한다.

빈도순 0051~0100

◆ 几 jǐ 52

▪ 0204 : 당신 부모님께서는 올해 연세가 어떻게 되십니까?
＊ 您的父母今年都几岁了?
☞ 您的父母今年都多大年纪了?

설명 나이를 물을 때 "几"는 아이들에게만 사용할 수 있다.

▪ 0205 : 너는 중국어를 몇 달 배웠니?
＊ 你学了汉语几个月?
☞ 你学了几个月汉语?

설명 시간보어는 동사 뒤, 목적어 앞에 와야 한다.

▪ 0206 : 그는 여러차례 시험 봤는데도 합격하지 못했다.
＊ 他好几次考了都没考上。
☞ 他考了好几次都没考上。

설명 수량보어는 동사 뒤쪽에 와야 한다.

◆ 走 zǒu 53

▪ 0207 : 우리들은 호텔 안을 좀 돌아다녔다.

* 我们走了走在饭店里。

☞ 我们在饭店里走了走。

설명 "走"가 중첩된 후에는 지점, 장소를 나타내는 전치사구를 보어로 수반할 수 없다.

▪ 0208 : 그들은 드넓은 사막을 좀 걸어보고 싶어한다.

* 他们很想在大沙漠上走了走。

☞ 他们很想在大沙漠上走走。

설명 단음절 동사가 중첩될 때, 그 중간에 "了"를 쓰면 완성을 표시한다. 위 문장은 완성의 의미가 아니므로 "了"를 빼야 한다.

▪ 0209 : 여름도 가고 겨울도 갔는데, 그는 여전히 깜깜 무소식이다.

* 夏天过去, 冬天也走了, 而他仍旧没有音讯。

☞ 夏天过去, 冬天也过去了, 而他仍旧没有音讯。

설명 계절의 변화에는 일반적으로 "走"를 쓰지 않는다.

▪ 0210 : 지난번 등산을 마친 후, 그는 우리들의 등산 동호회를 떠났다.

* 那次登山结束后, 他走了我们的登山小组。

☞ 那次登山结束后, 他离开了我们的登山小组。

설명 어떤 조직에서 벗어나는 경우에는 "走"를 쓰지 않는다.

◆ 用 yòng 55

▪ 0211 : 우리들은 기차에서 침대간에서 잤다.
＊ 我们在火车上用卧铺睡觉。
☞ 我们在火车上睡卧铺。

설명 동작이 발생되는 장소를 나타내는 단어 앞에는 “用”을 쓸 수 없다.

▪ 0212 : 중국은 “四化”를 통해 사회의 현대화를 실현시켰다.
＊ 中国用“四化”实现社会的现代化。
☞ 中国通过“四化”实现社会的现代化。

설명 어떤 동작이 근거하는 준칙을 나타내거나, 혹은 어떤 사물을 매개로 삼아 어떤 목적에 도달하는 경우에는 “用”을 쓸 수 없다.

▪ 0213 : 과거에 중국인들은 어려서부터 붓으로 한자를 썼다.
＊ 过去，中国人从小就用了毛笔写汉字。
☞ 过去，中国人从小就用毛笔写汉字。

설명 “用”이 연동문의 앞부분에 사용되어 다음 동작에서 사용되는 도구, 방식, 수단을 나타내는 경우에는 그 뒤에 “了”를 쓸 수 없다.

▪ 0214 : 나는 작년에 프랑스에서 중국요리를 먹은 적이 있다.
＊ 我去年在法国用过中国菜。
☞ 我去年在法国吃过中国菜。

설명 “用”은 “吃”, “喝”를 높여 말할 때 사용되어 겸양의 어기를 표시하기도 하고 청유나 명령의 어기를 나타내기도 하는데, 위 문장에서는 “用”이 잘못 사용되었다.

- 0215 : 그는 성냥을 켜면서 소가 풀을 먹는지 보았다.

* 他划着火柴，看了看牛有没有用草。

☞ 他划着火柴，看了看牛有没有吃草。

설명 사람 이외의 기타 동물에는 "用"을 써서 "吃", "喝"의 의미를 나타낼 수 없다.

◆ 中 zhōng 56

- 0216 : 그는 나중에 와서 이 단지를 가져갈 생각이었기 때문에, 단지를 땅 속에 묻었다.

* 他打算以后来拿这个坛子，所以他把坛子埋在地中。

☞ 他打算以后来拿这个坛子，所以他把坛子埋在地里。

설명 "바깥"과 상반되는 "안쪽"의 의미를 나타내는 경우에는 "中"을 쓸 수 없다.

- 0217 : 아랍 국민 중에서 수많은 과학자가 쏟아져 나왔다.

* 阿拉伯人民涌现出很多科学家。

☞ 阿拉伯人民中涌现出很多科学家。

설명 일정한 범위를 나타내는 경우에는 범위를 나타내는 단어 뒤에 반드시 "中"을 써야 한다.

- 0218 : 福岛县 중부에는 중간 규모의 도시가 있는데, 그곳이 바로 내 고향인 群山市이다.

* 福岛县中部有一个中规模的城市，这就是我的故乡 — 群山市。

☞ 福岛县中部有一个中等规模的城市，这就是我的故乡 — 群山市。

설명 "中"이 어떤 중간 규모나 중간 위치를 나타내는 경우에는 "中" 하나만 쓸 수 없고, 반드시 "中型", "中学", "中等", "中级", "中层"과 같은 식으로 써야 한다.

◆ 起来 qǐlái 59

▪ 0219 : 우리는 눈을 딱 뜨자마자 해가 이미 뜬 것을 발견하고는 얼른 일어났다.
* 我们一睁眼, 发现都升起太阳来了, 赶快起了床。
☞ 我们一睁眼, 发现太阳都升起来了, 赶快起了床。

설명 "起来"의 앞이나 뒤에 "了"가 있는 경우, "起"와 "来"의 중간에는 목적어가 올 수 없다.

▪ 0220 : 그 날 오전 내가 청소하고 있을 때, 바깥에서 아름다운 노래 소리가 들려와서 나도 모르게 탁자 곁에 기대어 듣게 되었다.
* 那天上午我正在扫地, 外边传来悠扬的歌声, 我不知不觉地靠在桌旁听了。
☞ 那天上午我正在扫地, 外边传来悠扬的歌声, 我不知不觉地靠在桌旁听了起来。

설명 동작이 시작되었고, 또 계속된다는 의미가 있음을 나타내는 경우, 동사 뒤에는 반드시 "起来"가 있어야 한다.

▪ 0221 : 잠시 후, 비는 더 이상 내리지 않았다.
* 过了一会儿, 雨就不下起来了。
☞ 过了一会儿, 雨就不下了。

설명 단지 객관적인 서술이고, 동작의 시작을 나타내는 경우가 아니라면 "起来"를 쓸 수 없다.

▪ 0222 : 넌 지금은 갈 수 없어, 바깥에 비가 내리기 시작했거든.
* 现在你不能走, 外面下了起雨来。
☞ 现在你不能走, 外面下起雨来了。

설명 "起"와 "来" 사이에 목적어가 있을 때, 동사술어 뒤쪽에는 "了"를 쓸 수 없다.

▪ 0223 : 모두 이 글에서 틀린 문장을 찾아내십시오.

* 请大家把这篇文章里的病句找起来。

☞ 请大家把这篇文章里的病句找出来。

설명 안에서 바깥으로 사물을 끄집어내는 동작이나 불명확한 것을 명확하게 만드는 의미를 나타내는 경우에는 "起来"를 쓸 수 없다.

▪ 0224 : 다친 그 사람이 아직 깨어나지 않았기 때문에, 우리는 그 사고 경위를 알 방법이 없다.

* 受伤的那个人还没醒起来, 我们无法知道这个事故的经过。

☞ 受伤的那个人还没醒过来, 我们无法知道这个事故的经过。

설명 원래의 정상적인 상태로 회복된다는 의미를 나타내는 경우에는 "起来"를 쓸 수 없다.

◆ 会 huì 61

▪ 0225 : 그는 수영을 잘한다.

* 他会游泳会得很好。

☞ 他很会游泳。

설명 "会"는 정태보어를 수반할 수 없다. 위 문장의 정태보어가 나타내는 뜻은 반드시 부사어로 나타내야 한다.

▪ 0226 : 그들이 도착하자마자, 우리는 일을 하였다.

* 他们一到, 我们就会干活了。

☞ 他们一到, 我们就干活了。

설명 "어떻게 하는지를 안다거나 할 능력이 있다"는 의미가 없는 경우에는 "会"를 쓸 수 없다.

▪ 0227 : 두 달 후, 나는 중국어를 약간 할 수 있게 되었다.
* 两个月以后，我会了说一点中文。
☞ 两个月以后，我会说一点中文了。

설명 "了"는 "会"와 술어동사 사이에 놓일 수 없다.

▪ 0228 : 그는 어제도 왔고 오늘도 왔으니, 내 생각에 내일은 오지 않을 것이다.
* 他昨天来过，今天也来过，我想明天他不来了。
☞ 他昨天来过，今天也来过，我想明天他不会来了。

설명 위 문장은 "가능성이 없음"을 나타내는 것으로 "会"가 빠져 있다.

▪ 0229 : 너는 감기에 걸리지 않도록 옷을 많이 입어야 한다.
* 你应该多穿衣服，免得会感冒。
☞ 你应该多穿衣服，免得感冒。

설명 위 문장은 "가능"을 나타내므로 "会"를 쓸 수 없다.

▪ 0230 : 선생님께 여쭤볼 문제가 있다면, 선생님은 아주 열성적으로 우리를 도와주실 것이다.
* 我们有问题问老师，老师会就很热情地帮助我们。
☞ 我们有问题问老师，老师就会很热情地帮助我们。

설명 "会"와 "就"가 함께 쓰일 때, "就"는 "会" 앞에 놓여야 한다.

▪ 0231 : 외국의 기술과 자금을 끌어 들여야 四个现代化(농업·공업·국방·과학 기술 네 부문의 현대화)를 가속시킬 수 있다。

* 引进外国的技术和资金, 加快会实现四个现代化。

☞ 引进外国的技术和资金, 会加快实现四个现代化。

설명 술어 동사를 수식하는 성분은 “会”와 술어 동사 사이에 와야지, “会” 앞에 와서는 안된다.

▪ 0232 : 그는 병이 좋아져, 병상에서 일어날 수 있게 되었다.

* 他病好了, 会下床了。

☞ 他病好了, 能下床了。

설명 “能”은 능력을 갖췄음을 나타내고, “会”는 어떠한 것을 배워서 습득했음을 나타낸다.

◆ 多 duō 62

▪ 0233 : 그는 한 달 남짓 아파서 매우 견디기 힘들었다.

* 他很难受, 病了一个月多。

☞ 他很难受, 病了一个多月。

설명 “多”의 위치가 잘못 되었다. “多”는 수량사 뒤, 명사 앞에 와야 한다.

▪ 0234 : 오늘은 꽤 추우니 너는 옷을 좀 많이 입어야 한다.

* 今天相当冷, 你得穿多些衣服。

☞ 今天相当冷, 你得多穿些衣服。

설명 동사 뒤에 수량사가 나와 원래 있던 수량을 넘어섬을 나타낼 때, “多”는 동사 앞에서 부사어가 된다. 위 문장은 “多”의 위치가 잘못 되었다.

▪ 0235 : 北京의 날씨는 변화가 빨라, 춥다고 하면 금방 춥고, 덥다고 하면 금방 덥다.

* 北京的天气变化得多, 说冷就冷, 说热就热。

☞ 北京的天气变化得快, 说冷就冷, 说热就热。

설명 사물의 변화가 빠르다는 것을 나타낼 때는 "多"라고 하지 않는다.

▪ 0236 : 비록 면접 시간은 겨우 이십 분밖에 안 되었지만, 나는 도리어 길게 느껴졌다.

* 虽然面试的时间只有二十分钟, 但是我却感到多长。

☞ 虽然面试的时间只有二十分钟, 但是我却感到很长。

설명 진술문에서 정도가 높음을 나타낼 때는 "多"를 써서는 안되며, "很", "非常" 등과 같은 정도부사를 써야 한다.

▪ 0237 : 이 임무가 아무리 힘들어도 나는 완수할 것이다.

* 尽管这个任务多困难, 我也要完成。

☞ 不管这个任务多困难, 我也要完成。

설명 양보나, 전환, 가정을 나타내는 접속사는 "多"와 함께 쓰일 수 없다.

◆ 它 tā 64

▪ 0238 : 그녀가 나를 잘 대해줘서, 나는 그녀를 무척 좋아한다.

* 它对我很好, 我很喜欢它。

☞ 她对我很好, 我很喜欢她。

설명 사람을 나타낼 때는 "它"를 쓰지 않는다.

◆ 这样 zhèyàng 65

▪ 0239 : 우리는 이러한 영화를 즐겨 보지 않는다.
＊ 我们不爱看这样电影。
☞ 我们不爱看这样的电影。

설명 "这样"이 관형어로 쓰일 때, 명사 앞에 "一"와 양사가 없으면, 그 뒤에 "的"가 있어야 한다.

▪ 0240 : 마침 여기까지 생각이 미치자, 갑자기 어떤 사람이 내 어깨를 가볍게 한 번 쳤다.
＊ 正想到这样, 突然有人把我的肩膀轻轻地打了一下。
☞ 正想到这儿, 突然有人把我的肩膀轻轻地打了一下。

설명 "这样"은 범위를 나타내지 않는다.

▪ 0241 : 내가 생각하기에도 이렇다.
＊ 我想也这样。
☞ 我想也是这样。

설명 위 문장에서는 "是"가 빠졌다.

▪ 0242 : "모든 시민은 모두 법률을 준수해야 하며, 당신들도 예외일 수는 없습니다." 변호사는 이렇게 말하였다.
＊ "每一个公民都也遵守法律, 你们也不能例外." 律师说这样。
☞ "每一个公民都也遵守法律, 你们也不能例外." 律师这样说。

설명 위 문장에서 "这样"은 부사어로 쓰였다. 그런데 부사어는 반드시 꾸며주는 동사 앞에 있어야 하므로, "这样"의 위치를 바꿔 주어야 한다.

◆ 时候 shíhou 66

▪ 0243 : 그 해 내가 上海에서 일할 때, 외국 친구 한 사람을 알게 되었다.
* 那年, 我在上海工作的时, 认识了一位外国朋友。
☞ 那年, 我在上海工作的时候, 认识了一位外国朋友。

설명 "…的时候", "当(在)…的时候"는 때때로 "…时", "当(在)…时"로 축약할 수 있으나, "…的时", "当(在)…的时" 라고 축약할 수는 없다.

▪ 0244 : 시간 있거든 우리 집에 놀러 가자.
* 你有时候请去我家玩。
☞ 你有时间请去我家玩。

설명 "时间"에는 "한가한 빈 시간"이라는 의미가 있지만, "时候"에는 이러한 의미가 없다.

◆ 呢 ne 67

▪ 0245 : 이 책 네 거니?
* 这本书你的呢?
☞ 这本书你的吗?

설명 "呢"는 是非를 나타내는 의문문의 끝에는 쓸 수 없다.

▪ 0246 : 방금, 엄마가 들어오셨을 때, 나는 선생님께 편지를 쓰고 있었다.
* 刚才, 妈妈进来的时候, 我给老师写信。
☞ 刚才, 妈妈进来的时候, 我给老师写信呢。

설명 동작의 지속을 나타내는 문장에는 "呢"를 써 주어야 한다.

▪ 0247 : 수업 시간이 2분밖에 남지 않았으니, 빨리 가자.
* 离上课的时间只有两分钟呢, 快走把。
☞ 离上课的时间只有两分钟了, 快走把。

설명 가리키는 시간으로부터 가깝다는 것을 강조할 때는 "呢"를 쓸 수 없으며, 반드시 상황의 변화가 생겼음을 나타내는 "了"를 써야 한다.

▪ 0248 : 나는 上海, 广州, 西安 등등, 중국의 적지 않은 도시에 가 보았다.
* 我到过中国的不少城市, 上海呢, 广州呢, 西安呢, 等等。
☞ 我到过中国的不少城市, 上海啊, 广州啊, 西安啊, 等等。

설명 동류의 사물들을 열거할 때는 반드시 "啊"를 써야지 "呢"를 쓸 수 없다.

◆ 而 ér 70

▪ 0249 : 哲郎은 지구로 돌아와, 사람의 생활을 회복하기 위해 싸워나가기로 결정하였다.
* 哲郎决定回到地球上, 为了回复人的生活斗争。
☞ 哲郎决定回到地球上, 为了回复人的生活而斗争。

설명 위 문장에서는 목적을 나타내는 성분 "而"이 빠졌다.

◆ 只 zhǐ 71

▪ 0250 : 사장은 조금도 그의 말을 듣지 않았고 게다가 그를 해고하였다.
* 老板只不听他的话, 而且辞退了他。
☞ 老板一点儿也不听他的话, 而且辞退了他。

설명 동사의 범위를 한정하지 않을 때는, 동사 앞에 "只"를 쓸 수 없다.

▪ 0251 : 아빠는 매달 월급을 겨우 90원 받았다.
＊ 爸爸每月有公钱只九十元。
☞ 爸爸每月只有公钱九十元。

설명 "只"가 부사어로 쓰일 때는 반드시 동사 앞에 와야 한다.

▪ 0252 : 오로지 그 한 사람만이 이 노래를 부를 줄 안다.
＊ 他一个人只会唱这支歌。
☞ 只他一个人会唱这支歌。

설명 수량을 제한하여 그 수량이 적음을 나타낼 때는 "只"가 직접 명사 앞에 와야 한다.

◆ 家 jiā 72

▪ 0253 : 그도 그의 가족들을 잘 돌본다.
＊ 他也非常照顾他家人。
☞ 他也非常照顾他家的人。

설명 인칭대체사와 "家"가 함께 "人"을 수식할 때는 일반적으로 "的"를 써야 한다.

▪ 0254 : 그 사람에게는 대관료다운 풍모가 있다.
＊ 那个人有大官僚家的架子。
☞ 那个人有大官僚的架子。

설명 사람을 나타내는 명사 뒤에는 "家"를 쓸 수 없다.

◆ 做 zuò 74

▪ 0255 : 국가가 그에게 새 집 한 간을 지어 주었다.
* 国家给他做了一间新房。
☞ 国家给他盖了一间新房。

설명 집을 짓는다고 할 때는 "做"를 쓸 수 없다.

▪ 0256 : 대학에 온 이후로, 나는 단련을 하지 않는다.
* 上了大学以后, 我不做锻炼了。
☞ 上了大学以后, 我不锻炼了。

설명 동사나 동사구조는 "做"의 목적어가 될 수 없다.

◆ 没有 méiyǒu 76

▪ 0257 : 너희들 어제 저녁에 파란색 외투 못 봤니?
* 你们昨天晚上看见没有一件蓝色的大衣吗?
☞ 你们昨天晚上没有看见一件蓝色的大衣吗?

설명 "没有"는 반드시 동사 앞에 나와야 한다.

▪ 0258 : 돌아온 후에 즉시 당신에게 편지를 쓰지 못한 것, 용서하세요.
* 回来后, 立刻没有给你写信, 请原谅。
☞ 回来后, 没有立刻给你写信, 请原谅。

설명 동사 앞에 다른 부사가 있으면, "没有"는 그 부사 앞에 와야 한다.

▪ 0259 : 산양은 호랑이에게 잡아먹히지 않았다.
＊ 山羊被老虎没有吃掉。
☞ 山羊没有被老虎吃掉。

설명 "被"자문에서는 "没有"가 반드시 "被"자 앞에 와야 한다.

▪ 0260 : 운전기사가 차를 주차장에 세우질 않아, 경찰의 질책을 받았다.
＊ 司机把汽车没有停在停车场, 所以受到警察的批评。
☞ 司机没有把汽车停在停车场, 所以受到警察的批评。

설명 "把"자문에서 "没有"는 반드시 "把"자 앞에 와야 한다.

▪ 0261 : 요즘 당신에게 편지 쓰지 않은 것, 용서하세요.
＊ 我最近给你没有写信, 请原谅。
☞ 我最近没有给你写信, 请原谅。

설명 "给"로 이루어진 전치사구가 부사어로 쓰일 때, "没有"는 반드시 "给"자 앞에 와야 한다.

▪ 0262 : 내일 나는 상점에 가지 않는다.
＊ 明天我没有去商店。
☞ 明天我不去商店。

설명 "没有"는 과거나 현재는 나타낼 수 있지만, 미래는 나타낼 수 없다.

▪ 0263 : 오늘 그는 일이 있어서 오지 않는다.
＊ 今天他有事, 他没有来了。
☞ 今天他有事, 他不来了。

설명 동사 앞에 "没有"가 나오면, 동작의 완성이나 경과를 부정하는 것으로, 동작 자체를 부정하는 것은 아니다.

▪ 0264 : 노인은 조금도 서두르지 않고 말하였다. "말에서 떨어진 것이 꼭 나쁜 일만은 아니랍니다."
* 老头一点没有着急地说 : "丢马不一定是怀事。"
☞ 老头一点不着急地说 : "丢马不一定是怀事。"

설명 정태를 나타내는 동사 앞에서는 "没有"를 쓰지 않는다.

▪ 0265 : 수업시간에는 담배를 피워서는 안된다.
* 上课的时候, 没有可以吸烟。
☞ 上课的时候, 不可以吸烟。

설명 조동사 "可以", "会" 앞에는 "没有"를 쓸 수 없다.

◆ 叫 jiào 77

▪ 0266 : 마을 사람들은 모두 적에게 잡혀 갔다.
* 村里的人全敌人抓走了。
☞ 村里的人全叫敌人抓走了。

설명 주동자는 반드시 "叫"로 이끌어 내야 한다.

◆ 才 cái 78

▪ 0267 : 아직 본문 한 단락이 안 끝났으니, 12시 10분에 수업을 끝냅시다.
＊ 还有一段课文没讲完，十二点十分才下课吧。
☞ 还有一段课文没讲完，十二点十分再下课吧。

설명 "再"는 동작이 아직 실현되지 않았지만, 앞으로 언젠가는 실현될 것을 나타낸다. 그러나 "才"는 동작이 이미 실현되었음을 나타낸다. 그러므로 "才"는 "再"로 바꿔야 한다.

▪ 0268 : 너는 시내에 오전에 갔었으면서, 왜 이렇게 늦게 돌아오는 거니?
＊ 你上午就进城了，为什么这么晚回来?
☞ 你上午就进城了，为什么这么晚才回来?

설명 말하는 사람이 시간이 늦었음을 알았을 때는 반드시 시간을 나타내는 말 뒤에 "才"를 넣어 줘야 한다.

▪ 0269 : 꾸준히 단련하기만 하면, 몸이 곧 좋아질 것이다.
＊ 只要坚持锻炼，身体才会好起来。
☞ 只要坚持锻炼，身体就会好起来。

설명 "只要"는 늘 "就"와 배합되어 "只要…就…" 형식을 이루어 "어떠한 조건을 구비하면 된다" 라는 것을 나타내는데, 이때의 조건이란 어떤 유일한 조건을 말하는 것은 아니다.

◆ 工作 gōngzuò 79

▪ 0270 : 가난한 사람들은 매일 아침부터 밤까지 지주에게 일을 해 주고도, 배불리 먹지 못하고, 따뜻하게 입지 못한다.
＊ 穷人每天从早到晚给地主工作，但还是吃不胞，穿不暖。
☞ 穷人每天从早到晚给地主干活，但还是吃不胞，穿不暖。

설명 "착취자를 위해 노동력을 판다" 라고 할 때는 일반적으로 "工作"라는 말을 쓰지 않는다.

◆ 人民 rénmín 80

▪ 0271 : 마을 사람들은 모두 이 사람을 증오한다.
* 村子里的人民都恨这个人。
☞ 村子里的人们都恨这个人。

설명 "人民"의 관형어는 반드시 어떠한 나라나 지역을 가리키는 것이어야 되며, 비교적 작은 범위나 집단 내에서는 "人民"을 쓸 수 없다.

▪ 0272 : 따뜻한 봄에 꽃이 필 때면, 사람들은 모두 공원에 놀러 가는 것을 좋아한다.
* 春暖花开的时候, 人民都喜欢去公园玩儿。
☞ 春暖花开的时候, 人们都喜欢去公园玩儿。

설명 많은 사람을 범칭할 때는 "人民"이라고 하지 않는다.

◆ 想 xiǎng 81

▪ 0273 : 王英은 남동생이 좋은 부인을 맞이하기를 바랬지만 이런면에 있어서 그의 남동생은 복이 없었다.
* 王英想弟弟娶个好媳妇, 可是在这方面他弟弟没有福气。
☞ 王英希望弟弟娶个好媳妇, 可是在这方面他弟弟没有福气。

설명 王英과 弟弟는 서로 다른 사람을 가리킨다. "想"은 그 앞에 있는 주어와 다른 주어를 가진 종속절 앞에는 쓸 수가 없다. 틀린 문장에서 王英과 弟弟는 서로 다른 사람이므로 "想" 대신 "希望"을 써야 한다. "想"을 쓰려면 "弟弟"를 빼야 한다. 그런데 그렇게 되면 남동생이 좋은 부인을 맞이하는 것이 아니다. 王英 자신이 좋은 부인을 맞이한다는 의미가 되므로 뒤 문장과 연결되지 않는다.

▪ 0274 : 내일 날씨가 좋든 좋지 않든 나는 꼭 田군한테 갈거야.

∗ 明天不管天气好不好，我一定想去小田那儿。

☞ 明天不管天气好不好，我一定去小田那儿。

설명 단정적인 의미를 나타낼 때는 "想"을 쓸 수 없으므로 "想"을 빼야 한다.

◆ 第 dì 82

▪ 0275 : 이번이 우리가 처음으로 만두를 먹는 거예요.

∗ 这是我们吃第一次饺子。

☞ 这是我们第一次吃饺子。

설명 "第"로 이루어진 서수인 "第一次"가 부사어로 쓰일 때는 동사 앞에 놓아야 한다.

▪ 0276 : 나는 北京语言文化大学에서 2년 동안 중국어를 배웠다.

∗ 我在北京语言文化大学学习第二年汉语。

☞ 我在北京语言文化大学学习两年汉语。

설명 "第"로 이루어진 서수는 어느 정도 길이의 시간을 나타내는 경우에는 사용할 수 없으므로 빼야 한다. 또 "年"은 양사의 역할을 겸하고 있는 명사이므로 "二"을 쓸 수 없고 "两"을 써야 한다.

▪ 0277 : 나는 2학년의 강독 수업을 선택하려고 한다.

∗ 我想选第二年级的阅读课。

☞ 我想选二年级的阅读课。

설명 일련번호를 나타낼 경우에는 "第"를 쓰지 않는다.

▪ 0278 : 1985년 9월 4일 나는 중국에 왔다.

* 第一九八五年九月四日我来到中国。

☞ 一九八五年九月四日我来到中国。

설명 시간의 서수를 나타낼 경우에는 일반적으로 "第"를 쓰지 않는다.

▪ 0279 : 上海로 가는 기차는 12시 10분에 떠납니다.

* 去上海的火车第十二点十分开。

☞ 去上海的火车十二点十分开。

설명 구체적인 시점을 나타낼 경우에는 "第"를 쓰지 않는다.

▪ 0280 : 막내아들도 초등학교에 입학했다.

* 第最小的儿子也上小学了。

☞ 最小的儿子也上小学了。

설명 친척이나, 자녀의 나이에 따른 순서를 나타낼 때는 大叔, 二叔, 长女, 次女, 小女 등의 특수한 표현방법을 쓰므로 "第"는 필요 없다.

▪ 0281 : 어제 오후 나는 6동 2층 복도에서 돈지갑 하나를 주웠다.

* 昨天下午我在第六楼第二层走廊上拾到一个钱包。

☞ 昨天下午我在六楼二层走廊上拾到一个钱包。

설명 건물의 동수나 층수를 나타낼 경우에는 "第"를 쓰지 않는다.

◆ 次 cì 83

▪ 0282 : 올해 겨울은 내가 北京에서 보낸 두 번째 겨울이다.
＊ 今年的冬天是我在北京度过的第二次冬天。
☞ 今年的冬天是我在北京度过的第二个冬天。

설명 시간을 나타내는 명사 앞에는 양사 "次"를 쓸 수 없다.

▪ 0283 : 오끼나와는 매년 여러 차례 태풍이 있다.
＊ 冲绳每年有好几个台风。
☞ 冲绳每年有好几次台风。

설명 사물이 반복적으로 출현함을 나타낼 때는 양사 "次"를 써야 한다.

▪ 0284 : 나는 그를 찾으러 두 번이나 기숙사에 갔었는데 그는 없었다.
＊ 我到宿舍找过两次他, 他都不在。
☞ 我到宿舍找过他两次, 他都不在。

설명 동사 뒤에 동량사와 목적어가 함께 있을 때, 목적어가 대체사이면 그 대체사는 동량사 앞에 놓아야 한다.

◆ 像 xiàng 84

▪ 0285 : 그는 불량배같이 꾸미고서 먹는 것과 입는 것에 신경을 쓴다.
＊ 他像流氓打扮, 讲究吃穿一样。
☞ 他像流氓一样打扮, 讲究吃穿。

설명 동사 "像"과 "一样" 사이에는 명사나 대체사만을 넣을 수 있을 뿐이다.

◆ 给 gěi 85

- 0286 : 나는 너에게 용서를 구해야 해.

* 我应该给你原谅才对呢。

☞ 我应该请你原谅才对呢。

설명 상대방이 어떤 일을 하기를 바라거나 부탁할 때는 "给"를 쓸 수 없고 "请"을 써야 한다.

- 0287 : 나는 그에게 수고를 끼치고 싶지 않아.

* 我不愿添他麻烦。

☞ 我不愿给他添麻烦。

설명 동사 중에는 직접 이중목적어를 나란히 수반할 수 없는 것도 있는데, 그런 동사의 간접목적어는 반드시 "给"를 써서 앞으로 이끌어내야 한다.

- 0288 : 방과후에 그는 나에게 농구를 가르쳐준다.

* 下课后，他给我教打篮球。

☞ 下课后，他教我打篮球。

설명 일부 동사는 직접 이중목적어나 겸어를 수반할 수 있어 굳이 "给"를 써서 혜택을 받는 대상을 이끌어 낼 필요가 없다. "教", "问", "告诉" 등의 동사는 간접목적어와 직접목적어를 연이어 수반할 수 있다.

- 0289 : 그는 나를 부축해 그 방으로 데려다 주었다.

* 他给我扶到那个屋里去。

☞ 他把我扶到那个屋里去。

설명 "给"는 처치를 당하는 의미를 가진 목적어를 수반할 수 없다. 이런 경우에는 처치를 나타내는 "把"를 써서 목적어를 이끌어내야 한다.

- 0290 : 편지 받으면 곧바로 나에게 연락해 줘.

* 收到信以后，请你立刻给我联系。

☞ 收到信以后，请你立刻跟我联系。

설명 이끌어 내는 것이 동작과 관계 있는 대상이라면 "给"를 쓸 수 없고 "跟"을 써야 한다.

- 0291 : 어제 저녁 中山공원에서 오스트레일리아 악단이 관중을 위해 여러 가지 음악을 연주했다.

* 昨晚，在中山公园，一个澳大利亚乐队给演奏了几种乐曲。

☞ 昨晚，在中山公园，一个澳大利亚乐队给观众演奏了几种乐曲。

설명 "给"는 어기조사로 쓰일 때만 동사를 직접 수식할 수 있다. 위 문장의 "给"는 전치사이므로 목적어가 있어야 한다.

◆ 们 men 87

- 0292 : 대사관에서 우리들은 많은 친구들의 따뜻한 대접을 받았다.

* 在大使馆，我们受到了很多朋友们的热情接待。

☞ 在大使馆，我们受到了很多朋友的热情接待。

설명 명사 앞에 수량을 나타내는 단어나 다수를 나타내는 말이 있다면 그 뒤에 "们"을 덧붙일 수 없다. "很多朋友们"이라고 할 수 없고 "很多朋友"라고 하거나 "朋友们"이라고 해야 한다.

◆ 话 huà 88

- 0293 : 그들은 한 시간 반 동안 이야기를 나누었다.

* 他们谈话了一个半小时。

☞ 他们谈了一个半小时话。

설명 "谈话"의 "话"는 목적어이기 때문에 당연히 시간보어 뒤에 놓여야 한다. "동사+목적어"구조로 이루어진 동목구이므로 "谈"만이 동사이고 "话"는 목적어이다. 이런 경우 시간보어를 동반하려면 동사를 반복시켜 "谈话谈了一个半小时"라고 하거나 "话"를 "一个半小时"뒤에 써야 한다.

◆ 最 zuì 90

▪ 0294 : 香花는 코모로의 주된 수출품인데 가지각색의 것이 다 있다.
* 香花是科摩罗最出口的东西, 有各种各样的。
☞ 香花是科摩罗主要出口的东西, 有各种各样的。

설명 대부분의 동사는 "最"의 수식을 받을 수 없다.

▪ 0295 : 올해 교과과정은 작년보다 더 어렵다.
* 今年的课程比去年的最难。
☞ 今年的课程比去年的更难。

설명 비교문에서 두 가지 상황을 비교하여 한쪽의 정도가 더욱 높음을 나타낼 때는 "最"를 사용할 수 없고, "更"이나 "还"를 써야 한다.

▪ 0296 : 너희 나라는 세계에서 인구밀도가 가장 조밀한 나라지만, 우리나라는 말야 기술이 가장 발달된 나라야.
* 你们的国家是世界上最人口稠密的, 我们的国家呢, 是最技术发达的。
☞ 你们的国家是世界上人口最稠密的, 我们的国家呢, 是技术最发达的。

설명 방위를 나타내는 명사가 아니면 "最"의 수식을 받을 수가 없으므로 "技术" 앞에 "最"를 쓸 수 없다. "最"는 형용사인 "发达" 앞에 써야 한다.

◆ 头 tóu 92

▪ 0297 : 그는 비록 병들어 이렇게 되었지만, 그의 정신은 멀쩡하다.
＊ 他虽然病成了这个样子，但他的头很清醒。
☞ 他虽然病成了这个样子，但他的头脑很清醒。

설명 "头"는 "头脑"와 다르다. "头"는 신체의 한 부분인 "머리"를 가리키는 단어이고 "头脑"는 머리 속을 가리키는 단어이다.

▪ 0298 : 그가 착취자와 싸워 이긴 것은 그의 머리가 좋기 때문이다.
＊ 他把剥皮老爷打败了，因为他的头很聪明。
☞ 他把剥皮老爷打败了，因为他的脑子很聪明。

설명 "聪明"은 지능이 발달하고 이해력과 기억력이 좋음을 가리키는 것이므로 "头很聪明"이라고 할 수 없다.

◆ 可以 kěyǐ 93

▪ 0299 : 영화를 볼 때 담배를 피워서는 안된다.
＊ 看电影的时候不行吸烟。
☞ 看电影的时候不能吸烟。

설명 "可以"의 부정형인 "不行"은 단독으로 대답할 때만 사용할 수 있고, 한 문장 안에서 본동사 앞에는 쓸 수 없다.

▪ 0300 : 제가 전화 좀 써도 될까요?
＊ 可以我用一下电话吗?。
☞ 我可以用一下电话吗?

설명 조동사 "可以"는 본동사 "用" 바로 앞에 써야지 주어 앞에 쓸 수는 없다.

▪ 0300 : 그 영화는 정말 재미없어서 볼 만한 가치가 없다고 생각한다.

* 那个电影真没有意思，我觉得不可以看。

☞ 那个电影真没有意思，我觉得不值得看。

설명 긍정인 "可以看"은 "볼만하다"라는 의미를 나타낼 수 있지만 부정의 의미를 나타내려면 "不可以看"을 쓰지 않고 "不值得"를 써야 한다.

▪ 0301 : 이 소설은 정말 별로야. 아무 재미도 없어.

* 这部小说真不可以，没什么意思。

☞ 这部小说真不怎么样，没什么意思。

설명 이런 용법은 부정형식이 없다. "可以"에 "괜찮다."라는 의미가 있기는 하지만 부정 할 때에는 "不可以"라고 해서는 안되고 "不怎么样"이라고 해야 한다.

◆ 吧 ba 95

▪ 0302 : 내일 저녁에 기숙사에서 기다려. 내가 꼭 갈게.

* 明天晚上你在宿舍等我，我一定去吧。

☞ 明天晚上你在宿舍等我，我一定去。

설명 문장에 "应该"나 "一定" 등의 단어를 써서 "확고한 어기"를 나타낼 때는 "吧"를 쓸 수 없다. 왜냐하면 "吧"에는 "추측"의 의미가 있으므로 의미상 서로 어울릴 수 없기 때문이다.

▪ 0303 : 젊은 사람은 말이야, 과감하게 생각하고 과감하게 행동해야 하는 거야.

* 年轻人吧，就是应该敢想敢干。

☞ 年轻人嘛，就是应该敢想敢干。

설명 "吧"는 주어 뒤에 쓰여 주어를 강조할 수 없다. 주어를 강조하려면 "嘛"를 써야 한다.

◆ 下 xià 96

▪ 0304 : 우리들은 올해 기초중국어를 배우고 내년에 전공을 배울 것이다.
* 我们今年学基础汉语, 下年学专业。
☞ 我们今年学基础汉语, 明年学专业。

설명 "明年(내년)"을 "下一年(다음해)"이라고 할 수 있고 "明天(내일)"을 "第二天(이튿날)"이라고 할 수는 있지만 "下年"이나 "下天"이라고 할 수는 없다.

▪ 0305 : 张군이 문을 세 번 두드리자, 주인이 그를 방으로 청했다.
* 小张敲了门三下, 主人请他屋里坐。
☞ 小张敲了三下门, 主人请他屋里坐。

설명 동량보어의 "三下"의 위치가 잘못되었다. 동량보어는 동사 뒤에 써야지 목적어 뒤에 쓸 수는 없다. "三下"는 동량보어이므로 동사 "敲"와 목적어 "门" 사이에 놓아야 한다.

▪ 0306 : 비가 그치고 날이 좋아졌다.
* 下雨停了, 天气变好了。
☞ 雨停了, 天气变好了。

설명 "雨"가 주어로 쓰일 때는 "下"를 쓸 수 없다. 위의 문장에서 "停"하는 것도 "雨"이므로 주어는 "下雨"가 아니라 "雨"이다.

▪ 0307 : 우리나라는 적도에 가까워서 눈이 오지 않는다.
* 我们国家离赤道很近, 没有下雪。
☞ 我们国家离赤道很近, 不下雪。

설명 "没有"는 과거나 현재를 가리키는데 국한되므로 미래를 가리킬 수 없다. "不"는 과거, 현재, 미래를 모두 가리킬 수 있다.

▪ 0308 : 설 전날 저녁에 교육부장관이 학교에 왔다.

* 春节的前夕, 教育部长下学校了。

☞ 春节的前夕, 教育部长来学校了。

설명 "学校"는 동사 "下"와 함께 쓰일 수 없다. "下"의 목적어가 될 수 있는 것으로는 "车", "船", "飞机" 등이 있다.

◆ 时 shí 97

▪ 0309 : 내가 결혼할 때 그는 내가 예쁜 가구 한 세트를 만드는 것을 도와주었다.

* 我结婚的时, 他帮我做了一套很漂亮的家具。

☞ 我结婚的时候, 他帮我做了一套很漂亮的家具。

설명 "时"는 동사나 동사구 바로 뒤에 쓰일 수 있지만 만약 앞에 "的"가 있으면 "……的时候"로 써야 한다.

◆ 使 shǐ 98

▪ 0310 : 한 번 上海로 여행가서 2,000원을 다 쓸 수는 없다.

* 去上海旅行一次不使得了两千块钱。

☞ 去上海旅行一次使不了两千块钱。

설명 "使得了"의 부정형식은 "使不了"이다. 가능보어의 부정형식은 "得"를 빼고 그 자리에 "不"를 써야지 동사 앞에 "不"를 써서는 안된다.

▪ 0311 : 공장장은 항상 다른 사람들에게 상반된 의견을 발표하라고 한다.

* 厂长经常使人家发表相反的意见。

☞ 厂长经常让人家发表相反的意见。

설명 요구하거나 명령할 때 "让"이나 "叫"를 쓸 수는 있지만 "使"를 쓸 수는 없다. "使"는 "사역"의 의미를 나타낸다.

▪ 0312 : 내 친구가 교통사고로 다치는 바람에 나는 귀국할 수 없게 되었다.
* 我的朋友因车祸受伤, 不使我能回国了。
☞ 我的朋友因车祸受伤, 使我不能回国了。

설명 부정부사 "不"는 당연히 부정하고자 하는 동사나 형용사 바로 앞에 놓아야 한다.

▪ 0313 : 이번 언어실습활동이 우리들로 하여금 중국어 수준을 향상시킬 수 있도록 하였다.
* 这次语言实习活动使了我们提高了汉语水平。
☞ 这次语言实习活动使我们提高了汉语水平。

설명 "使", "叫", "让"과 겸어 사이에는 "了"를 쓸 수 없다. "了"는 동사 뒤에 써야 한다.

◆ 知道 zhīdao 99

▪ 0314 : 한참동안 골랐는데도 刘丽는 어떤 괘종시계를 사야 좋을지 몰랐다.
* 挑了半天, 刘丽也没知道买哪个挂钟好。
☞ 挑了半天, 刘丽也不知道买哪个挂钟好。

설명 동사 "知道"를 부정할 때는 부정부사 "没"를 쓰면 안되고 "不"를 써야 한다.

▪ 0315 : 李군은 혼자서 여행을 갔는데 기차에서 그는 아무도 몰랐다.
* 小李一个人去旅行, 在火车上, 他谁也不知道。
☞ 小李一个人去旅行, 在火车上, 他谁也不认识。

설명 어떤 사람의 얼굴을 모른다거나 글자를 모른다고 할 때는 "不知道"를 쓰지 않는다.

빈도순 0101~0150

◆ 已经　yǐjīng　102

▪ 0316 : 형수는 집으로 가는 길에 좋은 일을 두 가지나 하다보니 시간이 늦어져 친정에 갈 수 없었다.

* 嫂嫂因为在回家的路上做了两件好事，已经时间来不及了，所以她没能回娘家。

☞ 嫂嫂因为在回家的路上做了两件好事，时间已经来不及了，所以她没能回娘家。

설명 "已经"은 시간부사로 명사 주어 앞에 놓을 수 없다.

▪ 0317 : 그녀는 결혼한 지 6년이 되었다.

* 她已经结婚了六年了。

☞ 她已经结婚六年了。

설명 "结婚" 뒤의 "了"는 필요 없다.

▪ 0318 : 기술자들은 새로운 조작법을 이미 파악하였다.

* 新的操作法被工人们已经掌握了。

☞ 新的操作法已经被工人们掌握了。

설명 "已经"과 주요 동사의 관계는 그다지 긴밀하지 않다. 만약 동사 앞에 다른 수식성분이 있다면 "已经"은 그 앞에 놓인다.

◆ 再 zài 103

▪ 0319 : 그는 그 여행계획을 다시 한 번 생각했다.
＊ 他再考虑了一遍那个旅行计划。
☞ 他又考虑了一遍那个旅行计划。

설명 이미 실현되었던 동작이나 행위가 반복됨을 나타낼 때는 “又”를 쓰고 아직 실현되지 않은 동작이나 행위의 반복을 나타낼 때는 “再”를 쓴다.

▪ 0320 : 내일 우리는 먼저 前门에 갔다가 故宫에 간다.
＊ 明天咱们先去前门才去故宫。
☞ 明天咱们先去前门再去故宫。

설명 “才”는 동작이 이미 실현되었음을 나타냄과 동시에 동작이 늦게 실현되었음을 나타낸다. 위의 문장은 아직 이루어지지 않은 일을 서술한 것이므로 “才”를 “再”로 바꾸어야 한다.

◆ 吃 chī 106

▪ 0321 : 그는 집이 가난해서 매일 먹을 밥이 없다.
＊ 他家里很穷，每天没有吃饭。
☞ 他家里很穷，每天没有饭吃。

설명 위의 문장에서 “吃”의 위치가 잘못되었다. 틀린 문장에서 “没有”는 “吃饭”이라는 동작이 이루어지지 않았음을 나타내는 것이므로 전체 문맥에 맞지 않는다. “밥을 먹지 않았다.”라는 의미가 아니라 “먹을 밥이 없다.”는 의미이므로 “没有饭吃”라고 해야 한다.

▪ 0322 : 그는 어린 시절부터 이미 고독의 맛을 보았었다.
＊ 他从童年时代就吃了孤独的滋味。
☞ 他从童年时代就尝到了孤独的滋味。

설명 "滋味"는 "吃"의 목적어가 될 수 없으므로 동사 "尝"으로 바꾸어야 한다.

- 0323 : 내 아내는 신이 나서 아이스크림 가게에 먹을 것을 사러 들어갔다.

* 我妻子很高兴走进一家冰淇淋店买吃。

☞ 我妻子很高兴走进一家冰淇淋店买吃的。

설명 "吃"는 "먹다"라는 동사이므로 "먹는 것"이라고 말하려면 동사를 명사화시키는 "的"를 덧붙여야 한다. "먹는 음식"이라는 말은 "的"字구조인 "吃的"를 써야 한다.

◆ 起 qǐ 107

- 0324 : 그 날부터 사람들은 분명하게 알게 되었다.

* 从那天人们都明白了。

☞ 从那天起人们都明白了。

설명 시작을 나타내려면 "从…起"나 "从…开始"를 써야 한다.

◆ 被 bèi 108

- 0325 : 나쁜 놈은 결국 경찰에게 잡혔다.

* 坏蛋最后警察抓起来了。

☞ 坏蛋最后被警察抓起来了。

설명 "警察"가 "坏蛋"을 잡았다는 의미이므로 행위자인 "警察" 앞에 "被"자를 써야 한다.

- 0326 : 차에서 누가 내 지갑을 훔쳐갔다.

* 在汽车上, 我被人偷走了。

☞ 在汽车上, 我的钱包被人偷走了。

설명 동작이나 행위를 당하는 주어와 술어 사이의 의미가 통하지 않는다. 도둑 맞은 것은 "我"가 아니라 "我的钱包"이다.

▪ 0327 : 그녀의 아들인 鲁大海는 노동자 대표로 선출되었다.
* 她的儿子鲁大海选为工人代表。
☞ 她的儿子鲁大海被选为工人代表。

설명 주어인 "她的儿子鲁大海"는 동작의 주체가 아니라 동작을 받는 대상이므로 동사 앞에 "被"가 있어야 한다.

▪ 0328 : 다른 방법이 없어 그녀는 마지못해 재가했다.
* 没有别的办法, 她勉强被改嫁了。
☞ 没有别的办法, 她勉强改嫁了。

설명 주어가 바로 행위하는 주체이므로 동사 앞에 "被"를 쓸 필요가 없다.

▪ 0329 : 교실이 깨끗하게 치워졌다.
* 教室被打扫干净了。
☞ 教室打扫干净了。

설명 피동문에서 "被"를 생략하여도 의미에 착오가 생기지 않는다면 "被"는 생략한다. "教室"는 "打扫"라는 행위를 하는 "주체"가 될 수 없으므로 "被"를 빼야 한다.

◆ 老 lǎo 109

▪ 0330 : 할머니께서는 연세가 드셨고 눈도 침침해지셨다.
* 奶奶年岁老了, 眼也花了。
☞ 奶奶年岁大了, 眼也花了。

설명 "年岁"나 "岁数"가 주어일 때, 술어는 "老"를 쓰지 않고 "大"를 쓴다.

▪ 0331 : 내 낡은 자전거를 팔고 새 것을 살 거야.

* 卖了我的老自行车，再买辆新的。

☞ 卖了我的旧自行车，再买辆新的。

설명 일상용품을 가리키는 명사 앞에는 "老"를 쓰지 않고 "旧"를 쓴다.

▪ 0332 : 이 바지는 너무 짧다.

* 这条裤子老短。

☞ 这条裤子太短。

설명 "老"는 정도가 낮음을 나타내는 말을 수식할 수 없다.

▪ 0333 : 점심때 기숙사는 조용하다.

* 中午宿舍楼老安静。

☞ 中午宿舍楼很安静。

설명 이음절 형용사 앞에는 "老"를 쓸 수 없다.

▪ 0334 : 큰 형은 엔지니어이고, 둘째 형은 의사이다.

* 老哥是工程师，二哥是大夫。

☞ 大哥是工程师，二哥是大夫。

설명 가장 큰 형이나 누나에 대한 호칭은 "大"를 쓰지 "老"를 쓰지 않는다.

◆ 高 gāo 111

▪ 0335 : 형은 남동생보다 3㎝가 크다.
* 哥哥高弟弟三公分。
☞ 哥哥比弟弟高三公分。

설명 "高"는 형용사이므로 목적어를 수반할 수 없다. 비교문으로 바꾸어 "高"를 술어의 위치에 놓고, 비교의 결과는 그 뒤에 써야 한다.

▪ 0336 : 나는 올해 기말고사 성적이 작년보다 좋다.
* 我今年期末考试的成绩比去年高。
☞ 我今年期末考试的成绩比去年好。

설명 학업성적이나 학습에 대한 자신감이 어떠한지를 나타낼 때는 "高"를 쓰지 않는다.

◆ 为 wèi 113

▪ 0337 : 사회에 더욱 잘 봉사하기 위해서 우리들은 열심히 공부해야 한다.
* 为了更好地社会服务，我们要努力学习。
☞ 为了更好地为社会服务，我们要努力学习。

설명 행위의 대상인 "社会"를 끌어낼 전치사가 빠져 있는데, 문맥상 "为"를 넣어주는 것이 적절하다.

▪ 0338 : 중국사회의 발전을 연구하는 것은 우리 프랑스 학생들에게 중요하다.
* 研究中国社会的发展，为我们法国学生很重要。
☞ 研究中国社会的发展，对我们法国学生很重要。

설명 동작이나 행위의 대상을 소개할 때, "对待", "向", "朝"의 의미이면 "为"를 쓸 수 없다.

▪ 0339 : 나는 앞으로 양국의 우의를 위해서 일하게 되기를 바란다.
* 我希望将来工作为两国友谊。
☞ 我希望将来为两国友谊工作。

설명 "为"로 이루어진 전치사구가 문장에서 부사어로 쓰일 경우에는 동사술어 앞에 놓아야 한다.

◆ 成 chéng 115

▪ 0340 : 宋 선생님은 요즘 의지가 강해졌다.
* 宋老师最近变成了很硬气。
☞ 宋老师最近变得很硬气。

설명 동사 뒤에 정도보어가 있을 때는 그 사이에 "得"를 넣어 주어야 한다.

▪ 0341 : 태양은 호수를 붉은 색으로 바꾸어 놓았다.
* 太阳把湖水成了红色。
☞ 太阳把湖水变成了红色。

설명 위의 문장은 주요동사가 빠져 있다. "成"은 "把"의 술어가 될 수 없으므로 동사가 될 만한 단어를 넣어 주어야 한다. 이때 "成"은 보어가 된다.

◆ 听 tīng 117

▪ 0342 : 우리들은 공연을 다 보고 나서 모두 매우 기뻤다.
* 我们听完表演后，都感到非常高兴。
☞ 我们看完表演后，都感到非常高兴。

설명 "听"의 목적어는 반드시 귀로 소리를 들을 수 있는 것이어야 한다. "表演"은 들을 수 없는 것이므로 "看"으로 바꾸어야 한다.

▪ 0343 : 아들은 아버지의 말씀대로 지금까지도 甘南의 藏族自治州에 살고 있다.
* 儿子听到他父亲的话, 到现在还住在甘南藏族自治州。
☞ 儿子听他父亲的话, 到现在还住在甘南藏族自治州。

설명 순종하거나 복종하는 의미를 나타낼 때는 "听到"나 "听见"을 쓸 수 없고 "听"을 써야 한다.

◆ 事 shì 119

▪ 0344 : 이것은 내가 가장 잊기 어려운 일이다.
* 这是我最难忘的一个事。
☞ 这是我最难忘的一件事。

설명 "事"의 양사는 일반적으로 "件"을 사용한다.

◆ 社会 shèhuì 122

▪ 0345 : 그때 조부님은 오로지 회사 업무에만 몰두하시느라, 바깥 사회의 일은 신경 쓰지 않아, 결국은 고생하시게 되었다.
* 那时祖父只埋头公司的业务, 不管外面世界上的事, 结果吃了亏。
☞ 那时祖父只埋头公司的业务, 不管外面社会上的事, 结果吃了亏。

설명 일정한 범위 밖의 일을 나타낼 때는 "世界"를 쓸 수 없다. 위 문장의 "世界"는 반드시 "社会"로 바꾸어야 한다.

◆ 可是 kěshì 123

▪ 0346 : 王府井 거리는 평상시에도 북적대지만, 명절 때는 더욱 북적댄다.
* 王府井大街平常就很热闹, 可是过节时就更加热闹了。
☞ 王府井大街平常就很热闹, 而过节时就更加热闹了。

설명 위 문장에는 전환의 의미가 없으므로, “可是”를 쓸 수 없다.

◆ 更 gèng 125

▪ 0347 : 나는 그의 편지를 읽으면서 그가 나를 돕던 일을 내 눈앞에 떠올렸다.
* 我读着他的信, 他帮助我的事更浮现在我的眼前。
☞ 我读着他的信, 他帮助我的事浮现在我的眼前。

설명 “更”이 비교에 쓰일 때는 문장 속에 늘 대비되는 양쪽이 나온다. 위 문장에서는 비교하는 내용이 나오지 않으므로 “更”을 쓸 수 없다.

▪ 0348 : 비교적 중요한 기독교의 전통 기념일이 해마다 세 가지가 있는데, 그중 가장 중요한 것은 성탄절이다.
* 每年有三个比较重要的基督教传统节日, 其中更重要的是圣诞节。
☞ 每年有三个比较重要的基督教传统节日, 其中最重要的是圣诞节。

설명 “更”이 들어간 문장에서는 대비되는 양쪽에 모두 일정한 어떤 정도의 대비내용이 있어야 하며, 한 쪽이 다른 한 쪽 보다 정도가 더욱 심해야 한다. 그렇지 않으면 “更”을 쓸 수 없다.

▪ 0349 : 그는 더욱 열심히 공부하여 부모의 기대를 저버리지 않기로 결심하였다.
* 他决心更好好地学习, 不辜负父母的期望。
☞ 他决心更好地学习, 不辜负父母的期望。

설명 “更”은 중첩된 형용사를 수식할 수 없다.

▪ 0350 : 사람들의 생활수준은 해를 거듭할수록 높아지고 있다.
＊ 人们的生活水平一年比一年更高。
☞ 人们的生活水平一年比一年高。

설명 "越来越", "一天比一天", "一年比一年" 뒤에는 "更"을 쓸 수 없다.

◆ 回 huí 128

▪ 0351 : 빨리 나에게 답장을 써라.
＊ 你快回给我信。
☞ 你快给我回信。

설명 전치사 "给"로 이루어진 전치사구는 반드시 "回" 앞에 와서 부사어가 되도록 해야 한다.

◆ 开 kāi 131

▪ 0352 : 노동절 기간 동안, 长安街의 전등이 모두 켜졌다.
＊ 劳动节期间, 长安街的电灯都开电了。
☞ 劳动节期间, 长安街的电灯都开了。

설명 受事주어 뒤의 동사는 목적어를 수반할 수 없으므로, 명사 "电" 역시 "开"의 목적어가 될 수 없다.

▪ 0353 : 그는 닭을 반으로 갈라서, 반쪽은 굽고, 반쪽은 고아야 한다고 말했다.
＊ 他说应该把鸡切开两半, 烤一半, 烹一半。
☞ 他说应该把鸡切成两半, 烤一半, 烹一半。

설명 "开"는 동사 뒤에서 "어떠한 것이 되다(成为)", "어떠한 것으로 변하다(变为)" 라는 뜻의 보어로 쓰이지 않는다.

◆ 过 guò 133

▪ 0354 : 새해 저녁, 모두들 무도회에서 멋진 시간을 보냈다.
* 新年晚上, 大家在舞会上过了美好的时间。
☞ 新年晚上, 大家在舞会上渡过了美好的时间。

설명 "时间"은 "过"의 목적어가 될 수 없다.

▪ 0355 : 14년이 흘렀지만, 이 시는 내가 줄곧 잊지 않고 있었다.
* 十四年过了, 但这首诗我始终没忘。
☞ 十四年过去了, 但这首诗我始终没忘。

설명 시간의 수량을 나타내는 말이 주어가 될 때, "过"는 반드시 방향보어를 수반해야 한다.

▪ 0356 : 그는 여태 늦어 본 적이 없다.
* 他从来没有迟到。
☞ 他从来没有迟到过。

설명 문장 속에 지나간 시간을 나타내는 명사나 시간 부사가 있으면, 동사 뒤에 반드시 "过"가 와야 한다.

▪ 0357 : 나는 일찍이 학교에 다닌 적이 있었다.
* 我曾经上学过。
☞ 我曾经上过学。

설명 경험을 나타내는 "过"는 동사 뒤에 위치해야 한다.

▪ 0358 : 작년에 나는 몇 차례 여행을 갔었다.
* 去年我几次去旅行过。
☞ 去年我几次去旅行。

설명 자주 일어났던 동작에는 "过"를 덧붙일 수 없다.

◆ 问 wèn 134

▪ 0359 : 그는 매우 예의 바르게 주인에게 물었다. "이 책은 얼마입니까?"
* 他很有礼貌地主人问 : "这本书多少钱?"
☞ 他很有礼貌地向主人问 : "这本书多少钱?"

설명 물음을 받는 대상을 전치사로 이끌어내려면, 전치사 "向"을 써 주어야 한다.

▪ 0360 : 그는 그녀에게 그의 아내가 되어 달라고 하였다.
* 他问她做他的妻子。
☞ 他要求她做他的妻子。

설명 어떤 사람이 어떠한 일을 하기를 바란다는 것을 나타낼 때는 중국어에서 "要求"나 "请"을 쓰며, "问"에는 이러한 의미가 없다.

▪ 0361 : 나는 그에게 과일칼을 빌려 달라고 하였다.
* 我问他, 为了水果刀。
☞ 我向他借水果刀。

설명 "问"에는 "받아내다" 라는 의미가 없다.

▪ 0362 : 어머니는 내 친구들에게 그들의 부모님이 안녕하시냐고 물었다.
＊ 我母亲向我的朋友们问好他们的父母。
☞ 我母亲向我的朋友们问他们的父母好。

설명 "问好"는 동목구조이다. 관용적 형식인 "向…问好", "问…好"의 사이에는 인칭대체사나 사람을 나타내는 명사가 와야 한다.

◆ 全 quán 135

▪ 0363 : 그는 오후 내내 공부하고 있다.
＊ 他全下午都在学习。
☞ 他整个下午都在学习。

설명 이음절 명사는 "全"으로 수식 할 수 없다.

◆ 一定 yīdìng 136

▪ 0364 : 그는 비록 선생님이었으나, 결코 노동자를 경시하지 않았다.
＊ 他虽然是老师, 但他一定不轻视工人。
☞ 他虽然是老师, 但他一定别轻视工人。

설명 "一定"은 "不" 앞에서는 1인칭에 한해서만 쓰인다. 2, 3인칭일 때는 "一定" 뒤에 "别", "不要"를 쓴다.

▪ 0365 : 그 친구는 수업에 늘 늦어서 어쩔 도리가 없다.
＊ 那个同学上课一定迟到, 真没办法。
☞ 那个同学上课总是迟到, 真没办法。

설명 늘 일어나는 상황을 나타낼 때는 "总是" 라고 하지 "一定" 이라고 하지 않는다.

- 0366 : 태풍이 왔을 때 손실이 커서, 대략 7, 8명은 죽었을 것이다.

* 台风来的时候, 损失很大, 一定死七八个人。

☞ 台风来的时候, 损失很大, 总得死七八个人。

설명 대략적인 추측을 나타낼 때는 "一定"을 쓸 수 없다.

◆ 各 gè 137

- 0367 : 이번 학기에 나는 여섯 과목을 들었으므로, 시험을 여섯 차례나 봐야 한다.

* 这学期我上了六门各种课, 所以要有六次考试。

☞ 这学期我上了六门课, 所以要有六次考试。

설명 문장에서 "六门"이 이미 "课"의 구체적인 수량을 가리키고 있으므로, "各种"을 써서는 안된다.

- 0368 : 우리는 중국 각 방면의 상황을 알고 싶다.

* 我们希望知道中国的各情况。

☞ 我们希望知道中国的各方面情况。

설명 일부 명사들은 보통 "各"와 함께 쓰일 수 없으며, 반드시 중간에 양사가 있어야 한다. 위 문장에서는 "各"와 명사 사이에 양사가 빠져 있다.

- 0369 : 차가 호수가에 멈추자, 친구들은 모두 차에서 내렸다.

* 车在湖边停下了, 各个同学都下了车。

☞ 车在湖边停下了, 每个同学都下了车。

설명 "各"는 두루 보편적으로 가리키는 의미가 있지만, "每"는 한 개 혹은 한 조를 예로 든다는 의미가 있다. 위 문장의 "各"는 "每"로 고쳐야 한다.

▪ 0370 : 그는 중국 각 지역에 대해서 모두 흥미를 느끼고 있다.

* 他对各中国地方都感兴趣。

☞ 他对中国各地方都感兴趣。

설명 위 문장에서는 "各"의 위치가 잘못되었다.

◆ 因为 yīnwèi 140

▪ 0371 : 国际 호텔은 마침 수리를 하고 있어서 우리는 그곳의 음식을 먹을 수 없었다.

* 国际饭店因为正在修理, 所以我们没吃上那里的食品。

☞ 因为国际饭店正在修理, 所以我们没吃上那里的食品。

설명 두 절의 주어가 서로 다를 때, "因为"는 앞 절의 주어 앞에 와야 한다.

▪ 0372 : 만일 수업이 없다면, 나는 매우 가고 싶다.

* 因为没有课的话, 我很愿意去。

☞ 如果没有课的话, 我很愿意去。

설명 인과관계를 나타내지 않는 두 절은 "因为"로 연결할 수 없다.

◆ 条 tiáo 141

▪ 0373 : 내가 깃털 하나를 빌려 주면 넌 한 마리 화미조(画眉鸟)로 변할 수 있다.

* 我借给你一条羽毛, 你就能变成一只画眉鸟。

☞ 我借给你一根羽毛, 你就能变成一只画眉鸟。

설명 "羽毛"의 양사로는 "条"를 쓸 수 없다.

▪ 0374 : 그 때 할머니께서 날 위해 묘안 하나를 생각해 주셨다.

* 那时候, 奶奶为我想了一件妙计。

☞ 那时候, 奶奶为我想了一条妙计。

설명 항목이 나뉜 추상적인 사물의 양사로는 "条"를 사용한다.

◆ 住 zhù 142

▪ 0375 : 나는 줄곧 내 방에 머물면서 소설을 보았다.

* 我一直住在我房间里看小说。

☞ 我一直留在我房间里看小说。

설명 "住"는 "거주하다(居住)", "숙박하다(住宿)"의 의미를 지니고 있어서 "留"나 "呆"와는 다르다.

▪ 0376 : 비가 그쳤으니 우산을 접자.

* 下雨住了, 把雨伞收起来吧。

☞ 雨住了, 把雨伞收起来吧。

설명 비가 내리거나 그치는 상황을 나타낼 때, 동사 "下"와 "住"를 동시에 사용하여 설명할 수는 없다.

▪ 0377 : 광장에 많은 자동차들이 주차되어 있다

* 广场上停住着很多汽车。

☞ 广场上停着很多汽车。

설명

위 문장은 어떤 사물이 보여주는 상태를 설명, 묘사하고 있는 것이지, 만들어낸 결과를 나타내는 것이 아니므로 "住"를 결과보어로 써서는 안된다. 한편 "住"가 결과보어로 쓰일 때 "了", "过"는 수반할 수 있지만 "着"는 수반할 수 없다.

▪ 0378 : 나는 선생님께서 든 다섯 개의 예문을 전부 노트에 적어 두었다.

* 老师举的五个例句我都记住在本子上了。

☞ 老师举的五个例句我都记在本子上了。

설명

동사 뒤에 전치사구가 보어로 쓰일 경우, 다시 다른 보어를 수반할 수 없다.

▪ 0379 : 차가 天安门광장에 이르렀을 때, 나는 잠시 멈추고 싶었지만 운전사가 그럴려고 하지 않았다.

* 汽车开到天安门广场时, 我想停住一下, 可是司机不肯。

☞ 汽车开到天安门广场时, 我想停一下, 可是司机不肯。

설명

"住"가 결과보어로 쓰이면 동작이 끝나거나 고정된 상황을 표시하고, "一下"가 보어로 쓰이면 동작이 잠시 계속되거나 혹은 일회성의 짧은 동작을 나타낸다. 동사 뒤에 "住"와 "一下"를 동시에 쓰는 것은 모순이므로 "停住"라고 하거나 "停一下"라고 해야 맞는 문장이 된다.

▪ 0380 : 나는 오늘 배운 열두 개의 새 단어를 모두 암기했다.

* 今天学习的十二个生词我都记了。

☞ 今天学习的十二个生词我都记住了。

설명

동작을 통해 만들어진 어떤 구체적인 결과를 서술하는 경우, 결과보어를 써주지 않으면 의미가 불분명하게 된다.

◆ 些 xiē 143

- 0381 : 호수가에서 몇몇 사람들이 산보하고 있다.

* 湖岸上有一点儿人散步。

☞ 湖岸上有一些人散步。

설명 "一些"는 셀 수 있는 사물에 사용되는데, "一点儿"은 일반적으로 셀 수 있는 사물에 사용될 수 없다.

- 0382 : 선생님, 전 이 책 몇 권을 살게요.

* 老师, 我买这些本书。

☞ 老师, 我买这几本书。

설명 "些"는 일반적으로 다른 양사와 함께 쓸 수 없다. 사물의 일정치 않은 수량을 나타내는 경우에는 보통 양사 앞에 "几"를 붙인다.

- 0383 : 몇 주 전 그가 귀국했다.

* 前些星期他回国了。

☞ 前几个星期他回国了。

설명 일정한 시간 이전을 나타내는 경우 "前些时候", "前些年", "前些日子", "前些天"이라고 할 수는 있지만 "前些星期"라고 할 수는 없다.

- 0384 : 벌써 여덟시가 되었는데, 차는 왜 아직 출발하지 않는거지?

* 已经八点了, 汽车还怎么不开?

☞ 已经八点了, 汽车怎么还不开?

설명 동사, 형용사 앞에 대체사나 부사가 있는 경우, "怎么"는 대체사나 부사 앞에 놓아야 한다.

▪ 0385 : 막 北京에 왔을 때, 난 아무데도 몰랐다.

* 刚来北京时, 我怎么地方都不认识。

☞ 刚来北京时, 我什么地方都不认识。

설명 "怎么"는 명사 앞에 올 수 없다.

▪ 0386 : 울지 마, 중국어를 배울 이렇게 좋은 기회가 있으니 당연히 즐거워해야지.

* 别哭了, 你有怎么好的机会学习汉语, 应该高兴啊。

☞ 别哭了, 你有这么好的机会学习汉语, 应该高兴啊。

설명 "怎么"는 긍정문에서 정도를 표시하는 경우에는 사용될 수 없다.

◆ 却 què 145

▪ 0387 : 내 태도가 정말 나빴는데도 齐敏은 조금도 화를 내지 않았다.

* 我的态度非常不好, 然而, 却齐敏一点儿也不生气。

☞ 我的态度非常不好, 然而, 齐敏却一点儿也不生气。

설명 "却"는 주어 앞에 쓸 수 없다.

◆ 写 xiě 146

▪ 0388 : 너는 이름을 정확하게 써야 한다.

* 你应该把名字写。

☞ 你应该把名字写清楚。

설명 "把"자문에서는 술어동사가 중첩되어 있거나 다른 성분을 수반하고 있어야만 "把"의 목적어를 처치시킨 결과가 어떠한지를 나타낼 수 있게 된다. 위 문장에서는 "写" 뒤에 보어를 넣어 주어야 옳은 문장이 된다.

▪ 0389 : 토요일에 네가 이 원고를 다 쓸 수 있겠니?
* 星期六你把这篇稿子能写完吗?
☞ 星期六你能把这篇稿子写完吗?

설명 "把"자문에서 조동사는 "把"의 앞에 와야 한다.

▪ 0390 : 매 과의 새 단어를 나는 저녁에 여러 번 써야 한다.
* 每课的生词我都要在晚上写一写很多遍。
☞ 每课的生词我都要在晚上写很多遍。

설명 동사가 중첩된 후에는 일반적으로 동량보어를 수반하지 않는다. 위 문장에서는 의미상 동량보어가 필요하므로 "写"를 중첩시키지 말아야 한다.

◆ 地 dì 147

▪ 0391 : 농민은 땅이 많든 적든 상관없다고 우리들에게 말해 주었다.
* 农民告诉我们说多地少地没关系。
☞ 农民告诉我们说地多地少没关系。

설명 "地"가 주어로 쓰이면 술어 앞에 온다.

▪ 0392 : 조심하지 않아서 안경이 땅에 떨어졌다.
* 不小心, 眼镜掉在了地。
☞ 不小心, 眼镜掉在了地上。

설명 "地" 뒤에 방위명사가 빠졌다.

◆ 您 nín 149

▪ 0393 : 당신들은 너무 겸손하시군요.
* 您们太客气了。
☞ 你们太客气了。

설명 "您"은 일반적으로 "们"과 함께 쓰여 복수를 나타낼 수 없다.

▪ 0394 : 얘야, 너 어디 가니?
* 小朋友, 您去哪儿?
☞ 小朋友, 你去哪儿?

설명 일반적으로 어린 아이에게는 "您"이라고 부르지 않는다.

빈도순 0151~0200

◆ 但是 dànshì 152

▪ 0395 : 성적이 좋긴 하지만 넌 그래도 자만해선 안돼.
* 虽然成绩很好, 你也不能自满。
☞ 虽然成绩很好, 但是你也不能自满。

설명 만약 앞 절에 "虽然"을 썼다면, 뒷절에서는 반드시 전환을 나타내는 접속사를 써 주어야 한다.

◆ 每 měi 153

▪ 0396 : 우리나라에서 만 18세가 되는 국민은 모두 선거권과 피선거권을 가진다.

＊ 在我国, 每年满十八岁的公民都有选举权与被选举权。

☞ 在我国, 每个年满十八岁的公民都有选举权与被选举权。

설명 위 문장에는 "每" 뒤에 양사 "个"가 빠졌으므로 넣어 주어야 한다.

▪ 0397 : 우리들의 공부는 나날이 나아진다.

＊ 我们的学习每天比前一天好。

☞ 我们的学习一天比一天好。

설명 비교를 나타내면서 개체 사이의 공통된 성질을 나타내지 않는 경우에는 "每"를 쓸 수 없다.

◆ 身 shēn 154

▪ 0398 : 나는 방금 바지 하나를 샀다.

＊ 我刚买了一身裤子。

☞ 我刚买了一条裤子。

설명 "身"은 보통 옷을 세는 양사로 사용되기는 하지만, 상의나 바지 하나만을 가리키는 경우에는 쓸 수 없다. 상의는 "件"을 쓰고 하의는 "条"를 쓴다.

◆ 放 fàng 156

▪ 0399 : 벽에 광고 한 장이 붙어 있다.

＊ 墙上放着一张广告。

☞ 墙上贴着一张广告。

설명 어떤 사물이 벽에 고정되어 있음을 나타내는 경우에는 “放”을 쓸 수 없다.

◆ 吗 ma 158

▪ 0400 : 그는 교실에 가니 안가니?
* 他去不去教室吗?
☞ 他去不去教室?

설명 정반의문문의 문미에는 “吗”를 쓸 수 없다.

▪ 0401 : 선생님, 차를 드시겠어요, 아니면 커피를 드시겠어요?
* 老师, 您喝茶还是喝咖啡吗?
☞ 老师, 您喝茶还是喝咖啡?

설명 선택의문문의 문미에는 “吗”를 쓸 수 없다.

▪ 0402 : 지금 몇 시지?
* 现在几点吗?
☞ 现在几点?

설명 의문대체사가 있는 의문문에는 “吗”를 쓸 수 없다.

◆ 等 děng 162

▪ 0403 : 우물이 얕고 물이 많지 않아서 두 시간 물을 길으면 곧 말라버리니, 이틀 있다가 다시 긷는 수밖에 없다.
* 井浅水不多, 抽俩钟头就干了, 只好等等两天再抽。
☞ 井浅水不多, 抽俩钟头就干了, 只好等两天再抽。

설명 "等"이 동사로 쓰일 때, 중첩한 경우에는 뒤에 시간보어가 올 수 없다. 따라서 위 문장의 "等等"은 "等"으로 고쳐야 한다.

▪ 0404 : 이 도시에서는 대략 만 명의 어린아이들이 이 병에 걸렸다.

* 这个城市大约一万名小孩等得了这种病。

☞ 这个城市大约一万名小孩得了这种病。

설명 어떤 항목들을 열거할 때 "等"을 쓰는데, 위 문장에서는 열거하는 항목이 없으므로 뒤에 "等"을 쓸 수 없다. 따라서 "等"을 빼야 한다.

◆ 让 ràng 165

▪ 0405 : 노부인이 길을 건너갈 때, (수레의) 끌채가 그녀의 옷에 걸려(그녀의 옷을 걸어 잡아당겨) 넘어졌다.

* 一个老太太横过马路的时候, 车把挂住她的衣服, 让她跌倒了。

☞ 一个老太太横过马路的时候, 车把挂住她的衣服, 使她跌倒了。

설명 "…하게 하다"의 의미로 쓰일 때 "让"의 주어는 일반적으로 사람인데 만약 사물이라면 "使"를 써야 한다. 따라서 위 문장의 "让"은 "使"로 고쳐야 한다.

▪ 0406 : 나중에 鲁씨 집안 사람들을 周씨 댁에 다시 오지 못하게 하였다.

* 以后让鲁家的人不再来周公馆。

☞ 以后不让鲁家的人再来周公馆。

설명 "허가하지 않는다"는 의미를 나타낼 때는 "让" 앞에 "不", "别"를 써서 부정해야 한다. 그러므로 위 문장에서 "不"는 "让" 앞에 위치해야 한다.

▪ 0407 : 가족들이 그녀에게 냉담하게 대해 결국 그녀로 하여금 집을 나가게 하였다.

* 家里人对她很冷淡, 最后让赶出了家。

☞ 家里人对她很冷淡, 最后让人赶出了家。

설명 "让"이 피동의 의미를 나타내어 施事를 이끌 때 施动者가 반드시 출현해야 한다. 그러므로 위 문장에 "人"을 첨가해야 한다.

◆ 东西 dōngxi 166

▪ 0408 : 나는 고향과 그곳 사람들을 매우 사랑하는데, 지금 고향과 고향사람들이 매우 그립다.

* 我很爱故乡，爱那儿的人，现在我很想念这些东西。

☞ 我很爱故乡，爱那儿的人，现在我很想念故乡，想念故乡的人。

설명 "东西"는 각종 사물을 총칭하는데 사람이나 어떤 지방에 대해서는 일반적으로 "东西"라고 말할 수 없다. 따라서 위 문장의 "这些东西"는 모두 풀어서 일일이 써주어야 한다.

▪ 0409 : 여기는 새로 생긴 도시라서, 영화관, 체육관, 공원 등이 모두 최근 10여 년 사이에 지어져 고적 같은 것은 없다.

* 这是个很新的城市，什么东西都是近十几年建的，没有什么古迹。

☞ 这是个很新的城市，电影院·体育馆·公园等都是近十几年建的，没有什么古迹。

설명 공공시설물이나 큰 건축물에 대해서도 "东西"로 총칭할 수 없다. 그러므로 위 문장의 "东西" 역시 그 가리키는 바를 하나하나 써 주어야 한다.

◆ 拿 ná 173

▪ 0410 : 兰아주머니는 小玲의 손을 끌고 앞으로 갔다.

* 兰嫂拿着小玲的手往前走。

☞ 兰嫂拉着小玲的手往前走。

설명 "拿"의 주어는 반드시 사람이어야 하지만 "拿"의 受事者는 오히려 사람이나 신체의 일부분일 수 없다. 따라서 위 문장의 "拿"는 "拉"로 고쳐야 한다.

▪ 0411 : 이 말은 孙씨가 평생에 처음으로 분배하여 받은 것이기에 차마 때릴 수가 없었다.

＊ 这匹马是老孙头一辈子头一次拿到的, 舍不得打它。

☞ 这匹马是老孙头一辈子头一次分得的, 舍不得打它。

설명 "拿"의 목적어로 동물을 나타내는 단어는 쓰일 수가 없다. 그러드로 위 문장의 "拿到"는 "分得"로 고쳐야 한다.

▪ 0412 : 그는 일어나서 자기 컵으로 물을 따랐다.

＊ 他站起来, 用自己的杯子去拿水。

☞ 他站起来, 用自己的杯子去倒水。

설명 도구를 이용하여 취수할 때 "拿"를 쓸 수 없다. 따라서 위 문장의 "拿"는 "倒"로 고쳐야 한다.

▪ 0413 : 苏珊의 이 방법은 아주 좋은 생각이다.

＊ 苏珊这个办法拿得好。

☞ 苏珊这个办法想得好。

설명 "拿"가 "확정하다, 생각해 내다"의 의미로 쓰일 때, "拿" 뒤에 정태보어가 올 수 없다. 따라서 위 문장의 "拿"는 "想"으로 고쳐야 한다.

◆ 正 zhèng 175

▪ 0414 : 나의 중국어 기초는 탄탄하지가 않아 발음과 어조를 늘 정확하게 할 수 없다.

＊ 我的汉语基础没打好, 语音语调老是不正过来。

☞ 我的汉语基础没打好, 语音语调老是正不过来。

설명 "正"이 "바로잡다"라는 의미의 동사로 쓰일 때, 주관적 조건이나 객관적 조건이 실현될 수 있는지의 여부를 나타내려면 가능보어를 써야 한다. 동사 "正"과 "过来"로 이루어진 동보구조의 긍정형식과 부정형식은 "正得过来"와 "正不过来"로 써야 한다. 그러므로 위 문장에서는 "不"를 "正"의 뒤에 써 주어야 한다.

▪ 0415 : 선생님, 저는 이 발음을 정확히 못하겠는데요.
* 老师, 我把这个音正不过来。
☞ 老师, 我这个音正不过来。

설명 "正"으로 이루어진 가능보어에는 일반적으로 "把"자문을 쓸 수 없다. 따라서 위 문장에서는 "把"자를 빼야 한다.

▪ 0416 : 내가 그를 찾아갔을 때, 그는 마침 집에 없었다.
* 我去找他的时候, 他不正在家呢。
☞ 我去找他的时候, 他正好没在家呢。

설명 "正"이 동작의 진행이나 상태의 지속을 나타내는 의미로 쓰일 때, 뒤에 "呢"가 함께 쓰일 수 있는데, "正……呢"식의 부정형식은 "没"나 "没有"를 쓰고 "正"과 "呢"를 빼거나 아니면 "正"과 "呢"를 뺀 후에 "没(没有)"앞에 "正好"를 쓰면 된다. 위 문장에서는 이 문장의 부정형식이 잘못 되었으므로 설명과 같이 고쳐 주어야 한다.

▪ 0417 : 시험 답안지가 배부된 후에도 그 학생은 계속 생각만 할 뿐 20분이 지나도록 아직까지 답을 쓰지 않는다.
* 考试卷子发下去以后, 那个学生总是正思考, 过了二十分钟还没动笔。
☞ 考试卷子发下去以后, 那个学生总是思考, 过了二十分钟还没动笔。

설명 위 문장에서는 반복진행이나 지속을 나타내는 적당한 말이 있으므로 다시 "正"을 쓸 필요가 없다.

▪ 0418 : 네가 한 대답은 전혀 선생님이 원하시는 것이 아니다.
* 你所回答的, 正不是老师所要求的。
☞ 你所回答的, 根本不是老师所要求的。

설명 "正"은 "是", "在", "因为", "如" 등의 앞에서 긍정의 어기를 강조하기도 하는데, 이런 의미를 나타내는 "正"은 일반적으로 부정형식에는 쓰이지 않는다. 따라서 위 문장의 "正"은 "根本"으로 고쳐야 한다.

◆ 许多 xǔduō 176

▪ 0419 : 이러한 일에 관해서는 그가 많이 썼다.
* 关于这方面的事他写得许多。
☞ 关于这方面的事他写了许多。

설명 "许多"는 수량이 많음을 나타내며 관형어, 보어, 주어, 목적어 등으로 쓰이는데, "得" 뒤에서 보어로 쓰일 수는 없다. 따라서 위 문장의 "得"는 "了"로 고쳐야 한다.

▪ 0420 : 그녀는 해야 할 일이 많기 때문에 그 아이를 돌볼 수 없다.
* 因为她要做的工作许多, 不能照顾那个孩子。
☞ 因为她要做的工作很多, 不能照顾那个孩子。

설명 "许多"는 술어로는 쓰일 수 없다. 따라서 위 문장의 "许多"는 "很多"로 고쳐주어야 한다.

◆ 坐 zuò 177

▪ 0421 : 소파에 요염한 여자가 앉아 있다.
* 沙发上坐一个娇艳的女人。
☞ 沙发上坐着一个娇艳的女人。

설명 사람이 어떤 자세나 방식으로 존재하는 것을 나타낼 때, 동사 뒤에 반드시 동태조사 "着"를 써야 한다. 위 문장에서는 "坐" 뒤에 "着"가 빠져 있으므로 이를 써 주어야 한다.

▪ 0422 : 나는 싸고 멋진 자전거 한 대를 샀는데, 자전거를 타고 여러 곳을 가고 싶다.

* 我买了一辆自行车, 又便宜又好看, 想坐自行车去很多地方。

☞ 我买了一辆自行车, 又便宜又好看, 想骑自行车去很多地方。

설명 "自行车"는 "坐"의 목적어로 쓰일 수 없다. 위 문장의 "坐"는 동사와 목적어의 배합이 어울리지 않으므로 이에 맞는 "骑"로 고쳐주어야 한다.

▪ 0423 : 나는 중국을 이해하고 싶어서 기차를 타고 北京에 간다.

* 我要了解中国, 所以我去北京坐火车。

☞ 我要了解中国, 所以我坐火车去北京。

설명 "坐"로 이루어진 동목구가 부사어로 쓰일 때, 반드시 동사 앞에 위치해야 한다. 그러므로 "坐火车"를 "去" 앞으로 옮겨 주어야 한다.

◆ 笑 xiào 178

▪ 0424 : 비행기가 중국 首都공항에 착륙하자, 스튜어디스가 웃으며 나와 작별인사를 했다.

* 飞机在中国首都机场降落以后, 空中小姐一边笑一边和我们告别。

☞ 飞机在中国首都机场降落以后, 空中小姐笑着和我告别。

설명 "笑"는 명사, 대체사, 절을 목적어로 가질 수 있다. 위 문장에서 나타내고자 하는 것은 스튜어디스가 어떻게 작별인사를 했는가를 묘사하는데 있으므로, "笑"는 "告别"의 부사어로 쓰여야 한다.

◆ 生产 shēngchǎn 180

▪ 0425 : 나뭇잎이 자라났다.

* 树上的叶子生产出来了。

☞ 树上的叶子生长出来了。

설명 "생산해내다, 만들다"의 의미로 쓰이는 "生产"은 "자라다"의 의미를 나타내는 경우에는 사용될 수 없다. 따라서 위 문장의 "生产"은 "生长"으로 고쳐야 한다.

◆ 带 dài 181

▪ 0426 : 그는 새 옷을 입고, 손에는 새 손수건을 들고 있다.

* 他穿着新衣服, 手里带着新手帕。

☞ 他穿着新衣服, 手里拿着新手帕。

설명 손으로 물건을 잡고 있음을 표시할 때, "带"를 쓸 수 없다. "带"는 "带学生证(학생증을 갖고 있다)", "带护照(여권을 갖고 있다)" 등과 같이 몸에 어떤 물건을 지니고 있음을 나타낸다.

◆ 作 zuò 182

▪ 0427 : 나는 그들이 이러한 경제적인 효율이 비교적 높은 작물을 심는 것은 좋은 일이라고 생각한다.

* 我认为他们作这种经济效益比较高的作物是好事。

☞ 我认为他们种这种经济效益比较高的作物是好事。

설명 "作"라는 동사는 씨를 뿌리고 식물을 심는다는 의미를 나타내지 않는다.

▪ 0428 : 이 네 사람은 모두 크게 진보했다.

* 这四个人都作了很大进步。

☞ 这四个人都取得了很大进步。

설명 "作"는 "획득"의 의미를 나타내지 못한다. 그러므로 "进步"와 어울려 쓰일 수 없다.

▪ 0429 : 버스에서 나는 중국어를 못 알아듣는 척하며 사람들이 하는 여러 말을 듣는다.

＊ 在公共汽车上, 我装不懂汉语的样子, 听人们谈各种各样的话。
☞ 在公共汽车上, 我装作不懂汉语的样子, 听人们谈各种各样的话。

설명 동사 “装” 뒤에 결과보어 “作”가 빠져 있다.

◆ 人们 rénmen 185

▪ 0430 : 사람마다 자신의 개성과 도덕관념을 갖고 있다.
＊ 每个人们都有自己的性格特点 · 道德观念。
☞ 每个人都有自己的性格特点 · 道德观念。

설명 모든 사람이나 어떤 사람을 표시할 때는 “人们”을 쓸 수 없다.

◆ 孩子 háizi 189

▪ 0431 : 어느 날 그녀 집의 말이 새끼를 낳았다.
＊ 有一天她家的马生了个孩子。
☞ 有一天她家的马生了个马驹儿。

설명 동물의 새끼를 말할 때, “孩子”를 쓸 수 없다. 그러므로 망아지는 “马驹儿”로 써야 한다.

◆ 看见 kànjiàn 190

▪ 0432 : 그는 예쁘게 핀 꽃을 보았다.
＊ 他看见着一种花开得很好看。
☞ 他看见一种花开得很好看。

설명 동작의 결과를 나타내는 “看见” 뒤에는 동태조사 “着”를 쓸 수가 없다.

- 0433 : 나는 오늘 3편의 영화를 보았다.

* 我今天看见了三个电影。

☞ 我今天看了三个电影。

설명 관람이나 책을 읽는 것을 표시할 때, “看见”을 쓸 수 없고 “看”을 써야 한다.

◆ 一样 yīyàng 191

- 0434 : 이 책과 저 책은 내용이 같다.

* 这本书跟那本一样内容。

☞ 这本书跟那本内容一样。

설명 비교의 대상이 되는 부분이 “跟…一样”사이에 와야 한다.

◆ 所 suǒ 192

- 0435 : 앞이 서점이다.

* 前面是所书店。

☞ 前面是个书店。

설명 양사의 쓰임이 잘못되었다. “所”는 학교나 병원, 집(건물)을 셀 때 쓰인다.

- 0436 : 우리가 쉬고 있는 곳은 여기서 매우 가깝다.

* 我们所休息的地方离这儿很近。

☞ 我们休息的地方离这儿很近。

설명 “所” 뒤에는 반드시 타동사가 와야 한다. 하지만 위 문장의 “休息”는 자동사이므로 “所”가 필요 없다.

▪ 0437 : 선생님께서 우리에게 하신 요구는 우리 모두 기억했다.
＊ 老师所向我们提的要求，我们都记住了。
☞ 老师向我们所提的要求，我们都记住了。

설명 "所"와 뒤의 동사 사이에는 다른 성분이 들어올 수 없다.

◆ 跑 pǎo 194

▪ 0438 : 잠시 의논한 후에 그들은 곧 달리기 시합을 했는데, 당연히 거북이보다 토끼가 빨랐다.
＊ 商量了一下，它们便开始跑比赛，当然兔子比龟跑得快。
☞ 商量了一下，它们便开始赛跑，当然兔子比龟跑得快。

설명 "跑"는 동사 목적어를 가질 수 없고, 명사 목적어만 가질 수 있다.

▪ 0439 : 내 친구는 부주의해서 강에 빠졌는데, 다행히 작은 배가 와 살 수 있었다.
＊ 我的朋友不小心掉到了河里，幸好有一条小船跑过来，我的朋友才得救。
☞ 我的朋友不小心掉到了河里，幸好有一条小船划过来，我的朋友才得救。

설명 존재문에서 주어가 사물명사일 경우, 술어로 "跑"를 쓸 수 없다. 위 문장에서는 "小船"이 주어로 쓰였으므로 동사를 "划"로 바꾸어야 한다.

▪ 0440 : 아무리 달콤한 말을 많이 해도 지배인의 꾸지람을 벗어날 수는 없다.
＊ 好话说得再多，也跑不了经理的批评。
☞ 好话说得再多，也逃脱不了经理的批评。

설명 어떤 상황을 벗어나려고 생각하는 것을 표시할 때는 "跑" 대신 "逃脱"를 써야 한다.

◆ 讲 jiǎng 196

▪ 0441 : 우리가 만난 저 사람은 매우 재미있는데, 만담을 아주 잘 한다.
* 我们遇到的那个人特别风趣, 讲相声讲得相当好。
☞ 我们遇到的那个人特别风趣, 说相声说得相当好。

설명 "相声"은 "讲"과 어울려 쓰이지 않는다. 그러므로 동사를 "说"로 바꾸어야 한다.

◆ 快 kuài 197

▪ 0442 : 저에게 빨리 답장을 써 주세요!
* 请你给我写回信很快吧!
☞ 请你快给我写回信吧!

설명 형용사 "快"는 재촉(독촉)을 표시하며 동사 앞에 놓여 부사어로 쓰인다.

▪ 0443 : 정월 15일이 지나면 봄갈이가 곧 닥쳐온다.
* 过了正月十五, 快春耕到了。
☞ 过了正月十五, 春耕快到了。

설명 부사어로 쓰인 "快"는 "머지않아…하다"의 뜻으로 마땅히 수식하는 동사 앞에 놓여야 한다.

▪ 0444 : 날씨가 비교적 따뜻해서 나는 옷 한 벌을 벗었다.
* 因为天气比较暖和, 我快脱下了一件衣服。
☞ 因为天气比较暖和, 我脱下了一件衣服。

설명 곧 일어날 상황이나 동작을 표시하는 것이 아니기 때문에 위 문장에서는 "快"가 필요 없다.

◆ 以 yǐ 198

▪ 0445 : 우리 공장의 조건으로 볼 때, 이 임무를 맡는 것은 매우 곤란하다.
* 以我们工厂的条件, 接受这个任务是够困难的。
☞ 以我们工厂的条件而论, 接受这个任务是够困难的。

설명 "以…而论"의 격식에서 "而论"을 생략할 수 없다.

▪ 0446 : 이 도로는 동쪽은 댐에서 시작해서 서쪽으로 王씨 마을까지 이어져 전체 길이가 모두 190㎞에 달한다.
* 这条公路, 东以水库为起, 西以王家庄为止, 全长共计一百九十公里。
☞ 这条公路, 东以水库为起点, 西以王家庄为终点, 全长共计一百九十公里。

설명 "以…为…"가 "…을(를)…으로 삼다"라는 뜻을 표시할 때, "为" 뒤에 동사가 올 수 없고 단지 명사성분이 올 수 있다. 그러므로 위 문장의 동사(起)를 상응하는 명사(起点)로 바꾸어야 한다.

▪ 0447 : 출신성분으로 죄의 형량을 정하는 근거로 삼을 수 없다.
* 不能以出身成分定罪量刑的依据。
☞ 不能以出身成分为定罪量刑的依据。

설명 "以…为…"의 형식이 쓰인 문장에서 "为"를 생략할 수 없다.

◆ 研究 yánjiū 199

▪ 0448 : 실제 성상을 관찰하여 천문연구를 하면 조건이 아주 좋다.
* 从实际观察星象来搞研究天文, 条件很好。
☞ 从实际观察星象来搞天文研究, 条件很好。

설명 "研究"가 목적어로 쓰이면 뒤에 다시 목적어를 가질 수 없다. 위 문장에서 "研究"의 목적어로 쓰인 "天文"을 "研究" 앞에 놓아 관형어가 되도록 해야 한다.

◆ 世界 shìjiè 200

- 0449 : 세상 사람들은 모두 서로 사랑해야 한다.

* 世界里的人都应该相爱。

☞ 世界上的人都应该相爱。

설명 모든 세상의 범위를 표시할 때, 방위사로 "里" 대신 "上"을 써야 한다.

빈도순 0201~0250

◆ 发展 fāzhǎn 204

- 0450 : 봉건사회에서는 백성들의 각성이 매우 낮았다.

* 在封建社会，人民的觉悟很不发展。

☞ 在封建社会，人民的觉悟很低。

설명 사람들의 자각이나 각성 등의 정도가 높고 낮음을 말할 때, "发展"을 써서 표현할 수 없다.

◆ 思想 sīxiǎng 206

- 0451 : 다른 사람이 그에게 짝을 소개해 줄 때, 그는 어떤 생각도 없었다.

* 当别人给他介绍对象的时候，他一点儿思想也没有。

☞ 当别人给他介绍对象的时候，他一点儿想法也没有。

설명 생각하여 얻어진 결과를 표시할 때, "思想"을 쓸 수 없다.

- 0452 : 총각에 대한 아리따운 베 짜는 처녀의 태도는 비교적 분명하다.

* 美丽的纺织姑娘对 小伙子的思想比较明朗。

☞ 美丽的纺织姑娘对 小伙子的态度比较明朗。

설명 사물에 대한 견해를 표시하거나 행동을 취할 때, "思想"은 쓰지 않는다.

- 0453 : 우리는 마땅히 국민과 국가를 위해 봉사하는 정신을 가져야 한다.

* 我们应该有一个为人民为国家服务的思想精神。

☞ 我们应该有一个为人民为国家服务的精神。

설명 "思想"과 "精神"은 나타내는 의미가 비슷하기 때문에 서로 수식할 수 없다. 그러므로 위 문장에서는 "思想"을 빼야 한다.

- 0454 : 그는 또 좋은 생각이 떠올랐다.

* 他又想出了个好思想。

☞ 他又想出了个好主意。

설명 문제를 처리하거나 해결하는 구체적인 방법을 표시할 때, "思想"을 쓸 수 없다.

◆ 站 zhàn 207

- 0455 : 그들 둘은 교실 밖에 한 시간을 서 있었다.

* 他们两个站在教室外边一小时。

☞ 他们两个在教室外边站了一小时。

설명 "站"은 数量补语 앞에 쓰여야 한다.

- 0456 : 그는 멍하니 서서 입을 사발만큼 크게 벌리고 있었다.

* 他呆呆地站, 嘴巴张得有碗口那么大。

☞ 他呆呆地站着, 嘴巴张得有碗口那么大。

설명 "站"이 동작의 지속상태를 표시할 때, 뒤에 반드시 "着"를 써야 한다.

- 0457 : 앞쪽에 아주 큰집을 하나 지었다.

* 前边站了一座很大的房子。

☞ 前边盖了一座很大的房子。

설명 "站"은 사물을 가리키는 명사와 어울려 쓸 수 없다.

- 0458 : 앞에서 교통사고가 나는 바람에 하는 수 없이 차들이 하나 둘씩 길에 서 있다.

* 由于前边发生了交通事故, 没办法, 一辆又一辆的汽车只好站在马路上。

☞ 由于前边发生了交通事故, 没办法, 一辆又一辆的汽车只好停在马路上。

설명 만약 동작의 행위자가 사물을 가리킬 때, "站"은 일반적으로 전치사구로 된 보어를 갖지 않는다.

◆ 提 tí 208

- 0459 : 그녀가 잡고 있는 아이는 겨우 세 살이다.

* 她提着的孩子才三岁。

☞ 她拉着的孩子才三岁。

설명 사람을 손으로 들 수는 없다. "提"는 물건을 들 때 쓰인다.

▪ 0460 : 그녀는 용기를 내어 친정으로 돌아갔다.
* 她提起勇气回娘家去了。
☞ 她鼓起勇气回娘家去了。

설명 "勇气"가 "提"의 목적어로 쓰일 수 없다.

▪ 0461 : 나는 내년에 3학년에 올라간다.
* 我明年该提三年级了。
☞ 我明年该升三年级了。

설명 "학년"이 올라감을 표시할 때, "提"를 쓸 수 없다.

▪ 0462 : 일본은 선진 설비로 渤海 유전을 개발하고자 한다.
* 日本愿意提先进设备来开发渤海油田。
☞ 日本愿意提供先进设备来开发渤海油田。

설명 "提"에는 "제공하다"라는 뜻이 없다.

▪ 0463 : 주인 어른이 뜰에서 술을 마시며 꽃을 감상하고 있을 때, 그에게 어려운 문제를 내셨다.
* 老爷在院子里喝酒赏花时，给他提难题。
☞ 老爷在院子里喝酒赏花时，给他出难题。

설명 제목을 열거할 때, "提"를 쓸 수 없다. 위 문장에서는 "提"와 목적어가 어울리지 않는다.

- 0464 : 세심하지 못한 부분이 있으면 우리에게 일러주십시오.

* 有什么不周到的地方，请提给我们。

☞ 有什么不周到的地方，请给我们提出来。

설명 "提"의 결과보어로 "给"가 쓰일 수 없다. 위 문장에서는 "提" 뒤에 "给"가 잘못 쓰였다.

- 0465 : 집에서 내게 부쳐 온 1000달러를 지금 은행에 가서 찾는다.

* 家里给我寄来了一千美元，现在我到银行去提。

☞ 家里给我寄来了一千美元，现在我到银行去取。

설명 "提"는 맡겨둔 물건이나 돈을 찾는데 쓰인다. 그러나 일반적으로 수령하는 것을 나타낼 때는 "提"를 쓸 수 없다.

◆ 跟 gēn 209

- 0466 : 너는 중국의사에게 진찰을 받았니?

* 你跟中国大夫看病了吗?

☞ 你找中国大夫看病了吗?

설명 "跟"은 兼语를 가질 수 없다.

- 0467 : 이 사람은 내게 매우 친절하다.

* 这个人跟我很热情。

☞ 这个人对我很热情。

설명 사람과 사람사이의 접대관계를 표시할 때, "跟"을 쓸 수 없다.

▪ 0468 : 그는 그곳을 잘 안다.
* 他跟那个地方很熟悉。
☞ 他对那个地方很熟悉。

설명 대상이나 사물을 끌어들이는 관계에는 "跟"을 쓸 수 없다.

▪ 0469 : 나는 그들과 홍콩에 간다.
* 我去香港跟他们。
☞ 我跟他们去香港。

설명 "跟"이 명사나 대체사와 전치사구를 이루어 부사어로 쓰일 때, 반드시 동사 술어 앞에 와야 한다.

▪ 0470 : 그의 몸도 어머니와 마찬가지로 매우 강건하고 건강하다.
* 他的身体也母亲一样, 很强壮, 很健康。
☞ 他的身体也跟母亲一样, 很强壮, 很健康。

설명 위 문장에서는 비교의 대상이 되는 "母亲" 앞에 "跟"이 빠져 있다.

▪ 0471 : 그들 모두는 나처럼 기뻐한다.
* 他们都高兴跟我一样。
☞ 他们都跟我一样高兴。

설명 "跟…一样"은 술어 "高兴" 앞에 와야 한다.

◆ 为了 wèile 210

▪ 0472 : 우리는 두 회사의 제품의 질을 위해서 교류를 진행하였다.

* 我们进行了交流为了两个公司的产品质量。

☞ 我们为了两个公司的产品质量进行了交流。

설명 "为了"의 위치가 틀렸다. "为了"는 일반적으로 부사어로 쓰여 문장 맨 앞이나 주어 뒤에 온다.

▪ 0473 : 아마도 날씨가 좋지 않아서 인지, 아니면 새벽이라서 인지 길에 행인이 많지 않다.

* 也许是为了天气不好，或者是为了早晨的原因，路上行人很少。

☞ 也许是因为天气不好，或者是因为早晨的原因，路上行人很少。

설명 "为了…"의 형식은 동작의 목적이나 동기를 표시할 뿐, 원인을 표시하지는 않는다.

▪ 0474 : 우리는 중국의 농촌을 이해하기 위해서 北京 교외의 몇몇 기업을 참관하였다.

* 我们为了了解中国的农村。

☞ 我们为了了解中国的农村，参观了北京郊区的几个企业。

설명 "为了…"는 동사로 쓰일 수 없다. 또한 단독으로 문장을 이룰 수 없고 반드시 다음 문장이 따라와야만 한다. 위의 틀린 문장에서는 술어부분이 빠져 있다.

◆ 受 shòu 211

▪ 0475 : 설령 사람들의 이해를 받지 못하더라도 자신의 신념대로 밀고 나가야 한다.

* 即使受不到人们的理解，也要坚持自己的信念。

☞ 即使得不到人们的理解，也要坚持自己的信念。

설명 취득의 의미를 표시할 때는 “受”를 쓸 수 없다.

◆ 比 bǐ 214

▪ 0476 : 이 선생님의 시험방법은 다른 선생님과 다르다.
* 这个老师考试的方法比别的老师不同。
☞ 这个老师考试的方法跟别的老师不同。

설명 비교하는 대상이 다를 경우 “比”를 사용할 수 없다.

▪ 0477 : 모두들 北京의 올해는 작년과 무슨 변화가 있는지 보기를 원한다.
* 大家都想看看北京今年比去年有什么变化。
☞ 大家都想看看北京今年跟去年有什么变化。

설명 동일한 사물이 앞뒤 다른 시기에 따라 차이가 있음을 표시하지 않을 때, “比”를 쓸 수 없다.

▪ 0478 : 여동생이 언니보다 더 크다.
* 妹妹比姐姐太高。
☞ 妹妹比姐姐还高。

▪ 0479 : 여기의 물건이 저기 것보다 더 좋다.
* 这儿的东西比那儿的最好。
☞ 这儿的东西比那儿的更好。

▪ 0480 : 颐和园이 景山公园보다 더 크다.
* 颐和园比景山公园大极了。
☞ 颐和园比景山公园大得多。

설명 술어로 쓰인 형용사 앞에는 정도가 한층 더 증가함을 표시하는 부사인 "还", "更", "再" 만을 사용할 수 있고, 정도가 상당히 높음을 표시하는 부사인 "很", "大", "特别", "十分", "最" 등은 사용할 수 없다.

▪ 0481 : 그는 날이 갈수록 성질을 부린다.

＊ 他一天比一天发了脾气。

☞ 他的脾气一天比一天大。

설명 "一"가 양사와 같이 쓰여 "比" 앞뒤에 중복되어 쓰일 때, 정도를 나타내는 형용사 앞에만 올 수 있으며 동사 앞에는 올 수 없다.

◆ 由 yóu 215

▪ 0482 : 선생님은 나로 하여금 자신의 어머니를 찾으러 보내셨다.

＊ 老师由我去找他的母亲。

☞ 老师让我去找他的母亲。

설명 "由"는 명령의 의미를 나타내지 않는다.

▪ 0483 : 3월에 우리는 외교부문의 시험에 참가한 다음에 외교부에서 정해준 대로 다른 나라를 방문한다.

＊ 三月份，我们参加了一个外交方面的考试，然后跟外交部安排到国外参观访问。

☞ 三月份，我们参加了一个外交方面的考试，然后由外交部安排到国外参观访问。

설명 "跟"으로는 행위의 주체를 이끌어 낼 수 없으며 "由"를 써야 한다.

▪ 0484 : 내 글은 王선생님의 지도하에 쓰여진 것이다.

* 我的文章是由王老师指导下写成的。

☞ 我的文章是在王老师指导下写成的。

설명 "由"는 동작이 진행되는 조건을 설명할 수 없다.

▪ 0485 : 저 아이는 오빠를 통해서 중국친구를 알게 되었다.

* 那个孩子由哥哥认识了中国朋友。

☞ 那个孩子通过哥哥认识了中国朋友。

설명 사람이나 사물을 통해서 어떤 목적을 달성함을 나타내고자 할 때, "由"를 쓸 수 없다.

▪ 0486 : 어떤 사람들은 새 것을 좋아하고 낡은 것을 싫어하는 것, 혹은 도덕 파괴 때문에 이혼을 요구한다.

* 有的人要求离婚是由喜新厌旧或道德败坏。

☞ 有的人要求离婚是由于喜新厌旧或道德败坏。

설명 "由" 뒤에는 복합구조 형식의 구나 절이 올 수 없다.

◆ 阶级 jiējí 216

▪ 0487 : 그는 가난하기 때문에 지위도 매우 낮다.

* 因为他是穷人, 所以阶级也很低。

☞ 因为他是穷人, 所以地位也很低。

설명 "阶级"는 "低"나 "高"와 같은 단어와 어울려 쓰이지 않는다.

◆ 死 sǐ 218

▪ 0488 : 그녀는 둘째 애를 안고 강에 투신하여 죽었다.
* 她抱着第二个孩子投河死。
☞ 她抱着第二个孩子投河死了。

설명 틀린 문장에서 "死" 뒤에 "了"가 빠졌다.

▪ 0489 : 孔乙己는 확실히 과거제도에 의해 살해당했다.
* 孔乙己确实是被科举制度死了。
☞ 孔乙己确实是被科举制度害死了。

설명 위 문장에서 "死"는 결과보어로 쓰였으므로 앞에 동사가 와야 한다.

◆ 真 zhēn 219

▪ 0490 : 3년 뒤에 그녀는 비로소 생모를 만나게 되었다.
* 三年后, 她才和真妈见了面。
☞ 三年后, 她才和亲妈见了面。

설명 친속관계를 표시할 때는 "真"을 쓸 수 없고, "亲"을 써야 한다.

▪ 0491 : 그녀가 남자친구를 찾았는데 이번에는 진짜였다.
* 她找到了男朋友, 这是真。
☞ 她找到了男朋友, 这是真的。

설명 "真"은 단독으로 술어가 될 수 없고, "是…的" 가운데에서만 쓰일 수 있다.

▪ 0492 : 집 뒤에서 갑자기 매우 이상한 비명이 한 바탕 들려왔다.
* 房后突然传来一阵真奇怪的叫声。
☞ 房后突然传来一阵很奇怪的叫声。

설명 객관적인 서술로 확실한 감정색채를 갖고 있지 않은 문장에서는 "真"을 쓰지 않는다.

◆ 半 bàn 222

▪ 0493 : 1년 반을 더 있다가 귀국하겠다.
* 再过一个月半我就回国。
☞ 再过一个半月我就回国。

▪ 0494 : 나는 3년 반 동안 중국어를 배운 적이 있다.
* 我学过三半年汉语。
☞ 我学过三年半汉语。

설명 정수가 있을 때, "半"은 양사 뒤에 쓰인다.

◆ 所以 suǒyǐ 223

▪ 0495 : 青岛까지 기차로 가면 10시간 이상이 걸린다. 그러므로 우리가 거기에 도착할 때면 매우 피곤할 것이다.
* 去青岛坐火车要十几个小时，我们到那儿的时候所以很累。
☞ 去青岛坐火车要十几个小时，所以我们到那儿的时候很累。

설명 인과관계에서 결과를 표시할 때 "所以"를 쓰며, 뒤 구절의 맨 앞에 놓인다.

▪ 0496 : 그가 수업하러 오지 않은 것은 병이 났기 때문이다.
* 所以他没来上课, 是因为他病了。
☞ 他所以没来上课, 是因为他病了。

설명 "所以"는 반드시 앞 구절의 주어와 술어 사이에 놓여야 한다.

▪ 0497 : 이 사람은 돈을 목숨처럼 아끼는 구두쇠이다. 그래서 그에게 접근하고자 하는 사람이 없다.
* 这个人是个爱钱如命的吝啬鬼, 所以为什么没人愿意和他接近。
☞ 这个人是个爱钱如命的吝啬鬼, 所以没人愿意和他接近。

설명 "所以"는 뒤 구절에 쓰여 결과를 표시한다. "为什么"는 원인을 나타내므로 두 개가 같이 쓰일 수는 없다.

▪ 0498 : 그들이 묻기를 "지금 이미 비행소년에 대해 교육우선을 제창해 놓고서, 무엇 때문에 꼭 징역을 선고하려고 합니까?"라고 하였다.
* 他们问 : 现在既然对失足青年提倡以教育为主, 所以那为什么一定要判处徒刑呢?
☞ 他们问 : 现在既然对失足青年提倡以教育为主, 那为什么一定要判处徒刑呢?

설명 "所以"는 "既然"과 같이 쓰일 수 없으며, 뒤 구절에 쓰여 추론이나 반문을 표시할 수도 없다.

◆ 地方 difang 224

▪ 0499 : 王군은 北京에서 山西의 농촌으로 가서 일을 하였고 그곳의 아가씨와 결혼했다.
* 小王从北京到山西农村工作, 和地方上的一个姑娘结了婚。
☞ 小王从北京到山西农村工作, 和当地的一个姑娘结了婚。

설명 어떤 사람이 있는 구체적인 지점을 표시할 때, "地方"을 쓸 수 없다.

◆ 长 cháng 226

▪ 0500 : 나는 이번에 출국해 있던 시간이 길지 않았기 때문에 그저 파리에서 만 2, 3일 머물렀을 뿐이고 많은 곳을 가보지 못했다.

＊ 因为时间不长, 只在巴黎住了两三天, 好多地方没有去。

☞ 因为我这次出国的时间不长, 只在巴黎住了两三天, 好多地方没有去。

설명 "长"이 "时间"의 술어로 쓰일 때, "时间" 앞에는 일반적으로 수식성분이 와서 무엇을 한다는 구체적인 시간을 나타내 주어야 한다.

▪ 0501 : 그는 풍부한 경험으로, 한 번 듣기만 하면 기계의 고장난 곳이 어딘지 안다.

＊ 凭他很长的经验, 他一听就知道机器的毛病出在哪里。

☞ 凭他很丰富的经验, 他一听就知道机器的毛病出在哪里。

설명 "经验"이 많고 적음을 표시할 때, "长"을 써서 수식할 수 없다.

▪ 0502 : 다음에 너에게 좀 더 길게 다시 편지를 쓰마.

＊ 下次写信再给你长点儿。

☞ 下次写信再给你写长点儿。

설명 "长"이 보어로 쓰일 때, 앞의 동사를 생략할 수 없다.

◆ 一些 yīxiē 228

▪ 0503 : 공원에는 매우 아름다운 정자가 몇 개 있다.

* 公园里有很好看的一些小亭子。

☞ 公园里有一些很好看的小亭子。

설명 "一些"는 명사를 묘사하는 수식어 앞에 놓여 쓰인다.

▪ 0504 : 매일 새벽 몇몇 신체단련을 하는 사람들이 우리 기숙사 앞을 달려 지나간다.

* 每天早晨一些锻炼身体的人，从我们宿舍前边跑过去。

☞ 每天早晨有一些锻炼身体的人，从我们宿舍前边跑过去。

설명 "一些"가 수식하는 명사가 주어일 때, 앞에 일반적으로 "有"를 더한다.

◆ 今天 jīntiān 234

▪ 0505 : 언젠가는 그 농민도 땅에서 일을 할 것이다.

* 有一天，那个农民今天也在地里干活。

☞ 有一天，那个农民也在地里干活。

설명 "今天"은 임의의 날을 지칭하는 "有一天"과 같은 문장에서 쓰일 수 없다.

◆ 远 yuǎn 237

▪ 0506 : 나는 멀리서 온 너희들의 친구이다.

* 我是你们远来的朋友。

☞ 我是你们远道而来的朋友。

설명 "远"은 보통 동사 "来"를 수식하지 않는다. 위 틀린 문장에서는 "远"과 그것이 수식하는 중심어가 어울리지 않는다.

▪ 0507 : 서로가 견지하는 입장이 완전히 다르다.
* 双方所持的立场远远不相同。
☞ 双方所持的立场完全不相同。

설명 "远"은 부정부사 "不"와 같이 쓰여 "相同"을 수식할 수 없다.

◆ 如果 rúguǒ 238

▪ 0508 : 刘宝가 복역기간중에 만일 진지하게 자신의 생각을 바꿀 수 있었다면, 사회에서 유용한 사람이 될 수 있었을 것이다.
* 刘宝在服刑期间能认真改造自己的思想, 还会成为一个对社会有用的人。
☞ 刘宝在服刑期间如果能认真改造自己的思想, 还会成为一个对社会有用的人。

설명 앞 구절에 가정을 표시하는 "如果"가 빠져 있다.

▪ 0509 : 설령 뛰어난 성적이 나왔어도, 정확한 평가는 얻지 못했을 것이다.
* 如果有了出色的成绩, 也得不到正确的评价。
☞ 即使有了出色的成绩, 也得不到正确的评价。

설명 "如果"는 가정을 표시할 뿐 양보의 의미를 나타낼 수는 없다.

▪ 0510 : 그들은 집에 돌아가자마자 정말로 중국어를 배울 것인지를 내게 물었다. 나는 이번에는 틀림없으니, 다시 물을 필요없다고 말했다.
* 他们一回家就问我, 如果真的愿意学习汉语。我说, 这是肯定的, 不用再问了。
☞ 他们一回家就问我, 是否真的愿意学习汉语。我说, 这是肯定的, 不用再问了。

설명 불확실한 일을 나타낼 때는 “如果”를 쓰지 않고, “是否”를 써서 표현한다.

◆ 下来 xiàlai 241

▪ 0511 : 몇 명의 아이들이 산을 내려왔다.
* 几个孩子下来山了。
☞ 几个孩子下山来了。

설명 장소목적어가 쓰일 경우 “下”와 “来”사이에 놓여야 한다.

▪ 0512 : 차가 종점에 도착했을 때, 우리는 비로소 차에서 걸어 내려 왔다.
* 汽车开到终点的时候, 我们才走下来汽车。
☞ 汽车开到终点的时候, 我们才走下汽车来。

설명 동사가 장소를 나타내는 명사를 목적어로 가질 때, 목적어는 반드시 “下”와 “来”사이에 놓여야 한다.

▪ 0513 : 이 소식은 신문에 이미 났다.
* 这个消息报上已经登下来了。
☞ 这个消息报上已经登出来了。

설명 사물이 없는 것에서 있는 것으로, 또는 숨겨진 상태에서 드러난 상태로 바뀌는 동작을 표시할 때, “下来”를 쓸 수 없다.

▪ 0514 : 맨 처음 중국어 수업을 한 인상이 오늘까지 내 기억 속에 남아있다.
* 第一次上汉语课的印象, 到今天还在我的记忆里保留下来。
☞ 第一次上汉语课的印象, 到今天还在我的记忆里保留着。

설명 동작이나 상태의 지속을 나타낼 때, "下来"를 쓰지 않는다.

▪ 0515 : 중국에서 영어를 배우는 사람들이 날이 갈수록 많아지기 시작했다.
* 中国学英语的人一天比一天多下来了。
☞ 中国学英语的人一天比一天多起来了。

설명 "下来" 앞에는 일반적으로 강한 것으로부터 약한 것으로 옮겨감을 표시하는 형용사가 온다.

◆ 国家 guójiā 245

▪ 0516 : 중국과 귀 나라는 비록 서로 멀리 떨어진 국가이지만, 양국의 경제, 문화 등 방면에서의 교류는 오히려 갈수록 빈번해지고 있습니다.
* 中国和贵国虽然相隔很远的国家, 但是两国再经济・文化等方面的交往却越来越频繁。
☞ 中国和贵国虽然是相隔很远的国家, 但是两国再经济・文化等方面的交往却越来越频繁。

설명 "国家"는 술어가 될 수 없다. 그러므로 "国家" 앞에 동사 "是"를 넣어야 한다.

◆ 眼睛 yǎnjing 247

▪ 0517 : 이 사소한 일이 늘 내 눈앞에 떠오른다.
* 这件小事总是浮现在我眼睛前。
☞ 这件小事总是浮现在我眼前。

설명 "眼睛"은 방위사 "前"과 방위명사를 이루어 장소나 시간을 표시할 수 없다.

▪ 0518 : 예리한 눈빛으로 사물을 관찰해야 한다.

* 要用锐利的眼睛来观察事物。

☞ 要用锐利的眼光来观察事物。

설명 "眼睛"은 형용사 "锐利"의 수식을 받을 수 없다. 사물을 관찰하는 능력을 표시할 때, "眼睛"을 쓸 수 없다.

◆ 经济 jīngjì 248

▪ 0519 : 이 나라의 경제는 매우 뒤떨어졌다.

* 这个国家的经济非常少。

☞ 这个国家的经济非常落后。

설명 "多", "少", "高", "低"는 "经济"의 술어가 될 수 없다.

◆ 而且 érqiě 249

▪ 0520 : 그녀는 침묵을 매우 좋아해서 잘 아는 사람 앞에서도 말을 잘 안하는데, 하물며 모르는 사람 앞에서랴?

* 她很喜欢沉默, 在熟人面前都很少说话, 而且在生人面前呢?

☞ 她很喜欢沉默, 在熟人面前都很少说话, 何况在生人面前呢?

설명 "而且"는 의문문에 쓸 수 없다.

▪ 0521 : 각색하는 사람이 많은 적절치 못한 줄거리를 추가하여 원저의 의도를 대폭 약화시켰다.

* 由于改编者加入了许多不恰当的情节而且大大减弱了原著的思想高度。

☞ 由于改编者加入了许多不恰当的情节而大大减弱了原著的思想高度。

설명 한 단계 더 나아간 의미를 표시하지 않을 때 "而且"를 쓸 수 없다.

빈도순 0251~0300

◆ 并 bìng 251

▪ 0522 : 그녀는 계집종이지 결코 지주의 딸이 아니다.
＊ 她是个丫头, 并她不是地主的女儿。
☞ 她是个丫头, 并不是地主的女儿。

설명 "并"과 부정사가 연이어 쓰일 때, 중간에 다른 성분을 삽입할 수 없다. 그러므로 "并" 다음에 쓰인 "她"를 빼야 한다.

◆ 已 yǐ 252

▪ 0523 : 이 일은 이미 교육부가 결정했고, 관련 학교에 통지가 되었으므로 다시 바꿀 수 없다.
＊ 这件事已教育部决定了, 也通知了有关学校, 不可能再改变。
☞ 这件事教育部已决定了, 也通知了有关学校, 不可能再改变。

설명 "已"는 명사 앞에 올 수 없다.

▪ 0524 : 나는 영어를 배운 지 이미 5년이 되었다.
＊ 我学英语有已五年的时间了。
☞ 我学英语已有五年的时间了。

설명 수량사 앞에 만약 동사가 있다면 "已"는 동사 앞에 와야 한다.

◆ 进行 jìnxíng 253

▪ 0525 : 그녀는 두 장의 사진을 비교하여 颐和园에서 찍은 그 사진을 남겨두었다.

＊ 她把两张照片进行了比, 留下了在颐和园照的那张。

☞ 她把两张照片进行了比较, 留下了在颐和园照的那张。

설명 "进行"은 보통 이음절 목적어를 갖는다. 단음절 단어는 "进行"의 목적어가 될 수 없다.

▪ 0526 : 내일, 몇 명의 지도자가 이 문제에 대해 연구할 것이다.

＊ 明天, 几个领导要进行研究这个问题。

☞ 明天, 几个领导要对这个问题进行研究。

설명 "进行"의 동사 목적어 뒤에는 다시 목적어나 보어가 올 수 없다.

▪ 0527 : 나와 룸메이트는 자주 같이 잡담을 나눈다.

＊ 我和同屋常常在一起进行聊天儿。

☞ 我和同屋常常在一起聊天儿。

설명 "进行"은 지속적이거나 정식적인 혹은 정중한 활동에만 쓰이며, 일시적이거나 비정식적인, 혹은 일상생활 중의 활동에는 쓰이지 않는다.

◆ 发 fā 254

▪ 0528 : 사무실의 선생님은 우리에게 한 사람당 한 장씩의 수강신청표를 나누어주시고 각자 써넣도록 하셨다.

＊ 办公室的老师发我们每人一张选课表, 让我们自己填写。

☞ 办公室的老师发给我们每人一张选课表, 让我们自己填写。

설명 "发" 뒤에 간접 受事목적어가 있는 경우에는 전치사 "给"로 이끌어 내야 한다.

- 0529 : 上海에 있을 때, 난방이 되지 않아 추워서 부들부들 떨었다.

* 在上海的时候, 屋里没暖气, 冻得发了抖。

☞ 在上海的时候, 屋里没暖气, 冻得发抖。

설명 "发" 뒤에 동사목적어가 왔을 경우, 중간에 다른 성분을 삽입할 수 없다.

- 0530 : 나는 어제 저녁에 열이 났다.

* 我昨天晚上有发烧了。

☞ 我昨天晚上发烧了。

설명 동사 "烧"가 목적어로 쓰인 "发烧"는 사람이나 동물의 체온이 올라감을 나타낸다. "发烧"는 명사로 쓰일 수 없다.

- 0531 : 그녀는 숨을 몰아 쉬었고, 얼굴도 창백해졌다.

* 她呼吸急促, 脸白。

☞ 她呼吸急促, 脸发白。

설명 어떤 상태가 나타남을 표시할 때는 "发"를 써야 한다.

◆ 位 wèi 255

- 0532 : 무술시합에 참가한 여러 사람들에 대해 刘지배인은 매우 세심하게 대접했다.

* 对来参加武术比赛的各个先生, 刘老板招待得很周到。

☞ 对来参加武术比赛的各位先生, 刘老板招待得很周到。

설명 "各", "诸", "列" 등의 단어 다음에 사람을 나타내는 명사가 올 때는 양사로 "位"를 쓴다.

▪ 0533 : 저 사람은 눈이 내리는데도 계속해서 산에 올라 결국 얼어죽었다.
* 那位人在雪中继续爬山, 结果冻死了。
☞ 那个人在雪中继续爬山, 结果冻死了。

설명 "位"는 "人"을 세는 양사로 쓰이지 않는다.

◆ 进 jìn 257

▪ 0534 : 저 사람의 부인은 그를 방으로 들어오게 하였다.
* 那个人的爱人让他进来屋里。
☞ 那个人的爱人让他进屋里来。

설명 장소목적어는 반드시 동사와 방향보어 "来"나 "去"사이에 와야 한다.

▪ 0535 : 나는 발이 미끄러져 강속으로 떨어졌는데, 다행히 자전거를 탄 사람이 보고서 나를 구해주었다.
* 我脚一滑, 进了河里, 幸亏有个骑车人看见了, 把我救了上来。
☞ 我脚一滑, 掉进了河里, 幸亏有个骑车人看见了, 把我救了上来。

설명 사람이 어떤 동작을 통해 밖에서 어떤 장소로 들어감을 표시할 때, "进" 앞에 동사를 더해야 한다.

▪ 0536 : 우리는 손을 잡고서 같이 교실로 걸어 들어갔다.
* 我们握着手, 一起走进去了教室里。
☞ 我们握着手, 一起走进教室里去了。

설명 장소목적어는 반드시 복합방향보어의 사이에 와야 한다.

◆ 先 xiān 258

▪ 0537 : 내가 먼저 도서관에 갔다가, 돌아온 다음에 너를 데리고 상점에 갈게.
* 先我去图书馆, 回来以后再陪你去商店。
☞ 我先去图书馆, 回来以后再陪你去商店。

설명 "先"은 주어 앞에 올 수 없다.

▪ 0538 : 두통 때문에 나는 20분 먼저 기숙사에 돌아왔다.
* 因为头痛, 我先二十分钟回宿舍了。
☞ 因为头痛, 我提前二十分钟回宿舍了。

설명 "先"은 시간을 표시하는 수량사 앞에 쓰일 수 없다.

▪ 0539 : 형은 나보다 3년 일찍 대학을 졸업했다.
* 哥哥比我先三年大学毕业。
☞ 哥哥比我早三年大学毕业。

설명 "比"자문에서 술어로는 형용사가 쓰인다. 위 틀린 문장에서의 "先"은 형용사가 아니고 부사로 쓰였다. 그러므로 형용사 "早"로 바꾸어 써야 한다.

◆ 可 kě 259

▪ 0540 : 식당은 표가 있어야 밥을 먹을 수 있다.
* 食堂凭票可吃饭。
☞ 食堂可凭票吃饭。

설명 동사목적어의 수식성분은 “可” 앞에 올 수 없다. 여기서 “可”는 동사로 쓰였다.

◆ 一点(儿) yīdiǎn(r) 260

▪ 0541 : 선생님은 매일 우리보다 조금 일찍 오신다.
＊ 老师每天都比我们来得一点儿早。
☞ 老师每天都比我们来得早一点儿。

설명 “一点儿”은 정도보어 뒤에 놓여야 하며, 앞에 올 수 없다.

▪ 0542 : 王군의 나이는 나보다 많지는 않다.
＊ 小王的年龄没有我的年龄大一点儿。
☞ 小王的年龄没有我的年龄大。

설명 “有”나 “没有”를 사용한 비교문에서 비교되는 술어 뒤에 구체적인 차이를 표시하는 단어는 올 수 없다. 그러므로 위 틀린 문장에서는 “一点儿”을 빼야 한다. 왜냐하면 “一点儿”은 “比”가 쓰인 비교문에서만 형용사 술어 뒤에서 보어로 쓰여 구체적인 정도나 차이를 표시할 수 있기 때문이다.

▪ 0543 : 오늘 비가 조금 내렸다.
＊ 今天下了雨一点儿。
☞ 今天下了一点儿雨。

설명 “一点儿”이 관형어로 쓰일 경우에는, 그것이 수식제한하는 중심어 앞에 놓여야 한다.

▪ 0544 : 나는 전혀 개의치 않는다.
＊ 我一点儿也满不在乎。
☞ 我一点儿也不在乎。

설명 "不在乎" 앞에 쓰인 "一点儿也"와 "满"은 같은 의미이므로 동시에 쓰일 수가 없다. 따라서 "满"을 빼야 한다.

◆ 学 xué 261

▪ 0545 : 막 중국에 왔을 때부터 나는 열심히 拼音을 배웠다.

＊ 刚到中国, 我就很学拼音。

☞ 刚到中国, 我就努力学拼音。

설명 "学"는 정도부사의 수식을 받을 수 없다.

▪ 0546 : 그가 숲에서 새 울음소리를 배우는 것은 다른 새를 끌어들이기 위함이다.

＊ 他在树林里进行鸟叫, 为了吸引别的鸟来。

☞ 他在树林里学鸟叫, 为了吸引别的鸟来。

설명 "모방"의 의미를 표시하는 문장에서는 마땅히 "学"를 써서 표현해야 한다.

◆ 时间 shíjiān 263

▪ 0547 : 이것은 작년 겨울에 일어난 일이다.

＊ 这是去年冬天的时间发生的一件事。

☞ 这是去年冬天发生的一件事。

설명 앞에 시간을 표시하는 명사 "去年"이 있을 때, 뒤에 다시 "时间"을 쓸 필요가 없다.

▪ 0548 : 아직 퇴근 시간이 멀었는데도, 그는 몰래 공장을 빠져 나왔다.

＊ 时间还不到下班的时候, 他就从工厂溜出来了。

☞ 还不到下班的时候, 他就从工厂溜出来了。

설명 한 문장 속에 시간을 표시하는 단어가 중복되어 쓰였으므로 하나는 빼야 한다.

▪ 0549 : 여름방학 기간 동안 나는 여행을 갔다.
＊ 暑假的时间, 我去旅行了。
☞ 暑假期间, 我去旅行了。

설명 어떤 기간 동안 일어나는 일을 표시할 때는 "时间"을 쓰지 않는다.

▪ 0550 : 지금은 중국이 이러한 기회들을 이용할 때이다.
＊ 现在是中国利用这些机会的时间了。
☞ 现在是中国利用这些机会的时候了。

설명 "时间"은 보통 동사 "是"의 목적어로 쓰이지 않는다. 그러므로 "时间"은 "时候"로 바꾸어야 한다.

▪ 0551 : 갑자기 비가 오기 시작하더니, 잠시 후 비가 멈추고, 해가 다시 나왔다.
＊ 突然下起雨来, 过了时间雨停了, 太阳又出来了。
☞ 突然下起雨来, 过了一会儿雨停了, 太阳又出来了。

설명 길지 않은 시간을 표시할 때, "一会儿"이나 "一段时间"을 쓴다.

▪ 0552 : 다음날, 시간에 맞춰 차를 타기 위해 우리는 매우 일찍 일어났다.
＊ 第二天, 为了按时间乘车, 我们很早就起床了。
☞ 第二天, 为了按时乘车, 我们很早就起床了。

설명 "按照时间"은 정해진 시간을 지킨다는 뜻으로 줄여서 "按时"라고 쓸 수 있지만, "按时间"이라고는 쓰지 않는다.

◆ 劳动 láodòng 265

▪ 0553 : 그 때는, 자신의 일 이외에도 모두들 다른 일까지 해야 했다.
＊ 那时候, 除了自己的工作以外, 大家还要做别的劳动。
☞ 那时候, 除了自己的工作以外, 大家还要做别的事情。

설명 "劳动"은 "做"의 목적어로 쓰일 수 없다. 그러므로 "事情"으로 바꾸어야 한다.

▪ 0554 : 그녀는 아주 뛰어나게 일을 한다.
＊ 她劳动得很用功。
☞ 她劳动得很出色。

설명 "劳动" 행위를 "用功"으로 설명할 수 없다. 위의 틀린 문장에서는 "劳动"의 정도보어가 잘못 쓰였으므로 정도보어를 "出色"로 바꾸어야 한다.

◆ 少 shǎo 267

▪ 0555 : 돈지갑은 찾았지만, 속의 돈은 줄었다.
＊ 钱包是找到了, 但里边的钱不够了。
☞ 钱包是找到了, 但里边的钱少了。

설명 위 틀린 문장에서는 돈이 원래 있던 만큼 없는 것을 표시하므로 마땅히 "少"를 써야 한다.

▪ 0556 : 그녀의 집안 형편을 아는 사람이 매우 적다.
＊ 有很少人知道她家的情况。
☞ 很少有人知道她家的情况。

설명 "少"는 관형어로 쓰여 명사를 수식할 수 없다.

▪ 0557 : 오오사카에는 눈이 매우 적게 내리기 때문에, 눈을 보면 매우 신기하다고 생각한다.

* 在大坂少下雪，所以见到雪觉得很稀罕。

☞ 在大坂很少下雪，所以见到雪觉得很稀罕。

설명 명령문을 제외하고 일반 평서문에서 "少"가 동사를 수식할 때, 앞에 "很"을 동반해야 한다.

▪ 0558 : 내 나이는 매우 어리다.

* 我的年纪很少。

☞ 我的年纪很小。

설명 나이가 어린 것을 표시할 때 "少"를 쓰지 않는다.

▪ 0559 : 중간고사는 기말고사에 비해 범위가 조금 작다.

* 期中考试比期末考试范围少一点儿。

☞ 期中考试比期末考试范围小一点儿。

설명 범위 등을 설명할 때는 "大", "小"를 쓰지, "多"나 "少"를 쓰지 않는다.

◆ 红 hóng 268

▪ 0560 : 붉은 태양이 솟아 올라왔다.

* 太阳红红地升起来了。

☞ 红红的太阳升起来了。

설명 "红"은 부사어로 쓰일 수 없고, 위의 맞는 문장에서와 같이 관형어로 바꾸어야 한다.

◆ 爱 ài 269

▪ 0561 : 아내는 남편을 무척 사랑한다.
* 妻子对丈夫很爱。
☞ 妻子很爱丈夫。

설명 "爱"가 술어로 쓰인 문장에서 "爱" 동작을 받는 대상은 일반적으로 목적어로 표현된다. 그러므로 위 틀린 문장에서는 受事 목적어의 위치가 잘못되었다.

▪ 0562 : 그는 나의 돈을 사랑하는 것이지, 결코 진정으로 나를 사랑하는 것은 아니다.
* 他是爱着我有钱, 并不真爱我。
☞ 他是爱我有钱, 并不真爱我。

설명 "爱"가 절을 목적어로 가질 때, "了", "着", "过" 등과 같은 조사를 가질 수 없다.

▪ 0563 : 나는 그를 사랑하게 되었는데, 그는 아직도 모른다.
* 我爱了他, 他还不知道。
☞ 我爱上了他, 他还不知道。

설명 "爱" 뒤에 결과보어 "上"이 와야 한다.

▪ 0564 : 나는 어릴 때부터 녹색을 좋아한다.
* 我从小就爱着绿色。
☞ 我从小就爱绿色。

설명 "爱"가 "좋아하다"라는 뜻으로 쓰일 때, "了"나 "过"는 동반할 수 있지만, "着"는 동반할 수 없다.

▪ 0565 : 결혼 전에는 그가 성격이 참 좋았는데, 결혼 후에는 어찌된 일인지 매일같이 툭하면 화를 낸다.

＊ 结婚前他脾气特别好, 结婚后不知怎的, 天天爱发了脾气。

☞ 结婚前他脾气特别好, 结婚后不知怎的, 天天爱发脾气。

설명 "爱"가 어떤 행위가 자주 일어남을 표시하거나 어떤 변화가 쉽게 일어남을 나타낼 때, 뒤에 "了", "着", "过"가 올 수 없다.

◆ 能够 nénggòu 270

▪ 0566 : 만일 그가 자전거를 빨리 탈 수만 있다면, 우리는 세 시간이면 万里长城에 도착할 수 있을 것이다.

＊ 若是能够他骑快车的话, 我们三个小时就到长城了。

☞ 若是他能够骑快车的话, 我们三个小时就到长城了。

설명 "能够"는 주어 앞에 올 수 없다.

◆ 斗争 dòuzhēng 272

▪ 0567 : 내가 주장한 의견이 모든 사람들의 반대에 부딪쳤다.

＊ 我提的意见遭到了大家的斗争。

☞ 我提的意见遭到了大家的反对。

설명 찬성이나 반대를 표시할 때, "斗争"을 쓸 수 없다.

◆ 应该 yīnggāi 274

▪ 0568 : 그의 암은 말기여서 곧 죽을 것이다.

＊ 他的癌症到晚期了, 应该死了。

☞ 他的癌症到晚期了, 要死了。

설명 동작이 곧 일어날 것을 표시할 때, "应该"를 쓸 수 없고, "要"를 써야 한다.

- 0569 : 내 자전거를 아직 국내로부터 실어오지 않았기 때문에, 이 두 달간은 버스를 타거나 다른 사람에게 자전거를 빌려서 시내에 간다.

* 因为我的自行车还没从国内运来，所以这两个月我都是应该坐公共汽车或向应该别人借自行车进城。

☞ 因为我的自行车还没从国内运来，所以这两个月我都是坐公共汽车或向别人借自行车进城。

설명 이미 완성된 동작행위에 대한 확인을 표시할 때, "应该"를 쓰지 않는다. 그리고 "都是" 역시 이유를 설명하고 있기 때문에 "应该"는 쓸 필요가 없다.

- 0570 : 잘 쉬도록 하렴.

* 你应该好好休息吧。

☞ 你好好休息吧。

설명 명령문에서 "应该"는 어기조사 "吧"와 동시에 쓰일 수 없다.

- 0571 : 너는 그렇게 빨리 달려서는 안된다.

* 你应该不走得那么快。

☞ 你不应该走得那么快。

설명 "应该"의 부정형식은 "不应该"이다.

- 0572 : 이 수업은 매우 중요하니 너는 진지하게 강의를 들어야 한다.

* 这门课很重要，你应该上课认真听。

☞ 这门课很重要，你上课应该认真听。

설명 "应该"는 주어로 쓰인 구절 속에 쓰일 수 없고, 그 뒤에 와야 한다.

◆ 学习 xuéxí 275

▪ 0573 : 王兰이 좋은 일을 많이 해서, 나는 그녀를 본받으려고 한다.
＊ 王兰做了很多好事, 我要学习她。
☞ 王兰做了很多好事, 我要向她学习。

설명 어떤 사람의 어떤 면을 배우고자 할 때, 일반적으로 전치사 "向"을 사용하여 피학습자를 이끌어낸다.

▪ 0574 : 나는 古代汉语 과목을 제일 잘 한다.
＊ 我把古代汉语课学习得最好。
☞ 我古代汉语课学习得最好。

설명 위 틀린 문장의 동사 "学习"와 그 뒤에 따라 온 보어는 결코 행의자인 "我"의 처치된 결과를 설명하지 못한다. 그리고 행위자의 심리상태를 묘사할 때는 "把"자문을 사용할 수 없다.

◆ 员 yuán 277

▪ 0575 : 골키퍼가 받기 힘든 공을 막았다.
＊ 看门员救了一个险球。
☞ 守门员救了一个险球。

▪ 0576 : 점원이 나를 보고서 옷 한 벌을 꺼내서는 입어 보도록 했다.
＊ 那个卖衣服员看了看我, 拿出来一件衣服让我试一试。
☞ 那个售货员看了看我, 拿出来一件衣服让我试一试。

설명 어떤 집단이나 조직의 성원을 표시하거나 어떤 일을 하는 사람을 표시할 때 "员"을 쓰는데, 이것은 사람들의 일정한 습관에 따라서 쓰고 안 쓰는 것이 결정된다.

◆ 送 sòng 279

▪ 0577 : 그는 외국에서 공부하는데, 최근에 내게 편지 한 통을 부쳐왔다.
＊ 他在国外学习, 最近给我送来了一封信。
☞ 他在国外学习, 最近给我寄来了一封信。

설명 우체국을 통해서 어떤 사람에게 무엇을 전달할 때는 "送"을 쓰지 않는다.

▪ 0578 : 우리는 친구가 귀국하는 것을 전송하러 공항에 왔다.
＊ 我们到飞机场送别朋友回国。
☞ 我们到飞机场送朋友回国。

설명 "送别"는 겸어문에 쓰일 수 없다. 그러므로 "送别"는 "送"으로 고쳐야 한다.

◆ 满 mǎn 280

▪ 0579 : 나는 중국에 온 지 만 1년이 되지 않는다.
＊ 我来中国一年不满。
☞ 我来中国不满一年。

설명 "满"은 목적어 앞에 와야 한다.

◆ 太 tài 281

▪ 0580 : 식물원에는 매우 많은 종류의 나무가 있다.
＊ 植物园有太多种树。
☞ 植物园有很多种树。

설명 일반적인 서술이나 객관적인 묘사에 "太"를 쓸 수 없다.

- 0581 : 그는 나보다 노래를 잘 부른다.

* 他唱歌唱得比我太好。

☞ 他唱歌唱得比我好。

설명 비교문에서는 긍정이든 부정이든 모두 "太"를 쓸 수 없다.

- 0582 : 어제 저녁에 영화를 보는데, 우리 둘이 늦었다.

* 昨晚看电影, 我们俩太迟到了。

☞ 昨晚看电影, 我们俩迟到了。

- 0583 : 그가 매우 어렸을 때, 아버지께서 돌아가셨다.

* 他太小的时候, 父亲就死了。

☞ 他很小的时候, 父亲就死了。

설명 단지 객관적인 서술일 경우에는 "太"를 쓰지 않는다.

◆ 还是 háishi 282

- 0584 : 나는 지금 말하는 데는 문제가 없지만 읽고 쓰는 데는 문제가 있다.

* 我现在口语没有问题, 但是写还是念有问题。

☞ 我现在口语没有问题, 但是写和念有问题。

설명 동등한 연합관계를 나타낼 때, "还是"를 쓰지 않는다.

◆ 之 zhī 283

▪ 0585 : 黄山은 중국의 명산이다.
＊ 黄山是中国的一座名山之一。
☞ 黄山是中国的一座名山。

설명 수사 "一"의 수식을 받는 명사 뒤에는 다시 "之一"를 쓸 수 없다.

◆ 句 jù 286

▪ 0586 : 한참 동안 그는 한 마디도 하지 않았다.
＊ 半天他也没说出一句句子。
☞ 半天他也没说出一个句子。

설명 "句子"를 세는 양사로는 "句"가 아닌 "个"가 쓰인다.

◆ 低 dī 288

▪ 0587 : 나는 그의 기술이 매우 형편없다고 생각한다.
＊ 我认为他的技术太低。
☞ 我认为他的技术太差。

설명 기술이 어떠하다거나 상황이 어떠함을 형용할 때, "低"를 쓰지 않는다.

◆ 日 rì 290

▪ 0588 : 내가 시계를 보니 6시였는데, 태양이 막 나왔다.
＊ 我看了看表, 六点钟, 日刚出来。
☞ 我看了看表, 六点钟, 太阳刚出来。

설명 "日"의 술어로는 단음절 동사만 쓰이는데, 위 틀린 문장에서는 이음절 동사가 왔으므로 "日"의 뜻을 가진 "太阳"으로 바꾸어 써야 한다.

▪ 0589 : 3일째 아침에야 겨우 해가 나서 나는 서둘러 이불을 안고 밖으로 나가 말렸다.

＊ 第三天早上, 好容易出了日, 我赶紧把被子抱到外面去晒。

☞ 第三天早上, 好容易出了太阳, 我赶紧把被子抱到外面去晒。

설명 "日"는 보통 단독으로 목적어가 되지 못한다.

▪ 0590 : 그 날, 나는 병이 나서 하루종일 방에서 쉬었다.

＊ 那天, 我病了, 一日我都在房间里休息。

☞ 那天, 我病了, 一整天我都在房间里休息。

설명 하루종일의 시간을 강조할 때는 "一日"를 쓰지 않는다.

◆ 穿 chuān 291

▪ 0591 : 그녀의 엄마는 그가 어떤 옷을 입을 것인지 알려주셨다.

＊ 她妈妈告诉他什么衣服穿。

☞ 她妈妈告诉他穿什么衣服。

설명 "穿"의 목적어는 "穿" 바로 뒤에 와야 한다.

▪ 0592 : 海南岛 사람들은 모두 밀짚모자를 쓴다.

＊ 海南岛人都穿草帽。

☞ 海南岛人都戴草帽。

설명 "모자를 쓰다"라는 동사는 "穿"이 아니라 "戴"이다.

▪ 0593 : 그는 매우 넓은 허리띠를 매고 있는데, 위에는 작은 금속들이 많이 있다.

* 他穿一条很宽的腰带，上面有许多小金属东西。

☞ 他系一条很宽的腰带，上面有许多小金属东西。

설명 "腰带"와 어울리는 동사는 "穿"이 아니라 "系"이다.

◆ 同 tóng 293

▪ 0594 : 현재 학교에서는 두 사람이 한 방에 살도록 배정하고 있다.

* 现在学校安排两个人住同屋子。

☞ 现在学校安排两个人住同一个屋子。

설명 공동의 한 장소를 표시할 때, 보통 "同一"나 "同一个"를 쓴다.

▪ 0595 : 1999년 2월 2일은 내게 깊은 인상을 남겨 주었는데, 이날은 정말로 특별한 날이었다.

* 一九九九年二月二日给我留下的印象太深了，这真是不同的一天。

☞ 一九九九年二月二日给我留下的印象太深了，这真是不寻常的一天。

설명 "同"에는 "普通"의 의미가 없다.

▪ 0596 : 두 책의 페이지수가 같다.

* 两本书的页数同。

☞ 两本书的页数相同。

설명 "同"이 단독으로 술어로 쓰일 때, 긍정형식으로는 사용되지 않는다.

▪ 0597 : 달리는 것과 뛰는 것을 그는 모두 좋아한다.
* 跑同跳他都喜欢。
☞ 跑和跳他都喜欢。

설명 "同"은 동사나 형용사를 연결하지 못한다.

▪ 0598 : 공항 근무원은 우리에게 매우 친절했고 또 매우 세심하게 돌봐주었다.
* 机场服务员对我们很热情同照顾很周到。
☞ 机场服务员对我们很热情并且照顾很周到。

설명 "同"은 절이나 문장을 연결시킬 수 없다.

◆ 眼 yǎn 297

▪ 0599 : 차에서 내릴 때, 그녀는 몰래 나를 두 번 보았다.
* 下车的时候, 她偷偷看了我两遍。
☞ 下车的时候, 她偷偷看了我两眼。

설명 보어로 쓰여 잠깐 보는 것을 나타낼 때, 양사 "眼"을 쓴다.

◆ 这么 zhème 299

▪ 0600 : 王娟이 그에게 왜 이렇게 잘 대해 주는 지 그도 모른다.
* 他也不知道, 为什么王娟这么对他好。
☞ 他也不知道, 为什么王娟对他这么好。

설명 "这么"가 부사어로 쓰일 때, 반드시 동사나 형용사 앞에 와야 한다.

▪ 0601 : 그녀는 그녀의 학생을 사랑하고 그녀의 일을 사랑하니, 얼마나 좋은 선생님인가!
* 她爱她的学生, 爱她的工作, 这么好的老师啊!
☞ 她爱她的学生, 爱她的工作, 多么好的老师啊!

설명 감탄문에서 정도가 매우 높음을 표시할 때는 "多么"를 써야 한다.

▪ 0602 : 할아버지가 말하기를 "너 같이 젊은 놈이 왜 여기 앉아 있느냐?"라고 하셨다.
* 老爷爷说 : "你这么年轻人为什么在这里坐着呢?"
☞ 老爷爷说 : "你这个年轻人为什么在这里坐着呢?"

설명 "这么"는 직접 명사를 수식할 수 없다.

빈도순 0301~0350

◆ 似的 shìde 301

▪ 0603 : 그 길은 걷기가 좋지 않아 우리는 길을 걷다가 여러 차례 넘어질 뻔하였다.

* 那条路很不好走，我们走在路上要摔倒似的好几次。

☞ 那条路很不好走，我们走在路上好几次要摔倒似的。

설명 어떤 사물, 또는 상황과 비슷함을 나타내는 "似的"는 명사, 대체사, 동사 뒤에서 조사구조를 이루어 술어, 관형어, 부사어, 보어 등으로 쓰인다. 이러한 "似的"구조는 수량보어를 동반할 수 없다. 따라서 위 문장의 시간보어 "好几次"는 부사어로 써야 한다.

◆ 件 jiàn 302

▪ 0604 : 나는 이 바지를 특히 좋아한다.

* 我特别喜欢这件裤子。

☞ 我特别喜欢这条裤子。

설명 "件"은 웃옷이나 외투의 양사로 쓰인다. "裤子"의 양사로는 "件"을 쓸 수 없으므로 위 문장의 "件"은 "条"로 고쳐야 한다.

▪ 0605 : 집에 돌아갈 때, 周군은 할머니께 드릴 과자를 하나 샀다.

* 回家时，小周给奶奶买了一件点心。

☞ 回家时，小周给奶奶买了一盒点心。

설명 음식의 양사로 "件"을 쓸 수 없다. 따라서 위 문장의 "件"은 "盒"로 고쳐야 한다.

▪ 0606 : 王군은 이 상황을 알고 나서 후회했다.

* 小王知道这件情况后，很后悔。

☞ 小王知道这个情况后，很后悔。

설명 "件"은 일이나 사건 등의 양사로 쓰이는데, 상황, 문제, 요구, 재료 등의 양사로는 "件"을 쓸 수 없다. 그러므로 위 문장의 "件"은 "个"로 고쳐야 한다.

▪ 0607 : 이 사건이 발생하게 된 데는 우리 모두에게 책임이 있다.

* 这件事件的发生，我们大家都有责任。

☞ 这个事件的发生，我们大家都有责任。

설명 어떤 명사들은 자체에 "件"이 포함되어 있는데, 이런 경우에는 양사로 "件"을 다시 쓸 수 없다. 따라서 위 문장의 "件"은 "个"로 고쳐야 한다.

◆ 或 huò 304

▪ 0608 : 오스트레일리아와 일본의 빙하 풍경은 같지 않다.

* 澳大利亚或日本的冰河景色不一样。

☞ 澳大利亚跟日本的冰河景色不一样。

설명 이어지는 두 개 혹은 두 개 이상의 성분이 동시에 존재할 때는 "或"를 쓸 수 있지만, 비교의 대상을 소개하는 경우에는 "或"를 쓸 수 없다. 따라서 위 문장의 "或"는 "跟"으로 고쳐야 한다.

◆ 觉得 juéde 305

▪ 0609 : 北京에 온 후 내가 첫 번째로 느낀 것은 사람도 많고, 자전거도 많다는 것이었다.

* 来到北京以后，我的第一个觉得是中国人多·自行车多。

☞ 来到北京以后，我的第一个感觉是中国人多·自行车多。

설명 "觉得"는 반드시 동사, 형용사, 목적어구를 동반하며, 목적어나 주어로 쓰일 수 없다. 그러므로 위 문장의 "觉得"는 "感觉"로 고쳐주어야 한다.

◆ 一切 yīqiè 306

▪ 0610 : 비록 그들은 모두 나의 친척이지만 나는 아무도 만나본 적이 없다.
* 虽然他们都是我的亲戚, 但是我一切都没有见过面。
☞ 虽然他们都是我的亲戚, 但是我谁都没有见过面。

설명 "一切"는 사물전체를 가리키는 경우에 사용되며 주어, 목적어로 쓰인다. 일정한 범위 안에서 사물 전부를 가리킬 때는 "一切"를 쓸 수 있으나 일정한 범위 안에서 어떤 사람들을 가리키는 경우에는 "一切"를 쓸 수 없다. 그러므로 위 문장의 "一切"는 "谁"로 고쳐야 한다.

▪ 0611 : 중국어를 공부하는 데는 틀림없이 많은 어려움이 있겠지만 네가 노력하기만 한다면 그것을 극복할 수 있을 것이다.
* 学习中文一定会有不少困难, 只要你努力, 就能克服一切。
☞ 学习中文一定会有不少困难, 只要你努力, 就能克服它。

설명 일정한 범위내의 사물 전부를 가리키는 경우가 아니라면 "一切"를 쓸 수 없다. 따라서 위 문장의 "一切"는 앞에서 가리키는 것을 대체하는 "它"로 고쳐야 한다.

◆ 需要 xūyào 307

▪ 0612 : 설날 전날, 시장의 공급이 양호해서 국민 생활의 수요를 만족시켰다.

* 春节前夕, 市场供应良好, 丰富了人民生活的需要。
☞ 春节前夕, 市场供应良好, 满足了人民生活的需要。

설명 바램과 요구를 나타내는 "需要"는 주어, 목적어로 쓰이면 반드시 수식어를 동반한다. 생활면에서 수요가 넉넉한 정도에 도달했음을 나타낼 때는 동사 "丰富"를 쓸 수 없다. 위 문장의 "需要"와 "丰富"는 배합이 서로 어울리지 않는다. 따라서 "丰富"를 "满足"로 고쳐야 한다.

▪ 0613 : 착취자 나으리가 말하기를 "누가 내 밑에서 일하기를 원하나? 1년 임금은 3백원이네."라고 하였다.

* 剥皮老爷说 : "谁需要给我做工, 一年工钱三百块。"

☞ 剥皮老爷说 : "谁愿意给我做工, 一年工钱三百块。"

설명 자신의 바램과 부합한다고 여겨 어떤 일을 할 것에 동의함을 나타낼 때, "需要"를 쓸 수 없다. 그러므로 위 문장의 "需要"는 "愿意"로 고쳐야 한다.

◆ 怕 pà 308

▪ 0614 : 그녀는 결혼 후에 줄곧 그녀의 남편을 무서워하고 있다.

* 她结婚后, 一直怕着她的丈夫。

☞ 她结婚后, 一直怕她的丈夫。

설명 "두려워하다"의 의미를 나타내는 경우, 동사 "怕"는 "了", "过"를 동반할 수 있으며 정도부사의 수식을 받을 수 있다. 그러나 "着"를 동반할 수는 없다. 따라서 위 문장의 "着"는 빼야 한다.

▪ 0615 : 실제로 숲 속의 야수는 여우를 무서워하는 것이 아니라 호랑이를 무서워한다.

* 实际上, 树林中的野兽不是怕了狐狸, 而是怕了老虎。

☞ 实际上, 树林中的野兽不是怕狐狸, 而是怕老虎。

설명 "怕" 뒤에 목적어가 있을 때는 동태조사 "了"를 동반할 수 없다. 따라서 위 문장의 "了"는 모두 빼야 한다.

▪ 0616 : 저녁에 대사관에서 술을 많이 마셔서, 나는 학교로 되돌아오지 못할까 걱정이 되었다.

* 晚上在大使馆喝多了酒, 我怕了不能回到学校来。

☞ 晚上在大使馆喝多了酒, 我怕不能回到学校来。

설명 "怕"가 의심이나 걱정을 나타내는 경우에는 "了", "着", "过"를 동반할 수 없다. 그러므로 위 문장의 "了"를 빼야 한다.

◆ 当 dānng 312

▪ 0617 : 남동생이 무슨 일을 하고 싶어하는지 가족들은 아무도 모른다.
* 弟弟想当什么工作, 家里人谁也不知道。
☞ 弟弟想做什么工作, 家里人谁也不知道。

설명 "当"의 목적어는 일반적으로 어떤 일에 종사하는 사람을 나타내는 명사이다. 위 문장에서 "当"과 그 목적어가 서로 어울리지 않으므로 "当"은 동사 "做"로 고쳐야 한다.

▪ 0618 : 许汉成이 아직 어린아이일 때 아버지께서 돌아가셨다.
* 许汉成当小孩子的时候, 父亲就死了。
☞ 许汉成还是小孩子的时候, 父亲就死了。

설명 사람이 자연히 성장해 나가는 어떤 시기를 나타낼 때 "当"을 쓸 수 없다. 따라서 위 문장의 "当"은 "还是"로 고쳐주어야 한다.

▪ 0619 : 이렇게 하여 그는 나의 좋은 친구가 되었다.
* 就这样, 他当了我的好朋友。
☞ 就这样, 他成了我的好朋友。

설명 "当"은 점차 변화하는 과정의 의미를 내포하고 있지 않다. 그러므로 위 문장의 "当"은 "成"으로 고쳐 주어야 한다.

▪ 0620 : 이 사람들이 "안전"이니 "평화"니 고상한 얘기를 하고 있을 때, 그들은 도리어 침략전쟁을 일으키고 있었다.
* 当这些人在高谈"安全"·"平和", 他们却正在发动一场侵略战争。
☞ 当这些人在高谈"安全"·"平和"的时候, 他们却正在发动一场侵略战争。

설명 "当"이 어떤 일이 발생한 시간을 나타낼 때는 "的时候"나 "时"와 짝을 이루는데, 위 문장에서는 이와 같은 말이 빠져 있으므로 이를 보충해 주어야 한다.

▪ 0621 : 차에서 내리자마자 그녀는 바로 토했다.
＊ 当一下汽车, 她就吐了。
☞ 一下汽车, 她就吐了。

설명 "一…就…"는 한 동작이 다른 한 동작과 바로 이어져서 발생하는 것을 나타내는데, "当"은 동작발생의 시간을 강조하므로 위 문장에서는 "当"을 빼야 한다.

▪ 0622 : 아주 오래 전에 나는 그를 알고 있었다.
＊ 当很久以前, 我就认识了他。
☞ 很久以前, 我就认识了他。

설명 "当"은 시점만을 나타낼 뿐, 시간의 양은 나타낼 수 없다. 따라서 위 문장에서는 "当"을 빼야 한다.

▪ 0623 : 어제 식당에 불이 났다.
＊ 当昨天, 食堂着了火。
☞ 昨天, 食堂着了火。

설명 시간의 양을 나타내는 단어 앞에 "当"을 쓸 수 없다. 그러므로 위 문장에서는 "当"을 빼야 한다.

▪ 0624 : 불량배가 노인의 머리를 향해 일격을 가했다.
＊ 流氓当头上给了老人一棒。
☞ 流氓当头给了老人一棒。

설명 "当"이 "…를 향하여"의 의미로 쓰일 때, 뒤에 방향을 나타내는 단어를 동반할 수 없다. 그러므로 위 문장에서는 "上"을 빼야 한다.

◆ 下去 xiàqu 316

▪ 0625 : 주임은 벌써 아래층으로 내려갔으니 너는 아래층으로 가서 그를 찾아보렴.

* 主任早就走下去楼了，你去楼下找他吧。

☞ 主任早就走下楼去了，你去楼下找他吧。

설명 "下去"가 동사 뒤에서 동사의 방향보어로 쓰일 때, 목적어가 장소를 나타내는 단어일 경우에는 반드시 "下"와 "去"사이에 목적어를 두어야 한다. 위 문장에서는 목적어의 위치가 잘못되었으므로 목적어를 "下"와 "去"사이로 옮겨야 한다.

▪ 0626 : 어머니가 그에게 말씀하시기를 "집이 가난하니 너를 계속 공부시킬 방법이 없구나."라고 하셨다.

* 母亲对他说："因为家里穷，没办法让你继续下去学习了。"

☞ 母亲对他说："因为家里穷，没办法让你继续学习下去了。"

설명 이미 진행중인 동작이 계속됨을 나타낼 때, 방향보어 "下去"는 반드시 그 문장에서의 주요동사 뒤에 와야 한다. 위 문장에서는 "下去"가 주요동사인 "学习" 뒤에 위치해야 한다.

◆ 关系 guānxi 317

▪ 0627 : 나는 계속 중국에서 공부할 수 없었는데 결코 경제적인 이유 때문은 아니었다.

* 我不能继续在中国学习，并不是经济的关系。

☞ 我不能继续在中国学习，并不是因为经济的关系。

설명 "关系"는 원인이나 조건을 나타내기도 하는데, 이때 "因为……关系", "由于……关系" 형식을 이루어 부사어로 쓰인다. 위 문장에서는 이 형식을 구성하는 "因为"가 빠져 있으므로 이를 보충해 주어야 한다.

▪ 0628 : 그 때는 중국과 일본이 외교관계가 없었기 때문에 중국에 와서 공부하는 일본유학생이 없다.

＊ 那时候中国和日本没有关系, 所以没有日本留学生来中国学习。

☞ 那时候中国和日本没有外交关系, 所以没有日本留学生来中国学习。

설명 "关系"가 모종의 조직관계를 가지고 있음을 나타내는 경우에는 "关系" 앞에 관형어가 와서 어떤 관계임을 분명하게 밝혀주어야 한다. 그렇지 못할 경우에는 나타내고자 하는 바가 분명하지 못하게 된다. 따라서 위 문장에서는 "关系" 앞에 적당한 관형어 "外交"를 보충해 주어야 한다.

▪ 0629 : 성탄절에 방학을 하든 안 하든 나와는 관계없는데, 우리 나라는 성탄절을 지내지 않기 때문이다.

＊ 圣诞节放假不放假, 不关系着我, 因为我们国家不过圣诞节。

☞ 圣诞节放假不放假, 关系不着我, 因为我们国家不过圣诞节。

설명 "关系"가 어떤 사건이 어떤 사람과 관련이 있다거나 영향을 미치다 등의 의미로 쓰일 때, 긍정의 경우에는 "…关系着…"로, 부정의 경우에는 "…关系不着…"로 써야 한다. 위 문장에서는 "不"의 위치가 틀렸으므로 고쳐야 한다.

◆ 特别 tèbié 320

▪ 0630 : 꽃이 너무나 예쁘게 피었다.

＊ 花开得非常特别好看。

☞ 花开得非常好看。

설명 위 문장에서는 "特别"와 "非常"의 의미가 중복되므로 "特别"를 빼야 한다.

▪ 0631 : 호텔 직원들이 모두 아주 친절하게 나를 보살펴 준다.

＊ 饭店里的服务员都热情地特别照顾我。

☞ 饭店里的服务员都特别热情地照顾我。

설명 "特别"는 부사어로 동사나 형용사를 수식한다. 위 문장에서는 "特别"의 위치가 옳지 않으므로 "特别"를 "热情地" 앞으로 옮겨야 한다.

▪ 0632 : 그는 잠시 보고 나서, 마음속으로 '이 경치가 정말 아름답군. 특히 호수의 몇몇 연꽃은 얼마나 아름다운가!'라고 생각했다.

* 他看了一会儿, 心里想, 这风景太美了, 特别湖里的几枝荷花, 多漂亮啊!

☞ 他看了一会儿, 心里想, 这风景太美了, 特别是湖里的几枝荷花, 多漂亮啊!

설명 "特别"가 같은 류의 사물 가운데 어떤 한 가지를 더 중점적으로 설명할 때, 뒤에 항상 "是"가 따라와 강조를 나타낸다. 위 문장에서는 "是"가 빠졌으므로 "是"를 써주어야 한다.

◆ 事情 shìqing 326

▪ 0633 : 5년 전에 나는 예사롭지 않은 일을 겪은 적이 있는데, 평생 동안 잊을 수가 없다.

* 五年前我遇到过一个不平常的事情, 使我终生难忘。

☞ 五年前我遇到过一件不平常的事情, 使我终生难忘。

설명 "事情"의 양사로는 "件"을 써야 한다.

◆ 变 biàn 328

▪ 0634 : 여름이 서서히 가을로 바뀌는 지 날씨가 점점 시원해졌다.

* 夏天慢慢变了秋天, 天气越来越凉了。

☞ 夏天慢慢变成了秋天, 天气越来越凉了。

설명 어떤 성질이나 상태가 다른 성질이나 상태로 변화한 것을 나타내는 경우, 명사 목적어가 올 수 있으며, 반드시 보어 "成"이나 "为"를 동반해야 한다. 위 문장에서는 보어 "成"이 빠졌으므로 이를 보충해 주어야 한다.

◆ 离 lí 329

▪ 0635 : 그는 결혼한 지 얼마 되지 않아 아내가 그를 떠나 버렸다.
* 他结婚不久, 妻子就离他走了。
☞ 他结婚不久, 妻子就离开他走了。

설명 "离"와 "离开"는 모두 "분리"의 의미를 나타내는 동사인데, 구체적인 분리 동작의 발생으로 어떤 결과가 생겼음을 나타내고자 할 때는 반드시 "离开"를 써야 한다. 따라서 위 문장에서의 "离"는 "离开"로 고쳐야 한다.

▪ 0636 : 내일 나는 홍콩을 떠나 北京에 가려한다.
* 明天, 我要去北京离开香港。
☞ 明天, 我要离开香港去北京。

설명 연동문에서 만약 선후 발생한 두 가지 동작을 나타내고자 한다면 먼저 발생한 동작을 앞에 두어야 한다. 그러므로 위 문장에서는 "离开香港"을 "去北京"의 앞으로 옮겨와야 한다.

◆ 那么 nàme 330

▪ 0637 : 그는 지금 겨우 15살인데, 생김새가 거의 어른 같이 건장하다.
* 他现在才十五岁, 可样子和大人一样, 那么长得强壮。
☞ 他现在才十五岁, 可样子和大人一样, 长得那么强壮。

설명 "那么"가 부사어로 쓰일 때, "那么"는 그것이 수식하는 단어 바로 앞에 위치해야 한다. 위 문장에서 "那么"가 수식하는 말은 "强壮"이므로 "那么"를 "强壮" 앞으로 옮겨주어야 한다.

▪ 0638 : 우리는 이번 테스트에 대해 그들처럼 그렇게 낙관적이지 않다.
* 我们对这次试验可没有他们乐观。
☞ 我们对这次试验可没有他们那么乐观。

설명 두 가지 상태를 정도면에서 비교할 때, "那么"를 써야 한다. 따라서 위 문장에서는 비교하는 정도에 해당되는 단어인 "乐观" 앞에 "那么"를 써 주어야 한다.

◆ 干 gàn 331

▪ 0639 : 鸣凤은 어려서부터 高씨 집에서 계집종 노릇을 했다.

* 鸣凤从小就在高家干丫头。

☞ 鸣凤从小就在高家当丫头。

설명 "干"은 "做", "搞"와 같은 의미로 명사나 대명사를 목적어로 취하는데 "…를 담당하다"의 의미로는 쓰일 수 없다. 그러므로 위 문장에서의 "干"은 "当"으로 고쳐주어야 한다.

▪ 0640 : 赵 선생은 문장으로 이론을 내세울 줄은 알지만 생활방면의 일은 처리할 줄 모른다.

* 赵先生能著书立说, 但不会干生活方面的事情。

☞ 赵先生能著书立说, 但不会处理生活方面的事情。

설명 "干"에는 "처리하다", "정리하다"의 의미가 없으므로 위 문장에서의 "干"은 적당한 동사인 "处理"로 고쳐주어야 한다.

▪ 0641 : 너 밖에서 뭐하니? …… 마당을 쓸고 있어요.

* 你在外边干什么呢? …… 我在干扫院子。

☞ 你在外边干什么呢? …… 我在扫院子。

설명 "干"은 동사 앞에 위치할 수 없으므로 위 문장의 대답부분에서의 "干"은 빼주어야 한다.

◆ 完全 wánquán 333

▪ 0642 : 그의 이는 모두 희고 빛난다.
* 他的完全牙齿又白又亮。
☞ 他的全部牙齿又白又亮。

설명 "完全"이 "전부, 모두"의 의미로 쓰일 때는 부사어로서 "地"를 동반하지 않는다. 위 문장에서는 "完全"이 관형어로 쓰이고 있으므로 옳지 않다. 따라서 같은 의미의 관형어로 쓰일 수 있는 "全部"로 고쳐 주어야 한다.

◆ 虽然 suīrán 334

▪ 0643 : 사라는 한 선원에게 유혹 당했는데, 비록 그녀는 그가 나쁜 사람이라는 것을 알지만 그를 잊을 수 없었다.
* 撒拉被一个海员引诱了, 虽然她认为他是一个坏人, 她忘不了他。
☞ 撒拉被一个海员引诱了, 虽然她认为他是一个坏人, 但是她忘不了他。

설명 "虽然"은 양보를 나타내는 접속사로 문장을 연결한다. 앞 절에서 "虽然"은 주어의 앞이나 뒤에 놓이고, 뒤 절에는 "但是", "可是", "却" 등이 쓰여 호응된다. 위 문장에서는 뒤 절에 "但是"가 빠졌으므로 이를 보충해 주어야 한다.

▪ 0644 : 소 한 마리가 물에 빠져 그들 모두가 와서 잡아당겼는데, 비록 큰 힘을 들였으나 끌어올릴 수 없었다.
* 一头牛掉到水里, 他们都来拉, 因为他们用了很大力气, 也拉不上来。
☞ 一头牛掉到水里, 他们都来拉, 虽然他们用了很大力气, 也拉不上来。

설명 위 문장은 "인과"를 나타내는 것이 아니라 "양보"를 나타내므로 "因为"를 "虽然"으로 고쳐주어야 한다.

◆ 面 miàn 335

▪ 0645 : 오늘 저녁에 나는 香山호텔에서 그와 만난다.
* 今天晚上, 我在香山饭店见面他。
☞ 今天晚上, 我在香山饭店跟他见面。

설명 "面"은 자체적으로는 명사적 성질을 갖지만 "见面"은 동목구조이므로 뒤에 목적어가 또 올 수 없다. 그러므로 위 문장에서는 "他"를 전치사 "跟"과 함께 "见面"의 앞에 놓아야 한다.

◆ 运动 yùndòng 336

▪ 0646 : 우리는 힘써 나무 심는 일을 끝마쳤다.

* 我们努力完成了种树运动。

☞ 我们努力完成了种树任务。

설명 "运动"이 정치, 문화, 생산 등 방면에서의 조직적이고 계획적인, 규모가 비교적 큰 대중적 활동의 의미로 쓰일 때, 주어나 목적어로 쓰이면서 반드시 수식성분을 동반한다. 위 문장에서도 역시 이러한 의미로 쓰였는데, "运动"과 동사 "完成"이 어울리지 않으므로 여기서의 "运动"은 "任务"로 고쳐주어야 한다.

▪ 0647 : 5월 15일에 우리학교는 봄 운동회를 개최한다.

* 五月十五日, 我们学校举行春季运动。

☞ 五月十五日, 我们学校举行春季运动会。

설명 "运动"이 체육활동의 의미로 쓰일 때는, 주어나 목적어로 쓰이며 반드시 수식성분을 동반한다. "运动"은 동사 "举行"의 목적어로 쓰일 수 없다. 그러므로 위 문장에서는 "运动"을 "运动会"로 고쳐주어야 한다.

▪ 0648 : 학교에서는 매우 많은 체육 행사를 구성했다.

* 学校组织了很多运动的活动。

☞ 学校组织了很多体育活动。

설명 "运动"은 "活动"의 수식을 받을 수 없다. 그러므로 위 문장에서는 "运动"을 "体育"로 고쳐주어야 한다.

◆ 买 mǎi 338

▪ 0649 : 내가 农贸市场(农副产品贸易市场의 약칭, 흔히 自由市场이라고도 함)에서 물건을 사고 있을 때 한 학우가 나를 부르러 와서 물고기도 사지 못했다.

* 我正在农贸市场买东西, 一个同学来叫我, 鱼也没买。

☞ 我正在农贸市场买东西, 一个同学来叫我, 鱼也没买成。

설명 동사 "买"의 동작을 통하여 결과나 목적에 도달했음을 강조할 때, 반드시 결과보어를 동반해야 한다. 위 문장에서는 "买" 뒤에 결과보어가 빠져 있으므로 이를 보충해 주어야 한다.

▪ 0650 : 도시 안에 있는 큰 서점이라는 서점은 다 뛰어다녔는데도『辞海』를 사지 못했다.

* 跑遍了城里所有的大书店也没买了『辞海』。

☞ 跑遍了城里所有的大书店也没买着『辞海』。

설명 앞의 예문에서와 마찬가지로 동사 "买"의 결과보어가 있어야 하므로, "了"대신 "着"를 써야 한다.

◆ 必须 bìxū 340

▪ 0651 : 여행 전에 학우가 필요한 물건들을 모두 다 준비했다.

* 旅行前, 同学把必须的东西都准备好了。

☞ 旅行前, 同学把必需的东西都准备好了。

설명 "必须"는 이치적으로, 도의적으로 반드시 이러해야 함을 나타내고, "必需"는 반드시 꼭 있어야 함을 나타낸다. 위 문장에서는 후자의 의미를 나타내므로 "必须"를 "必需"로 고쳐야 한다.

▪ 0652 : 오후에 공원에 가니까 네가 꼭 사진기 가져와야 돼.

* 下午去公园你必须照相机。

☞ 下午去公园你必须带着照相机。

설명 "必须"는 단독으로 술어로 쓰일 수 없다. 그러므로 위 문장에서는 "必须" 뒤에 적당한 동사를 보충해 주어야 한다.

◆ 重要 zhòngyào 341

▪ 0653 : 나는 열이 좀 나는 것을 느꼈지만, 그다지 심하지는 않다.

＊ 我觉得有些发烧，不过不太重要。

☞ 我觉得有些发烧，不过不太严重。

설명 "重要"는 중대한 의미나 작용, 영향이 있다는 의미를 나타낸다. 위 문장에서는 정도가 심하다는 의미이므로 "重要"를 쓸 수 없다. 따라서 "重要"는 "严重"으로 고쳐주어야 한다.

◆ 怎样 zěnyàng 342

▪ 0654 : 이렇게 말을 계속하다가는 무슨 문제가 발생할지 모르겠다.

＊ 这样下去的话，不知要发生怎样问题。

☞ 这样下去的话，不知要发生什么问题。

설명 "怎样"은 성질이나 상황, 방식 등을 묻는 것으로 술어, 목적어, 관형어, 부사어, 보어 등으로 쓰인다. 위 문장에서 "怎样"은 "问题"를 설명해 주어야 하는데 이러한 역할을 담당할 수 없으므로, 적당한 다른 말 즉 "什么"로 고쳐주어야 한다.

◆ 过来 guòlai 344

▪ 0655 : 오리 떼 한 무리가 강을 헤엄쳐 건너왔다.

＊ 一群鸭子游过来河了。

☞ 一群鸭子游过河来了。

설명 "过来"는 동사 뒤에서 동사의 복합방향보어로 쓰여 동작이 말하는 사람 쪽으로 행해짐을 나타낸다. 이 때 동사는 목적어를 동반하는데 목적어가 사람이나 사물을 나타내는 것이라면 "过来"의 뒤나 "过"와 "来" 사이에 오는 것이 모두 가능하지만, 장소를 나타내는 목적어인 경우에는 반드시 "过"와 "来" 사이에 위치하여야 한다. 그러므로 위 문장에서 "河"의 위치를 옮겨주어야 한다.

▪ 0656 : 이번 주의 일은 우리를 숨도 못 쉴 정도로 힘들게 했다.
* 这星期的工作把我们累得不喘过气来。
☞ 这星期的工作把我们累得喘不过气来。

설명 동사와 "过来" 사이에 "得"나 "不"를 써서 가능보어를 구성하여 어떤 일이나 임무를 완성하거나 또는 그렇지 못함을 나타내는데, 이 때 "得"와 "不"의 위치에 주의하여야 한다. 위 문장에서는 가능보어의 부정형식을 쓴 것이므로 "不"를 동사와 "过来" 사이로 옮겨주어야 한다.

◆ 解放 jiěfàng 345

▪ 0657 : 刘군의 아버지는 점점 자신의 봉건적인 생각을 떨쳐버렸다.
* 小刘的父亲渐渐地解放了自己的封建思想。
☞ 小刘的父亲渐渐地克服了自己的封建思想。

설명 "解放"은 "속박에서 벗어나 자유와 발전에 이른다"는 의미로 사상이 철저하게 바뀐다는 의미를 나타낼 때는 쓰일 수 없다. 따라서 위 문장의 "解放"은 적당한 다른 단어로 고쳐주어야 한다.

▪ 0658 : 나는 어떻게 해야 이런 고통에서 벗어날 수 있을지 자주 생각한다.
* 我常常想, 怎样才能解放这些痛苦呢?
☞ 我常常想, 怎样才能摆脱这些痛苦呢?

설명 "解放"의 목적어는 비교적 고정되어 있어 임의로 아무 단어와 짝을 이루지 않는다. 위 문장에서는 "解放"과 목적어의 배합이 어울리지 않으므로 동사를 다른 적당한 단어로 바꿔주어야 한다.

◆ 岁 suì 347

▪ 0659 : 이렇게 5, 6년이 지나도록 우리가 연애를 했는데 사람들은 아직 모른다.
* 这样过了五六岁, 我们谈恋爱, 人们还不知道。
☞ 这样过了五六年, 我们谈恋爱, 人们还不知道。

설명 "岁" 앞에 수사가 있을 때 "岁"는 햇수를 나타내지 않으므로 의 문장에서의 "岁"는 "年"으로 고쳐야 한다.

▪ 0660 : 그가 일곱 살 때 아버지가 돌아가셨다.

* 他的岁是七岁时, 他的父亲就死了。

☞ 他七岁的时候, 他的父亲就死了。

설명 "岁"는 연령을 나타내는 말로 쓰이는데 주어로는 쓰일 수 없다. 따라서 위 문장은 "…的时候"를 써서 그의 나이를 나타내 주어야 한다.

▪ 0661 : 언니가 여동생보다 다섯 살 많다.

* 姐姐比妹妹大五年。

☞ 姐姐比妹妹大五岁。

설명 연령을 나타낼 때 "年"을 쓸 수 없다. 그러므로 위 문장의 "年"은 "岁"로 고쳐야 한다.

▪ 0662 : 당신은 올해 몇 살입니까?

* 你今年多大岁?

☞ 你今年多大岁数?

설명 "多大"는 "岁数", "年纪"와 배합을 이루어야 하므로 위 문장에서 "岁"는 "岁数"로 고쳐야 한다.

◆ 动 dòng 348

▪ 0663 : 오늘 나는 기숙사에서 나가지 않을 거니까, 너희들은 나를 기다리지 말아라.

* 今天, 我要留在宿舍里不动, 你们别等我了。

☞ 今天, 我要留在宿舍里不出去, 你们别等我了。

설명 "动"은 동작을 나타내는데 위 문장의 의미는 구체적인 동작을 나타내는 것이 아니므로 "动"을 쓸 수 없다.

- 0664 : 너는 중환자이니 의사의 동의 없이 움직일 수 없다.

* 你是重病人, 不经过大夫同意, 你走不动。

☞ 你是重病人, 不经过大夫同意, 你不能走动。

설명 "动"은 동사 뒤에서 동사의 결과보어나 가능보어로 쓰이는데, 도리상 허가의 여부를 나타낼 때는 "动"을 가능보어로 쓸 수 없다. 그러므로 위 문장에서 "走不动"은 "不能走动"으로 고쳐야 한다.

- 0665 : 나는 네가 이 식량부대를 어깨에 멜 수 없다고 생각한다.

* 我想, 你把这袋粮食扛不动。

☞ 我想, 你扛不动这袋粮食。

설명 가능보어 "动"은 "把"자문에 쓰일 수 없다. 따라서 이 문장의 목적어인 "这袋粮食"를 술어 뒤로 옮겨주어야 한다.

- 0666 : 이 짐들은 그 혼자서 옮길 수 없다.

* 这些行李被他一个人搬不动。

☞ 这些行李他一个人搬不动。

설명 가능보어 "动"은 "被"자문에 쓰일 수 없다. 그러므로 "被"자를 빼야 한다.

빈도순 0351~0400

◆ 一会儿 yīhuìr 353

▪ 0667 : 밥 먹기 전에 요한은 잠깐동안 한자를 썼다.
* 吃饭之前, 约翰写了汉字一会儿。
☞ 吃饭之前, 约翰写了一会儿汉字。

설명 "一会儿"은 동작이나 상태가 지속되는 시간을 나타내며 동사나 형용사 뒤에서 시간보어로 쓰인다. 만약 동사가 목적어를 동반하고 그 목적어가 일반명사라면 "一会儿"은 목적어 앞에 위치해야 한다. 그러므로 위 문장에서 "一会儿"은 목적어인 "汉字" 앞으로 옮겨주어야 한다.

▪ 0668 : 우리 나가서 좀 노는 게 어때?
* 我们出去玩玩一会儿, 好吗?
☞ 我们出去玩玩, 好吗?

설명 중첩된 동사 뒤에 시간보어를 쓸 수 없다. 그러므로 위 문장에서 "一会儿"을 빼야 한다.

◆ 好像 hǎoxiàng 357

▪ 0669 : 北京에는 유명한 곳이 많은데 天安门, 人民大会堂, 故宫 등과 같은 곳이 그러하다.
* 北京有很多有名的地方, 好像天安门·人民大会堂·故宫等。
☞ 北京有很多有名的地方, 像天安门·人民大会堂·故宫等。

설명 "好像"은 "마치…과 같다"라는 의미로, 예를 들어 나열하는 경우에는 쓰일 수 없다. 그러므로 위 문장에서 "好像"은 "像"으로 고쳐야 한다.

▪ 0670 : 내가 딸에게 바나나를 좀 사주었더니 딸아이가 한 입 먹자마자 조금 이상하다는 듯이 말하기를 “엄마, 오늘 바나나는 어쩜 이렇게 좋아요?”라고 하였다.

* 我给女儿买了一些香蕉, 她一吃好像就觉得有点儿奇怪, 说 : “妈, 今天的香蕉怎么这么好呢?”

☞ 我给女儿买了一些香蕉, 她一吃就觉得有点儿奇怪, 说 : “妈, 今天的香蕉怎么这么好呢?”

설명 “好像”은 보통 비유를 이끄는데 쓰이지만 두 개의 동작이 연결하여 발생함을 나타낼 때는 “好像”을 쓸 수 없다. 따라서 위 문장에서는 “好像”을 빼야 한다.

▪ 0671 : 이 아가씨는 엄마와 똑같이 생겼다.

* 这个姑娘好像她的妈妈长得一样。

☞ 这个姑娘跟她的妈妈长得一样。

설명 “好像”은 그것이 이끄는 대상과 함께 동사의 부사어로 쓰일 수 없다. 따라서 위 문장에서의 “好像”은 적당한 전치사인 “跟”으로 고쳐주어야 한다.

◆ 谈 tán 359

▪ 0672 : 지도 선생님은 지금 학우들과 시험과 관계된 문제를 얘기하고 있다.

* 领导老师正跟同学们谈谈有关考试的问题。

☞ 领导老师正跟同学们谈有关考试的问题。

설명 말하고 있는 상태를 나타내고자 할 때는 “谈”의 중첩형식을 쓸 수 없다. 그러므로 위 문장에서 “谈谈”은 “谈”으로 고쳐야 한다.

▪ 0673 : 너 이리 좀 와봐, 내가 너와 얘기할 일이 있어.

* 你过来, 我跟你谈谈一件事。

☞ 你过来, 我跟你谈一件事。

설명 수량사 앞에서 "谈"의 중첩형식을 쓸 수 없다. 그러므로 위 문장에서 "谈谈"은 "谈"으로 고쳐주어야 한다.

▪ 0674 : 기자가 우리들과 잠깐 얘기를 했다.

* 记者跟我们谈了谈一会儿。

☞ 记者跟我们谈了一会儿。

설명 "谈" 뒤에 시간보어가 올 때 다시 중첩해서 쓸 수 없다. 따라서 위 문장에서 "谈了谈"은 "谈了"로 고쳐야 한다.

◆ 那样 nàyàng 363

▪ 0675 : 아빠가 화가 나서 말씀하시기를 "우리 집에 너 같은 애는 없다. 너, 너는……"라고 하셨다.

* 爸爸生气地说 : "我家没有你那样的孩子! 你, 你……"。

☞ 爸爸生气地说 : "我家没有你这样的孩子! 你, 你……"。

설명 가까운 것을 가리킬 때는 "那样"을 쓸 수 없다. 그러므로 위 문장에서 "那样"은 "这样"으로 고쳐야 한다.

▪ 0676 : 내가 작년 겨울 방학을 돌이켜 보건대 올해처럼 만족스럽지는 못한 것 같다.

* 我回忆去年寒假, 觉得没有今年那样满意。

☞ 我回忆去年寒假, 觉得没有今年这样满意。

설명 위의 예문에서와 마찬가지로 가까운 것을 가리키면서 "那样"을 쓰고 있으므로 옳지 않다. 따라서 이 문장의 "那样" 역시 "这样"으로 고쳐주어야 한다.

◆ 一般 yībān 366

▪ 0677 : 일을 막 시작하면 보통 어려움이 있기 마련인데 그건 꼭 그렇다.

* 刚参加工作, 一定都有一些困难, 那是一般的。

☞ 刚参加工作, 一般都有一些困难, 那是一定的。

설명 통상적으로 일어나는 상황을 설명할 경우에는 "一般"을 쓰고, 의심없이 어떤 일에 대해 확신을 가지고 추측할 경우에는 "一定"을 쓴다. 위 문장에서는 "一般"과 "一定"의 순서가 바뀌어 쓰였으므로 고쳐주어야 한다.

▪ 0678 : 연극을 보러 온 이 젊은이들이 대체로 모두들 안경을 쓴 것을 보니 아마도 대학생인 듯하다.

* 来看戏的这些年青人都一般戴眼镜, 可能是大学生。

☞ 来看戏的这些年青人一般都戴眼镜, 可能是大学生。

설명 "一般"이 부사 "都"와 함께 부사어로서 동사를 수식할 때, "一般"은 "都" 앞에 위치하여야 한다. 위 문장에서는 "一般"의 위치가 옳지 않으므로 "都" 앞으로 옮겨주어야 한다.

◆ 花 huā 367

▪ 0679 : 흰 꽃, 붉은 꽃이 모두 피었다.

* 白色的·红色的花都开花了。

☞ 白色的·红色的花都开了。

설명 "花"가 명사로서 주어로 쓰일 때, 술어동사 "开" 뒤에 다시 목적어 "花"를 동반할 수 없다. 그러므로 위 문장에서는 동사 "开" 뒤에 있는 목적어 "花"를 빼주어야 한다.

▪ 0680 : 한 달 전에 내가 北京에 왔을 때는 매우 바빠서 우리 둘이 함께 놀러 갈 시간이 없었다.

* 一个月以前我来到北京的时候很忙, 所以我们两个人没花工夫一块儿去玩。

☞ 一个月以前我来到北京的时候很忙, 所以我们两个人没工夫一块儿去玩。

설명 "花"가 동사로 "소비하다"의 의미로 쓰일 경우에 목적어를 취할 수 있지만, "소비하다"의 의미가 아닌 단지 "없다"의 의미만을 나타날 경우에는 "花"를 쓸 수 없다. 따라서 위 문장에서는 "花"를 빼야 한다.

◆ 主要 zhǔyào 368

▪ 0681 : 나는 학습방법이 매우 중요하다고 생각한다.

＊ 我觉得学习方法很主要。

☞ 我觉得学习方法很重要。

설명 "主要"는 관련된 사물 중에서 가장 중요한 것을 나타낼 때 쓰이며, 사물의 작용, 지위, 영향에 대해 말할 때는 "主要"를 쓸 수 없다. 그러므로 위 문장에서 "主要"는 "重要"로 고쳐야 한다.

◆ 认识 rènshi 372

▪ 0682 : 그쪽 사람들은 그들을 모른다.

＊ 那里不认识他们。

☞ 那里人们不认识他们。

설명 "认识"의 施事는 반드시 사람이어야지 사물일 수 없다. 위 둔장에서는 "认识"의 주어가 잘못되었으므로 고쳐주어야 한다.

▪ 0683 : 그는 그녀로 하여금 그녀가 낳은 아이를 알아보지 못하도록 했다.

＊ 他不让她认识她亲生的孩子。

☞ 他不让她认她亲生的孩子。

설명 "认"에는 "분별하다"의 의미가 있으나 "认识"에는 이런 의미가 없다. 그러므로 위 문장에서 "认识"는 "认"으로 고쳐주어야 한다.

▪ 0684 : 나는 당시에는 "이 이태리 노부인은 어떻게 이태리어를 모를 수가 있지?"라고 생각했다.

＊ 我当时想：这个意大利老女人怎么不认识意大利语呢?

☞ 我当时想：这个意大利老女人怎么不懂意大利语呢?

설명 "认识" 뒤에서는 언어와 관련된 류의 명사가 목적어로 쓰일 수 없다. 따라서 위 문장의 "认识"는 "懂"으로 고쳐주어야 한다.

▪ 0685 : 사회주의 기업의 원칙은 사회주의 노선을 견지하는 것으로 반드시 이 문제를 정확히 인식해야 한다.

* 社会主义企业的原则是坚持社会主义道路, 必须把这个问题认识。

☞ 社会主义企业的原则是坚持社会主义道路, 必须把这个问题认识清楚。

설명 "认识"가 "把"자문에서 술어동사로 쓰일 때는 반드시 결과보어를 동반해야 한다. 위 문장에는 결과보어가 빠져 있으므로 이를 보충해 주어야 한다.

◆ 由于 yóuyú 373

▪ 0686 : 이로써 보건대 중국이 四个现代化에 대해 확신을 가지고 있는 것은 충분한 근거가 있는 것이다.

* 由于可见, 中国对四个现代化怀有信心, 是有充分根据的。

☞ 由此可见, 中国对四个现代化怀有信心, 是有充分根据的。

설명 "由于"는 명사나 동사와 전치사 구조를 이루어 원인을 나타낸다. "由此可见"은 고정형식으로 "由"는 "从"의 의미로 起点을 표시한다. 위 문장에서의 "由于"는 "由此"로 고쳐주어야 한다.

▪ 0687 : 학우들은 선생님의 동반 하에 颐和园을 유람하였다.

* 同学们由于老师的陪同下, 游览了颐和园。

☞ 同学们在老师的陪同下, 游览了颐和园。

설명 동작의 진행을 나타낼 경우에는 "由于"를 쓸 수 없다. 따라서 위 문장에서 "由于"는 "在"로 고쳐야 한다.

▪ 0688 : 너희들은 실천을 통해 진리를 찾아야 한다.

* 你们应该由于实践找真理。

☞ 你们应该通过实践找真理。

설명 사람이나 사물이 매개가 되어 어떤 목적에 도달하는 것을 나타내는 경우에는 "由于"를 쓸 수 없다. 그러므로 위 문장에서 "由于"는 "通过"로 고쳐야 한다.

- 0689 : 우리는 시키는 대로 숯을 샀습니다.

* 我们是由于奉命来买炭的。

☞ 我们是奉命来买炭的。

설명 동사를 수식하는 동목구가 이미 원인을 나타낼 경우에는 동목구앞에 "由于"를 쓸 수 없다. 따라서 위 문장에서는 "由于"를 빼야 한다.

- 0690 : 이 방면의 지식을 공부하기 위하여 그는 많은 심혈을 기울였다.

* 由于学习这方面的知识, 他花了很多心血。

☞ 为了学习这方面的知识, 他花了很多心血。

설명 목적을 나타낼 때는 "由于"를 쓸 수 없다. 그러므로 위 문장에서 "由于"는 "为了"로 고쳐야 한다.

- 0691 : 네가 말한 의견에 대해 내가 잘 이해를 못해서 나는 내 견해를 표시할 수가 없다.

* 由于你说的意见我不太明白。

☞ 由于你说的意见我不太明白, 所以我无法表示看法。

설명 "由于" 뒤에서는 원인을 설명해 주어야 할 뿐만 아니라 그에 대한 결과도 반드시 동반해야 한다. 위 문장은 문장구조상 앞 뒤 문맥이 맞지 않으므로 이를 바로 잡아 주어야 한다.

- 0692 : 어머니는 언니를 낳은 후에 생각지도 않게 또 나를 낳으셨기 때문에 몸이 완전히 망가지셨다.

* 母亲生了姐姐之后, 想不到又生了我, 由于身体彻底垮了。

☞ 母亲生了姐姐之后, 想不到又生了我, 因此身体彻底垮了。

설명 "由于"는 원인을 나타내는 절에서만 쓰일 수 있고 결과를 나타내는 절에서는 "所以"·"因而"·"因此" 등만이 쓰일 수 있다. 따라서 위 문장에서 "由于"는 결과를 나타내는 적당한 다른 말로 바꿔주어야 한다.

◆ 告诉 gàosu 374

▪ 0693 : 중국친구가 우리가 타고 있는 차를 향해 손을 흔들어 우리에게 우호를 표했다.

* 中国朋友向我们坐的汽车招手, 告诉我们他们的友好。

☞ 中国朋友向我们坐的汽车招手, 表示对我们友好。

설명 "말해주다"의 의미를 나타내는 "告诉"는 손짓을 써서 생각이나 감정을 나타내는 경우에는 쓸 수 없다. 그러므로 위 문장에서 "告诉"는 "表示"로 바꿔야 한다.

▪ 0694 : 그녀는 공장장에게 자신의 개혁방안을 설명했다.

* 她向厂长告诉了自己的改革方案。

☞ 她向厂长说明了自己的改革方案。

설명 비교적 중대한 일에 대해 남에게 정중하게 들려주는 경우에는 "告诉"를 쓸 수 없다. 위 문장에서 "告诉"는 "说明"으로 고쳐야 한다.

◆ 对于 duìyú 378

▪ 0695 : 너는 국내에 있는 친구에게 자주 편지를 쓰니?

* 你经常对于国内的朋友写信吗?

☞ 你经常给国内的朋友写信吗?

설명 누군가를 위해서 무엇을 하다라는 의미를 나타낼 때는 "对于"를 쓸 수 없다. 따라서 위 문장의 "对于"는 "给"로 고쳐야 한다.

▪ 0696 : 그녀는 사람에 대해 아주 열성적이다.

* 她对于人特别热情。

☞ 她对人特别热情。

설명 사람과 사람 사이의 관계를 나타낼 때, “对于”를 쓸 수 없다. 위 문장에서 “对于”는 “对”로 고쳐야 한다.

▪ 0697 : 우리는 종업원들에게 “감사합니다”라고 하고는 바로 차에 탔다.
* 我们对于服务员们说了“谢谢”，就上了车。
☞ 我们向服务员们说了“谢谢”，就上了车。

설명 동작의 방향이나 목표를 나타낼 때는 “对于”를 쓸 수 없다. 위 문장에서 “对于”는 방향을 나타내는 “向”으로 고쳐야 한다.

▪ 0698 : 수영을 좋아하는 것에 있어서 그녀는 보통 사람을 능가한다.
* 对于游泳爱好，她超过了一般人。
☞ 对于游泳的爱好，她超过了一般人。

설명 “对于”가 관형어로 쓰일 때 뒤에 반드시 “的”를 써야 한다. 위 문장에서는 “的”가 빠져 있으므로 이를 보충해 주어야 한다.

◆ 跳 tiào 379

▪ 0699 : 나는 무서워서 가슴이 계속 두근거렸다.
* 我很害怕，直跳心。
☞ 我很害怕，直心跳。

설명 “跳”가 “(심장 등이) 오르락내리락 하다”의 의미를 나타낼 때는 목적어를 동반할 수 없다. 따라서 위 문장에서 “跳心”은 “心跳”로 고쳐주어야 한다.

◆ 有的 yǒude 380

▪ 0700 : 우리 둘의 관계는 친구이면서 또 사랑하는 사이이다.
* 我俩的关系，有的是朋友，有的是心上人。
☞ 我俩的关系，又是朋友，又是心上人。

설명 두 가지 상황이 함께 표현될 때는 "有的"를 쓸 수 없다. 따라서 위 문장에서 "有的"는 "又"로 고쳐야 한다.

▪ 0701 : 그녀는 대학졸업 후에 어떤 회사에 들어가게 되었는데 지금 내가 공부하는 대학 근처에 있다.

* 她大学毕业后，找到了有的公司，正好在我学习的大学附近。

☞ 她大学毕业后，找到了一个公司，正好在我学习的大学附近。

설명 "有的"와 명사가 명사구를 구성하였을 때 이것은 목적어로 쓰일 수 없다. 그러므로 위 문장에서 "有的公司"는 "一个公司"로 고쳐야 한다.

◆ 搞 gǎo 382

▪ 0702 : 언어를 공부하는 데 전적으로 기계적 암기에만 의존할 수는 없다.

* 学习语言不能完全搞死记硬背。

☞ 学习语言不能完全靠死记硬背。

설명 "의존하다"의 의미를 나타낼 때는 "搞"를 쓸 수 없다. 그러므로 위 문장에서 "搞"는 "靠"로 고쳐야 한다.

▪ 0703 : 이 술은 鲁迅선생의 고향 绍兴에서 만든 것이다.

* 这种酒是鲁迅先生的故乡绍兴搞的。

☞ 这种酒是鲁迅先生的故乡绍兴酿造的。

설명 "술을 만들다"의 의미를 나타낼 경우에는 "搞"를 쓸 수 없다. 그러므로 위 문장에서 "搞"는 "酿造"로 고쳐야 한다.

▪ 0704 : 다음 주에 上海로 여행을 가는데 오늘 벌써 짐을 꾸리는 것은 아무래도 너무 이르다.

* 下星期去上海旅行，今天就搞好行李未免太早了。

☞ 下星期去上海旅行，今天就打点行李未免太早了。

설명 "정리하다", "준비하다"의 의미를 나타낼 때 "搞"를 쓸 수 없다. 따라서 위 문장에서는 같은 의미의 다른 동사인 "打点"으로 고쳐야 한다.

◆ 领导 lǐngdǎo 383

▪ 0705 : 『孟姜女』는 중국인민이 秦始皇의 통치하에서 받은 착취와 억압을 묘사하였다.

＊『孟姜女』描写中国人民在秦始皇的领导下，受到的剥削和压迫。

☞『孟姜女』描写中国人民在秦始皇的统治下，受到的剥削和压迫。

설명 "领导"는 일반적으로 긍정적인 의미를 지니고 있기 때문에 施事가 착취계급인 경우에는 쓸 수 없다. 그러므로 위 문장에서 "领导"는 "统治"로 고쳐야 한다.

▪ 0706 : 李 부총리는 중국정부대표단을 이끌고 北京으로 돌아왔다.

＊ 李副总理领导中国政府代表团回到北京。

☞ 李副总理率领中国政府代表团回到北京。

설명 "领导"와 "率领"을 비교해 보면, "领导"는 추상적인 이끎을 나타내고 "率领"은 구체적인 인도(인솔)를 나타낸다. 따라서 위 문장에서 "领导"는 "率领"으로 고쳐야 한다.

◆ 咱们 zánmen 384

▪ 0707 : 나는 많은 친구들을 초청해서 우리들은 함께 포커를 하며 놀았다.

＊ 我邀请了许多朋友，咱们一起打扑克玩儿。

☞ 我邀请了许多朋友，我们一起打扑克玩儿。

설명 "咱们"과 "我们"은 구분하여 사용된다. 일반적으로 말하자면 北京 구어에서 "我们"은 단지 화자만을 지칭하고 청자는 포괄하지 않는다. 그러나 "咱们"은 화자와 청자를 모두 포함한다. 위 문장에서 보자면 施动者는 화자만 표시하므로 "咱们"은 "我们"으로 고쳐야 한다.

◆ 伟大 wěidà 385

▪ 0708 : 그는 유명한 가수로, 자주 가난한 사람을 도와주니, 매우 위대하다.
＊ 他是一位著名的歌星, 常常救济穷人, 他很巨大。
☞ 他是一位著名的歌星, 常常救济穷人, 他很伟大。

설명 "巨大"는 물체나 자금 등 규모나 수량이 큰 것을 가리키며, 사람을 묘사하는 데는 쓸 수 없다. 그러므로 위 문장에서 "巨大"는 "伟大"로 고쳐야 한다.

◆ 部 bù 386

▪ 0709 : 매일 두 대의 기차가 兰州에서 北京까지 운행하는데, 그가 어느 차를 타는지 모르겠다.
＊ 每天有两部火车从兰州开到北京, 不知他坐哪部。
☞ 每天有两列火车从兰州开到北京, 不知他坐哪列。

설명 "部"는 서적, 영화, 차량 또는 기계의 양사로 쓰인다. 그러나 기차, 자동차, 비행기, 선박 등에는 "部"를 쓸 수 없다. 따라서 위 문장의 "部"는 "列"로 고쳐야 한다.

◆ 只要 zhǐyào 388

▪ 0710 : 전국의 국민이 굳게 단결하기만 하면 어떤 어려움도 이겨낼 수 있다.
＊ 只要全国人民紧密地团结起来, 能战胜任何困难。
☞ 只要全国人民紧密地团结起来, 就能战胜任何困难。

설명 "只要"는 조건관계를 나타내는 복합문에서 필요조건을 이끈다. "就"·"都"·"便" 등의 부사와 주로 호응을 이룬다. 위 문장에서는 호응을 이루는 부사 "就"가 빠져 있으므로 이를 보충해 주어야 한다.

▪ 0711 : 계속 투쟁해 나가기만 하면 모든 적을 물리칠 수 있다.
＊ 只要坚持斗争, 才能打败一切敌人。
☞ 只要坚持斗争, 就能打败一切敌人。

설명 "只要"는 "才"와 호응할 수 없다. 따라서 위 문장에서 "才"는 "就"로 고쳐야 한다.

▪ 0712 : 그는 이제껏 열심히 일하지 않고 언제나 대충대충 일을 처리하였는데, 이로 인해 오늘날 큰 문제가 생긴 것이다.

＊ 他做事从来不认真, 只要马虎从事, 因此出现了今天的大问题。

☞ 他做事从来不认真, 总是马虎从事, 因此出现了今天的大问题。

설명 "只要"가 이끄는 절은 일반적으로 적극적인 의미를 가진다. 만약 소극적인 의미를 나타내려면 否定式을 써야 한다.

◆ 要求 yāoqiú 389

▪ 0713 : 극장의 구석구석에서 열렬한 박수소리가 울리면서 그들에게 다시 한번 공연해 줄 것을 요구했다.

＊ 剧场的每一个角落, 都响起了要他们再表演一次的要求。

☞ 剧场的每一个角落, 都响起了热烈的掌声, 要求他们再表演一次。

설명 "要求"는 "响"의 목적어로 쓰일 수 없다. 그러므로 동사와 어울리는 적당한 목적어를 다시 써 주어야 한다.

▪ 0714 : 그녀의 요구는 매우 크다.

＊ 她的要求是很难的。

☞ 她的要求是很高的。

설명 위 문장에서는 "要求"와 형용사 술어의 배합이 어울리지 않는다. 그러므로 "要求"와 배합이 가능한 다른 형용사로 고쳐야 한다.

▪ 0715 : 그녀는 젊은이에게 한 가지 조건을 제시했다.

＊ 她对小伙子要求了一个条件。

☞ 她对小伙子提出了一个条件。

설명 동사 “要求”는 목적어인 “条件”과 어울리지 않으므로, 적당한 다른 동사로 바꾸어야 한다.

◆ 总 zǒng 390

▪ 0716 : 그는 집에 돌아온 이후로 마음속에 항상 이 아가씨 생각뿐이었다.

* 他回家以后, 心里总是想到了这个姑娘。

☞ 他回家以后, 心里总是想到这个姑娘。

설명 “总”은 “항상 그러하다”라는 의미를 지니고 있기 때문에 “总”의 뒤에 위치하는 동사는 “了”를 동반할 수 없다. 따라서 위 문장에서는 “了”를 빼야 한다.

▪ 0717 : 그는 아버지가 틀림없이 자신으로 하여금 가난한 집안의 아가씨와 결혼하지 못하게 하리라는 것을 알고 있었다.

* 他知道爸爸总不让他跟一个穷人家的姑娘结婚。

☞ 他知道爸爸一定不让他跟一个穷人家的姑娘结婚。

설명 부정문에서 긍정의 어기를 나타낼 때, 일반적으로 “总”을 쓸 수 없다. 그러므로 위 문장에서 “总”은 “一定”으로 고쳐야 한다.

◆ 组织 zǔzhī 393

▪ 0718 : 나는 아빠가 이렇게 푸짐하게 음식을 준비하시리라고는 생각지 못했다.

* 我没想到爸爸会组织一桌这样丰盛的饭菜。

☞ 我没想到爸爸会张罗一桌这样丰盛的饭菜。

설명 동사 “组织”는 “饭菜”와 배합할 수 없다. 그러므로 위 문장에서는 “组织”를 “张罗”로 고쳐야 한다.

◆ 胜利 shènglì 397

▪ 0719 : 우리 언니가 이번 시합에서 승리했다.

* 我姐姐胜利了这次比赛。

☞ 我姐姐在这次比赛中胜利了。

설명 "胜利"는 목적어를 동반할 수 없다. 그러므로 위 문장에서는 "这次比赛"를 전치사구로 만들어 부사어로서 "胜利"를 수식하도록 해야 한다.

◆ 睡 shuì 400

▪ 0720 : 기차에서 나는 3시간 남짓 잠을 잤다.

* 在火车上, 我睡觉了三个多小时。

☞ 在火车上, 我睡了三个多小时觉。

설명 "睡"가 목적어를 동반하면서 동시에 보어를 지닐 때, 목적어는 보어 뒤에 위치해야 한다. 그러므로 위 문장에서 "觉"는 "三个多小时" 뒤에 두어야 한다.

▪ 0721 : 나는 이가 너무 아파서 밤새도록 자지 못하고 새벽에 바로 병원에 갔다.

* 我牙疼得厉害, 一夜睡不了, 早晨就去了医院。

☞ 我牙疼得厉害, 一夜没睡, 早晨就去了医院。

설명 완성된 동작을 부정할 경우에는 동사 앞에 "没(有)"를 덧붙인다. 위 문장에서는 "睡" 뒤에 위치한 보어가 틀렸으므로 이를 바로잡아야 한다

빈도순 0401~0450

◆ 赶 gǎn 402

▪ 0722 : 주인은 다른 사람의 말을 듣고 그 충실한 하인을 쫓아냈다.

* 主人听了别人的话, 赶那个忠实的仆人走了。

☞ 主人听了别人的话, 把那个忠实的仆人赶走了。

설명 문장에 쫓아내는 행위의 대상을 나타내는 受事목적어가 있는 경우에는 일반적으로 "把"자문을 사용한다.

◆ 张 zhāng 404

▪ 0723 : 그는 목청껏 노래부르기 시작했다.

* 他张开嗓子唱起来了。

☞ 他放开嗓子唱起来了。

설명 "嗓子"는 "张"과 함께 쓰일 수 없다. "목청껏 …하다"라는 의미로 "嗓子"와 함께 쓰일 때는 동사 "放"을 써 주어야 한다.

◆ 极 jí 405

▪ 0724 : 어젯밤 학교가 정전되는 바람에 방 안이 깜깜해서 책을 볼 수가 없었다.

* 昨晚学校停电, 屋里极黑黑的, 无法看书。

☞ 昨晚学校停电, 屋里黑黑的, 无法看书。

설명 중첩된 형용사 앞에서는 "极"를 쓸 수 없다.

◆ 正在 zhèngzài 407

▪ 0725 : 그 코끼리는 정원 안에 묶여 있다.
＊ 那只大象正在拴在院子里。
☞ 那只大象正拴在院子里。

설명 긍정적인 语气를 강조하려고 할 때에는 "正"을 써 주어야 한다. "正在"는 동작의 진행이나 상태의 지속을 나타낼 때 사용된다.

▪ 0726 : 우리들 사이의 우정은 워낙 굳건해서 깨질 수 없다.
＊ 我们之间的友谊是正在牢不可破的。
☞ 我们之间的友谊是牢不可破的。

설명 "是…的" 구조에서는 "正在"를 쓸 수 없다.

▪ 0727 : 전국 각지에서 생기발랄하고 원기왕성한 분위기가 나타나고 있다.
＊ 全国各地正在生机勃勃·欣欣向荣的景象。
☞ 全国各地正在出现生机勃勃·欣欣向荣的景象。

설명 "正在"는 부사어로 쓰여 동사나 형용사를 수식하는 역할을 할 뿐, 그 자체가 동사로 쓰일 수는 없다. 위 문장에서는 동사가 없으므로 의미상 적당한 동사를 넣어 주어야 한다.

◆ 或者 huòzhě 409

▪ 0728 : 그 때 사회에는 돈이 있는 사람과 돈이 없는 사람, 두 종류의 사람이 있었다.
＊ 那时社会上有两种人，有钱的或者没钱的。
☞ 那时社会上有两种人，有钱的和没钱的。

설명 "或者"가 접속사로 쓰일 때는 두 개 이상의 성분이 동시에 존재하는 것을 나타내거나 연접한 두 개 이상의 성분 중 하나를 선택하는 경우에 사용된다. 연합관계를 나타내는 경우에는 "跟"이나 "和"를 사용하고 "或者"는 사용할 수 없다.

▪ 0729 : 애가 살았는지 죽었는지 어서 말 좀 해라!

* 你快说说孩子活着或者死了?

☞ 你快说说孩子活着还是死了?

설명 의문문에서 선택의 의미를 나타내는 경우에는 "或者" 대신 "还是"를 써야 한다.

◆ 一起 yīqǐ 410

▪ 0730 : 그들 두 사람은 거기에서 함께 살 수 있다.

* 他们两个可以住在那里一起。

☞ 他们两个可以一起住在那里。

설명 "一起"가 부사어로 쓰여 동사를 수식하는 경우에는 반드시 동사 앞에 사용된다.

▪ 0731 : 한번은 그가 한 사람과 싸워 그 사람을 다치게 했다.

* 有一次, 他和一个人一起打架, 把那个人打伤了。

☞ 有一次, 他和一个人打架, 把那个人打伤了。

설명 동사 자체에 "함께"라는 의미가 내포되어 있는 경우 "一起"를 다시 쓰면 안된다. 위 문장에서 싸운다는 의미의 동사 "打架"는 혼자 하는 행위가 아니라 반드시 누군가와 함께 행하는 행위이므로 "一起"를 더 쓸 필요가 없다.

▪ 0732 : 앞으로 우리나라 인구는 현재 세계에서 인구가 가장 많은 중국과 인도보다도 더 많아질 것이다.

* 我国人口将会比现在世界上人口最稠密的中国和印度一起还要多。

☞ 我国人口将会比现在世界上人口最稠密的中国和印度还要多。

설명 더해진 수량은 "一起"로 나타낼 수 없다.

◆ 非常 fēicháng 412

▪ 0733 : 여기 날씨는 우리나라 날씨보다 훨씬 더 춥다.
＊ 这里的天气比我们国家的天气非常冷。
☞ 这里的天气比我们国家的天气冷得多。

설명 "比"를 사용하여 비교의 의미를 나타내는 문장에서 형용사 앞에는 "很"이나 "非常", "太"와 같은 정도부사를 사용할 수 없다.

▪ 0734 : 그는 아주 나쁜 사람이다.
＊ 他是一个非常坏人。
☞ 他是一个非常坏的人。

설명 "非常"이 심한 정도를 나타내는 경우에는 일반적으로 동사나 형용사를 수식하고 명사는 수식하지 못한다. 위 문장에서 "坏人"은 명사이므로 "非常"의 수식을 받기 위해서는 "坏" 뒤에 "的"를 붙여 "非常"이 형용사 "坏"를 수식하는 문장으로 바꾸어 주어야 한다.

▪ 0735 : 내 룸메이트가 심하게 아프다.
＊ 我的同屋非常病了。
☞ 我的同屋病得很重。

설명 동사 "病"은 정도부사의 수식을 받을 수 없다.

◆ 当时 dāngshí 413

▪ 0736 : 어서 가라, 그가 분명히 너를 기다리고 있을거야.
＊ 你快去吧, 他当时肯定在等你。
☞ 你快去吧, 他肯定在等你。

설명 "当时"는 과거에 발생했던 어떤 사건의 시간을 나타내는 명사로 주어나 관형어로 쓰인다. 아직 발생하지 않은 상황에 대해서는 "当时"를 쓸 수 없다.

◆ 当然 dāngrán 414

▪ 0737 : 北京에 온 지 막 일주일밖에 안되었으니 집 생각이 나는 것은 당연한 일이다.

* 刚到北京一星期, 想家是很当然的。

☞ 刚到北京一星期, 想家是当然的。

설명 "当然"은 정도부사의 수식을 받을 수 없다.

◆ 光 guāng 416

▪ 0738 : 회의장의 전등이 밝다.

* 会场里的电灯很光。

☞ 会场里的电灯很光亮。

설명 광선의 밝기를 나타낼 때에는 "光亮"으로 써야지, "光"이나 "不光"만 쓰면 틀린다.

◆ 算 suàn 418

▪ 0739 : 나는 이번 内蒙古에 가는 여행단에 안나도 포함시키자고 제안했다.

* 这次去内蒙古的旅游团, 我提议也算安娜。

☞ 这次去内蒙古的旅游团, 我提议也算上安娜。

설명 위 문장의 의미는 "어디에 무엇(누구)을 포함시키다"라는 의미로 "算"이라는 동작에 결과의 의미가 들어 있으므로 결과보어를 함께 써서 "算上"으로 해야 한다.

▪ 0740 : 우리들은 어느 누구도 그녀를 등반대의 정식대원으로 간주하지 않았다.

* 我们谁也没把她算爬山队的正式队员。

☞ 我们谁也没把她算作爬山队的正式队员。

설명 위 문장은 "무엇(누구)를 …으로 간주하다"라는 의미로, "算"이라는 동작에 결과의 의미가 들어 있으므로 결과보어를 함께 써서 "算作"로 써야 한다.

▪ 0741 : 조금 있는 것도 있는 것이다.

* 有一点, 算是一点儿。

☞ 有一点, 是一点儿。

설명 "…인 셈이다", "…이다"라는 의미로 "算" 앞쪽 절의 의미를 긍정적으로 보는 어기를 나타내는 경우, "算"은 "是"로 바꿔 쓸 수 있지만 "算是"를 함께 써서는 안된다.

◆ 轻 qīng 420

▪ 0742 : 그들이 그에게 해달라고 부탁한 일은 한 가지도 쉬운 일이 없었다.

* 他们委托他办的事情没有一件是轻的。

☞ 他们委托他办的事情没有一件是容易的。

설명 "轻"은 무게나 수량이 적거나 정도가 가벼울 때 사용되며, 어떤 일을 할 때 힘이 들지 않는다는 의미로는 쓰지 않는다. 이런 경우에는 "轻" 대신 "容易"를 써 주어야 한다.

▪ 0743 : 문이 가볍게 열렸는데, 들어온 사람은 그의 아들이 아니었다.

* 门被轻推开了, 进来的不是他的儿子。

☞ 门被轻轻推开了, 进来的不是他的儿子。

설명 "打(치다)", "踢(차다)", "推(밀다)" 등의 동작이 가볍다는 의미를 나타내기 위해 "轻"을 쓸 때에는 "轻"을 중첩해 써야 한다.

◆ 慢 màn 422

▪ 0744 : 막 중국에 왔을 때, 나는 시간이 느리게 가는 것 같았다.

* 我觉得刚来中国时, 时间过得很慢慢。

☞ 我觉得刚来中国时, 时间过得很慢。

설명 "慢慢"은 정도부사 "很", "太" 의 수식을 받을 수 없다.

◆ 往 wǎng 423

▪ 0745 : 휘발유를 불 위에 붓지 말아라.

* 不要把汽油泼往火上。

☞ 不要把汽油往火上泼。

설명 "往"이 전치사구를 이루어 부사어로 사용될 때는 반드시 동사 앞에서 동사를 수식해야 한다.

▪ 0746 : 사냥꾼이 토끼에게 총을 한 방 쐈다.

* 猎手往兔子打了一枪。

☞ 猎手往兔子身上打了一枪。

설명 "往"은 반드시 방위나 장소를 나타내는 단어와 함께 쓰여야 하므로 사람이나 사물을 의미하는 명사나 대체사를 목적어로 직접 취할 수 없다. 이때 그 명사나 대체사는 장소화 시켜 주어야 한다.

▪ 0747 : 이 아이가 어째서 호수로 돌을 던졌을까.

* 这孩子怎么扔石头往湖里。

☞ 这孩子怎么往湖里扔石头。

설명 "往"으로 이루어진 전치사구가 부사어가 될 때는 반드시 수식 받는 동사 앞에 와야 한다. 위 문장은 전치사구의 위치가 잘못되었다.

▪ 0748 : 모두들 내 쪽을 봐, 눈감으면 안돼, 찍는다.

* 大家往我看, 不要闭眼, 要拍照了。

☞ 大家往我这儿看, 不要闭眼, 要拍照了。

설명 "往"은 반드시 방위나 처소를 나타내는 구와 함께 쓰여야 하며, 직접 사람이나 사물을 가리키는 명사구와 함께 쓰일 수 없다. 위 문장은 "往"의 목적어가 잘못 쓰였다.

◆ 深 shēn 426

▪ 0749 : 그녀의 처지에 대해 그들은 깊은 동정을 나타냈다.
＊ 对她的遭遇, 他们表同情。
☞ 对她的遭遇, 他们深表同情。

설명 "深"은 단음절동사를 수식하여 4字로 된 형식을 구성한 후 술어로 사용하는 경우가 많다.

◆ 参加 cānjiā 427

▪ 0750 : 그는 1년간 군복무 했다가 이 곳에 왔다.
＊ 他参加一年军后来到了这里。
☞ 他参了一年军后来到了这里。

설명 "군대에 복무하다"라는 의미를 나타낼 때에는 "参军"이라고 쓴다.

▪ 0751 : 나는 이번 여행을 아주 만족스럽게 생각한다.
＊ 这次旅行我参加得很满意。
☞ 这次旅行我觉得很满意。

설명 "参加"는 주어가 내리는 평가의 의미를 지닌 보어를 수반할 수 없다.

▪ 0752 : 유명한 사람들이 이번에도 많이 참가했다.
＊ 这次参加了许多有名的人。
☞ 许多有名的人这次也参加了。

설명 "参加"의 주체가 되는 사람은 목적어로 쓰일 수 없다. 따라서 위 문장의 목적어는 주어로 바꾸어 써야 한다.

▪ 0753 : 최근 감기가 유행하고 있어서 다들 수업을 하지 못한다.

＊ 最近流行感冒，大家不能参加上课。

☞ 最近流行感冒，大家不能上课。

설명 "上课"라는 목적어구조에서 이미 주어가 "수업을 한다(수업에 참가한다)"는 의미를 명확하게 진술하고 있으므로 또다시 "参加"라는 동사를 써 줄 필요가 없다.

◆ 加 jiā 430

▪ 0754 : 노동자의 주거 문제는 제때에 해결되어야 한다.

＊ 工人的住房问题要及时加解决。

☞ 工人的住房问题要及时加以解决。

설명 "加"는 단음절 형용사나 단음절 부사의 수식을 받는 경우에만 사용하고 이음절 부사의 수식을 받는 경우에는 "加以"를 써야 한다.

◆ 请 qǐng 432

▪ 0755 : 그들은 즉시 자동차를 불러 나를 병원에 데려다주었다.

＊ 他们马上请汽车把我送进了医院。

☞ 他们马上叫汽车把我送进了医院。

설명 "请"은 "요청하다"는 의미의 동사인데, 차량이나 배 등을 부를 때는 "请"을 쓸 수 없다.

◆ 将 jiāng 433

▪ 0756 : 졸업식은 내일 거행될 것이다.

＊ 毕业典礼在明天将举行。

☞ 毕业典礼将在明天举行。

설명 "将"은 어떤 동작 혹은 상황이 머지 않아 일어날 것임을 나타내는 부사어로 사용되어 동사를 수식하는데, 동사 앞에 만약 전치사구조가 있다면 "将"은 일반적으로 전치사구조 앞에 쓰인다. 위 문장에서는 "将"의 위치가 잘못되었다.

◆ 那些 nàxiē 434

▪ 0757 : 그 귀여운 아이들이 우리를 위해 프로그램을 공연했다.
* 可爱的那些孩子为我们表演了节目。
☞ 那些可爱的孩子为我们表演了节目。

설명 "那些"가 가리키는 사람 혹은 사물 앞에 묘사성의 관형어가 있는 경우 그 관형어는 일반적으로 "那些" 뒷쪽에 쓰인다.

▪ 0758 : 요며칠 널 보지 못했었는데, 어디에 갔었던거니?
* 那些天没见你, 你去哪儿了?
☞ 这些天没见你, 你去哪儿了?

설명 "那些"는 비교적 거리가 먼 둘 이상의 사람이나 사물을 가리킬 때 사용된다. 비교적 가까운 거리의 사람이나 사물을 가리킬 때는 "这些"를 사용한다.

◆ 同时 tóngshí 436

▪ 0759 : 감기가 유행하기 시작했을 때 어떤 학교는 곧바로 휴교했다.
* 感冒流行起来时, 有的学校同时停课了。
☞ 感冒流行起来时, 有的学校就停课了。

설명 "同时"는 동작이 동일한 시간에 발생될 때 사용되는데, "同时"를 사용하려면 문장 내의 주어가 반드시 같은 종류의 사람이거나 같은 종류의 사물이어야 한다. 위 문장에서는 앞 절의 주어가 "感冒"이고 뒷 절의 주어가 "学校"로 주어가 서로 다르기 때문에 "同时"를 쓸 수 없다.

◆ 夜 yè 437

▪ 0760 : 밤에 산 정상은 춥다.
* 夜的山顶上是寒冷的。
☞ 夜里山顶上是寒冷的。

설명 "夜"는 장소를 나타내는 명사나 명사구조를 수식할 수 없다.

◆ 那里 nàli 443

▪ 0761 : 나는 그에게서 많은 시를 배웠다.

* 我从他学了很多诗。

☞ 我从他那里学了很多诗。

설명 사람을 나타내는 명사나 인칭대체사를 사용하여 비교적 먼 거리의 장소를 나타내려면 그 명사나 인칭대체사 뒤에 "那里" 혹은 "那儿"을 써 주어야 한다.

▪ 0762 : 그는 열심히 일해서 지금은 그 곳의 대표가 되었다.

* 他工作很努力, 现在当了那儿里的领导。

☞ 他工作很努力, 现在当了那里的领导。

설명 "那里"는 한 단어이므로 그 사이에 다른 성분을 쓸 수 없다.

◆ 一下 yīxià 447

▪ 0763 : 그는 참지 못하고 일어서서 "아이구"라고 한마디 하고는 바로 가버렸다.

* 他忍不住了, 站起来"哎呀"一下就走了。

☞ 他忍不住了, 站起来"哎呀"一声就走了。

설명 "一下"는 동사 뒷쪽에 쓰여 동작의 시간이 짧거나 한번 시험삼아 해본다는 의미를 나타내므로, 소리의 횟수를 나타내는 경우에는 "一下"를 쓸 수 없다.

▪ 0764 : 그녀는 그더러 앉아서 쉬라고 했다.

* 她就让他坐一下休息休息。

☞ 她就让他坐下休息休息。

설명 동작의 방향이나 결과를 나타내는 경우에는 "一下"를 보어로 쓸 수 없다. "一下" 대신 "下"나 "下来" 등 문장의 의미에 적합한 보어를 써 주어야 한다.

▪ 0765 : 제 소개를 좀 하겠습니다. 저는 马씨입니다.

* 我来自我介绍, 我姓马。

☞ 我来自我介绍一下, 我姓马。

설명 어떤 일을 시험삼아 해본다는 의미를 나타낼 때에는 "一下"를 써 주어야 한다.

▪ 0766 : 선생님, 좀 도와주십시오.

* 先生, 请帮忙一下。

☞ 先生, 请帮一下忙。

설명 "一下"는 목적어 앞에 써야 한다.

◆ 发现 fāxiàn 450

▪ 0767 : 무슨 문제를 발견했는지 난 아직도 모르겠다.

* 我还不知道发现了什么事。

☞ 我还不知道发现了什么问题。

설명 "事"는 "发现"의 목적어가 될 수 없다.

빈도순 0451~0500

◆ 方法 fāngfǎ 453

▪ 0768 : 우리는 중국어 학습에 대한 자신감과 중국어 학습방법의 개선을 강화시켜야 한다.

＊ 我们要增强学习汉语的信心和方法。

☞ 我们要增强学习汉语的信心和改进学习汉语的方法。

설명 "方法"는 "增强"의 목적어로 쓰일 수 없기 때문에 위 문장의 경우 "方法" 앞쪽에 동사 및 기타 성분을 보충해 주어야 한다.

▪ 0769 : 아랍 사람의 생활 방식은 중국 사람과 다르다.

＊ 阿拉伯人的生活方法跟中国人不同。

☞ 阿拉伯人的生活方式跟中国人不同。

설명 "方法"는 보통 "工作", "学习" 등의 단어와 함께 쓰이고, "方式"는 "生产", "生活" 등의 단어와 함께 쓰인다.

◆ 刚 gāng 454

▪ 0770 : 아들이 막 한 살이 되었을 때 아버지께서 돌아가셨다.

＊ 刚儿子一岁的时候, 父亲去世了。

☞ 儿子刚一岁的时候, 父亲去世了。

설명 부사 "刚"은 동사, 형용사, 수량사 바로 앞에 쓰인다.

◆ 困难 kùnnan 457

▪ 0771 : 그는 학습과 생활에 있어서의 어려움을 극복하겠다고 결심하고는 열심히 공부한다.

＊ 他决心克服学习与生活上的很困难, 努力学习。

☞ 他决心克服学习与生活上的困难, 努力学习。

설명 "困难"이 명사인 경우 부사의 수식을 받을 수 없으므로 위 문장에서는 "很"을 빼 주어야 한다.

▪ 0772 : 중국 간행물 문장의 표제는 번역하기가 어렵다.

＊ 中国报刊文章的标题很困难翻译。

☞ 中国报刊文章的标题翻译很困难。

설명 "困难"이 형용사인 경우에는 관형어와 술어로 쓰이고 부사어로는 쓰일 수 없다. 따라서 위 문장은 "困难"의 위치를 바꾸어 술어가 되도록 해야 한다.

◆ 多少 duōshao 461

▪ 0773 : 이 작문은 몇 글자나 되니?

＊ 这篇作文写了多少些字?

☞ 这篇作文写了多少字?

설명 "多少"는 수량을 묻는 경우에 사용되며 명사와 연용될 때에는 그 사이에 양사가 있어도 되고 없어도 되는데, 양사 중 정해지지 않은 수를 가리키는 양사인 "些"나 "点儿"과는 함께 쓰일 수 없다.

▪ 0774 : 이 극장은 몇백 명을 수용할 수 있습니까?

＊ 这个剧场能容纳多少百人?

☞ 这个剧场能容纳几百人?

설명 숫자 앞에 쓰는 경우 "多少"는 "万", "亿" 두 숫자 앞에서만 사용될 수 있다.

▪ 0775 : 모레에 조금만 일찍 와라.

* 后天你多少来早点儿。

☞ 后天你稍微来早点儿。

설명 "多少"는 형용사를 수식하여 이미 발생된 사건에만 사용될 수 있다. 위 문장은 미래의 상황을 나타내므로 "多少"를 쓸 수 없다.

▪ 0776 : 다들 동작을 좀 빨리 해라!

* 大家动作多少快点儿!

☞ 大家动作稍微快点儿!

설명 "多少"가 형용사를 수식하는 경우에는 명령문에 쓸 수 없다.

▪ 0777 : 다리가 좁아서 조금만 방심하면 강으로 떨어질거야.

* 桥很窄, 只要多少不小心, 就会掉到河里。

☞ 桥很窄, 只要稍微不小心, 就会掉到河里。

설명 "多少"는 부정형식에 사용할 수 없다.

◆ 旧 jiù 463

▪ 0778 : 그와 나는 여러 해 된 오랜 친구가 되었다.

* 他和我是多年的旧朋友了。

☞ 他和我是多年的老朋友了。

설명 "旧友", "旧交"는 서면어에 많이 사용되는 단어이고, 일반적인 구어에서는 친구를 "朋友" 혹은 "老朋友"라고 한다. "朋友"는 "旧"와 함께 사용될 수 없다.

▪ 0779 : 孙사부님은 우리와 함께 이전 사회와 현재 사회의 차이에 대해 종종 얘기하곤 하신다.

* 孙师傅常常和我们谈起旧新社会的不同。

☞ 孙师傅常常和我们谈起新旧社会的不同。

설명 "新"과 "旧"를 연용하는 경우에 "旧"는 항상 "新"의 뒷쪽에 쓴다.

▪ 0780 : 그는 우리 회사에서 오래된 사람인데 회사에서 근 30년을 일했다.

* 他是我们公司的旧人，在公司工作了近三十年。

☞ 他是我们公司的老人，在公司工作了近三十年。

설명 "이전부터…하던 사람", "원래의 사람"이라는 의미를 나타내는 경우 "老人"으로 써야지 "旧人"이라고 쓰면 안된다. "旧"는 일반적으로 "旧时代", "旧社会", "旧思想"처럼 추상적인 명사나, 또는 "旧北京"처럼 행정구역 단위 등과 함께 사용된다.

◆ 战争 zhànzhēng 464

▪ 0781 : 당시 우리는 두 무리의 적과 전쟁하려고 했다.

* 当时我们要和两股敌人战争。

☞ 当时我们要和两股敌人作战。

설명 "战争"은 명사이므로 앞에 부사어가 올 수 없다. 그러므로 여기서는 "전쟁하다"라는 의미를 가진 동사인 "作战", "开战" 등으로 써야 한다.

◆ 口 kǒu 466

▪ 0782 : 우리 반에는 열두 명의 학생이 있다.
＊ 我们班有十二口学生。
☞ 我们班有十二个学生。

설명 "口"는 명사 "人"외에 사람을 가리키는 단어의 양사로는 쓰이지 않는다.

◆ 哪 nǎ 470

▪ 0783 : 한달 동안 아팠기 때문에 나도 "口语" 과목이 어느 과까지 나갔는지 모른다.
＊ 我病了一个月, 也不知道"口语"讲到那课了。
☞ 我病了一个月, 也不知道"口语"讲到哪课了。

설명 "那"는 지시대체사이다. "어느", "무엇"을 의미하는 의문대체사로는 "那"가 아니라 "哪"를 써야 한다.

▪ 0784 : 그 젊은이에 대한 그녀의 애정은 일편단심이다.
＊ 她对哪个小伙子的爱情是专一的。
☞ 她对那个小伙子的爱情是专一的。

설명 확정된 사람 혹은 사물을 가리킬 때에는 "哪"가 아니라 "那"를 써야 한다.

◆ 任务 rènwu 471

▪ 0785 : 성탄절 때면 나는 나무에 작은 등과 각종 장식물을 걸었는데, 이것은 내가 어렸을 때 가장 좋아하던 일이었다.
＊ 过圣诞节时, 我往树上挂小灯和各种装饰物, 这是我小时候最喜欢做的任务。
☞ 过圣诞节时, 我往树上挂小灯和各种装饰物, 这是我小时候最喜欢做的事。

설명 다른 사람이 어떻게 하라고 시킨 일인 경우에만 "任务"라는 단어를 쓸 수 있다.

- 0786 : 아침에 나는 탈의실에서 작업복으로 갈아입은 후, 곧바로 하루의 일을 시작했다.

* 早上, 我在更衣室换上了工作服以后, 马上就开始了一天的任务。

☞ 早上, 我在更衣室换上了工作服以后, 马上就开始了一天的工作。

설명 직업으로 하는 일상적인 일을 의미하는 경우에는 "任务"가 아니라 "工作"를 쓴다.

◆ 多么 duōme 474

- 0787 : 오늘 날씨가 정말 좋구나!

* 今天多么天气好呀!

☞ 今天天气多么好呀!

설명 "多么"는 감탄문에서 정도가 높음을 표시하는 부사로, 수식하는 형용사 바로 앞에 쓰인다.

- 0788 : 안나는 그 때문에 그렇게 많은 고통을 받았다.

* 安娜为他多么受到了苦。

☞ 安娜为他受了那么多苦。

설명 진술문에서는 "多么"를 쓰지 않는다.

- 0789 : 내 친구가 글짓기 대회에서 1등을 해서, 나는 정말로 기뻤다.

* 我的朋友作文比赛得了一等奖, 我真为她多么高兴。

☞ 我的朋友作文比赛得了一等奖, 我真为她高兴。

설명 앞에서도 설명한대로 진술문에서는 일반적으로 "多么"를 사용하지 않는다. 따라서 "多么"를 빼 주어야 한다.

▪ 0790 : 일이 이렇게 바쁘기는 하지만 그녀는 여전히 공부를 계속해나가고 있다.

* 虽然工作多么忙, 但是她仍然坚持学习。

☞ 虽然工作这么忙, 但是她仍然坚持学习。

설명 "多么"는 대부분 앞 절에는 "无论", "不管", "不论" 등의 단어가 오고 뒷 절에서는 "都", "也"로 호응되는 조건관계 복문에서 정도의 높음을 표시한다. 위 문장처럼 "虽然…但是"와 같은 전환관계 복문에서는 "多么"를 쓸 수 없다.

◆ 决定 juédìng 478

▪ 0791 : 1987년 2월, 나는 7월에 중국에 유학가기로 결정했다.

* 一九八七年二月我决定了七月到中国留学。

☞ 一九八七年二月我决定七月到中国留学。

설명 "决定"은 명사, 동사, 절을 목적어로 취할 수 있는데, 동사와 절을 목적어로 취하는 경우에는 일반적으로 "了"를 쓰지 않는다.

◆ 一直 yīzhí 479

▪ 0792 : 그녀는 마음 속에 기분 나쁜 일이 많이 있었기 때문에, 때때로 그녀가 하는 말이 썩 듣기 좋은 것은 아니었다.

* 她心里有很多不高兴的事, 所以有的时候, 说的话不是一直好听。

☞ 她心里有很多不高兴的事, 所以有的时候, 说的话不是太好听。

설명 "一直"는 동작이 처음부터 끝까지 계속되거나 상황이 시종일관 변하지 않음을 나타내는 부사인데, 위 문장에서는 "有的时候"가 있으므로 "一直"와 의미가 어울리지 않는다. 따라서 적당한 부사로 바꿔 주어야 한다.

▪ 0793 : 그녀는 때때로 하루종일 아무 것도 먹지 않는다.

∗ 她有时候整天一直不吃什么东西。

☞ 她有时候整天不吃什么东西。

설명 위 문장에서도 "有时候"가 있기 때문에 "一直"와 의미가 어울리지 않으므로 빼주어야 한다.

▪ 0794 : 그는 대학을 졸업한 후 줄곧 법률을 연구했다.

∗ 他大学毕业以后，一直研究了法律。

☞ 他大学毕业以后，一直研究法律。

설명 "一直"는 동사를 수식하는 경우에 그 동사가 수량보어를 수반하고 있으면 동사 뒤에 "了"를 쓸 수 있지만, 수량보어를 수반하지 않는 경우에는 "了"를 쓸 수 없다.

◆ 留 liú 480

▪ 0795 : 우리는 4일 동안 그 곳에 머물렀다.

∗ 我们四天留在那里。

☞ 我们留在那里四天。

설명 시간을 표시하는 准量词가 있으면 그 준량사는 일반적으로 "留" 뒷쪽의 장소 명사 뒤에 쓴다.

▪ 0796 : 이 선물들을 남겨 놓은 것은 손님더러 가라는 것이다.

∗ 留这些礼物就让客人走了。

☞ 留下这些礼物就让客人走了。

설명 受事의 방향을 나타내는 경우 반드시 방향보어를 써 주어야 한다.

◆ 希望 xīwàng 481

▪ 0797 : 이것은 학우들의 일치된 요구이다.

* 这是同学们的一致希望。

☞ 这是同学们的一致要求。

설명 구체적인 바램을 제시하고 그것이 이루어지기를 바랄 때는 "希望"을 쓰지 않는다.

▪ 0798 : 두 나라의 지도자는 모두 회담에서 우호적인 협력을 강화시키려는 바램을 나타냈다.

* 两国领导人在会谈中都表示了加强友好合作的希望。

☞ 两国领导人在会谈中都表示了加强友好合作的愿望。

설명 장래에 모종의 목적이 달성되기를 바라는 생각을 나타낼 때에는 "希望" 대신 "愿望"을 써야 한다.

▪ 0799 : 그들은 공부를 잘하고 일도 잘해 부모님의 기대를 저버리지 않겠다는 뜻을 표시했다.

* 他们表示, 一定要学习好, 工作好, 不辜父母的希望。

☞ 他们表示, 一定要学习好, 工作好, 不辜父母的期望。

설명 위 사람이 아랫사람에게, 단체나 조직이 개인에게, 나이많은 사람이 어린 사람에게 무엇인가 바라는 경우 일반적으로 "期望"을 쓴다. 이 경우 "期望"은 "希望"보다 바램의 정도가 훨씬 더 간절함을 나타낸다.

▪ 0800 : 우리들은 네가 빨리 돌아오기를 간절히 바란다.

* 我们殷切地希望你早日归来。

☞ 我们殷切地盼望你早日归来。

설명 "希望"이 동사로서, 어떤 목적을 이루거나 어떤 상황이 출현하기를 마음속으로 바란다는 의미로 쓰일 때는 일반적인 바람을 나타내며 语气가 약하다. 위 문장은 간절하게 바란다는 의미를 나타내고 있으므로 "盼望"이 더욱 적합하다.

◆ 喊 hǎn 482

▪ 0801 : 그의 고함소리를 들은 후 젊은이는 저도 모르게 고개를 돌려 한번 쳐다보았다.

* 听到他的喊以后，小伙子不由得回头看了一下。

☞ 听到他的喊声以后，小伙子不由得回头看了一下。

설명 "喊"은 "고함치다" 혹은 "부르다"라는 의미의 동사로 목적어로 쓰일 수 없다. 따라서 위 문장에서는 명사인 "喊声"으로 고쳐야 한다.

◆ 钟 zhōng 483

▪ 0802 : 2월 4일 저녁 10시 20분, 나는 기차를 타고 大同으로 출발했다.

* 二月四日晚上十点二十分钟，我坐上火车向大同出发了。

☞ 二月四日晚上十点二十分，我坐上火车向大同出发了。

설명 "点", "分", "秒"를 이어 쓰는 경우 그 뒷쪽에는 "钟"을 쓸 수 없다.

◆ 然后 ránhòu 484

▪ 0803 : 그는 열심히 그림 그리는 것을 공부하여 후에 저명한 화가가 되었다.

* 他努力学画画儿，然后他成了著名的画家。

☞ 他努力学画画儿，后来他成了著名的画家。

설명 "然后"는 하나의 사건이 일어난 후에 바로 이어 다음 사건이 일어남을 나타낸다. 따라서 두 개의 사건이 이어 발생하는 경우가 아니라 과거에 어떤 사건이 있었고, 그 후로 시간이 경과된 것을 나타낼 때는 "然后" 대신 "后来"를 써야 한다.

▪ 0804 : 나는 8월 20일 北京에 돌아왔는데 지금까지 대략 3개월이 되었다.
＊ 我八月二十日回到北京, 然后大约三个月了。
☞ 我八月二十日回到北京, 至今大约三个月了。

설명 과거의 어떤 시점부터 현재까지의 시간을 나타내는 경우에는 "然后"를 쓸 수 없고 "至今"을 써야 한다.

◆ 高兴 gāoxìng 488

▪ 0805 : 마리네 집은 별장도 있고, 자동차도 있고, 수영장도 있어서 생활이 매우 행복하다.
＊ 玛丽家有别墅, 有汽车, 有游泳池, 生活十分高兴。
☞ 玛丽家有别墅, 有汽车, 有游泳池, 生活十分美好。

설명 "高兴"은 즐거운 기분을 나타낼 때 사용되는 형용사로 생활 방면의 행복이나 아름다움, 훌륭함을 나타내는 경우에는 쓸 수 없다.

▪ 0806 : 나는 네가 항상 나에게 편지를 보내와서 기쁘다.
＊ 我很高兴你经常给我来信。
☞ 你经常给我来信, 我很高兴。

설명 "高兴"은 구를 목적어로 취할 수 있지만 절은 목적어로 취하지 못한다.

◆ 成为 chéngwéi 489

▪ 0807 : 만약 일을 잘 하고 자신의 사상을 열심히 개조한다면 사회에 유용한 사람이 될 것이다.
＊ 如果好好劳动, 认真改造自己的思想, 还会成为一个对社会有用的人的时候。
☞ 如果好好劳动, 认真改造自己的思想, 还会成为一个对社会有用的人。

설명 "成为"는 일반적으로 서면어에 사용되며 반드시 명사를 목적어로 수반해야 한다. 위 문장에서 "的时候"는 "成为"의 목적어로 쓰일 수 없는 단어이므로 빼주어야 한다.

▪ 0808 : 형을 선고함으로써 刘宝를 개조시켜 사회에 유용한 사람으로 만들었다.
* 通过判处徒刑, 把刘宝成为一个对社会有用的人。
☞ 通过判处徒刑, 把刘宝改造成为一个对社会有用的人。

설명 "成为"는 결과보어로 쓰여 동사와 함께 동사-결과보어 구조를 이르기도 한다. 위 문장에서는 주요 동사가 빠져 있으므로 보충해 주어야 한다. 한편, "把"자문 안에서 결과보어로 사용되는 경우 "成为"의 "为"는 써도 되고 안써도 된다.

◆ 坏 huài 490

▪ 0809 : 그녀는 생활이 고달프긴 하지만, 가난한 사람에게 애정을 가지고 있다.
* 她的生活很坏, 但她对穷人很有感情。
☞ 她的生活很苦, 但她对穷人很有感情。

설명 생활상의 어려움을 나타내는 경우에는 "坏"를 쓸 수 없고 "苦"를 써야 한다.

▪ 0810 : 이것이 바로 그녀가 함부로 생각한 결과이다.
* 这就是她坏想的结果。
☞ 这就是她瞎想的结果。

설명 "坏"는 부사어로는 쓰이지 않는다.

◆ 队 duì 496

▪ 0811 : 오빠가 체조팀에 참가했는데, 팀에서 나이가 가장 어리다.
* 哥哥参加了体操队, 队他年龄最小。
☞ 哥哥参加了体操队, 队中他年龄最小。

설명 "队"는 모종의 성질을 지닌 집단을 의미하는데 일반적으로 "建筑队(건축팀)", "足球队(축구팀)"처럼 "队" 앞에 그 집단의 성질을 나타내는 명사 수식어를 함께 쓴다. 앞뒤 문장의 관계가 명확한 경우에는 "队" 앞에 명사 수식어를 쓰지 않을 수도 있지만, 그 대신 "队" 뒷쪽에 방위명사를 함께 써 주어야 한다.

◆ 帮助 bāngzhù 498

▪ 0812 : 그는 종종 남동생이 공부하는 것을 도와준다.
* 他常常帮助弟弟的学习。
☞ 他常常帮助弟弟学习。

설명 "帮助"는 명사와 대체사, 절을 목적어로 취하지만 구는 목적어로 취하지 못한다. 절을 목적어로 취하는 경우에는 겸어식 문장을 이루어야 한다.

▪ 0813 : 선생님, 절 도와주실 수 있나요?
* 老师, 你可以我帮助吗?
☞ 老师, 你可以帮助我吗?

설명 대체사를 목적어로 취하는 경우 그 목적어는 반드시 동사 뒷쪽에 놓여야 한다. 위 문장에서는 목적어의 위치가 잘못되었다.

◆ 信 xìn 500

▪ 0814 : 우체국에 갈 필요 없어, 편지는 식당문 바깥쪽의 우체통에 넣으면 돼.
* 不用去邮局, 你放信在食堂门外的邮筒里就行了。
☞ 不用去邮局, 你把信放在食堂门外的邮筒里就行了。

설명 행위자가 어떤 사물이나 어떤 사람을 어떠어떠하게 处置하는 경우에는 반드시 "把"자문을 사용해야 한다. 위 문장에서도 처치의 대상인 "信"을 전치사 "把"로 끌어내어 전치사구조를 만든 후 동사 앞쪽에 놓아야 옳은 문장이 된다.

빈도순 0501~0550

◆ 意见 yìjiàn 501

▪ 0815 : 난 네가 내 놓은 건의로 이 문제를 해결할 생각이다.

＊ 我打算用你提的意见, 解决这个问题。

☞ 我打算用你提的建议, 解决这个问题。

설명 "意见"은 "어떠한 사정에 대한 견해나 생각" 이라는 의미로, 주어나 목적어로 쓰인다. 그러나 제기한 주장이라는 의미로는 쓰이지 않는다.

◆ 之间 zhījiān 505

▪ 0816 : 작년 여름 휴가 동안, 나는 그리스로 여행을 갔다.

＊ 去年暑假之间, 我去希腊旅行了。

☞ 去年暑假期间, 我去希腊旅行了。

설명 두 시점 사이의 어떠한 시간을 나타내는 것이 아니라, 어떠한 기간내임을 가리키는 경우에는 "之间"을 쓸 수 없다.

▪ 0817 : 이번 여행에서 가장 인상 깊었던 곳은 西双版纳이다.

＊ 这次旅游之间, 我印象最深的地方是西双版纳。

☞ 这次旅游, 我印象最深的地方是西双版纳。

설명 "之间"을 수식할 수 있는 것은 소수의 이음절동사와 부사 뿐이다.

◆ 精神 jīngshén 507

▪ 0818 : 刘교수는 자동차 공업의 발전을 위해 필생의 정력을 소모하였다.
* 刘教授为汽车工业的发展耗费了毕生的精神。
☞ 刘教授为汽车工业的发展耗费了毕生的精力。

설명 "精神"에는 "体力"과 같은 물리적인 힘의 의미는 없다. 그러므로 위 문장에서 "精神"은 "精力"으로 고쳐주어야 한다.

◆ 变成 biànchéng 509

▪ 0819 : 후에, 아가씨에 대한 그의 태도는 좋아졌다.
* 后来, 他对姑娘的态度变成得很好。
☞ 后来, 他对姑娘的态度变得很好。

설명 "变成" 뒤에는 다시 보어가 나올 수 없다.

◆ 经验 jīngyàn 511

▪ 0820 : 소설『祝福』은 祥林嫂의 비참한 역정을 통해 당시 사회를 폭로하였다.
* 小说『祝福』, 通过祥林嫂的悲惨经验, 揭露了当时的社会。
☞ 小说『祝福』, 通过祥林嫂的悲惨经历, 揭露了当时的社会。

설명 "经验"은 실제로 본 것이나, 겪은 일, 불행 등을 나타낼 수 없다.

▪ 0821 : 이것은 내가 처음으로 혼자 떠난 여행이다. 이번 여행은 나에게 좋은 단련이 되었다.
* 这是我第一次一个人旅行, 这次旅行, 我受到了很好的经验。
☞ 这是我第一次一个人旅行, 这次旅行, 我受到了很好的锻炼。

설명 실천을 통해 능력을 향상시킨다는 것을 나타낼 때는 "经验"을 쓸 수 없다.

▪ 0822 : 국내에서, 그는 여태 이러한 일을 겪어 본 적이 없다.
* 在国内, 他从来没经验过这样的事的。
☞ 在国内, 他从来没经历过这样的事的。

설명 "经验"은 동사로는 사용될 수 없다.

◆ 不断 bùduàn 512

▪ 0823 : 그는 배가 너무나 고파, 한꺼번에 빵 5 개를 먹어치웠다.
* 他饿极了, 不断吃了五个面包。
☞ 他饿极了, 一连吃了五个面包。

설명 동작이 연속되어 어떠한 결과까지 나와 있을 때는 "不断"을 쓸 수 없다.

◆ 反对 fǎnduì 513

▪ 0824 : 아버지는 내가 선택하기로 결심한 길을 반대하시지 않았을 뿐 아니라, 내가 그 길로 가는 것을 격려해 주셨다.
* 爸爸不仅没反对我决心, 而且鼓励我走那条路。
☞ 爸爸不仅没反对我决心选择的道路, 而且鼓励我走那条路。

설명 "反对"의 목적어는 반드시 구체적인 사물이나 사람이어야 한다.

▪ 0825 : 헛되이 죽느니, 차라리 일어나 반항하는 것이 더 낫다.
* 与其白白送死, 不如起来反对。
☞ 与其白白送死, 不如起来反抗。

설명 “反对”는 일반적으로 태도나 언어로써 찬성하지 않음을 나타내고, “反抗”은 어떤 행동에 대해 반대함을 나타낸다.

◆ 发生 fāshēng 517

▪ 0826 : 나는 그가 좋아서, 그에 대한 애정이 생기게 되었다.
* 我很喜欢他, 我对他发生了爱情。
☞ 我很喜欢他, 我对他产生了爱情。

설명 사람과 사람 사이에 사랑하는 마음이 생길 때는 반드시 “有”나 “产生”으로 나타내야 한다.

▪ 0827 : 선생님의 모범적인 행동은 그를 감동시켜, 그가 새로운 힘을 내도록 하였다.
* 老师的模范行为感动了他, 使他发生了新的力量。
☞ 老师的模范行为感动了他, 使他产生了新的力量。

설명 어떠한 힘이 없다가 생기게 되었을 때는 동사 “产生”으로 나타낸다.

▪ 0828 : 广州市에 태풍이 한 차례 불었다.
* 广州市发生了一次台风。
☞ 广州市刮了一次台风。

설명 태풍과 같은 바람 종류는 일반적으로 동사 “刮”의 목적어로 쓰인다.

▪ 0829 : 그는 몸이 튼튼해, 여태 병을 앓아본 적이 없다.
* 他身体很好, 从来没发生过病。
☞ 他身体很好, 从来没生过病。

설명 "病"은 일반적으로 동사 "有", "生", "发" 등과 함께 쓰인다.

◆ 条件 tiáojiàn 520

▪ 0830 : 열심히 중국어를 공부하여, 장래 중국어 통역이 되기 위한 기초를 다진다.

＊ 努力学好汉语，为将来当中文翻译打下条件。

☞ 努力学好汉语，为将来当中文翻译打下基础。

설명 사물이 발전하는 근본이나 기점을 설명할 때는 "条件"이라고 할 수 없다.

◆ 弄 nòng 522

▪ 0831 : 말리던 옷이 센바람에 날아가 버렸다.

＊ 晾的衣服被大风弄跑了。

☞ 晾的衣服被大风刮跑了。

설명 "弄"은 사람이나 기타 동물이 만들어내는 동작만을 나타낸다.

▪ 0832 : 나는 가까스로 그녀에게 작은 새 한 마리를 구해다 주었다.

＊ 我好不容易弄她一只小鸟儿。

☞ 我好不容易给她弄了一只小鸟儿。

설명 "弄"은 이중 목적어를 수반할 수 없다. 문장 속에서 受事로 나타날 때는 "给…弄…"의 형식으로 써야 한다.

◆ 得到 dédào 530

▪ 0833 : 유산을 전부 어린 아들에게 물려주어, 그는 얻은 것이 너무 많아졌다.
＊ 遗产全给了小儿子, 他得到得太多了。
☞ 遗产全给了小儿子, 他得的太多了。

설명 "得到"는 정도보어를 수반할 수 없다.

◆ 清楚 qīngchu 531

▪ 0834 : 개울물이 매우 깨끗하다.
＊ 小溪的水很清楚。
☞ 小溪的水很清。

설명 맑고 깨끗하다는 것을 나타낼 때는 "清楚"라고 하지 않는다.

◆ 认为 rènwéi 533

▪ 0835 : 鸣凤은 觉慧를 그녀의 구세주로 여겼다.
＊ 鸣凤认为觉慧当成她的救星。
☞ 鸣凤认为觉慧是她的救星。

설명 위 문장에서는 "认为"와 뒤에 나온 목적어의 배합이 적당하지 않다. 목적어인 "她的救星"이 가리키는 사람이 바로 "觉慧"가 되어야 하므로, "当成"은 "是"로 바꾸어야 한다.

▪ 0836 : 우선 어떤 특징이 자신의 장점인지, 어떤 특징이 자신의 단점인지를 잘 알아야 한다.
＊ 首先一定要好好儿地认为哪个特点是自己的长处, 哪个特点是自己的短处。
☞ 首先一定要好好儿地认识哪个特点是自己的长处, 哪个特点是自己的短处。

설명 "认为"는 그 자체로 정면적이고 신중한 판단을 내리는 것을 가리 키므로, 앞에 "好好儿地"와 같은 제한성 부사어가 나올 수 없다.

- 0837 : 저는 당신이 金교수님이신 줄 알았습니다.

* 我认为您是金教授了。

☞ 我以为您是金教授了。

설명 "认为"로 이루어지는 판단은 비교적 긍정적이지만, "以为"로 이루어지는 판단은 긍정적이지 않다. 위의 "认为"는 "以为"로 바꿔야 한다.

◆ 只有 zhǐyǒu 534

- 0838 : 열심히 공부해야지만, 시험을 잘 볼 수 있다.

* 只有努力学习, 就能考好。

☞ 只有努力学习, 才能考好。

설명 "只有"는 "就"와 함께 쓰일 수 없다.

- 0839 : 우리 누나가 옷을 만들 수 있으니까, 네가 만들고 싶다면 그녀에게 한 마디만 하면 돼.

* 我姐姐会做衣服, 你要做只有跟她说一声就行了。

☞ 我姐姐会做衣服, 你要做只要跟她说一声就行了。

설명 필요한 조건을 나타낼 때는 "只有"를 쓸 수 없다.

- 0840 : 그 뚱뚱한 노인은 그저 한 번 보더니 바로 갔다.

* 那个胖老头, 只有看了看, 马上走了。

☞ 那个胖老头, 只是看了看, 马上走了。

설명 "겨우"·"단지"라는 의미를 나타낼 때는 반드시 "只是"를 써야 한다.

◆ 这儿 zhèr 535

▪ 0841 : 이제부터 우리 둘은 좋은 친구가 된 것이다.
＊ 从这里开始, 我们俩成了好朋友。
☞ 从这儿开始, 我们俩成了好朋友。

설명 시간을 나타낼 때는 "这里"를 쓸 수 없다. 위 문장의 "这里"는 "这儿"로 바꾸어야 한다.

◆ 装 zhuāng 536

▪ 0842 : 그는 차 광주리를 짊어지고 차를 따러 갔는데, 광주리가 금방 차잎으로 가득해졌다.
＊ 他背着茶筐去辨茶, 筐一会儿就满了茶叶。
☞ 他背着茶筐去辨茶, 筐一会儿就装满了茶叶。

설명 물건을 어떠한 기물 안에 넣는 것을 나타낼 때는 "装"을 써야 한다. 위 문장은 목적어 "茶叶" 앞에 동사 "装"이 빠져 있다.

▪ 0843 : 우리 학교의 배구장은 왁자지껄한 함성으로 가득했다.
＊ 我们学校的排球场上, 热热闹闹装满了喊声。
☞ 我们学校的排球场上, 热热闹闹充满了喊声。

설명 "装"의 목적어로는 구체적인 사물만이 올 수 있다. 위 문장은 "装"과 목적어의 배합이 옳지 않다.

◆ 并且 bìngqiě 537

▪ 0844 : 스스로 밥을 하는 것은 귀찮기도 하지만 싸지도 않다.

＊ 自己做饭不但费事, 并且不便宜。

☞ 自己做饭不但费事, 也不便宜。

설명 점층관계가 아닌 두 절이 연달아 나올 때, “并且”를 쓸 수 없다.

◆ 了解 liǎojiě 538

▪ 0845 : 그들이 내가 왜 결혼하지 않는지를 묻는다면, 내 생각을 알려줄 수는 있겠지만, 그러나 그들은 이해하지 못할 것이다.

＊ 他们问我为什么不结婚, 我可以把我的想法告诉他们, 可是他们了解不了。

☞ 他们问我为什么不结婚, 我可以把我的想法告诉他们, 可是他们理解不了。

설명 “明白”의 의미를 나타낼 때는 반드시 “理解”를 써야 한다.

◆ 错误 cuòwù 539

▪ 0846 : 그 잡지에는 “上海가 해방되던 그날, 개나리가 만개하였다.”라고 쓰여 있었는데, 上海가 해방되던 그날은 개나리가 이미 졌을 때이다. 따라서 착오를 범한 것이다.

＊ 那本杂志上写着 : “上海解放那天, 迎春花盛开。” 上海解放时迎春花已谢了, 所以错了误。

☞ 那本杂志上写着 : “上海解放那天, 迎春花盛开。”上海解放时迎春花已谢了, 所以出了错误。

설명 “错误”는 동목구조가 아니므로 중간에 “了”를 집어 넣을 수 없다. 위 문장에는 동사가 빠져 있으니 동사를 써 주어야 하고, “错了误”의 “了”는 빼주어야 한다.

▪ 0847 : 할아버지가 이러한 잘못을 저지른 적이 있다.
* 爷爷作过这种错误。
☞ 爷爷犯过这种错误。

설명 "错误"는 "作"의 목적어로 쓰일 수 없다. 위 문장의 동사는 "错误"와 어울리지 않는다.

▪ 0848 : 잘못이라고 말하기보다는, 결점이라고 말하는 것이 낫다.
* 与其说一些错误, 不如说是缺点。
☞ 与其说是一些错误, 不如说是缺点。

설명 위 문장에서는 "说" 뒤에 "是"가 빠져 있다.

◆ 出现 chūxiàn 543

▪ 0849 : 그는 동굴 밖에서 해골 한 무더기를 발견했다.
* 他在洞外边出现了一堆白骨。
☞ 他在洞外边发现了一堆白骨。

설명 위 문장에서 "出现"은 주어와 어울리지 않는다.

◆ 哭 kū 544

▪ 0850 : 그녀는 엄마의 편지를 다 보고 나서 매우 슬프게 울었다.
* 她看完了妈妈的信以后, 哭得很多。
☞ 她看完了妈妈的信以后, 哭得很伤心。

설명 "多"는 직접적으로 "哭"의 보어가 될 수 없다. 위 문장에서는 "哭"와 "多"의 배합이 어울리지 않는다.

◆ 因此 yīncǐ 545

▪ 0851 : 날씨가 추워도 노인은 홑옷만 입었다. 그런데도 그는 날씨가 좀더 추워지기를 기대하고 있다. 왜냐하면 날씨가 추워질수록 숯값이 오를 것이기 때문이다.

* 天气很冷, 老头只有单衣服穿, 可他还期望天气更冷点, 因此天气越冷炭的价钱越贵。

☞ 天气很冷, 老头只有单衣服穿, 可他还期望天气更冷点, 因为天气越冷炭的价钱越贵。

설명 "因此"는 원인을 나타내는 절에는 쓰일 수 없다.

▪ 0852 : 9월 23일 오전 11시 반, 내가 탄 비행기가 이륙하였다. 이렇게 나는 처음으로 우리나라를 떠났다.

* 九月二十三日上午十一点半, 我坐的飞机起飞了。因此我第一次离开了我国。

☞ 九月二十三日上午十一点半, 我坐的飞机起飞了。这样我第一次离开了我国。

설명 인과관계가 없는 절은 "因此"로 연결시킬 수 없다.

◆ 老师 lǎoshī 546

▪ 0853 : 내 전공은 중국어이다.

* 我的专业是汉语老师。

☞ 我的专业是汉语。

설명 판단을 나타내는 "是"자문에서는 주어와 목적어가 반드시 동일하거나 같은 종류의 관계에 있는 것이어야 한다. 위 문장의 주어 "专业"와 목적어 "老师"는 어울리지 않는다.

◆ 感到 gǎndào 547

▪ 0854 : 저녁 식사를 마친 후, 우리 몇몇 유학생들은 北京에 온 후에 보아왔던 몇 가지 일들을 이야기하기 시작했다.

* 吃完晚饭，我们几个留学生谈起来到北京以后感到的一些事情。

☞ 吃完晚饭，我们几个留学生谈起来到北京以后看到的一些事情。

설명 "感到"의 목적어가 될 수 있는 명사는 소수의 추상명사 뿐이다. "事情"은 "感到"의 목적어가 될 수 없다.

▪ 0855 : 주점에서 술을 마시던 사람들은 孔乙己의 불행한 처지에 대해 들었지만, 누구도 그를 불쌍하게 여기지 않았다.

* 在酒店里喝酒的人们听到孔乙己的不幸遭遇，谁也不感到可怜他。

☞ 在酒店里喝酒的人们听到孔乙己的不幸遭遇，谁也不可怜他。

설명 위 문장에서는 "感到"를 빼야 한다.

◆ 停 tíng 548

▪ 0856 : 여러 대의 차가 우리가 기다리고 있던 그 정류장에 멈추지 않고 지나가 버렸다.

* 有好几辆车在我们等车的那站不停地就开走了。

☞ 有好几辆车在我们等车的那站不停就开走了。

설명 위 문장의 "停"은 연동문의 첫 번째 동사이므로, "地"를 빼야 한다.

▪ 0857 : 10시에 나는 공부를 멈추고, 밖으로 나가 놀았다.

* 十点钟我停学习，去外边玩。

☞ 十点钟我停止学习，去外边玩。

설명 "停"의 목적어로는 단음절어만이 올 수 있다. 위 문장의 "停"과 목적어는 어울리지 않는다.

▪ 0858 : 소가 낭떠러지를 향해 달려가자, 그 아이는 소를 멈추게 하고 싶었지만, 어떻게 끌어대도 끌어당길 수가 없었다.

* 牛向山崖边跑去, 那个孩子想停它, 但是他怎么拉也拉不住。

☞ 牛向山崖边跑去, 那个孩子想让牛停住, 但是他怎么拉也拉不住。

설명 "어떠한 것을 멈추게 하려고 한다"는 것을 나타낼 때는 사람이나 동물을 가리키는 명사나 대체사가 목적어로 나올 수 없다.

빈도순 0551~0600

◆ 姑娘 gūniang 551

▪ 0859 : 젊은이가 호수가에서 아름다운 아가씨와 산보를 한다.

* 小伙子在湖边和一个美丽的女人散步。

☞ 小伙子在湖边和一个美丽的姑娘散步。

설명 "小伙子"와 상대되는 말은 "姑娘"이다. 위 문장의 "女人"은 쓰임이 적당하지 않다. 따라서 "女人"을 "姑娘"으로 바꿔야 한다.

◆ 容易 róngyì 552

▪ 0860 : 이것은 정책이 쉽게 바뀌지 않을 것이라는 것을 설명한다.

* 这说明政策不会容易变化。

☞ 这说明政策不会轻易变化。

설명 "容易"는 자체적으로 마음대로 하는 것을 나타내는 것은 아니다. 위 문장의 "容易"는 잘못 쓰였다.

◆ 注意 zhùyì 554

▪ 0861 : 방금 한 말은 너 신경 쓰지 마라, 내가 말장난 한 거야.

* 刚才的话你别注意, 我是说着玩儿的。

☞ 刚才的话你别在意, 我是说着玩儿的。

설명 어떠한 일을 마음에 두고 있지 않음을 강조할 때는 "在意"를 쓰지 "注意"를 쓰지 않는다.

◆ 活动 huódòng 555

▪ 0862 : 이러한 활동 기회가 있어서, 모두들 무척 기뻐한다.

* 大家的活动都非常高兴, 有这样的活动机会。

☞ 有这样的活动机会, 大家都非常高兴。

설명 "高兴"으로 진술되는 주어는 사람으로 제한된다. 위 문장의 "活动"은 잘못 쓰였다.

◆ 那个 nàge 556

▪ 0863 : 김선생님은 그녀 손의 반지를 가리키며 말하기를 "나의 이 반지는 어머니가 주신 거예요."라고 하였다.

* 金老师指着她手上的戒指说 : "我那个戒指是妈妈送的。"

☞ 金老师指着她手上的戒指说 : "我这个戒指是妈妈送的。"

설명 가까운 사물을 가리킬 때는 "那个"를 쓸 수 없다.

◆ 晚上 wǎnshang 557

▪ 0864 : 그는 하루 종일 도서관에서 공부한다.
* 他白天到晚上都在图书馆看书。
☞ 他一天到晚都在图书馆看书。

설명 "到晚上"은 낮부터 시작하여 저녁까지 줄곧 계속되는 것으로, 단독으로 부사어가 될 수 없다.

▪ 0865 : 오늘 그는 밤이 되도록 계속 글을 썼다.
* 今天他到晚上一直写文章。
☞ 今天他写文章一直写到晚上。

설명 위 문장의 "到晚上"은 위치가 잘못 되었다.

◆ 随 suí 558

▪ 0866 : 侍萍은 강에 뛰어들었다 구출되었고, 그 뒤로 바로 그녀는 결혼하였다.
* 侍萍投河被人救了，随着她结了婚。
☞ 侍萍投河被人救了，随后她结了婚。

설명 어떠한 상황이나 행동 뒤에 이어진다는 것을 나타날 때는 "随"를 쓸 수 없다.

◆ 草 cǎo 559

▪ 0867 : 우리나라에서, 나는 중국에서 만든 바구니를 샀다.
* 在我们国家，我买到了一个中国制造的草的篮子。
☞ 在我们国家，我买到了一个中国制造的草篮子。

설명 "草"가 관형어로 쓰일 때는 꾸밈을 받는 물건이 "풀(草)"을 원료로 하여 만들어진 것임을 설명하는 것이다. 그러므로 "的"를 빼야 한다.

◆ 够 gòu 562

▪ 0868 : 한 시간도 못 되어서, 나는 시험 문제를 다 풀었다.
＊ 不够一个小时，我就把考试题做完了。
☞ 不到一个小时，我就把考试题做完了。

설명 시간의 길이가 부족함을 나타낼 때는 "够"를 쓸 수 없다.

▪ 0869 : 내 중국어 수준이 높지 않아서, 번역을 잘 하지 못할 것 같다.
＊ 我的汉语水平不够，可能翻译不好。
☞ 我的汉语水平不高，可能翻译不好。

설명 수준이 어느 정도에 도달했나의 여부를 나타날 때는 "够" 뒤에 정도를 나타내는 형용사가 와야 한다. 위 문장에는 "够" 뒤에 형용사가 없다.

◆ 于是 yúshì 564

▪ 0870 : 그는 어느 날 해변에 왔다가, 아이들이 거북이 한 마리를 못살게 구는 것을 보았다.
＊ 他有天来到海边，于是孩子们正欺负着一只乌龟。
☞ 他有天来到海边，看见孩子们正欺负着一只乌龟。

설명 뒤 사건이 앞 사건에 연달아 일어났거나, 앞 사건으로 인해 뒤 사건이 일어난 것이 아닌 경우에는 "于是"를 쓸 수 없다.

◆ 人家 rénjia 567

▪ 0871 : 내가 선생님 댁에 갔을 때, 학우들은 아직 오지 않았다. 그래서 나는 선생님과 함께 이야기를 하고, 음악을 듣다가, 모두들 온 다음에야 우리는 밥을 먹었다.

* 我到老师那儿时, 同学们还没来, 所以我跟老师一起谈话, 听音乐, 人家都来了以后, 我们才吃饭。

☞ 我到老师那儿时, 同学们还没来, 所以我 老师一起谈话, 听音乐, 大家都来了以后, 我们才吃饭.

설명 “人家”와 “大家”는 다르다. “大家”는 대체로 일정한 범위 내에 있는 모든 사람들을 가리키고, “人家”는 대체로 화자와 청자 이외의 사람을 가리킨다.

▪ 0872 : 설을 쇨 때, 집집마다 모두 친한 친구의 집으로 놀러 간다.

* 过春节时, 各家都到亲朋人家去玩。

☞ 过春节时, 各家都到亲朋好友家去玩。

설명 “人家”는 명사성 어구 뒤에 올 수 없다. 위 문장의 “人家”는 잘못 쓰였다.

▪ 0873 : 새해 첫날, 각 가정에서는 모두 친구에게 먹을 것을 약간 보낸다.

* 新年那天, 每人家都送给朋友一些吃的东西。

☞ 新年那天, 每家都送给朋友一些吃的东西。

설명 “人家”에는 “가정”이라는 뜻이 없다. 위 문장의 “人家”는 “家”로 바꾸어야 한다.

◆ 忙 máng 568

▪ 0874 : 외할아버지가 집을 지으실 때, 내가 사흘 간 도와드렸다.
* 外祖父盖房子时, 我帮忙了三天。
☞ 外祖父盖房子时, 我帮了三天忙。

설명 "帮忙" 뒤에는 목적어나 보어, "了", "着", "过"를 쓸 수 없다.

▪ 0875 : 곧 비가 오려 하자, 전사들이 황급히 병영으로 돌아갔다.
* 快下雨了, 战士们忙回营房去了。
☞ 快下雨了, 战士们急忙回营房去了。

설명 동작이 급한 것을 나타낼 때는 "忙"만으로 수식할 수 없다.

◆ 十分 shífēn 569

▪ 0876 : 이것은 완전히 실제와 부합한다.
* 这十分符合实际。
☞ 这完全符合实际。

설명 "十分"은 일반 행위 동사를 수식할 수 없다.

▪ 0877 : 나는 선생님의 도움에 대해 매우 감사드린다.
* 我十分对老师的帮助表示感谢。
☞ 我对老师的帮助表示十分感谢。

설명 위 문장에서는 "十分"의 위치가 잘못 되었다.

◆ 根据 gēnjù 571

▪ 0878 : 新华社 보도에 의하면, 미국 대통령이 중국을 방문할 것이라고 한다.
* 根据新华社报道, 美国总统将访问中国。
☞ 据新华社报道, 美国总统将访问中国。

설명 "根据"는 목적어를 수반할 수 없다.

▪ 0879 : 이 영화는 贺龙 동지의 혁명 경력을 소재로 하여 쓴 것이다.
* 这部电影是根据贺龙同志的一段革命经历为素材写成的。
☞ 这部电影是以贺龙同志的一段革命经历为素材写成的。

설명 어떠한 상황을 근거로 할 때는 "以…为…" 형식이 보통 쓰인다. 위 문장에서는 "根据"의 사용이 잘못 되었다.

◆ 该 gāi 574

▪ 0880 : 너는 이 맥주 한 잔을 다 마셔야 한다.
* 你把这杯啤酒该喝完。
☞ 你该把这杯啤酒喝完。

설명 전치사 "被", "把", "跟" 등으로 이루어진 전치사구는 부사어로 쓰일 때 반드시 "该" 뒤에 와야 한다. 위 문장에서는 부사어의 위치가 잘못 되었다.

◆ 现代 xiàndài 575

▪ 0881 : 『乔厂长上任记』의 지은이는 당대의 저명한 작가인 蒋子龙이다.
* 『乔厂长上任记』的作者是现代著名作家蒋子龙。
☞ 『乔厂长上任记』的作者是当代著名作家蒋子龙。

설명 문학이나 역사 등의 "现代"는 "5·4운동"에서 1949년까지의 기간을 말한다. 위 문장에서 "现代"는 잘못 쓰였다.

▪ 0882 : 현재의 청년은 2,000년대의 청년으로 우리 때와는 참 다르다.
* 现代的青年人是2,000年代的青年人，跟我们那个时候可不一样。
☞ 现在的青年人是2,000年代的青年人，跟我们那个时候可不一样。

설명 "现代"가 가리키는 연대는 범위가 비교적 넓다. 그러므로 "现代"로써 오늘날의 청년을 가리키는 것은 적합하지 않다.

◆ 卖 mài 579

▪ 0883 : 해마다 오리 26만 마리를 나라에 팔았다.
* 每年二十六万只鸭卖给国家。
☞ 每年卖给国家二十六万只鸭。

설명 "卖"가 이중목적어를 수반할 때는, 직접목적어가 간접목적어 뒤에 와야 한다. 위 문장에서는 직접목적어의 위치가 잘못 되었다.

◆ 难 nán 582

▪ 0884 : 그녀는 완전히 남자 같이 의지가 강해 어떠한 어려움도 그녀를 쓰러지게 할 수 없다.
* 她完全像个男孩子，意志顽强，什么困难也不能难她。
☞ 她完全像个男孩子，意志顽强，什么困难也不能难倒她。

설명 위 문장에서는 "难" 뒤에 결과보어가 빠져 있다.

▪ 0885 : 그녀가 요구하는 것은 매우 크다.
* 她的要求是很难的。
☞ 她的要求是很高的。

설명 요구의 정도를 나타낼 때는 "难"을 쓸 수 없다.

▪ 0886 : 이 아가씨는 매일 우유를 배달하는데, 일이 매우 힘들다.
* 这个姑娘每天送奶, 工作很难。
☞ 这个姑娘每天送奶, 工作很辛苦。

설명 일의 어려움을 나타낼 때는 "难"을 쓸 수 없다.

▪ 0887 : 그의 집안 생활은 비교적 어렵다.
* 他家里的生活比较难。
☞ 他家里的生活比较困难。

설명 생활이 곤란함을 나타낼 때는 "难"을 쓸 수 없다.

◆ 岸 àn 587

▪ 0888 : 수영장가는 사람들로 가득했다.
* 游泳池岸挤满了人。
☞ 游泳池边挤满了人。

설명 물가는 "岸"이라고 하지 않는다.

◆ 越…越… yuè…yuè… 588

▪ 0889 : 그는 갈수록 빨리 걸었다.
＊ 他越走越很快。
☞ 他越走越快。

설명 두 번째 "越"의 동사와 형용사 앞에는 정도부사가 와서 수식할 수 없다. 위 문장에서는 "很"을 빼야 한다.

▪ 0890 : 사람은 나이가 들면 들수록, 뜻대로 되지 않는 일이 많아진다.
＊ 人的年龄越长，不如意的事就越多。
☞ 人的年龄越大，不如意的事就越多。

설명 "长"으로써 나이가 많아짐을 설명할 수 없다. 위 문장에서는 "越" 뒤에 동사 "长"이 잘못 쓰였다.

◆ 底 dǐ 593

▪ 0891 : 적에게 항거하기 위해 이 두 어촌은 12세기 말에 연합하게 되었다.
＊ 为反抗敌人，这两个渔村十二世纪底联合起来了。
☞ 为反抗敌人，这两个渔村十二世纪末联合起来了。

설명 "세기의 말"이라는 의미로는 "底"를 쓸 수 없다. 위 문장에서는 "底"가 잘못 쓰였다.

◆ 面前 miànqián 596

▪ 0892 : 그때부터 나는 매일 TV 앞에서 듣기 연습을 하였다.
＊ 从那时起，我每天都坐在电视机的面前练习听力。
☞ 从那时起，我每天都坐在电视机的前面练习听力。

설명 "在…面前" 형식은 "面对…", "对…来说"의 의미를 나타내며, 중간에는 인칭 대체사나 명사가 온다.

◆ 里面 lǐmiàn 597

- 0893 : 도서관 안에는 책이 많이 있다.

* 里面图书馆有很多书。

☞ 图书馆里面有很多书。

설명 명사는 "里面"의 뒤에 올 수 없다.

- 0894 : 그는 프랑스에서 공부한다.

* 他在法国里面学习。

☞ 他在法国学习。

설명 국명이나 지명 뒤에는 "里面"을 다시 쓸 수 없다. 위 문장에서는 "里面"을 빼야 한다.

◆ 突然 tūrán 599

- 0895 : 네가 갑자기 그의 앞에 나타나면 분명히 그를 깜짝 놀라게 할거야.

* 你突突然然出现在他面前, 准把他吓一跳。

☞ 你突然出现在他面前, 准把他吓一跳。

설명 "突然"은 관형어, 술어, 부사어, 보어로 쓰이는데, 중첩되어 쓰일 수 없다.

빈도순 0601~0650

◆ 基础 jīchǔ 601

▪ 0896 : 부부간에는 서로 존경하고 서로 양보하는 것이 행복의 기초이다.
* 夫妇之间互敬互让是基础的幸福。
☞ 夫妇之间互敬互让是幸福的基础。

설명 명사인 “基础”는 그 뒤에 “的”를 덧붙일 수 없으므로 이 문장에서 “基础”는 잘못 쓰였다. 따라서 “基础”가 중심어가 되도록 하고 “幸福”가 “基础”를 수식하도록 하여야 한다.

◆ 常常 chángcháng 602

▪ 0897 : 직녀는 견우가 밭에서 땅을 갈고 파종하는 것을 자주 도왔다.
* 常常织女帮助牛郎在地里耕种。
☞ 织女常常帮助牛郎在地里耕种。

설명 “常常”은 부사어로 동사 앞에 놓아야 하므로 주어인 “织女”앞에 있는 “常常”을 동사 바로 앞으로 옮겨야 한다.

▪ 0898 : 어떤 학우는 종종 룸메이트의 기분을 상하게 한다.
* 有的同学常常得罪了同屋。
☞ 有的同学常常得罪同屋。

설명 “常常”은 자주 일어나는 상황이나 동작에 사용하는 단어이고 “了”는 동사 뒤에 놓여 동작의 완성을 나타내는 단어이므로 동사 앞에 “常常”이 부사어로 쓰일 경우에는 동사 뒤에 “了”를 쓸 수 없다. “常常”과 “了”는 의미상 서로 결합될 수 없는 것이다.

▪ 0899 : 5월 19일 저녁 운동장의 자동차를 부순 사건은 중국에서는 잘 일어나지 않는 일이지만 어떤 나라에서는 자주 일어난다.

* 五月十九日晚体育场的砸车事件，中国不很常常，有的国家很常常。

☞ 五月十九日晚体育场的砸车事件，中国不常常发生，有的国家常常发生。

설명 "常常"은 부사이므로 단독으로 술어가 될 수 없을 뿐만 아니라 "很"의 수식도 받을 수 없다. 그러므로 "常常" 뒤에 동사에 해당되는 "发生"을 넣어야 하고 "很"은 빼야 한다.

◆ 中间 zhōngjiān 603

▪ 0900 : 이 문제에 관해서 국민들 사이에 서로 다른 의견들이 있다.

* 关于这个问题，人民圈里有不同的看法。

☞ 关于这个问题，人民中间有不同的看法。

설명 "圈里"는 소수의 사람을 가리키는 경우에 쓰이므로 "人民"과는 결합할 수 없다. 따라서 "圈里"는 "中间"으로 바꾸어야 한다.

◆ 爬 pá 605

▪ 0901 : 쥐가 구멍으로 기어 들어갔다.

* 老鼠爬了洞里。

☞ 老鼠爬进了洞里。

설명 장소를 나타내는 명사가 "爬"의 목적어로 쓰일 경우에 "爬"는 반드시 보어를 동반해야 한다.

▪ 0902 : 거미 한 마리가 창문 위를 기어다니고 있다.

* 有一个蜘蛛爬着窗户上。

☞ 有一个蜘蛛在窗户上爬着。

설명 "爬"는 보통 단독으로 장소를 나타내는 명사 목적어를 동반할 수 없으므로 여기서는 전치사 "在"로 "爬" 뒤의 명사인 "窗户"를 끌어내어 "在窗户上"을 부사어로 사용해야 한다.

◆ 收 shōu 608

▪ 0903 : 나는 엄마의 편지를 받고 누나가 시집갔다는 것을 알았다.

* 我收了妈妈的信, 知道姐姐出嫁了。

☞ 我收到了妈妈的信, 知道姐姐出嫁了。

설명 "收"가 "받다" 혹은 "얻다"의 의미를 나타낼 경우에는 뒤에 결과보어인 "到"를 쓴다.

▪ 0904 : 그녀는 전화를 받고 조급해져서 집에 돌아가는 길에 조심하지 않아 차에 치었다.

* 她收到电话很着急, 在回家的路上不小心被车撞了。

☞ 她接到电话很着急, 在回家的路上不小心被车撞了。

설명 "전화를 받는다"라는 의미를 나타낼 때는 동사 "收"를 쓰지 않고 "接"를 써야 한다.

◆ 学校 xuéxiào 609

▪ 0905 : 그녀는 의과대학을 졸업하고 돌아와 조그만 외래 환자 진찰실을 하나 열었다.

* 她从医学校毕业回来, 开了个小门诊部。

☞ 她从医科学校毕业回来, 开了个小门诊部。

설명 "学校"는 단음절 명사의 수식을 받을 수 없으므로 "医"를 이음절 단어인 "医科"로 바꾸어야 한다.

◆ 正确 zhèngquè 612

▪ 0906 : 지식인이 빠져나가는 것을 피하려면 태도를 바르게 하고 가슴 가득 열의를 가지고 주체적이고 적극적으로 일을 해서 지식인을 대신하여 생각해 주어야 한다.

* 要避免知识分子外流, 就须正确态度, 满腔热情・主动积极地去工作, 替知识分子着想。

☞ 要避免知识分子外流, 就须端正态度, 满腔热情・主动积极地去工作, 替知识分子着想。

설명 "正确"는 목적어를 동반할 수 없으므로 이와 의미가 비슷하고 목적어를 동반할 수 있는 "端正"으로 바꾸어야 한다.

▪ 0907 : 영화 속 인물의 말이 너무 빨라서 나는 완전히 알아들을 수는 없었다.

* 电影里的人物说话太快, 我不能正确听懂。

☞ 电影里的人物说话太快, 我不能完全听懂。

설명 "正确"는 술보구조인 "听懂"을 수식할 수 없다.

◆ 地区 dìqū 613

▪ 0908 : 이 공장들은 시내의 몇몇 공업지구내에 집중되어 있다.

* 这些工厂集中在城里的几个工业地区内。

☞ 这些工厂集中在城里的几个工业区内。

설명 범위가 비교적 작은 곳을 나타내는 경우에는 "地区"를 쓸 수 없다.

◆ 以前 yǐqián 617

▪ 0909 : 나는 중국에 오기 전에는 중국어를 할 줄 몰랐는데 지금은 할 줄 알게 되었다.

* 以前我来中国, 不会说中文, 现在会说了。

☞ 我来中国以前, 不会说中文, 现在会说了。

설명 "以前"이 절과 합쳐져서 명사성 구를 이루어 부사어로 쓰일 때 "以前"은 그 절 뒤에 써야 한다.

◆ 只是 zhǐshì 620

▪ 0910 : 큰 고모와 둘째 고모는 둘 다 자기가 스스로 예쁘다고 말하는 것일 뿐이다.

* 大姑娘和二姑娘都说只是自己漂亮。

☞ 大姑娘和二姑娘都只是说自己漂亮。

설명 "只是"는 술어동사 앞에 놓아야 하므로 "说" 앞으로 옮겨야 한다.

▪ 0911 : 우리들이 桂林에 가는 목적은 단지 漓江을 구경하기 위해서이다.

* 我们去桂林的目的是只是游览漓江。

☞ 我们去桂林的目的只是游览漓江。

설명 판단동사인 "是"는 "只是"와 함께 사용할 수 없으므로 "是"를 빼야 한다.

◆ 样子 yàngzi 621

▪ 0912 : 소설에서는 해방 전 北京의 사회모습을 표현했다.
＊ 小说表现了解放前北平的样子。
☞ 小说表现了解放前北平的社会风貌。

설명 사회모습을 설명할 때는 “样子”를 쓸 수 없다.

▪ 0913 : 주인어른은 조용히 의자에 앉아 있다.
＊ 老爷很安静地样子坐在椅子上。
☞ 老爷很安静地坐在椅子上。

설명 “样子”는 부사어로 쓸 수 없다. 틀린 문장에서는 “의자에 앉아 있는 모습”이 “조용하다”라는 의미이므로 형용사 “安静”에 구조조사인 “地”를 덧붙여 직접 부사어로 사용해야 한다.

◆ 重 zhòng 622

▪ 0914 : 네 병이 심하니까 잘 좀 쉬도록 해라.
＊ 你的重病了，好好休息吧。
☞ 你的病重了，好好休息吧。

설명 “重”이 술어로 쓰일 때는 주어 뒤에 놓여야 한다. “重”한 것은 “你”가 아니고 “你的病”이므로 주어인 “你的病” 뒤에 형용사인 “重”을 써야 한다.

◆ 明白 míngbai 623

▪ 0915 : 3월 18일 전에 시험을 볼 수 있을지 없을지 나는 아직 모르겠다.
＊ 三月十八日以前考得了考不了我还不明白。
☞ 三月十八日以前考得了考不了我还不知道。

설명 "明白"는 어떤 일에 대한 이해를 나타낼 때 쓰는 단어이므로 단지 어떤 일을 아는지 모르는지를 나타낼 경우에는 사용할 수 없다. 이 때는 "知道"를 써야 한다.

◆ 女 nǚ 627

▪ 0916 : 암토끼 한 마리가 있다.

＊ 有一只女兔子。

☞ 有一只母兔子。

설명 "女"는 단지 사람의 성별을 나타낼 때만 사용할 수 있다. 만약에 동물의 성을 나타내려면 암컷인 경우에는 "母"를, 숫컷인 경우에는 "公"을 써야 한다.

▪ 0917 : 그녀는 예쁜 어린 여자아이이다.

＊ 她是个美丽的女小孩儿。

☞ 她是个美丽的小女孩儿。

설명 "女"가 수식어로 쓰여 성별을 나타낼 때는 그 피수식어와 바짝 붙여 써야 한다. 따라서 "女"와 "孩儿" 사이에는 다른 단어를 넣어서는 안된다.

◆ 回答 huídá 628

▪ 0918 : 내가 오늘 시간이 나서 너에게 답장을 하려는 거야.

＊ 今天我有空, 所以我想回答你的信。

☞ 今天我有空, 所以我想给你回信。

설명 "편지에 답장을 하다"라는 의미를 나타낼 때는 "回答"를 쓸 수 없다. 이런 경우에는 전치사 "给"를 써서 답장을 받을 대상을 끌어내고 동사 "回"를 써야 한다.

◆ 听见 tīngjiàn 631

▪ 0919 : 나는 王군이 아프다는 말을 듣고 바로 王군을 문병하러 갔다.

* 我听见小王病了，就去看小王。

☞ 我听说小王病了，就去看小王。

설명 "听见"의 목적어는 어떤 소리와 관계가 있는 것이어야 하는데 틀린 문장에서는 "小王病了"라는 소식을 들은 것이므로 "누가 무슨 말을 하는 것을 듣다"라는 의미를 가진 "听说"를 써야 한다. 이 때, 만약 그 소식을 들려준 대상을 정확하게 밝히려면 "听"과 "说"사이에 그 사람을 나타내는 단어를 쓰면 된다.

▪ 0920 : 나는 분명하게 들었다.

* 我听见得很清楚。

☞ 我听得很清楚。

설명 "听见"은 정도보어를 동반할 수 없다. 왜냐하면 "听见" 자체가 동사 "听"과 결과보어 "见"의 결합으로 이루어진 합성어이기 때문이다. 또, 의미상으로도 "听见"은 "어떤 소리를 귀기울여 듣는다"라는 의미가 아니라 "어떤 소리가 자신의 의지와 상관없이 들린다"라는 의미이다. 틀린 문장에서는 "의지를 가지고 어떤 소리를 분명하게 들었다"라는 의미를 나타내므로 "听见"을 쓸 수 없다.

◆ 座 zuò 632

▪ 0921 : 그는 上海에서 山西라는 이 작은 현으로 왔다.

* 他从上海来到山西的这小座县城。

☞ 他从上海来到山西的这座小县城。

설명 특정한 사람이나 일을 가리킬 때, 수량사나 양사는 "这"나 "那" 뒤에 바짝 붙여 써야 한다.

◆ 生 shēng 633

▪ 0922 : 나는 태어나서 18살이 될 때까지 그곳에서 생활했다.

* 我生了以后到十八岁, 都在那里生活。

☞ 我生下来以后到十八岁, 都在那里生活。

설명 "태어난 후 지금까지"라는 시간을 나타낼 경우에는 일반적으로 방향보어를 동반해야 한다.

▪ 0923 : 우리 일본 사람들은 생선회 먹는 것을 즐긴다.

* 我们日本人爱吃生的鱼片。

☞ 我们日本人爱吃生鱼片。

설명 "生"은 단음절 형용사이므로 "生"과 중심어 사이에 구조조사인 "的"를 쓸 필요가 없다.

▪ 0924 : 조카딸이 잘 놀다가는 낯선 사람을 보더니 울기 시작했다.

* 侄女玩儿得好好的, 看见生的人, 哭起来了。

☞ 侄女玩儿得好好的, 看见生人, 哭起来了。

설명 "生"이 관형어로 쓰일 때 그 뒤에 "的"를 쓰지 않는다.

◆ 唱 chàng 634

▪ 0925 : 조용한 밤에 우리들의 노래 소리가 맑고 드높게 하늘까지 울려 퍼졌다.

* 静静的夜里, 我们的唱声嘹亮, 响彻云霄。

☞ 静静的夜里, 我们的歌声嘹亮, 响彻云霄。

설명 "노래소리"를 가리킬 때는 "唱声"이라고 하지 않고 "歌声"이라고 해야 한다.

▪ 0926 : 그녀들은 우리들을 위해서 춤도 추고, 노래도 부르는 등 많은 프로그램을 공연했다.

* 她们为我们表演了很多节目, 有跳舞, 有歌唱等。

☞ 她们为我们表演了很多节目, 有跳舞, 有唱歌等。

설명 동사 "歌唱"은 동사 "有"의 목적어가 될 수 없다. "跳舞"가 "동사+목적어"의 구조로 되어 있으므로, 동사인 "唱"과 그 목적어인 "歌"를 함께 써서 술목구인 "唱歌"를 "有"의 뒤에 놓으면 맞는 문장이 된다.

◆ 相 xiāng 636

▪ 0927 : 외국의 선진 경험을 배워 본국의 구체적인 상황과 결합시켜야 한다.

* 学习外国的先进经验要相结合本国的具体情况。

☞ 学习外国的先进经验要结合本国的具体情况。

설명 동사 앞에 "相"이 있을 때는 그 동사 뒤에 목적어를 쓸 수 없다. 틀린 문장에서 "本国的具体情况"은 "结合"의 목적어이므로 동사 앞의 "相"은 빼야 한다.

◆ 人类 rénlèi 638

▪ 0928 : 세계의 유명한 많은 과학자들은 모두 인류를 위해 공헌하고자 한다.

* 世界上很多有名的科学家都想为人作出贡献。

☞ 世界上很多有名的科学家都想为人类作出贡献。

설명 틀린 문장의 "人"은 문맥으로 볼 때 당연히 "人类"로 바꾸어야 한다.

◆ 哪里 nǎli 639

▪ 0929 : 우리들은 어디로 가는 기차인지도 제대로 모른채, 그냥 비집고 올라탔다.

* 我们也没弄清是去哪里火车, 就挤上去了。

☞ 我们也没弄清是去哪里的火车, 就挤上去了。

설명 "哪里"가 관형어로 이음절 단어를 수식할 때 그 사이에 반드시 구조조사 "的"를 넣어야 한다.

▪ 0930 : 우리들은 관람할만한 곳이 있는지 몰라 그곳에서 여기저기 사람들에게 물었으나 여전히 제대로 알 수가 없었다.

* 我们不知道有什么值得参观的地方, 在哪里到处问人, 但是还是搞不清楚。

☞ 我们不知道有什么值得参观的地方, 在那里到处问人, 但是还是搞不清楚。

설명 특정한 곳을 지시하는 의미가 있을 때는 "哪里"를 사용할 수 없다.

◆ 马上 mǎshàng 640

▪ 0931 : 나는 배가 많이 고파서 곧바로 식당에 가려고 한다.

* 我特别饿, 所以要到食堂马上去。

☞ 我特别饿, 所以要马上到食堂去。

설명 부사는 정도보어를 제외하고는 보어로 쓰인 동사를 수식할 수 없으므로 부사 "马上"은 동사 "到" 앞으로 옮겨야 한다.

▪ 0932 : 내가 내 친구에게 전화를 걸었더니 그가 금방 왔다.

* 我给我的朋友打了个电话, 过了一刻钟他马上来了。

☞ 我给我的朋友打了个电话, 他马上来了。

설명 "马上"을 쓸 경우에는 앞에 한정된 시간을 나타내는 단어를 사용할 수 없다.

◆ 前进 qiánjìn 644

▪ 0933 : 중국에 온 후 우리들의 학습은 빠르게 향상되었다.
＊ 来中国以后，我们学习前进很快。
☞ 来中国以后，我们学习进步很快。

설명 공부나 일이 점점 나아져 원래보다 좋아졌음을 나타낼 경우에는 "前进"을 쓸 수 없다.

▪ 0934 : 느린 속도도 있고 빠른 속도도 있다.
＊ 有慢速度，也有快前进。
☞ 有慢速度，也有快速度。

설명 "前进"은 목적어로 사용될 수 없다. 틀린 문장에서 "前进"은 "有"의 목적어로 쓰이고 있으므로 잘못된 것이다.

◆ 冲 chōng 647

▪ 0935 : 나는 자전거를 타고 길에 나갔다가 자동차에 부딪혀 다쳤다.
＊ 我骑着自行车上街，被一辆汽车冲伤了。
☞ 我骑着自行车上街，被一辆汽车撞伤了。

설명 움직이고 있는 물체가 무의식적으로 다른 물체에 갑자기 부딪혔을 경우에는 "冲"을 쓸 수 없다.

◆ 直 zhí 649

▪ 0936 : 그는 솔직한 성격이라 마음속에서 생각하는 대로 말한다.
＊ 他是个快性子，心里怎么想就怎么说。
☞ 他是个直性子，心里怎么想就怎么说。

설명 성격이 솔직하고 시원함을 나타낼 때는 "快"를 쓰지 않고 "直"를 쓴다.

빈도순 0651~0700

◆ 影响 yǐngxiǎng 651

▪ 0937 : 환경이 아이들에게 미치는 영향은 크다.
＊ 环境的影响对孩子很大。
☞ 环境对孩子的影响很大。

설명 전치사구인 "对孩子"가 "影响"의 관형어로 쓰일 때는 행위의 주체인 "环境" 뒤인 "影响" 앞에 놓여야 한다.

▪ 0938 : 소리가 크지 않아 내 공부에 영향을 미치지 않았다.
＊ 声音不大, 没有对我的学习影响。
☞ 声音不大, 对我的学习没有影响。

설명 전치사구가 부사어로 쓰일 경우 그 부사어는 동사 앞에 놓여야 하므로 "对我的学习"는 "没有" 앞으로 옮겨야 한다.

▪ 0939 : 아들에 대한 그의 영향은 크다.
＊ 他对儿子的影响很多。
☞ 他对儿子的影响很大。

설명 "影响"은 "大"나 "小"로 표현해야지 "多"나 "少"로 설명할 수는 없다. 틀린 문장은 주어인 "影响"과 술어가 서로 어울리지 않는다.

▪ 0940 : 그곳에 대한 나의 인상은 그다지 좋지 않다 .
＊ 我对那儿的影响不太好。
☞ 我对那儿的印象不太好。

설명 사람들의 머리 속에 남은 객관 사물의 흔적을 가리킬 때는 “影响” 대신 “印象”을 써야 한다.

▪ 0941 : 그 일은 내 마음속에 깊은 인상을 남겼다.
* 那件事在我心里留下了很深的影响。
☞ 那件事在我心里留下了很深的印象。

설명 “影响”은 동사 “留”의 목적어로 쓰일 수 없다.

▪ 0942 : 상업 서비스의 개별단위가 크게 감소하여 각 방면에 큰 영향을 가져왔다.
* 因为商业服务网点大大减少，所以给各个方面很大的影响。
☞ 因为商业服务网点大大减少，所以给各个方面带来了很大的影响。

설명 틀린 문장에서 목적어인 “影响”의 동사가 없으므로 동사가 될 만한 단어나 구를 넣어 주어야 한다.

▪ 0943 : 비료를 적게 주면 다음해 수확에 영향을 미치게 된다.
* 粪上少了，就要影响来年的减产。
☞ 粪上少了，就要影响来年的收成。

설명 “减产”은 영향을 받은 후에 나타나는 결과이지 “影响” 자체의 대상이 아니므로 “减产”은 “影响”의 목적어로 쓰일 수 없다.

▪ 0944 : 더러운 물과 더러운 공기로 인한 오염은 사람들의 생활과 생존에 영향을 미친다.
* 废水和废气的污染，破坏人们的生活和生存。
☞ 废水和废气的污染，影响人们的生活和生存。

설명 "어떤 사물로 하여금 어떤 작용을 받게 한다"라는 의미를 나타낼 때는 "破坏"를 쓸 수 없다.

◆ 任何 rènhé 653

▪ 0945 : 언제나 부모님을 존경해야 한다.
* 任何的时候都要尊敬父母。
☞ 任何时候都要尊敬父母。

설명 "任何" 뒤에는 "的"를 쓸 수 없다.

▪ 0946 : 우리들은 무슨 일을 하든 열심히 해야 한다.
* 我们做任何都要认真。
☞ 我们做任何事情都要认真。

설명 "任何"는 단독으로 목적어로 쓰일 수 없으므로 목적어가 될 수 있는 단어를 넣어야 한다.

▪ 0947 : 병이 났을 때는 아무 것도 먹고 싶지 않다.
* 病了的时候, 任何都不想吃东西。
☞ 病了的时候, 任何东西都不想吃。

설명 "任何"가 수식하는 단어는 "任何" 뒤에 바로 이어서 써야 한다. 틀린 문장에서는 내용상 "任何"가 "东西"를 수식하는 것이므로 이 둘 사이에는 다른 단어나 구를 넣어서는 안된다.

▪ 0948 : 우리들은 온 가족이 하루 쉬면서 엄마를 대신해 약간의 일을 해서 엄마를 기쁘게 해 드리기로 결정했다.
* 我们决定全家放一天假, 替妈妈做任何事情, 让她老人家高兴高兴。
☞ 我们决定全家放一天假, 替妈妈做一些事情, 让她老人家高兴高兴。

설명 "任何"와 "一些"는 서로 다르다. "任何"는 지시하는 역할을 하는 단어로 같은 종류의 사물 하나하나 또는 한 종류 한 종류를 가리킨다. 반면 "一些"는 정해지지 않은 수량을 나타낸다. 그러므로 위 문장에서 "任何"는 "一些"로 고쳐야 한다.

◆ 利用 lìyòng 654

▪ 0949 : 나는 만년필로 글씨를 쓴다.

* 我利用钢笔写字。

☞ 我用钢笔写字。

설명 "利用"은 전치사구를 이루어 동작이나 행위에 이용되는 도구를 나타내는데 사용할 수 없다. 이런 경우에는 "用"을 써야 한다.

▪ 0950 : 외국인에게 기업을 경영하도록 하는 목적은 외국인의 선진적인 관리방법을 이용하기 위해서이다.

* 让外国人开办企业的目的是利用外国人管理的优越。

☞ 让外国人开办企业的目的是利用外国人先进的管理办法。

설명 형용사는 일반적으로 "利用"의 목적어가 될 수 없으므로 틀린문장의 "利用"과 그 목적어인 형용사 "优越"은 서로 어울리지 않는다. 따라서 "利用"의 목적어가 될 수 있는 명사로 바꾸어야 한다.

◆ 批评 pīpíng 657

▪ 0951 : 촌장은 윗사람을 기만하고 아랫사람을 속이는 이런 행위를 호되게 비판했다.

* 乡长狠批评了这种欺上瞒下的行为。

☞ 乡长狠批了这种欺上瞒下的行为。

설명 "批评"은 "狠"의 수식을 받을 수 없으므로 "批评"은 같은 의미를 가진 단음절 동사 "批"로 바꾸어야 한다.

◆ 活 huó 661

▪ 0952 : 난 졸업하고 귀국하게 되겠지만, 그처럼 이렇게 좋은 친구는 영원히 잊지 못하고 영원히 그리워할 것이다.

* 虽然我将毕业回国, 可是像他这样的好朋友, 我永远忘不了, 永远活在我心里。

☞ 虽然我将毕业回国, 可是像他这样的好朋友, 我永远忘不了, 永远思念他。

설명 어떤 사람이 사람의 마음속에 살아있다는 것은 사람들이 그 죽은 사람을 생각하고 그리워한다는 의미이다. 틀린 문장에서 "他"는 죽은 사람이 아니라 살아있는 사람이며, 화자가 자신의 나라로 돌아간 후 볼 수 없는 사람을 가리키므로 "活"를 쓰면 안된다.

◆ 事业 shìyè 662

▪ 0953 : 중국인민은 四个现代化 건설사업에서 흡족할 만한 성과를 거두었다.

* 中国人民在四个现代化的建设事件中取得了可喜的成就。

☞ 中国人民在四个现代化的建设事业中取得了可喜的成就。

설명 "事件"은 역사상 혹은 사회상으로 일어난 커다란 일을 가리킨다.

◆ 永远 yǒngyuǎn 667

▪ 0954 : 그 때부터 우리 둘은 줄곧 같이 있었다.

* 从那时起, 我们俩永远在一起。

☞ 从那时起, 我们俩一直在一起。

설명 어느 정도의 시간 동안 동작이 계속됨을 나타낼 때는 "永远"을 쓸 수 없다.

▪ 0955 : 다행히 두 번째 남편은 사람이 좋아 그녀는 그제서야 위안을 얻기는 했지만, 이러한 행복이 영원한 것은 아니었다.

* 幸亏第二个丈夫为人很好, 她才得到了安慰, 可是这种幸福不是永远的。

☞ 幸亏第二个丈夫为人很好, 她才得到了安慰, 可是这种幸福不是永久的。

설명 "永远"은 술어가 될 수 없으므로 의미가 같고 술어로 쓰일 수 있는 "永久"로 바꾸어야 한다.

▪ 0956 : 그는 여지껏 자기 아들과 딸을 때리거나 욕한 적이 없다.

* 他永远没有打骂自己的儿女。

☞ 他从来没有打骂自己的儿女。

설명 "永远"은 동사 "没有"는 수식할 수 있으나 부사 "没有"는 수식할 수 없다. 틀린 문장에서 "没有"는 동사 "打骂"를 부정하는 부정부사이므로 "永远"으로 수식할 수 없다.

▪ 0957 : 周朴园은 그녀에게 영원히 周씨 집 문을 들어오지 못하게 했다.

* 周朴园不让她永远登周家的门。

☞ 周朴园永远不让她登周家的门。

설명 겸어를 동반한 문장에서 "永远"은 주요동사 앞에 놓여야 한다. 틀린 문장에서 "她"는 겸어로 "让"의 목적어이면서 "登周家的门"의 주어이다. "永远"은 주요동사인 "让" 앞에 놓아야 하는데 "让" 앞에 부정사인 "不"가 있으므로 그 앞에 놓으면 된다.

◆ 增加 zēngjiā 668

▪ 0958 : 그 때 그녀의 복통이 더욱 심해졌다.

* 那时候她的肚子痛增加了。

☞ 那时候她的肚子痛加剧了。

설명 정도가 점점 심해짐을 나타낼 때에는 "增加"를 쓰지 않고 "加剧"를 써야 한다.

▪ 0959 : 양국 정상 회담은 양국 국민간의 우의를 크게 증진시켰다.

* 两国首脑的会谈大大地增加了两国人民之间的友谊。

☞ 两国首脑的会谈大大地增进了两国人民之间的友谊。

설명 "友谊"는 동사 "增加"의 주어나 목적어가 될 수 없다. 따라서 "友谊"를 목적어로 동반할 수 있는 동사 "增进"으로 바꾸어야 한다.

▪ 0960 : 그가 오스트레일리아를 방문한 것은 양국 간의 협력을 확대시키기 위해서이다.

* 他到澳大利亚访问, 是为了增加两国之间的合作。

☞ 他到澳大利亚访问, 是为了扩大两国之间的合作。

설명 "合作"는 "增加"의 목적어로 쓰일 수 없으므로 "合作"를 목적어로 동반할 수 있는 동사 "扩大"로 바꾸어야 한다.

▪ 0961 : 이렇게 해서 北京의 압력도 감소되었고 여행자 수도 약간 증가시켰다.

* 这样, 既减少了北京的压力, 又使旅游人数有所增大。

☞ 这样, 既减少了北京的压力, 又使旅游人数有所增加。

설명 원래 있던 인원수를 기본으로 더 늘었을 경우에는 "增加"를 써야 한다.

◆ 经过 jīngguò 673

▪ 0962 : 여기는 지금 길을 고치고 있기 때문에 자동차가 지나갈 방법이 없다.

* 这里正在修路, 汽车无法经过。

☞ 这里正在修路, 汽车无法通过。

설명 단지 이 쪽 끝에서 저 쪽 끝으로 가는 것만을 나타내고 최종 목적지가 없을 때는 "经过"를 쓸 수 없다.

◆ 摇 yáo 674

▪ 0963 : 의사는 머리를 저으면서 "머리가 빠지는 당신의 병은 유전이므로 치료할 방법이 없습니다"라고 말했다.

＊ 大夫摇摆头说 : "你掉头发的病是遗传, 没办法治。"

☞ 大夫摇头说 : "你掉头发的病是遗传, 没办法治。"

설명 "头"는 "摇摆"의 목적어가 될 수 없다. "머리를 좌우로 젓는다"라는 의미를 나타내려면 "摇头"라고 해야 한다.

◆ 别人 biérén 675

▪ 0964 : 그와 다른 사람사이에 말다툼이 일어났다.

＊ 他和一个别人发生了口角。

☞ 他和别人发生了口角。

설명 "别人"은 단복수의 구별도 없고 다른 단어의 수식을 받을 수도 없다.

◆ 烧 shāo 677

▪ 0965 : 적이 그 红军 전사를 불태워 죽였다.

＊ 敌人把那个红军战士烧了。

☞ 敌人把那个红军战士烧死了。

설명 틀린 문장은 의미가 불충분하다. "烧"라는 행위의 결과를 나타낼 수 있는 "死"를 동사 뒤에 덧붙여야 그 의미가 확실해진다.

◆ 画 huà 680

▪ 0966 : 그는 이날부터 열심히 그림을 그리기 시작했다.
＊ 他从这天起, 开始努力得画画儿。
☞ 他从这天起, 开始努力地画画儿。

설명 부사어와 동사 사이의 구조조사는 "地"를 써야지 "得"를 써서는 안된다. "得"는 동사와 정도보어 사이에 쓰이는 구조조사이다.

▪ 0967 : 몇 달 후 그는 아주 멋지게 그림을 그렸다.
＊ 几个月后, 他画好看极了。
☞ 几个月后, 他画得好看极了。

설명 동사 "画"가 정도보어를 동반할 경우에는 그 사이에 구조조사 "得"를 넣어야 한다.

▪ 0968 : 사람들은 그가 그림을 잘 그린 것을 보고는 잇달아 그의 그림을 사러 왔다.
＊ 人们见他画的好, 纷纷来买他的画。
☞ 人们见他画得好, 纷纷来买他的画。

설명 동사 "画"가 정도보어를 동반할 경우에는 그 사이에 구조조사 "得"를 넣어야 한다.

▪ 0969 : 王冕은 땅에 연꽃을 그리기 시작했다.
＊ 王冕在地上画荷花起来了。
☞ 王冕在地上画起荷花来了。

설명 "画"의 목적어인 "荷花"는 복합방향보어인 "起"와 "来" 사이에 써야 한다. 이와 같이 "起"와 "来" 사이에 목적어를 넣으면 "시작"의 의미를 나타내게 된다.

◆ 一…就… yī…jiù… 681

▪ 0970 : 含羞草는 건드리자마자 잎을 오므렸다.
＊ 含羞草被抚摸, 叶子就合上了。
☞ 含羞草一被抚摸, 叶子就合上了。

설명 "一…就…"는 고정구이므로 "一"를 뺄 수도 없고 "就"를 뺄 수도 없다.

▪ 0971 : 핫산은 책을 보기만 하면 눈이 아프다.
＊ 合桑一看书, 眼睛疼。
☞ 合桑一看书, 眼睛就疼。

설명 "一…就…"는 고정구이므로 "一"를 뺄 수도 없고 "就"를 뺄 수도 없다.

▪ 0972 : 내가 막 그를 부르려고 할 때 그가 들어왔다.
＊ 我一要叫他的时候, 就他进来了。
☞ 我正要叫他的时候, 他进来了。

설명 "막…하려고 할 때"라는 의미로 두 가지 일이 교묘하게 일치되었음을 나타낼 경우에는 "一…就…"를 쓸 수 없고 "正要"를 써야 한다.

◆ 短 duǎn 682

▪ 0973 : 그는 키가 너무 작다.
＊ 他长得太短了。
☞ 他长得太矮了。

설명 사람의 키가 크거나 작다는 표현을 할 때는 "长"이나 "短"을 쓰지 않고 "高"나 "矮"를 쓴다.

◆ 建立 jiànlì 683

▪ 0974 : 300년 전에 붉은 색 오지벽돌로 만든 시청과 이번 세기 60년대에 만든 방송국 그리고, 200년 전에 만든 브란덴브루크 성문과 이번 세기 70년대에 지은 人民文化宮은 모두 베를린의 상징이라고 할 수 있다.

* 三百年前用红色的缸饯建立的市政厅和这个世纪六十年代建立的电视塔；两百年前建立的勃兰登堡城门和这个世纪七十年代建立的人民文化宫都算柏林的标志。

☞ 三百年前用红色的缸饯建成的市政厅和这个世纪六十年代建成的电视塔；两百年前建成的勃兰登堡城门和这个世纪七十年代建成的人民文化宫都算柏林的标志。

설명 건축의 의미를 나타낼 때는 "建立"를 쓸 수 없다.

▪ 0975 : 우리나라 원수가 陆·海·空 삼군 전사들로 이루어진 의장대를 사열했다.

* 我国元首检阅了由陆·海·空三军战士建立的仪仗队。

☞ 我国元首检阅了由陆·海·空三军战士组成的仪仗队。

설명 구성의 의미를 나타낼 때는 "建立"를 쓸 수 없고 "组成"을 써야 한다.

◆ 实现 shíxiàn 684

▪ 0976 : 조정을 해야만 국민경제가 비로소 수동적인 상태에서 능동적인 상태로 전환될 수 있다.

* 只有实现调整，国民经济才能从被动转为主动。

☞ 只有进行调整，国民经济才能从被动转为主动。

설명 "实现"은 동사 목적어를 동반할 수 없으므로 동사 목적어를 등반할 수 있는 동사인 "进行"으로 바꾸어야 한다.

◆ 完成 wánchéng 686

▪ 0977 : 다 사고 나서 우리들은 짐을 정리하기 시작했다.

＊ 完成了出去辨购, 我开始收拾起行李来。

☞ 辨购完了, 我开始收拾起行李来。

설명 "完成"은 동사목적어를 동반할 수 없다.

◆ 洗 xǐ 687

▪ 0978 : 기숙사의 바닥은 매일 아침 한 번씩 걸레질을 해준다.

＊ 宿舍的地板每天早上洗一遍。

☞ 宿舍的地板每天早上拖一遍。

설명 "대걸레로 바닥을 닦다"라는 표현을 할 때는 동사 "洗"를 쓰지 않고 "拖"를 쓴다.

◆ 年轻 niánqīng 694

▪ 0979 : 옛날에 根生이라고 불리는 젊은 청년이 있었는데 매우 잘 생겼었다.

＊ 古时候有一个年轻叫根生, 长得挺好看。

☞ 古时候有一个青年叫根生, 长得挺好看。

설명 "年轻"은 형용사인데 틀린 문장에서는 명사로 잘못 쓰였다. "젊은 사람"을 가리키는 명사인 "青年"으로 바꾸든지 아니면 "年轻人"으로 써야 한다.

◆ 读 dú 695

▪ 0980 : 작은 소리로 읽으면 다른 사람에게 영향을 미치지 않을 것이다.

* 读小声不会影响别人。

☞ 小声读不会影响别人。

설명 "小声"이 "读"의 목적어로 쓰여 문장이 잘못되었다. "小声"은 "읽다"라는 동작의 상태를 설명해주는 단어이므로 "读"라는 술어 앞에서 부사어로 쓰여야 한다.

◆ 甚至 shènzhì 699

▪ 0981 : 그는 일반적인 중국영화는 별로 좋아하지 않지만 이 영화는 매우 좋아한다.

* 一般的中国电影他不太喜欢，但这个电影甚至他非常喜欢。

☞ 一般的中国电影他不太喜欢，但这个电影他却非常喜欢。

설명 역접을 나타낼 경우에는 "甚至"를 쓰지 않고 "却"나 "倒" 등을 써야 한다.

빈도순 0701~0750

◆ 反 fǎn 703

▪ 0982 : 일어나 반항하는 것이 가만히 앉아서 헛되이 목숨을 잃는 것보다 낫다.

* 与其白白去送死，不如起来反。

☞ 与其白白去送死，不如起来反抗。

설명 "反"은 반드시 목적어나 보어, 조사 등을 동반해야 하는데 틀린 문장에서는 단독으로 술어 위치에 쓰일 수 있는 동사가 와야하는 자리이므로 "反抗"으로 바꾸어야 한다.

▪ 0983 : 우리나라는 2월이 제일 더운데 北京은 완전히 반대이다.

* 我们国家二月最热, 可是北京完全反。

☞ 我们国家二月最热, 可是北京完全相反。

설명 "反"은 방향이 반대이거나 전도되었음을 나타낼 경우에만 사용할 수 있는 단어이다. 사물이 서로 대립되거나 서로 배척하는 관계임을 나타낼 때는 "相反"을 써야 한다.

◆ 立刻 lìkè 708

▪ 0984 : 나의 소리를 듣자마자 어머니께서는 기쁘게 맞이하러 나오셨다.

* 一听到我的声音, 立刻母亲高兴地迎出来。

☞ 一听到我的声音, 母亲立刻高兴地迎出来。

설명 "立刻"는 주어 앞에 올 수 없고, 항상 주어 뒤, 술어 앞에 써야 한다.

◆ 喜欢 xǐhuan 709

▪ 0985 : 이 사람은 자기도 가난한 주제에 자신보다 더 가난한 사람을 무시한다.

* 这人虽然穷, 但也喜欢看不起比他更穷的人。

☞ 这人虽然穷, 但也看不起比他更穷的人。

설명 "看不起"가 술어로 쓰여 충분히 문장의 의미를 나타낼 수 있으므로 "喜欢"은 불필요하다.

◆ 推 tuī 713

▪ 0986 : 모두들 나에게 四风이라는 역할을 맡으라고 해서 한 번 해보려고 한다.

* 既然大家推了我扮演四风, 我就试试看。

☞ 既然大家推我扮演四风, 我就试试看。

설명 "推"가 겸어를 동반했을 경우에는 "了"를 함께 동반할 수 없다.

◆ 表示 biǎoshì 714

▪ 0987 : 그는 무엇이든 빨리 배우는데, 이것은 그가 똑똑하다는 것을 보여 주는 것이다.

* 他学什么都学得很快, 这表示他很聪明。

☞ 他学什么都学得很快, 这说明他很聪明。

설명 믿을 만한 자료를 통해 사물의 진실성을 나타내거나 단정지을 때는 "表示"를 쓸 수 없다.

▪ 0988 : 万里长城은 중국인민의 총명함과 재능을 나타내었다.

* 长城表示了中国人民的聪明才干。

☞ 长城表现了中国人民的聪明才干。

설명 내재되어 있는 본질이나 특징을 드러내는 주체가 사물인 경우에는 "表示"를 쓸 수 없다.

▪ 0989 : 栓군은 외국친구에게 중국의 상황을 소개했다.

* 小栓向外国朋友表示了中国的情况。

☞ 小栓向外国朋友介绍了中国的情况。

설명 상대방에게 어떤 상황을 보고하거나 소개한다는 의미를 나타낼 때는 "表示" 대신 "介绍"를 써야 한다.

◆ 哪儿 nǎr 718

▪ 0990 : 펜을 잃어버렸는데 어디에 가서 찾아야 할지 모르겠어.

* 我丢了笔, 但不知道找哪儿。

☞ 我丢了笔, 但不知道到哪儿去找。

설명 "어떤 장소에 가서 어떤 일을 한다"라는 의미를 나타내는 연동문에서 첫 번째 동사의 목적어는 장소를 나타내는 말이어야 한다.

◆ 吹 chuī 721

▪ 0991 : 吴山은 그의 친구가 강물에 떠내려가는 것을 보자마자 사력을 다해 쫓아가서 친구를 구했다.

* 吴山一看到他朋友被河水吹走了，马上拼命地追上去救他。

☞ 吴山一看到他朋友被河水冲走了，马上拼命地追上去救他。

설명 "水" 등의 물질은 "吹"의 행위자가 될 수 없다. 위 문장은 "강물에 떠내려가다"라는 의미를 나타내야 하므로 이에 적합한 "冲走"를 써야 한다.

◆ 某 mǒu 726

▪ 0992 : 모종의 이유 때문에 그 회사가 이름을 바꾸었는지도 모른다.

* 可能出于某原因，那个公司改了名字。

☞ 可能出于某种原因，那个公司改了名字。

설명 틀린 문장에서는 "某"와 그 뒤의 명사 사이에 양사가 빠져 있으므로 양사 "种"을 넣어야 한다.

◆ 着 zháo 728

▪ 0993 : 이 성냥개비는 불이 붙지 않는다.

* 这根火柴不划着。

☞ 这根火柴划不着。

설명 가능보어의 부정형식의 부정사 "不"는 반드시 "着" 앞에 써야 한다.

◆ 意思 yìsi 729

▪ 0994 : 우리들은 개인의 의견을 중시한다.
* 我们很重视个人的意思。
☞ 我们很重视个人的意见。

설명 "意思"는 개인의 견해나 주장을 가리키는 단어가 아니므로 "意思"를 "意见"으로 바꿔야 한다.

▪ 0995 : 나는 이 책에 흥미가 있다.
* 我对这本书很有意思。
☞ 我对这本书很有兴趣。

설명 사람이 좋아하거나 애호한다는 감정을 가리킬 때는 "意思"를 쓸 수 없다.

◆ 间 jiān 730

▪ 0996 : 刘伟는 한 산 동굴에서 길 잃은 아이를 찾았다.
* 刘伟在一间山洞里找到了迷路的小孩儿。
☞ 刘伟在一个山洞里找到了迷路的小孩儿。

설명 "방"을 나타내는 단어가 아니면 양사 "间"을 쓸 수 없다.

◆ 身体 shēntǐ 732

▪ 0997 : 아침 6시에 일어나서 서둘러 목욕을 해라.
* 早上六点起床，赶快洗身体。
☞ 早上六点起床，赶快洗澡。

설명 "목욕을 하다"라는 표현은 "洗身体"라고 하지 않고 "洗澡"라고 한다.

▪ 0998 : 갑자기 그의 몸이 균형을 잃었다.

＊ 突然他失去身体平衡。

☞ 突然他身体失去平衡。

설명 몸이 균형을 잃는 것이기 때문에 "身体"가 주어가 되어야 한다.

◆ 不要 bùyào 735

▪ 0999 : 그녀는 언제나 혼자서 일을 하는 걸 보니 남들과 교류하기를 원하지 않는 것 같다.

＊ 她总是一个人单干, 好像不要和别人来往。

☞ 她总是一个人单干, 好像不愿意和别人来往。

설명 어떤 일을 할 생각이 없거나 하고 싶지 않음을 나타낼 때는 "不要"를 쓰지 않고 "不愿意"나 "不想"을 써야 한다.

◆ 有一点儿 yǒuyìdiǎnr 736

▪ 1000 : 北京의 봄은 이집트의 겨울보다 춥다.

＊ 北京的春天比埃及的冬天有一点儿冷。

☞ 北京的春天比埃及的冬天冷。

설명 "有一点儿"은 비교문에서 술어를 수식할 수 없다.

◆ 支 zhī 737

▪ 1001 : 새로 산 구두를 아직 학교에 가져가지도 않았는데 한 짝을 잃어버렸다.
＊ 新买的皮鞋还没拿到学校就丢了一支。
☞ 新买的皮鞋还没拿到学校就丢了一只。

설명 "支"는 가느다란 물건인 필기구나 담배 등을 세는데 사용하는 양사이다. 신발의 양사인 경우, 한 켤레를 나타낼 때는 "双"을 쓰고 한 짝을 나타낼 때는 "只"를 쓴다.

◆ 实践 shíjiàn 738

▪ 1002 : 中国이 四个现代化를 실현하는데 있어 아직까지는 약간의 어려움과 문제들이 있다.
＊ 中国实践四个现代化目前还有某些困难和问题。
☞ 中国实现四个现代化目前还有某些困难和问题。

설명 "实践"은 실질적으로 가서 하는 것을 나타낼 뿐 사실로 이루어지는 것을 나타내지는 않는다.

◆ 时期 shíqī 739

▪ 1003 : 여름 방학 때 나는 멕시코에 있을 거야.
＊ 署假的时期我在墨西哥。
☞ 署假的时候我在墨西哥。

설명 비교적 짧은 시간을 나타낼 때는 "(的)时期"를 쓰지 않고 "(的)时候"를 쓴다.

◆ 病 bìng 744

▪ 1004 : 이가 심하게 아파서 공부에 지장이 있다.
＊ 牙病得很厉害，影响了学习。
☞ 牙疼得很厉害，影响了学习。

설명 몸의 일부분에 비정상적인 상태가 생겼을 경우에는 "病"이 아니라 "疼"을 쓴다.

▪ 1005 : 나는 너무 아파서 자리에서 일어날 수가 없어.
＊ 我很病，不能起床。
☞ 我病得很厉害，不能起床。

설명 "病" 앞에는 정도부사를 쓸 수 없으므로 정도를 나타내려면 보어로 표현해야 한다.

◆ 变化 biànhuà 747

▪ 1006 : 나는 점점 중국을 좋아하게 되었지만 어떤 일이 내 생각을 바꾸어 놓았다.
＊ 我渐渐地喜欢中国了，可是有一件事变化了我的思想。
☞ 我渐渐地喜欢中国了，可是有一件事改变了我的思想。

설명 "思想"은 "变化"의 주어는 될 수 있지만 "变化"의 목적어는 될 수 없다. 틀린 문장에서는 서로 결합될 수 없는 술어인 "变化"와 목적어인 "思想"이 함께 쓰이고 있으므로 "思想"의 술어가 될 수 있는 "改变"으로 바꾸어야 한다.

◆ 台 tái 749

▪ 1007 : 낡은 자전거를 팔고 새 것을 한 대 샀다.
＊ 旧自行车卖了，买了台新的。
☞ 旧自行车卖了，买了辆新的。

설명 "自行车"의 양사는 "台"가 아니고 "辆"이다. "台"는 보통 기계를 셀 때 사용하는 양사이다.

빈도순 0751~0800

◆ 种 zhòng 751

▪ 1008 : 그는 심은 그 싹들이 좀 빨리 크게 자라기를 바란다.
＊ 他希望种那些苗快点长高。
☞ 他希望种的那些苗快点长高。

설명 "种"은 "심다"라는 의미의 동사이므로 관형어로 쓰일 때는 그 뒤에 반드시 "的"가 있어야 한다.

◆ 全部 quánbù 753

▪ 1009 : 연구소의 모든 구성원들을 대표해서 당신들을 환영합니다.
＊ 我代表研究所的全部成员欢迎你们。
☞ 我代表研究所的全体成员欢迎你们。

설명 인원의 총합을 나타낼 때는 "全部"를 쓰지 않고 "全体"를 쓴다.

◆ 仍然 réngrán 754

▪ 1010 : 그는 일하면서 많은 어려움을 겪었기 때문에 언제나 자신감이 없었다.
＊ 他在工作中遇到许多困难, 仍然没有信心。
☞ 他在工作中遇到许多困难, 总是没有信心。

설명 "仍然"은 "줄곧", "언제나"의 의미를 가지고 있지 않으므로 "总是"로 바꾸어야 한다.

▪ 1011 : 네가 그 일을 할 수 없다면 우리들도 하고 싶지 않다.
* 仍然你干不了那个工作, 我们也不想去干了。
☞ 如果你干不了那个工作, 我们也不想去干了。

설명 "仍然"은 문두에 쓰여 가정을 나타낼 수 없으므로 가정을 나타내는 접속사인 "如果"로 바꾸어야 한다.

◆ 几乎 jīhū 756

▪ 1012 : 그 날 거의 천 여명 가까운 사람들이 보고를 들으러 갔다.
* 那天, 有几乎一千人去听报告。
☞ 那天, 几乎有一千人去听报告。

설명 동사가 "有"일 때 "几乎"는 "有" 앞에 놓여야 한다.

▪ 1013 : 그는 자신이 이 곳에 온 적이 있는 것 같다고 했다.
* 他说他几乎来过这个地方。
☞ 他说他好像来过这个地方。

설명 어떤 일이나 어떤 사물에 근접한다는 의미를 가지고 있지 않을 경우에는 "几乎"를 쓸 수 없다.

▪ 1014 : 저번 여행 때 우리들은 너무 늦게 출발해서 결국 기차를 타지 못했다.
* 那次旅行我们动身太晚, 几乎赶上火车。
☞ 那次旅行我们动身太晚, 结果没赶上火车。

설명 "几乎"는 일어나기를 바라지 않는 일에 많이 사용한다. 일어나기를 바라는 일이 생기지 않았을 경우에는 "几乎"를 쓸 수 없다. 또, 틀린 문장은 문맥상 부정문을 만들어야 하기 때문에 동사인 "赶" 앞에 부정사 "没(有)"를 써야 한다.

◆ 将来 jiānglái 757

▪ 1015 : 책임자는 우리들에게 다음 주에 泰山으로 놀러 가는데, 다음 주 월요일에 출발한다고 통지했다.

* 领导通知我们将来去泰山旅游, 下星期一出发。

☞ 领导通知我们下周去泰山旅游, 下星期一出发。

설명 "将来"가 가리키는 시간은 "现在"와 어느 정도의 간격이 있어야 한다. 만약 "现在"와 비교적 가까운 시간을 나타낼 경우에는 통상적으로 구체적인 시간사를 써준다.

▪ 1016 : 우리들은 작년에 한 번 만난 적이 있지만, 그 후로는 더 이상 만나지 않았다.

* 去年我们见过一次面, 将来再也没见面。

☞ 去年我们见过一次面, 以后再也没见面。

설명 "将来"는 가까운 미래를 의미하는 단어이므로 이미 지나간 시간을 나타낼 때는 쓸 수 없다.

◆ 懂 dǒng 763

▪ 1017 : 나는 이 책을 이해했다.

* 我懂了这本书了。

☞ 我看懂了这本书了。

설명 틀린 문장에서 "懂"은 결과보어로 쓰인 것이다. 책은 보고 이해하는 것이므로 동사 "看"을 술어 위치에 넣어야 문장의 의미가 분명해진다.

▪ 1018 : 넌 중국어를 두 달 밖에 배우지 않았으니까 당연히 "뉴스"를 알아듣지 못하는 거야.

* 你只学了两个月汉语, 当然听得不懂"新闻节目"。

☞ 你只学了两个月汉语, 当然听不懂"新闻节目"。

설명 가능보어의 부정형식은 "得"를 없애고 그 대신 "不"를 쓴다. 그러므로 "不"와 "得"를 동시에 써서는 안된다.

◆ 摸 mō 765

▪ 1019 : 초나라 사람이 검을 찾으러 물로 뛰어들어 이리 저리 더듬어 보았으나 검을 찾지 못했다.

＊ 楚国人下水找剑, 摸来摸去也没有摸剑。

☞ 楚国人下水找剑, 摸来摸去也没有摸着剑。

설명 "摸"라는 동작을 행하고 결과가 생겼을 때는 그 뒤에 결과보어를 써야 하는데 이런 경우에는 "着"가 가장 적당한 보어이다.

◆ 以及 yǐjí 768

▪ 1020 : 承德를 떠나기 전에 우리들은 호텔의 요리사에게 작별인사를 하면서 그들에게 고맙다고 했고 그들에게 사진도 찍어 주었다.

＊ 离开承德前, 我们向饭店的厨师告别, 感谢他们, 以及给他们照了张相。

☞ 离开承德前, 我们向饭店的厨师告别, 感谢他们, 并且给他们照了张相。

설명 "以及"는 병렬된 작은 절들을 연결시켜 문장의 한 성분이 되게 할 수는 있지만 복문의 절을 연결시킬 수는 없다.

▪ 1021 : 나는 4,5년 정도 중국어를 배웠고 많은 중국 사진을 본 적이 있다.

＊ 我学习了四五年中文, 以及看到过很多中国的照片。

☞ 我学习了四五年中文, 看到过很多中国的照片。

설명 "以及"는 병렬된 작은 절들을 연결시켜 문장의 한 성분이 되게 할 수는 있지만 복문안의 절들을 연결시킬 수는 없다. "내가 중국어와 영어 그리고 불어를 배웠다"라는 문장의 경우라면 "以及"를 써서 연결해야겠지만 이 경우에는 주어 "我"가 "学习"와 "看到"라는 행위를 따로따로 한 것이므로 "以及"로 이 두 절을 연결할 수 없다.

◆ 整 zhěng 771

▪ 1022 : 막 오후 3시가 되려고 할 때 나는 汉口에 도착했다.
＊ 快到下午三点整, 我到了汉口。
☞ 快到下午三点, 我到了汉口。

설명 어떤 시간에 근접했음을 나타낼 뿐 정해진 한 시점을 나타내지 않을 경우에는 “整”을 쓸 수 없다. “三点整”이라고 하면 “딱 3시 정각”이라는 의미인데 “快”는 “곧 3시가 된다”는 의미를 나타내는 것이지 “정각 3시가 되었다”는 의미를 나타내는 것이 아니므로 “整”을 빼야 한다.

◆ 生命 shēngmìng 772

▪ 1023 : 白씨가 지나갔으니 망정이지 그렇지 않았으면 保군은 목숨이 달아날 뻔했다.
＊ 幸亏老白走过来, 否则小保就没生命了。
☞ 幸亏老白走过来, 否则小保就没命了。

설명 부정의 의미를 나타낼 때 “没”나 “不要”를 쓰면 그 뒤에 “命”을 쓰지 “生命”을 쓰지 않는다.

▪ 1024 : 그 나이든 아주머니는 의사선생님의 손을 잡고 “내가 애를 낳았는데 지금 당신께서 그에게 다시 한 번 생명을 주셨어요”라고 말했다.
＊ 那位老大娘握着大夫的手说 : “我生了他, 现在再一次生命他。
☞ 那位老大娘握着大夫的手说 : “我生了他, 现在再一次给了他生命。

설명 “生命”은 명사인데 틀린 문장에서는 동사로 쓰이고 있으므로 “주다”라는 의미를 가진 동사 “给”를 쓰고 “他”를 “给”의 간접목적어로, “生命”을 “给”의 직접목적어로 쓰면 맞는 문장이 된다.

▪ 1025 : 사람들마다 생활 속에서 모두 의미있는 일을 만나게 된다.
＊ 在每一个人的生命中, 都会遇到有意思的事情。
☞ 在每一个人的生活中, 都会遇到有意思的事情。

설명 사람이 살아가는 과정을 나타낼 때는 "生命"을 쓰지 않고 "生活"를 쓴다.

◆ 更加 gèngjiā 777

▪ 1026 : 이번 학기부터 나는 더욱 열심히 공부할거야.

＊ 从这个学期开始，我要更加好地学习。

☞ 从这个学期开始，我要更好地学习。

설명 "更加"는 일반적으로 단음절 형용사나 동사를 수식하지 않으므로 단음절 단어를 수식할 수 있는 "更"으로 바꾸어야 한다.

◆ 使用 shǐyòng 778

▪ 1027 : 사용방법이 잘못되어 기계가 며칠 되지 않아 고장났다.

＊ 因为运用的方法不对，机器没几天就坏了。

☞ 因为使用的方法不对，机器没几天就坏了。

설명 "运用"의 대상이 되는 것은 대부분 추상적인 사물이고, "使用"의 대상이 되는 것은 대부분 구체적인 사물이다. 틀린 문장에서 그 대상은 "机器"이므로 "使用"을 써야 한다.

◆ 产生 chǎnshēng 779

▪ 1028 : 씨앗이 싹이 나기 시작했다.

＊ 种子开始产生芽了。

☞ 种子开始生芽了。

설명 "싹이 난다"라는 의미를 나타내고자 할 때, 동사는 "生"이나 "发"를 써야 한다.

▪ 1029 : 공장에서 생산한 상품은 비준 부서를 거쳐 우리 손에 전해졌다.
* 工厂产生的商品经过批发部门转到我们手里。
☞ 工厂生产的商品经过批发部门转到我们手里。

설명 "도구를 사용해 각종 생산자료나 생활자료를 창조하다"라는 의미를 나타낼 경우에는 "产生"을 쓰지 않고 "生产"을 써야 한다.

◆ 努力 nŭlì 780

▪ 1030 : 나의 아버지께서는 반평생 자신의 이상을 실현하기 위해 노력하고 계신다.
* 我父亲半生都在努力自己的理想。
☞ 我父亲半生都在为实现自己的理想而努力。

설명 어떤 방면에서 노력한다는 의미를 표현할 때는 "为……而努力"의 형식을 사용해야 한다.

▪ 1031 : 앞으로 그는 매일 열심히 그림 그리는 것을 배울 것이다.
* 以后他每天都努力努力学画。
☞ 以后他每天都努力学画。

설명 "努力"는 중첩할 수 없는 단어이다.

▪ 1032 : 나는 열심히 중국어를 배워야 한다.
* 我要学习中文很努力。
☞ 我要很努力学习中文。

설명 부사어는 수식하는 동사 앞에 와야 한다. 틀린 문장의 "很努力"는 부사어이므로 동사인 "学习" 앞에 놓아야 한다.

▪ 1033 : 기말고사 때 나는 열심히 시험 준비를 해야 한다. 그렇지 않으면 3학년이 될 수 없을 것이다.

* 期末的时候, 我要努力考试, 不然就不能升三年级。

☞ 期末的时候, 我要努力准备考试, 不然就不能升三年级。

설명 "考虑", "考试"는 "努力"의 수식을 받을 수 없다. "考虑"의 경우에는 그 앞에 "认真"을 써야 하고 "考试"는 앞에 "准备" 등의 다른 동사를 써야 한다. 또한 "考试"는 목적어의 위치에 놓여야 한다.

◆ 朝 cháo 781

▪ 1034 : 그는 매달 집에 편지 한 통을 부친다.

* 他每个月都朝家里寄一封信。

☞ 他每个月都往家里寄一封信。

설명 "朝"로 이루어진 전치사구가 행동의 대상을 나타낸다면 "朝" 뒤의 목적어는 사람과 관련된 것이어야 한다. 틀린 문장에서는 "家里"가 사람과 관련된 것이 아니므로 "朝" 대신에 이러한 제한 없이 자유롭게 쓸 수 있는 "往"으로 바꾸어야 한다.

◆ 土 tǔ 784

▪ 1035 : 그는 마을의 토박이 전문가이다.

* 他是村里的土的专家。

☞ 他是村里的土专家。

설명 민간에서 오래도록 사용되어온 생산기술이나 관련 설비, 생산품, 사람을 가리킬 때 "土"를 관형어로 쓸 수 있다. 이 경우에 "土"와 중심어 사이에는 구조조사 "的"를 쓰지 않는다. 예를 들어 "土法(재래식 방법)", "土专家(토박이 전문가)", "土枪(재래식 엽총)" 등이 있다.

◆ 交 jiāo 785

▪ 1036 : 张华가 나에게 사진첩 하나를 주면서 선생님께 전해달라고 했다.
* 张华交给一个影集, 让我转交给老师。
☞ 张华交给我一个影集, 让我转交给老师。

설명 결과보어 "给……"를 동반할 때, "给" 뒤에는 사람을 가리키는 명사나 대체사가 있어야 한다.

◆ 存在 cúnzài 786

▪ 1037 : 그는 다른 사람에게 자신이 정말로 侍萍을 사랑한다는 것을 보여주고 싶어서 侍萍이 좋아하는 물건들을 모두 가지고 있다.
* 他想给别人看到他是真的爱侍萍, 所以把侍萍喜爱的东西都存在着。
☞ 他想给别人看到他是真的爱侍萍, 所以把侍萍喜爱的东西都保留着。

설명 인위적인 처리를 하지 않고 지니고 있다는 의미를 나타낼 때는 "保留"를 써야 한다.

▪ 1038 : 이슬라마바드에는 큰 공원이 하나 있다.
* 伊斯兰堡存在一个很大的公园。
☞ 伊斯兰堡有一个很大的公园。

설명 "存在"의 목적어는 일반적으로 추상적인 의미를 나타낸다. "公园"은 구체적인 것이므로 "存在"의 목적어가 될 수 없다.

◆ 认真 rènzhēn 787

▪ 1039 : 내 친구의 진지한 감정은 나를 감동시켰다.
* 我朋友的认真的感情打动了我。
☞ 我朋友的真挚的感情打动了我。

설명 사람의 됨됨이를 나타낼 때는 "认真"을 쓰지 않는다.

◆ 顶 dǐng 788

▪ 1040 : 方平이 한달 동안 버는 돈은 내 반년 월급과 맞먹는다.
* 方平一个月挣的钱, 顶了我半年的工资。
☞ 方平一个月挣的钱, 顶我半年的工资。

설명 완료의 의미를 나타내는 것이 아니므로 "了"를 쓸 필요가 없다.

◆ 管 guǎn 791

▪ 1041 : 수업을 하든 안하든 내 생일날은 쉴거야.
* 管上课不上课呢, 到我生日那天也请假。
☞ 管他上课不上课呢, 到我生日那天也请假。

설명 "管" 뒤에 작은 절이 올 경우, 그 주어로 "你"나 "他"가 있어야 한다. "他"는 가끔 특별히 가리키는 것 없이 쓰기도 한다. 이 때 굳이 "그"라고 번역할 필요는 없다.

◆ 自然 zìrán 792

▪ 1042 : 그는 비록 외국인이지만, 北京语를 유창하게 할 줄 안다.
* 他虽然是一个外国人, 却能说一口自然的北京话。
☞ 他虽然是一个外国人, 却能说一口流利的北京话。

설명 "自然"은 "话"를 수식할 수 없다. 외국어를 더듬지 않고 정확한 발음으로 구사할 경우에는 형용사 "流利"를 써야 한다.

◆ 碰 pèng 795

▪ 1043 : 刘군은 자전거를 타다가 조심하지 않아 사람과 부딪쳤다.
* 小刘骑车不小心, 碰上了一个人。
☞ 小刘骑车不小心, 碰着了一个人。

설명 사람과 부딪쳤을 경우에 "碰" 뒤의 결과보어로는 "上"을 쓰지 않고 "着"를 쓴다.

▪ 1044 : 丁力와 아버지는 모레 上海에서 만나기로 얘기가 되었다.
* 丁力和父亲说好了, 后天在上海碰见。
☞ 丁力和父亲说好了, 后天在上海见面。

설명 사전에 약속한 만남에는 "碰见"을 쓸 수 없다. "碰见"은 우연히 만났을 경우에 쓴다.

◆ 杀 shā 796

▪ 1045 : 비방을 지키기 위해서 许汉成은 독침으로 자살했다.
* 为了保住秘方, 许汉成用针杀死了自己。
☞ 为了保住秘方, 许汉成用毒针自杀了。

설명 "杀"의 행위주체로 쓰일 수 있는 것은 "刀"나 "枪" 등의 도구뿐이다. "针"과 "杀"는 서로 결합할 수 없는 동사이다.

▪ 1046 : 그는 원수를 죽이려다가 도리어 잡혔다.
* 他想把仇人杀, 却被捉住了。
☞ 他想把仇人杀死, 却被捉住了。

설명 "把"를 쓰려면 "把" 뒤의 목적어를 처치하고 난 결과를 나타내는 말이 동사 뒤에 있어야 한다. 동사만 단독으로 써서는 문장이 이루어지지 않는다. 여기서는 "杀"의 결과보어 "死"를 넣어야 한다.

◆ 机会 jīhuì 797

▪ 1047 : 北京大学의 몇몇 중국학생은 독일어로 우리와 말하는 것을 연습하려고 했으나, 우리들은 중국학생과 같이 있는 기회를 틈타서 중국어를 연습하려고 했다.

＊ 北京大学的几个中国学生想练习用德语跟我们谈话, 可是我们想趁说汉语的机会。

☞ 北京大学的几个中国学生想练习用德语跟我们谈话, 可是我们想趁和中国学生在一起的机会练习说汉语。

설명 "趁……机会" 뒤에는 반드시 동사구가 있어야 한다. 틀린 문장에서는 뒤에 아무 것도 없기 때문에 "练习说汉语"라는 동사구를 넣어야만 문법적으로도 맞는 문장이 되며 의미도 분명해진다.

◆ 农民 nóngmín 798

▪ 1048 : 마을 농민들의 생활은 번거롭고 일이 많아!

＊ 村子里的农人过日子, 麻烦事多咧!

☞ 村子里的农民过日子, 麻烦事多咧!

설명 "농민"을 가리킬 때 "农人"이라고 하지 않고 "农民"이라고 한다.

◆ 回来 huílai 800

▪ 1049 : 그녀는 멀리 떠나 평생 周씨 집으로 돌아오지 않으려고 한다.

＊ 他要远走, 一辈子不回来周家。

☞ 他要远走, 一辈子不回周家来。

설명 "回"는 동사이고 "来"는 방향보어이다. 방향보어가 있고 장소를 나타내는 단어가 있을 경우에 그 장소사는 방향보어 "来"나 "去" 앞에 놓여야 한다.

▪ 1050 : 그 날 저녁 호텔로 돌아온 후, 그녀는 그들과 함께 저녁식사를 하자고 나를 초대했다.

* 那天晚上回来饭店以后，她请我跟他们一起吃晚饭。

☞ 那天晚上回到饭店以后，她请我跟他们一起吃晚饭。

설명 "回"라는 동작이 목적을 달성했거나 결과를 이루어냈음을 나타내고, 또한 동작이 화자의 방향을 향하고 있음을 강조하지 않을 경우에는 "回来"를 쓸 필요가 없다.

▪ 1051 : 최근에 또 무슨 소식이 있었으면 편지로 나에게 알려줘.

* 最近又有什么消息，回来信告诉我。

☞ 最近又有什么消息，回信告诉我。

설명 행위의 주체나 장소를 나타내는 명사가 아닌 경우에는 "回来"의 목적어로 쓰일 수 없다.

빈도순 0801~0850

◆ 愿意 yuànyì 801

▪ 1052 : 그는 내 견해에 정말로 동의하지 않는다.

* 他非常不愿意我的看法。

☞ 他非常不同意我的看法。

설명 "愿意"는 명사목적어를 수반할 수 없다. 위 문장에서는 "愿意"가 잘못 쓰였다.

▪ 1053 : 나는 옮겨가기를 요구했으나, 상사가 동의하지 않아서 가지 못했다.

* 我要求调走，领导没愿意，所以没走成。

☞ 我要求调走，领导没同意，所以没走成。

설명 "愿意"는 찬성이나 허락을 나타내지 않는다. 위 문장에서는 "愿意"가 잘못 쓰였다.

▪ 1054 : 그는 억지로 동의하였다.
* 他勉强愿意了。
☞ 他勉强同意了。

설명 어떠한 일을 마음이 내키고 원해서 하는 것이 아닐 때는 "愿意"를 쓸 수 없다. "愿意"는 또한 형용사 "勉强"의 수식을 받을 수 없다. 위 문장에서는 "愿意"가 잘못 쓰였다.

◆ 传 chuán 804

▪ 1055 : 기쁜 소식이 눈송이처럼 날아들었다.
* 喜报像雪片一样传来。
☞ 喜报像雪片一样飞来。

설명 "传"의 受事주어는 일반적으로 추상적인 사물이다. 위 문장에서는 주어와 술어 "传"의 배합이 잘못 되었다.

◆ 关于 guānyú 806

▪ 1056 : 학습 방법은 학습 효과 향상에 큰 역할을 한다.
* 学习方法关于提高学习效果有很大作用。
☞ 学习方法对于提高学习效果有很大作用。

설명 사물이 관련되어 있음을 나타내는 경우에는 "关于"를 써야 하고, 어떠한 대상을 지적하는 경우에는 "对于"를 써야 한다. 위 문장에서는 "关于"의 사용이 잘못 되었다.

▪ 1057 : 나는 종교지식에 관해서는 아는 것이 매우 적다.
* 我关于宗教知识知道得很少。
☞ 关于宗教知识我知道得很少。

설명 "关于…"가 부사어로 쓰일 때는 주어 앞에 위치해야 한다. 위 문장에서는 "关于…"의 위치가 잘못 되었다.

▪ 1058 : 무슨 일이 너희에게 가장 관심있는 일이냐?
* 关于什么事情是你们最关心的事情?
☞ 什么事情是你们最关心的事情?

설명 위 문장에서는 "关于"를 빼야 한다.

◆ 速度 sùdù 809

▪ 1059 : 나는 같은 반의 일본인에 비해, 한자를 쓰는 속도가 너무 느리다.
* 我同班上的日本人比, 写汉字的速度太小。
☞ 我同班上的日本人比, 写汉字的速度太慢。

설명 "速度"는 빠르기의 정도를 가리키는 것으로, "小"로 나타낼 수 없다.

◆ 严重 yánzhòng 810

▪ 1060 : 나는 중국의 역사가 매우 중요하다는 것을 느꼈다.
* 我感到中国的历史很严重。
☞ 我感到中国的历史很重要。

설명 중대한 의미가 있는 사건을 나타내거나, 중대한 영향이 있는 사람이나 일을 나타낼 때는 "严重"을 쓸 수 없다.

◆ 比较 bǐjiào 815

▪ 1061 : 금년 날씨는 작년에 비해 덥다.
* 今年的天气比去年比较热。
☞ 今年的天气比去年热。

설명 "比较"는 전치사 "比"와는 함께 사용할 수 없다. 위 문장에서는 "比较"를 빼야 한다.

▪ 1062 : 그는 약간 열이 나는 것을 느꼈다.
* 他觉得比较发烧。
☞ 他觉得有点儿发烧。

설명 "发烧"는 정도부사의 수식을 받을 수 없다. 위 문장에서는 "比较"가 잘못 사용되었다.

◆ 既 jì 817

▪ 1063 : 일본의 학교는 모두 4월에 개학하는데, 날씨가 그렇게 춥지도 않고, 덥지도 않다.
* 日本的学校都是四月开学, 既天气不那么冷不那么热。
☞ 日本的学校都是四月开学, 天气既不那么冷也不那么热。

설명 "既…也…", "既…又…"는 일종의 병렬구조로써 문장성분이 되며, 일반적으로 술어로 쓰인다. "也"나 "又"는 생략될 수 없으며, "既"는 주어 앞에 나올 수 없다. 위 문장에서는 "也"가 빠져 있고, "既"는 위치가 잘못 되었다.

◆ 摆 bǎi 818

▪ 1064 : 네 계획을 내놓으면, 우리가 연구해 보겠다.
* 摆出你的计划来, 我们研究研究。
☞ 拿出你的计划来, 我们研究研究。

설명 "计划", "设想"의 동사로 "摆"는 쓰일 수 없다.

◆ 过程 guòchéng 821

▪ 1065 : 일 년이 지났지만, 나는 아직도 山东 曲阜에서 실습하던 정경을 그리워하고 있다.

* 一年过去了, 但是, 我还在怀念在山东曲阜实习的过程。

☞ 一年过去了, 但是, 我还在怀念在山东曲阜实习的情景。

설명 "过程"은 "怀念"의 목적어로 쓰일 수 없다. 위 문장은 동사와 목적어의 배합이 적당하지 않다.

◆ 形成 xíngchéng 822

▪ 1066 : 우리 반 학우들은 비록 다섯 나라에서 왔지만, 우리 반의 단결은 금방 이루어졌다.

* 我们班的同学虽然来自五个国家, 但是, 我们班的团结局面形成得很快了。

☞ 我们班的同学虽然来自五个国家, 但是, 我们班的团结局面很快形成了。

설명 "形成"은 정도보어를 수반할 수 없다. 위 문장의 "很快"는 "形成"의 앞으로 와 부사어로 쓰여야 한다.

▪ 1067 : 선생님이 나에게 유니버시아드 대회에 참가할 대표단이 이미 결성되어서, 사람을 더 늘릴 수 없다고 일러주셨다.

* 老师告诉我, 参加大学生运动会的代表队已经形成, 不能再增加人了。

☞ 老师告诉我, 参加大学生运动会的代表队已经组成, 不能再增加人了。

설명 "形成"은 발전하고 변화하여 어떠한 사물이나 어떠한 상황, 국면을 이루게 된다는 의미이다. 하지만 "약간의 사람으로써 단체를 조직하는 것"에는 발전하고 변화한다는 의미가 포함되어 있지 않으므로 "形成"을 쓸 수 없다.

◆ 翻 fān 824

▪ 1068 : 중국어를 배운지 겨우 반 년 밖에 안되어서, 나는 이 중국어 문장을 번역할 수 없다.

* 我刚学半年汉语, 不翻得了这篇中文文章。

☞ 我刚学半年汉语, 翻不了这篇中文文章。

설명 가능보어를 수반하는 "翻"의 긍정형식과 부정형식은 반드시 "翻得了", "翻不了"로 써야 한다. 위 문장은 가능보어가 잘못 쓰였다.

◆ 改 gǎi 825

▪ 1069 : 张 선생님은 늘 내 발음 교정을 도와주신다.

* 张老师经常帮助我改发音。

☞ 张老师经常帮助我纠正发音。

설명 "발음 중 잘못된 것을 고친다"는 일반적으로 "纠正发音"이라고 한다. 위 문장에서 "改"는 잘못 쓰였다.

◆ 表现 biǎoxiàn 827

▪ 1070 : 그는 중국 국민의 희망을 대표한다.

* 他表现了中国人民的心愿。

☞ 他代表了中国人民的心愿。

설명 "다른 사람을 대신하여 일 처리하고 의견을 나타낸다"라는 의미로는 "表现"이라는 말을 쓸 수 없다.

◆ 道路 dàolù 828

▪ 1071 : 林县에서는 작년에 큰 길 둘을 보수하였다.

* 林县去年修了两条大道路。

☞ 林县去年修了两条大道。

설명 "道路"는 단음절 형용사로 수식될 수 없다.

▪ 1072 : 선생님의 매서운 질책 한 차례에, 나는 노력할 방향이 명확해졌다.
＊ 老师狠狠的一顿批评，使我明确了努力的道路。
☞ 老师狠狠的一顿批评，使我明确了努力的方向。

설명 전진하는 방향과 목표를 나타낼 때는 "道路"를 쓸 수 없다. 위 문장에서는 "道路"가 잘못 사용되었다.

▪ 1073 : "옛것 중 쓸모없는 것은 버리고 좋은 것은 찾아내 새로운 방향으로 발전시키며, 갖가지 학문·예술이 함께 왕성해지도록 하자."는 것이 문예 발전의 방침이다.
＊ "推陈出新，百花齐放"是发展文艺的道路。
☞ "推陈出新，百花齐放"是发展文艺的方针。

설명 사업이 전진하는 방향과 목표를 나타낼 때는 "道路"를 쓸 수 없다. 위 문장에서는 "道路"가 잘못 사용되었다.

◆ 现象 xiànxiàng 829

▪ 1074 : 자전거 탄 사람이 빨간 불에 갑자기 뛰어들고, 길을 건너는 사람이 횡단보도로 가지 않는 등, 이러한 현상은 반드시 바뀌어야 한다.
＊ 骑自行车的人闯红灯，过路的人不走人行横道，这种现象一定要解决。
☞ 骑自行车的人闯红灯，过路的人不走人行横道，这种现象一定要改变。

설명 동사 "解决"는 "现象"과 함께 쓰일 수 없다.

◆ 水平 shuǐpíng 830

▪ 1075 : 전체 노동자 계급의 생활수준은 아직도 낮다.

* 整个工人阶级的生活水平还很落后。

☞ 整个工人阶级的生活水平还很低。

설명 "水平"이 주어일 때, 술어는 "高", "低"만 가능하다. "先进", "落后" 등은 술어로 쓰일 수 없다.

▪ 1076 : 그의 지식 수준을 향상시키기 위해, 그는 열심히 공부한다.

* 为了提高他的知识, 他努力学习。

☞ 为了提高他的知识水平, 他努力学习。

설명 동사 "提高"의 목적어로는 보통 "水平"이 나온다. 하지만 "知识"만으로는 동사 "提高"의 목적어가 될 수 없으므로 위 문장에서는 "水平"을 넣어야 한다.

▪ 1077 : 내 힘으로는 내 가정 형편을 바꾸기에 부족하다.

* 我的水平不足以改变我的家庭情况。

☞ 我的力量不足以改变我的家庭情况。

설명 어떠한 방면의 능력을 갖추고 있음을 나타낼 때는 "水平"을 쓸 수 없다.

◆ 及 jí 836

▪ 1078 : 그 영화에서 노동자, 농민, 전사가 줄지어 검열을 받는 장면은 장관이었다.

* 在那个电影里, 工人及农民; 战士列队接受检阅的场面很壮观。

☞ 在那个电影里, 工人·农民及战士列队接受检阅的场面很壮观。

설명 세 가지 이상이 계속되는 병렬성분에서 앞의 각 성분 사이에는 모점(가운데점)을 쓰고, "及"는 제일 마지막 성분의 앞에 쓴다. 위 문장에서는 "及"의 위치가 잘못 되었다.

◆ 女人 nǚrén 838

▪ 1079 : 중국에는 거의 모든 사업부문에 여성들이 있다.

* 在中国几乎每个工作部门都有女人。

☞ 在中国几乎每个工作部门都有妇女。

설명 성년 여자를 통칭할 때는 보통 "女人"이라고 하지 않는다. 위 문장의 "女人"은 사용이 적당하지 않다.

▪ 1080 : 荷花女는 젊은이를 기다렸지만, 그는 오지 않았다. 이 아가씨는 한숨을 내쉬었다.

* 荷花女等着小伙子, 他没来。这个女人叹了口气。

☞ 荷花女等着小伙子, 他没来。这个姑娘叹了口气。

설명 "小伙子"와 상대되는 말은 "姑娘"이다. 위 문장의 "女人"은 사용이 적당하지 않다.

◆ 真正 zhēnzhèng 839

▪ 1081 : 그들의 사랑은 진정한 사랑이었다.

* 他们的爱情是真正。

☞ 他们的爱情是真正的爱情。

설명 "真正"은 단독으로 술어가 될 수 없다. 위 문장에서는 "真正" 뒤에 중심사가 빠져 있다.

▪ 1082 : 그 노인은 이런 약이 아들의 병을 정말 치료할 수 있다고 여겼다.

* 那老汉以为这种药真正能治好儿子的病。

☞ 那老汉以为这种药真能治好儿子的病。

설명 가짜가 아니고 진짜임을 나타낼 때는 "真正"을 쓸 수 없다. 위 문장에서는 "真正"의 사용이 잘못 되었다.

◆ 首先 shǒuxiān 840

▪ 1083 : 그가 병이 나자 나는 그에게 의사를 찾아가라고 하였다. 처음에 그는 내 말을 듣지 않다가, 갈수록 나빠진 다음에야 진찰을 받으러 갔다.

* 他生病了, 我让他去找医生, 首先他不听我的话, 越来越不好, 后来他才去看病了。

☞ 他生病了, 我让他去找医生, 起初他不听我的话, 越来越不好, 后来他才去看病了。

설명 "首先"은 단일한 일의 시작을 나타내지 않는다. 위 문장에서는 "首先"의 사용이 잘못 되었다.

◆ 巨大 jùdà 841

▪ 1084 : 그것은 큰 도시이다.

* 那是一个巨大的城市。

☞ 那是一个大的城市。

설명 면적이 크고, 인구가 많다는 것을 가리킬 때는 "巨大"라고 하지 않는다.

◆ 竟 jìng 842

▪ 1085 : 그가 부주의한 바람에 일이 엉망이 되었다.

* 由于他竟粗心大意, 把事情搞得很糟。

☞ 由于他粗心大意, 把事情搞得很糟。

설명 의외임을 나타내지 않을 때는 "竟"을 쓸 수 없다. 위 문장에서는 "竟"을 빼야 한다.

▪ 1086 : 어느 무도회이든 그녀는 모두 참가하지 않아서, 이번에 그녀가 뜻밖에 갈 것이라고는 생각하지 못했다.

* 哪次舞会她都不参加，没想到这次竟她去了。

☞ 哪次舞会她都不参加，没想到这次她竟去了。

설명 "竟"은 주어 앞에 올 수 없다. 위 문장에서는 "竟"의 위치가 잘못 되었다.

▪ 1087 : 본래 우리 누나가, 그녀는 바빠서 설을 쇠러 돌아오지 못할 거라고 하였는데, 뜻밖에도 오늘 돌아올 줄은 생각하지 못했다.

* 本来我姐姐说她很忙，不能回来过节，没想到竟今天回来了。

☞ 本来我姐姐说她很忙，不能回来过节，没想到今天竟回来了。

설명 만일 시간 명사가 부사어로 쓰였다면, "竟"은 부사어의 뒤에 와야 한다. 위 문장에서는 "竟"의 위치가 잘못 되었다.

◆ 肯 kěn 843

▪ 1088 : 오후 행사에 그가 참가하는 것을 나는 동의하지 않는다.

* 下午的活动我不肯他参加。

☞ 下午的活动我不同意他参加。

설명 "肯"은 "他参加"와 같이 절로 이루어진 목적어를 가질 수 없다. 위 문장에서는 "肯"의 사용이 잘못 되었다.

◆ 省 shěng 846

▪ 1089 : 다행히 아빠는 돈을 은행에 저금하였다. 그렇지 않았다면 어떻게 해야 좋을지 정말 몰랐을 것이다.

* 幸亏爸爸把钱省在银行里，不然真不知道怎么办好。

☞ 幸亏爸爸把钱存在银行里，不然真不知道怎么办好。

설명 어떠한 곳에 돈을 저축한다는 의미로는 "省"을 쓸 수 없다.

◆ 机器 jīqì 847

▪ 1090 : 나는 세탁기를 하나 살 필요가 있다.

* 我需要买一个洗衣机器。

☞ 我需要买一个洗衣机。

설명 어떤 기계의 명칭은 보통 동사나 동사구조에 명사 형태소 "机"를 첨가하여 이루어진다. 위 문장에서는 "机器"의 사용이 잘못 되었다.

빈도순 0851~0900

◆ 作为 zuòwéi 853

▪ 1091 : 그들은 가족 계획을 자신이 중점으로 두는 사업으로 잡아가기로 하였다.

* 他们要作为自己的重点的工作把计划生育抓下去。

☞ 他们要把计划生育作为自己的重点的工作抓下去。

설명 "把"자 구조는 반드시 "作为" 앞에 와야 한다. 위 문장의 "把"자 구조는 위치가 잘못 되었다.

◆ 态度 tàidù 854

▪ 1092 : 할머니의 부지런하신 품성은 우리에게 큰 영향을 주었다.

* 祖母勤劳的态度对我们有很大影响。

☞ 祖母勤劳的品德对我们有很大影响。

설명 "态度"는 "勤劳"의 수식을 받을 수 없다. 위 문장의 "态度"는 잘못 쓰였다.

▪ 1093 : 반의 대다수 사람들은 모두 학습 목적을 명확히 알게 되었다.
* 班上大多数人都明确了学习的态度。
☞ 班上大多数人都明确了学习的目的。

설명 "态度"는 "明确"의 목적어로 쓰일 수 없다. 위 문장의 "态度"는 잘못 쓰였다.

▪ 1094 : 학교와 가장이 긴밀하게 조화를 이룬다면, 학생이 예의에 어긋난 일을 할 수 없을 것이다.
* 学校跟家长紧密配合，学生无法做有失礼貌的态度。
☞ 学校跟家长紧密配合，学生无法做有失礼貌的事。

설명 "态度"는 "做"의 목적어로 쓰일 수 없다. 위 문장에서는 동사와 목적어의 배합이 잘못 되었다.

◆ 取得 qǔdé 858

▪ 1095 : 사전에 모두와 의논을 하지 않아, 결과적으로 모두의 일치된 반대에 부딪히게 되었다.
* 由于事先没跟大家商量，结果取得大家的一致反对。
☞ 由于事先没跟大家商量，结果遭到大家的一致反对。

설명 부정적 의미의 명사는 "取得"의 목적어가 될 수 없다. 위 문장에서는 "取得"의 사용이 잘못 되었다.

◆ 刚才 gāngcái 859

- 1096 : 영화가 막 시작되었다.

* 电影刚才开演。

☞ 电影刚开演。

설명 "刚才"는 시간을 나타내는 명사로, 막 지나간지 얼마 안되는 시간을 나타낸다. 따라서, 동작이나 행위가 얼마 전에 발생했다는 것을 나타낼 때는 "刚才"라고 하지 않는다.

◆ 土地 tǔdì 861

- 1097 : 집안이 물건으로 꽉 차서, 냉장고 놓을 자리가 없다.

* 屋子里摆满了东西，没有土地放冰箱了。

☞ 屋子里摆满了东西，没有地方放冰箱了。

설명 "土地"는 집안의 빈자리를 나타낼 수 없다. 위 문장에서는 "土地"가 잘못 쓰였다.

◆ 日子 rìzi 864

- 1098 : 우리는 海南岛에서 무척 즐거운 나날을 보냈다.

* 我们在海南岛过了非常愉快的日子。

☞ 我们在海南岛过了段非常愉快的日子。

설명 "日子"가 수식어로 수식되어 목적어로 쓰일 때는 앞에 늘 양사 "段"이 나온다. 위 문장에서는 양사가 빠져 있다.

- 1099 : 다행히 이 손님들이 늘 물건을 사러 와서, 이 상점이 그럭저럭 유지되어 간다.

* 多亏这些顾客经常来买东西，这个商店才能过日子。

☞ 多亏这些顾客经常来买东西，这个商店才能维持下去。

설명 "공장, 기업, 상점이 계속 유지된다"는 것을 나타낼 때는 "过日子"를 쓸 수 없다.

◆ 久 jiǔ 869

▪ 1100 : 그는 사장이 된 지 얼마나 되었죠 ?
* 他当经理有多久年了?
☞ 他当经理有多久了?

설명 "久"와 부사가 결합하여 보어가 될 때는 뒤에 다른 말이 올 수 없다. 위 문장에서는 "久" 뒤의 "年"을 빼야 한다.

◆ 照 zhào 871

▪ 1101 : 오전에는 날씨가 좋지 않더니, 오후가 되자 곧 해가 나왔다.
* 上午天气不好, 下午太阳就照了。
☞ 上午天气不好, 下午太阳就出来了。

설명 "태양이 나오다"라는 의미로는 "照"를 쓸 수 없다.

▪ 1102 : 그때 난 꼭 사진 몇 장을 더 찍을걸 그랬다.
* 那时我一定照多几张照片。
☞ 那时我一定多照几张照片。

설명 "照"가 술어로 쓰일 때, 부사어는 반드시 "照" 앞에 나와야 한다. 위 문장에서는 "照"의 위치가 잘못 되었다.

▪ 1103 : 나는 여러 외국 학우들과 함께 많은 사진을 찍었다.
* 我跟好多外国同学一起照了好多照相。
☞ 我跟好多外国同学一起照了好多照片。

설명 "照"는 명사 목적어만 수반할 수 있다. 위 문장에서는 "照"와 목적어와의 배합이 잘못 되었다.

◆ 其实 qíshí 872

▪ 1104 : 나는 그가 일이 있어서 오지 않았다고 여겼는데, 사실 그는 일찌감치 왔었다.

＊ 我以为他有事没来, 他其实早来了。

☞ 我以为他有事没来, 其实他早来了。

설명 "其实"는 두 번째 절의 맨 앞에 와야 한다. 위 문장에서는 "其实"의 위치가 잘못 되었다.

◆ 以为 yǐwéi 877

▪ 1105 : 법원에서는 이 범인의 죄가 매우 중하다고 여긴다.

＊ 法院以为这个罪犯的罪行很严重。

☞ 法院认为这个罪犯的罪行很严重。

설명 비교적 강한 판단의 어기를 나타낼 때는 "以为"를 쓸 수 없다. 위 문장에서는 "以为"가 잘못 쓰였다.

▪ 1106 : 호랑이는 백수의 왕이 여우라고 여겼다.

＊ 老虎信以为真, 以为百兽的领袖。

☞ 老虎以为百兽的领袖是狐狸。

설명 "以为"는 명사가 목적어로 올 수 없다. 위 문장에서는 "以为"와 목적어의 배합이 잘못 되었다.

◆ 躺 tǎng 881

▪ 1107 : 王宝가 보니, 어떤 여자가 땅 위에 누워 있었다.
＊ 王宝一看，一个妇女在地上躺。
☞ 王宝一看，一个妇女在地上躺着。

설명 "躺"의 지속 상태를 나타낼 때는 뒤에 반드시 동태조사 "着"가 와야 한다. 위 문장에서는 "躺" 뒤에 동태조사 "着"가 빠져 있다.

◆ 古 gǔ 882

▪ 1108 : 할아버지께서 나에게 중국에서 고서 몇 권과 고화 몇 장을 사오라고 하셨다.
＊ 爷爷让我在中国买几本古的书和几张古的画。
☞ 爷爷让我在中国买几本古书和几张古画。

설명 "古"가 관형어로 쓰여 단음절 명사를 수식할 때는 "的"를 쓰지 않는다. 위 문장에서는 "的"를 빼야 한다.

◆ 明天 míngtiān 883

▪ 1109 : 우리는 내일 아침 7시에 출발한다.
＊ 我们早上七点钟明天动身。
☞ 我们明天早上七点钟动身。

설명 "明天"은 다른 시간부사 보다 앞에 나온다. 위 문장에서는 "明天"의 위치가 잘못 되었다.

◆ 门口 ménkǒu 884

▪ 1110 : 9시에 문을 열자, 모두들 연이어 들어갔다.
＊ 九点钟开了门口，大家陆续走了进去。
☞ 九点钟开了门，大家陆续走了进去。

설명 "门口"는 "门"을 가리키지 않는다. 위 문장에서는 "门口"가 잘못 쓰였다.

◆ 服务 fúwù 885

▪ 1111 : 鸣凤은 高씨 댁에서 하녀가 되어, 부인의 시중을 들었다.
* 鸣凤在高家当了丫头, 服务太太。
☞ 鸣凤在高家当了丫头, 伺候太太。

설명 "服务"는 목적어가 올 수 없는 동사이다. 위 문장에서는 "服务"가 잘못 쓰였다.

▪ 1112 : 이 종업원은 모두를 위해 봉사를 잘 하여, 많은 격려 편지를 받았다.
* 因为这位服务员服务大家服务得很好, 所以她接到很多表扬信。
☞ 因为这位服务员为大家服务得很好, 所以她接到很多表扬信。

설명 "服务"는 목적어를 동반할 수 없으므로 위 문장은 "为…服务"의 형식으로 고쳐 써야 한다.

◆ 热情 rèqíng 886

▪ 1113 : 北京은 중국에서 가장 좋은 도시이다. 왜냐하면 이곳은 번화한데다, 사람들도 매우 친절하기 때문이다.
* 北京是中国最好的城市, 因为这里很热闹, 也很热情。
☞ 北京是中国最好的城市, 因为这里很热闹, 人也很热情。

설명 "热情"은 사람에게만 쓸 수 있으며, 어떠한 지역이나, 장면, 사물 등에는 쓸 수 없다. 위 문장에서는 "热情" 앞에 "人"이 빠져 있다.

▪ 1114 : 회의장에서 열렬한 박수 소리가 한 차례 울려 퍼졌다.
* 会场上响起一阵热情的掌声。
☞ 会场上响起一阵热烈的掌声。

설명 위 문장에서는 "热情"이라는 말이 잘못 쓰였다.

▪ 1115 : 모두의 노동의욕이 매우 높다.
* 大家的劳动情绪都很热情。
☞ 大家的劳动情绪都很高。

설명 "热情"은 사람을 대하는 태도에만 사용될 수 있으며, 사람의 정서나 심경에는 쓸 수 없다.

◆ 名 míng 887

▪ 1116 : 우리 중 12명은 함께 泰山에 올랐다.
* 我们有十二名人一起登泰山。
☞ 我们有十二个人一起登泰山。

설명 "人"은 "名"을 양사로 쓸 수 없다. 위 문장에서는 "名"이 잘못 쓰였다.

◆ 退 tuì 888

▪ 1117 : 대학에 합격한 이후, 나는 곧 뉴스 기자 노릇을 그만 두었다.
* 考上大学以后, 我就退了新闻记者了。
☞ 考上大学以后, 我就不当新闻记者了。

설명 "退"의 목적어로 사람을 나타내는 명사는 쓰일 수 없다. 위 문장에서는 "退"와 목적어의 배합이 잘못 되었다.

▪ 1118 : 그는 학교를 그만 둘 수밖에 없었다.
* 他没办法, 只好退学校。
☞ 他没办法, 只好退学。

설명 "다시는 학교에 가서 공부하지 않을 것"이라는 의미를 나타낼 때는 "退学"라고 한다.

- 1119 : 배구 팀에서 나온 후, 그녀는 대학에 진학했다.

* 退了排球队, 她上了大学。

☞ 退出了排球队, 她上了大学。

설명 "退"라는 동작에 결과나 방향이 있을 때는 뒤에 보어를 써 주어야 한다. 위 문장에서는 "退" 뒤에 보어가 빠져 있다.

- 1120 : 퇴원한 후, 그의 몸은 완전히 건강을 회복하였다.

* 他退出了医院后, 身体完全恢复了健康。

☞ 他出院后, 身体完全恢复了健康。

설명 병이 나아 병원을 떠날 때는 "出院"이라 한다. 위 문장에서는 "退가 잘못 사용되었다.

◆ 听说 tīngshuō 893

- 1121 : 반 전체가 다 아는데, 너는 왜 듣지 못했니?

* 全班都知道了, 你为什么不听说?

☞ 全班都知道了, 你为什么没听说?

설명 "听说"의 부정형으로는 "没(有)"만을 쓸 수 있다. 위 문장에서는 "听说" 앞의 부정사 "不"가 잘못 쓰였다.

- 1122 : 듣자하니 너 시험을 잘 보지 못했다고 하더구나.

* 听说过你没有考好。

☞ 听说你没有考好。

설명 "听说"가 삽입어로 쓰일 때는 "了", "着", "过"와 함께 쓰일 수 없다. 위 문장에서는 "过"를 빼야 한다.

◆ 发动 fādòng 894

▪ 1123 : 어떤 사람은 말하길, 상여금을 많이 주면 노동자들의 적극성을 동원할 수 있다고 하였지만, 사실 꼭 그런 것은 아니다.

* 有人说, 多发奖金能发动工人的积极性, 其实也不一定。

☞ 有人说, 多发奖金能调动工人的积极性, 其实也不一定。

설명 "发动"의 목적어로는 사람을 가리키는 명사만이 올 수 있다. 사람의 적극성을 발휘하도록 한다는 의미로는 "发动"을 쓸 수 없다. 위 문장에서는 "发动"이 잘못 쓰였다.

◆ 细 xì 896

▪ 1124 : 답안에 틀린 것이 있는 지, 모두들 다시 한 번 검사해 봅시다.

* 大家再细检查一下, 看看答卷上有没有错误。

☞ 大家再仔细检查一下, 看看答卷上有没有错误。

설명 "细"가 부사어로 쓰일 때는 일반적으로 단음절 동사만을 수식할 수 있다. 위 문장에서는 "细"가 잘못 쓰였다.

◆ 嘛 ma 900

▪ 1125 : 막 출판된 이 책을 네가 다 읽었다고? 그런 건 아니겠지.

* 这本刚刚出版的书, 你读完了嘛? 不一定嘛。

☞ 这本刚刚出版的书, 你读完了吗? 不一定吧。

설명 "嘛"는 의문어기를 나타낼 수 없다. 위 문장에서는 "嘛"가 잘못 쓰였다.

빈도순 0901~0950

◆ 不仅 bùjǐn 901

▪ 1126 : 그는 나의 선배일 뿐만 아니라 내 선생님이기도 하다.
* 他是不仅我的兄长, 也是我的老师。
☞ 他不仅是我的兄长, 也是我的老师。

설명 "不仅"은 "而且", "并且", "还", "也" 등과 함께 쓰여 "…일뿐만 아니라 …이기도 하다"라는 의미를 나타내는데 술어동사 앞에 사용된다.

◆ 双 shuāng 903

▪ 1127 : 점원이 이 바지는 내가 입으면 틀림없이 잘 맞을 것이라고 말했다.
* 售货员说这双裤子我穿一定合适。
☞ 售货员说这条裤子我穿一定合适。

설명 "双"은 "鞋"나 "袜子", "筷子"처럼 쌍으로 이루어진 물건의 양사로 사용된다. "裤子"의 경우에는 양사로 "条"를 쓴다.

▪ 1128 : 미국 선수 한 쌍이 남녀 페어 피겨스케이팅에서 1위를 차지했다.
* 一对美国选手获得了男女两人花样滑冰的第一名。
☞ 一对美国选手获得了男女双人花样滑冰的第一名。

설명 두 사람이 공통으로 사용하는 물건이나 함께 표현하는 동작을 수식하는 경우에는 "两人" 대신 "双人"을 써야 한다.

◆ 曾经 céngjīng 904

▪ 1129 : 나는 일찍이 『三国志』를 본 적도 있고, 고대 역사를 공부한 적도 있다.

* 曾经我看过『三国志』, 而且学过古代历史。

☞ 我曾经看过『三国志』, 而且学过古代历史。

설명 "曾经"은 과거에 어떤 행위를 한 적이 있거나 어떤 상황이 있었던 경우를 나타내는데 동사 앞에 사용되는 경우, 동사 뒤에 일반적으로 "了"나 "过"가 쓰이고, 형용사 앞에 사용되는 경우, 형용사 뒤에 반드시 "了"나 "过"가 와야 한다. 이 때, "曾经"은 동사나 형용사 앞에서만 사용될 뿐 주어 앞에는 놓이지 못한다.

▪ 1130 : 나는 香山에 가본 적이 없다.

* 我曾经没去过香山。

☞ 我没去过香山。

설명 "曾经"의 부정형식은 동사나 형용사 앞에 "没有"를 쓰고 동사, 형용사 뒤에 "过"를 붙이는 것인데 이때는 "曾经"을 쓰지 않는다. "曾经"이 부정문에 사용될 수 있는 경우는 "我和他曾经半年没见面。(나는 그와 반 년 동안 만나지 않았다)"처럼 "曾经" 뒷쪽에 시간명사가 오는 경우에 한해서이다. 위 문장에는 "曾经" 뒤에 시간명사가 없으므로 "曾经"을 빼주어야 한다.

◆ 只好 zhǐhǎo 906

▪ 1131 : 그녀는 털옷을 뜨면서 책을 볼 수는 없어서 하는 수 없이 먼저 책을 본 후에 털옷을 떴다.

* 她不会一边打毛衣一边看书, 只好她先看书, 后打毛衣。

☞ 她不会一边打毛衣一边看书, 她只好先看书, 后打毛衣。

설명 "只好"는 다른 선택의 여지가 없이 그냥 그렇게 할 수밖에 없는 상황을 나타내며 "不得不"와 같은 뜻이다. 부사어로 쓰여 동사와 형용사를 수식하며, 앞뒤 절의 주어가 다른 경우 주어 앞에 놓일 수 있지만, 위 문장에서처럼 앞 절과 뒷 절의 주어가 동일한 경우에는 주어 앞에 놓일 수 없다.

▪ 1132 : 이번 여행은 마침 섣달 그믐날 밤이어서 많은 사람들이 집에 돌아가려고 했기 때문에, 우리는 침대차표를 사지 못하고 일반석 표 밖에 사지 못했다.

* 这次旅行正是春节前夕, 很多人要回家, 我们没买到卧铺票, 只好买到了硬座票。

☞ 这次旅行正是春节前夕, 很多人要回家, 我们没买到卧铺票, 只买到了硬座票。

설명 어떤 범위의 제한을 표시하는 경우에는 "只好"를 쓸 수 없다.

◆ 系统 xìtǒng 908

▪ 1133 : 나는 대학을 다니면서 일도 했는데, 어떤 때는 일을 하지 않고 학교만 다녔었지만, 어떤 때는 학교를 휴학한 채 일을 하기도 해서 대학을 정규적으로 다니지는 못했다.

* 我是一边上大学, 一边工作, 有时候只上大学不工作, 有时候停学去工作, 所以, 我没有系统地上大学。

☞ 我是一边上大学, 一边工作, 有时候只上大学不工作, 有时候停学去工作, 所以, 我没有正规地上大学。

설명 "系统"은 체계적인 것을 나타내는 형용사인데, 대학을 학년별로 순서대로 다닌다는 의미를 나타내는 경우에는 "系统"을 쓸 수 없다.

◆ 团结 tuánjié 909

▪ 1134 : 이론은 실제와 결합시켜야지만 일을 잘 할 수 있다.

* 理论团结实际, 才能搞好工作。

☞ 理论结合实际, 才能搞好工作。

설명 "团结"는 사람과 사람 사이의 결합을 나타낼 수 있을 뿐, 사물과 사물 사이의 결합을 나타낼 수는 없다.

◆ 篇 piān 911

▪ 1135 : 그 극본은 老舍가 쓴 것이다.
* 那篇剧本是老舍写的。
☞ 那个剧本是老舍写的。

설명 "篇"은 문장, 논문, 소설 등의 양사로 사용되며, 시, 사, 극본 등의 양사로는 사용되지 않는다.

◆ 苦 kǔ 912

▪ 1136 : 어머니께서 돌아가셨다는 소식을 듣고 나는 몹시 슬펐다.
* 得到母亲去世的消息，我很苦。
☞ 得到母亲去世的消息，我很悲痛。

설명 "苦"는 고통스러움, 고달픔을 나타내는 형용사로, 주로 육체적으로 힘든 경우를 나타낸다. 정신적인 고통과 슬픔에는 "苦"를 쓸 수 없고, "痛苦"나 "悲痛" 등을 써야 한다.

◆ 不管 bùguǎn 918

▪ 1137 : 어떻든 간에 나도 가서 좀 봐야겠어.
* 不管如何，我也要去看看。
☞ 无论如何，我也要去看看。

설명 "不管"은 어떠한 상황을 가정하든 결과나 결론이 변함없음을 나타낸다. 주로 "多么", "怎么", "谁", "什么" 등 임의의 것을 가리키는 대체사와 함께 사용되며, 뒷쪽에는 "都", "总", "也" 등을 써서 호응한다. 한편, "어떻든간에"라는 의미를 나타내는 경우 "如何"는 "不管"과 함께 사용될 수 없으며, "无论"과 함께 쓴다.

▪ 1138 : 날씨가 좋지 않았지만 그래도 난 景山에 갔다.
* 不管天气不好，我还是去了景山。
☞ 尽管天气不好，我还是去了景山。

설명 가리키는 상황이나 행위가 이미 일어난 것이라면 "不管"을 쓸 수 없다.

◆ 具有 jùyǒu 919

▪ 1139 : 그 글은 설득력이 하나도 없다.
* 那篇文章一点儿说服力也不具有。
☞ 那篇文章一点儿说服力也没有。

설명 "具有"의 부정형식은 "不具有"가 아니라 "没有"이다.

▪ 1140 : 중국은 11억 인구를 가진 국가이다.
* 中国是一个具有十一亿人口的国家。
☞ 中国是一个拥有十一亿人口的国家。

설명 인구나 토지를 가지고 있다는 의미를 나타낼 때는 "具有"를 쓸 수 없다.

▪ 1141 : 그 사찰들은 청나라 때 지은 것으로 볼만한 것이 많다.
* 那些庙都是清朝修建的, 具有看头。
☞ 那些庙都是清朝修建的, 很有看头。

설명 구어에서는 "具有"를 쓰지 않는다.

◆ 破坏 pòhuài 920

▪ 1142 : 그가 사는 집은 오랫동안 수리하지 않아 낡았기 때문에, 그는 주택관리소에 수리를 좀 해달라고 부탁했다.
* 他住的房子年久失修, 破坏了, 他请房管所给修一修。
☞ 他住的房子年久失修, 坏了, 他请房管所给修一修。

설명 어떤 외부의 힘에 의해 손상된 것이 아니라 사물 자체가 오래되어 낡았다는 의미를 나타내는 경우에는 "破坏"를 쓸 수 없다.

◆ 不久 bùjiǔ 924

▪ 1143 : 우리 두 사람은 함께 지낸 지는 얼마 되지 않았지만, 우리들은 이미 좋은 친구가 되었다.

* 虽然我们两个人不久相处，但是我们已成好朋友了。

☞ 虽然我们两个人相处不久，但是我们已成好朋友了。

설명 사건 발생 이전 시간을 나타내는 경우에는 "主语+不久+就+述语"의 형태로 써서 "他不久就回来。(그는 머지않아 돌아올 것이다)"처럼 사용하고, 사건 발생 이후의 시간을 나타내는 경우에는 "主语+述语+不久"의 형태로 써서 "他回到北京不久，就住进了医院。(그는 北京에 돌아온지 얼마 되지 않아 바로 병원에 입원했다)"처럼 사용한다. 전자는 "不久"가 부사어로 쓰이는 것이고 후자는 보어로 쓰이는 것이다.

◆ 说明 shuōmíng 927

▪ 1144 : 내게 급한 일이 있어서 네게 설명할 겨를이 없다.

* 我有急事，顾不得你说明。

☞ 我有急事，顾不得向你说明。

설명 설명을 듣는 사람은 전치사 "向"으로 이끌어내야 한다.

▪ 1145 : 그는 종이로 만든 물고기 한 마리와 물 한 병을 가지고 선생님 댁으로 갔는데, 이 두 가지 선물은 그가 선생님께 드리는 안주와 술을 상징하는 것이다.

* 他带了纸做的一条鱼和一瓶水去老师家，这两份礼物说明他送给老师的菜和酒。

☞ 他带了纸做的一条鱼和一瓶水去老师家，这两份礼物象征着他送给老师的菜和酒。

설명 대표성의 의미를 표시하는 경우에는 "说明"을 쓸 수 없다.

▪ 1146 : 그의 불행한 운명은 지식인들에 대한 당시 과거제도의 해독을 설명해 주었다.

* 他的遭遇说明了当时科举制度。

☞ 他的遭遇说明了当时科举制度对知识分子的毒害。

설명 "制度"는 "说明"의 목적어가 될 수 없다.

▪ 1147 : 피터가 단지를 떨어뜨려 깨뜨린 것을 보고 할아버지가 그에게 단지를 배상하라고 하자 피터는 "이렇게 하지 않으면 저에게 창피를 주실 건가요."라고 말했다.

* 爷爷见彼得把坛子摔了，就让他赔花盆，彼得说明："不这样办，你给我做个样子。"

☞ 爷爷见彼得把坛子摔了，就让他赔花盆，彼得说："不这样办，你给我做个样子。"

설명 콜론 뒷 쪽에 인용문이 있는 경우, 콜론 앞쪽에는 일반적으로 "说", "道", "问", "回答" 등의 동사만 올 수 있다.

▪ 1148 : 이런 주장에는 무슨 근거가 있습니까?

* 这种说法有什么根据说明?

☞ 这种说法有什么根据?

설명 "주장의 근거"라는 의미를 나타내는 경우 "根据"만 써도 충분하다.

◆ 通过 tōngguò 931

▪ 1149 : 上海로 여행을 가는데, 기차를 타고 南京을 지나갈 때 난 기차에서 내려 그 곳에서 며칠 머무르고 싶다.

* 去上海旅游, 坐火车通过南京时, 我想下车在那儿停几天。

☞ 去上海旅游, 坐火车路过南京时, 我想下车在那儿停几天。

설명 어떤 지역을 지나가는 경우에는 "路过"나 "经过"를 쓴다.

◆ 断 duàn 932

▪ 1150 : 잠깐만요, 구두끈이 끊어졌어요.

* 等一下, 断鞋带儿了。

☞ 等一下, 鞋带儿断了。

설명 주어는 일반적으로 술어 앞에 온다. 위 문장은 주어와 술어의 위치가 바뀌었다.

◆ 迅速 xùnsù 936

▪ 1151 : 우리들은 아직 한자를 빨리 쓰지 못하기 때문에 선생님께 좀 천천히 말씀해 달라고 부탁드렸다.

* 我们还不能很迅速地写汉字, 请老师说得慢一点儿。

☞ 我们写汉字还是写不快, 请老师说得慢一点儿。

설명 "迅速"는 속도가 아주 빠름을 나타내는 형용사로, 주로 글말에 사용된다. "迅速"가 부사어로 쓰이는 경우에는 일반적으로 동작이 이루어지고 있는 동사를 수식하는데, 위 문장에서는 한자를 쓰는 속도가 빠르고 느리다는 상황을 설명하는 것에 불과하므로 "迅速"가 어울리지 않는다.

◆ 改变 gǎibiàn 937

▪ 1152 : 선생님은 내가 발음하면서 틀리는 것을 교정하도록 도와주신다.
* 老师常帮助我改变发音上的错误。
☞ 老师常帮助我纠正发音上的错误。

설명 "改变"은 현저한 변화가 발생했다는 의미를 나타내는 동사로, 잘못을 바로잡는다는 의미로는 쓰지 않는다. 잘못된 것을 바로잡는다는 의미를 나타내는 경우에는 "纠正"이나 "改正"을 사용한다.

▪ 1153 : 농촌에 심각한 변화가 일어났다.
* 农村发生了深刻的改变。
☞ 农村发生了深刻的变化。

설명 사물의 형태나 본질에 새로운 상황이 발생한 경우에는 "改变"을 쓰지 않는다.

▪ 1154 : 양국 지도자는 모두 나날이 발전되고 있는 우호관계가 좀 더 개선되기를 바란다.
* 两国领导人都希望进一步改变日益发展着友好关系。
☞ 两国领导人都希望进一步改善日益发展着友好关系。

설명 "关系"는 "改变"과 함께 쓰일 수 없다.

▪ 1155 : 그는 돈이 부인의 마음을 바꿔놓을 수 있을 줄 알았다.
* 他以为钱能把妻子的心改变。
☞ 他以为钱能把妻子的心改变过来。

설명 "把"자문 내에 "改变"을 쓰는 경우 반드시 보어를 수반해야 한다.

◆ 结束 jiéshù 939

▪ 1156 : 그는 아이에게 숙제를 다 해야만 나가서 놀 수 있다고 했다.

* 他要求孩子结束了作业才能去玩儿。

☞ 他要求孩子做完了作业才能去玩儿。

설명 "结束"는 사물 혹은 동작이 최후의 단계로까지 발전 혹은 진행된 것을 의미하는데, 그 대상은 주로 생활, 일, 회의 등 비교적 커다란 활동이거나 두 사람 이상의 집단 활동인 경우가 많다. 그 밖의 일반 사물이나 사건에 대해서는 "结束"를 잘 쓰지 않는다.

◆ 大量 dàliàng 943

▪ 1157 : 매주 목요일 저녁에는 이 호텔의 디스코텍이 여자들에게 무료로 개방되기 때문에 여자들이 많다.

* 每个星期四晚上, 这个饭店的舞厅都对女士们免费开放, 因此女人很大量。

☞ 每个星期四晚上, 这个饭店的舞厅都对女士们免费开放, 因此女人很多。

설명 "大量"은 수량이 많다는 의미의 형용사로, 관형어와 부사어로만 쓰이고 술어로는 쓰이지 않는다.

◆ 负责 fùzé 945

▪ 1158 : 그가 가고 나면 누가 가사노동을 책임집니까?

* 他走了以后, 谁负责家务劳动的担子?

☞ 他走了以后, 谁负责家务劳动?

설명 "担子"는 "负责"의 대상이 될 수 없다. "负责" 자체가 "책임을 지다"라는 의미를 가지고 있다.

◆ 规定 guīdìng 947

▪ 1159 : 나는 네가 저녁에 기숙사로 날 보러와선 안된다고 말한 적이 결코 없다.
＊ 我并没有规定你晚上不许来宿舍看我。
☞ 我并没有说你晚上不许来宿舍看我。

설명 "规定"은 어떤 일의 방식, 방법, 수량, 품질 등에 대해 규정 내리는 것을 의미하는데, 규정을 내리는 주체는 일반적으로 기관이나 단체 등 집체명사이다. 한 사람이 제시하는 의견이나 한 사람의 행동에 대해서는 "规定"을 쓸 수 없다.

◆ 错 cuò 950

▪ 1160 : 어디가 잘못되었니?
＊ 在哪里错?
☞ 错在哪里?

설명 "在"로 구성된 전치사구조는 "错"의 뒤쪽에 놓여야 한다.

▪ 1161 : 그들은 공표된 숫자가 틀린 것이라는 것을 알자, 바로 태도를 바꾸었다.
＊ 他们一知道那公布的数字是错, 就都改变了态度。
☞ 他们一知道那公布的数字是错的, 就都改变了态度。

설명 "错"가 "是"자문에 쓰여 분류를 나타내는 경우에 "错"의 뒤쪽에는 일반적으로 "的"를 쓴다.

▪ 1162 : 예상이 크게 빗나갔다.
＊ 估计很错了。
☞ 估计大错了。

설명 "错"는 "很"이나 "非常" 같은 정도부사의 수식을 받을 수 없다.

빈도순 0901~0950

◆ 闹 nào 951

▪ 1163 : 난 广州에 있을 때 배가 아팠는데 며칠동안 장염을 앓았다.
＊ 我在广州的时候, 肚子疼, 病了几天肠炎。
☞ 我在广州的时候, 肚子疼, 闹了几天肠炎。

설명 신체 일부분이 탈이 난 경우 "病"은 사용할 수 없고 "闹"를 써야 한다.

◆ 休息 xiūxi 954

▪ 1164 : 다들 좀 쉽시다.
＊ 大家休息休息一会儿吧。
☞ 大家休息休息吧。

설명 동사를 중첩하는 경우에는 시간보어를 수반할 수 없다. 위 문장에서 동사를 중첩시키려면 "一会儿"을 빼야 하고, "一会儿"을 쓰려면 동사를 중첩시키지 말아야 한다.

◆ 空气 kōngqì 956

▪ 1165 : 올해 기온은 작년보다 높다.
＊ 今年的空气比去年高。
☞ 今年的气温比去年高。

설명 "空气"는 지구 주변의 기체를 가리키는 말로, 높고 낮음을 얘기할 수 없다.

◆ 经常 jīngcháng 958

▪ 1166 : 그는 평소 나한테 잘하는데 오늘은 무슨 이유로 나를 이렇게 대하는지 모르겠다.

* 我不明白, 他经常对我很好, 今天为什么这样对待我。

☞ 我不明白, 他平常对我很好, 今天为什么这样对待我。

설명 "经常"은 동작과 행위가 여러 차례 일어나는 동시에 일관성도 가지고 있음을 의미하는 부사로 "常常", "时常"과 같은 의미이다. 한편, 일반적이고 통상적인 상황을 나타내는 경우에는 "经常"을 쓸 수 없다.

▪ 1167 : 우리가 长城에 놀러간 그 날은 계속 비가 내렸다.

* 我们去游览长城那天, 经常下雨。

☞ 我们去游览长城那天, 一直在下雨。

설명 상황이 시종일관 변하지 않음을 나타내는 경우에는 "经常"을 쓸 수 없다.

▪ 1168 : 그는 일본에서 유학할 때 北海道에 가본 적이 있다.

* 他在日本留学, 经常去过北海道。

☞ 他在日本留学, 曾经去过北海道。

설명 이전에 어떤 행위가 있었음을 의미하는 경우에는 "经常"을 쓸 수 없다.

▪ 1169 : 피터는 원래 성격이 명랑한 사람이었지만, 지금은 훨씬 더 잘 웃고 떠든다.

* 彼得本来就是个性格开朗的人, 如今经常爱说爱笑。

☞ 彼得本来就是个性格开朗的人, 如今更加爱说爱笑。

설명 정도가 더욱 심해졌다는 의미를 나타내는 경우에는 "经常"을 쓸 수 없다.

▪ 1170 : 선생님과 우리는 이야기할 때 보통 중국어를 사용한다.
* 老师跟我们谈话的时候用汉语经常。
☞ 老师跟我们谈话的时候经常用汉语。

설명 "经常"은 반드시 그것이 수식하는 동사 혹은 전치사구조 앞쪽에 놓여야 한다.

◆ 从来 cónglái 960

▪ 1171 : 그는 지금까지 다른 사람에게 솔직했다.
* 他对别人从来老实。
☞ 他对别人从来就很老实。

설명 "从来"는 과거부터 현재까지 변함없이 항상 그러했음을 나타내는데, 주로 부정문에 사용되어 부정부사 "不", "没", "没有" 앞에서 쓰이며, 뒤쪽에는 "过"를 수반하기도 한다. "从来"는 긍정문에 쓰일 수도 있는데 이 경우에는 동사구나 형용사구를 수식하며, 동사나 형용사 하나를 수식하지는 않는다.

▪ 1172 : 이것이 우리들의 일관된 주장이다.
* 这是我们从来的主张。
☞ 这是我们一贯的主张。

설명 "从来"는 명사 혹은 명사구를 수식할 수 없다.

▪ 1173 : 나는 여태껏 다른 사람 집에 갈 때에는 항상 뭘 좀 가지고 갔었다.
* 我从来去人家里都带点东西。
☞ 我去人家里从来都带点东西。

설명 "从来"는 의미상 상관이 있는 동사구 바로 앞에 놓여야 한다.

▪ 1174 : 아버지는 지금까지 내내 수영을 아주 좋아하셨다.

＊ 我父亲从来很喜欢游泳。

☞ 我父亲从来就很喜欢游泳。

설명 "从来"와 "很"을 함께 쓰는 경우 "很" 앞에는 일반적으로 "就"를 써준다.

◆ 广大 guǎngdà 961

▪ 1175 : 중국의 공원은 모두 아주 크다.

＊ 中国的每个公园都非常广大。

☞ 中国的每个公园都非常大。

설명 "广大"는 범위나 규모가 거대하거나, 혹은 면적이나 공간이 넓음을 의미하는 경우 사용되는데, 공원의 면적이 넓다는 것을 나타내는 경우에는 쓸 수 없다.

▪ 1176 : 나의 조국은 비록 크지는 않지만 광산 자원이 풍부하다.

＊ 我的祖国虽然不广大, 但是矿产资源很丰富。

☞ 我的祖国虽然不大, 但是矿产资源很丰富。

설명 면적이 넓지 않다는 의미를 나타내는 경우에는 "广大"의 부정형식을 쓰지 않고, 그냥 "不大"를 쓴다.

◆ 试 shì 964

▪ 1177 : 이 약은 기침을 치료하는 데 효과가 있으니, 사서 한번 써봐도 괜찮을 겁니다.

＊ 这种药治咳嗽很灵, 你不妨试试买。

☞ 这种药治咳嗽很灵, 你不妨买来试试。

설명 "试"가 동사를 수식하는 경우에는 중첩형식을 사용할 수 없다.

▪ 1178 : 저 아이는 저 땔나무 뭉치를 부러뜨려 보려고 힘쓰고 있다.
＊ 那个孩子很试着去折断那捆柴。
☞ 那个孩子努力试着去折断那捆柴。

설명 있는 힘껏 무언가를 해본다는 의미를 나타내는 경우, 정도부사가 "试"를 수식할 수 없다.

◆ 城市 chéngshì 968

▪ 1179 : 天津은 东京이나 大阪 같은 도시처럼 번화하지 않다.
＊ 天津不像东京 · 大阪那样城市一样繁荣。
☞ 天津不像东京 · 大阪那样的城市一样繁荣。

설명 "城市" 앞에 지시대체사 "这样"이나 "那样"이 있는 경우, 지시대체사와 "城市" 사이에는 일반적으로 "的"를 써준다.

◆ 丰富 fēngfù 974

▪ 1180 : 최근 몇 년 동안 중국 농민의 생활은 풍요로웠다.
＊ 最近几年, 中国农民的生活很丰富。
☞ 最近几年, 中国农民的生活很富裕。

설명 "丰富"는 종류나 수량이 많은 것을 나타내는 형용사로 관형어나 술어로 쓰이며, 관형어로 사용되는 경우에는 반드시 "的"와 함께 쓰인다. 한편, 생활이 행복하거나 충만하거나 풍요로움을 나타내는 경우에는 "丰富"를 쓸 수 없다.

▪ 1181 : 이 유럽 사람은 수염을 잔뜩 기르고 있다.
＊ 这位欧洲人留着丰富的胡子。
☞ 这位欧洲人留着浓浓的胡子。

설명 "胡子(수염)"의 많고 적음은 "丰富"로 나타낼 수 없다.

▪ 1182 : 중국인은 높은 창조적 재능을 가지고 있다.
* 中国人有着丰富的创造才能。
☞ 中国人有着很高的创造才能。

설명 재능이나 예술성의 높고 낮음은 “丰富”로 나타낼 수 없다.

◆ 应 yīng 980

▪ 1183 : 자신의 중국어 작문 수준을 향상시키려면 매번 열심히 써야 한다.
* 应提高自己的汉语写作水平，每次就得认真写。
☞ 要提高自己的汉语写作水平，每次就得认真写。

설명 “应”은 “…해야 한다”라는 당위성을 나타내는 부사로, 가정된 상황을 표시하는 데는 사용하지 않는다.

▪ 1184 : 우리 반 학생들은 매주 공원에 놀러가기로 결정했다.
* 我们班的同学决定每个星期应到公园去玩玩儿。
☞ 我们班的同学决定每个星期到公园去玩玩儿。

설명 “决定”은 어떤 행동을 하자고 주장하는 것으로, 그 뒤에 “应”을 쓸 수 없다.

▪ 1185 : 나는 上海에 가야 하는지 가지 않아도 되는지 생각중이다.
* 我在考虑，我应去不去上海。
☞ 我在考虑，我应去不应去上海。

설명 “应”과 동사를 함께 써서 正反의문문을 구성하는 경우 긍정과 부정형식에 모두 “应”을 써주어야 한다.

◆ 答应 dāying 981

▪ 1186 : 그가 목이 터져라 부르는데도 그녀는 대답 한번 하지 않는다.
* 任他喊嗓破子，她也不答一下儿应。
☞ 任他喊嗓破子，她也不答应一下儿。

설명 "答应" 사이에는 다른 성분이 끼어 들 수 없다. 보어를 수반하는 경우 "答应" 뒤쪽에 써 주어야 한다.

◆ 剩 shèng 983

▪ 1887 : 수업이 끝난 후 선생님께서 나와 피터를 남게 하셨다.
* 下课以后老师把我和彼得剩下了。
☞ 下课以后老师把我和彼得留下了。

설명 어떤 사람을 어떤 장소에서 떠나지 못하게 하는 경우에는 "剩"을 쓸 수 없다.

◆ 俩 liǎ 985

▪ 1188 : 법률에 따르면, 동생이 유산의 대부분을 상속받아야 하고, 두 형은 상당히 적은 일부분을 상속받아야 한다.
* 按照法律，弟弟该继承遗产的大部分，哥哥俩该继承相当小的一部分。
☞ 按照法律，弟弟该继承遗产的大部分，俩哥哥该继承相当小的一部分。

설명 "俩"는 "两个"의 의미로, 北京 구어에서 주로 사용된다. "俩"는 관형어로 쓰이는데, 만약 중심어가 동일한 사물을 가리키는 경우라면, 중심어 앞쪽인 관형어의 위치에 와야 하고, 중심어가 동일한 사물이 아닌 경우라면, 중심어 뒤쪽에 와야 한다.

▪ 1189 : 옛날, 마을에 형제 둘이 살고 있었다.
* 古时候，在村子里住着俩兄弟。
☞ 古时候，在村子里住着兄弟俩。

설명 중심어가 동일한 사물이 아니므로 “俩”는 중심어 뒤쪽에 와야 한다.

- 1190 : 그들 두 사람은 서로 사랑하고 있다.

* 他们俩个人互相爱恋着。

☞ 他们俩人互相爱恋着。

설명 “俩” 자체에 양사 “个”가 포함되어 있기 때문에, “俩” 뒤쪽에는 또 다시 양사가 있을 수 없다.

- 1191 : 부부가 죽은 후 남은 두 칸 짜리 집과 생활도구들은 전부 조카에게 돌아갔다.

* 夫妻死后留下的俩间房子以及生活用具, 全部归了侄子。

☞ 夫妻死后留下的两间房子以及生活用具, 全部归了侄子。

설명 “个”라는 양사와 함께 쓸 수 없는 명사 앞에는 “俩”를 쓸 수 없다.

◆ 意义 yìyì 986

- 1192 : 우리들은 그 곳의 유명한 작가와 좌담을 했는데, 그의 말이 나에게 커다란 가르침을 주었다.

* 我们和当地的一位著名作家进行了座谈, 他的讲话使我受到了很大的教育意义。

☞ 我们和当地的一位著名作家进行了座谈, 他的讲话使我受到了很大的教育。

설명 “意义”는 “具有”, “富有”, “有”, “没有” 같은 동사의 목적어로만 사용될 수 있을 뿐, “受到”의 목적어로는 쓰이지 않는다.

▪ 1193 : 내가 绍兴에 간 목적은 兰亭을 방문하기 위해서이다.
* 我去绍兴的意义是访问兰亭。
☞ 我去绍兴的目的是访问兰亭。

설명 무언가 얻기를 바라는 것을 나타내는 경우에는 "意义"를 쓸 수 없다.

▪ 1194 : 우리는 계속해서 그 상점을 찾을 생각이 없었다.
* 我们没有意义继续寻找那个商店。
☞ 我们没有兴趣继续寻找那个商店。

설명 어떤 사물에 대한 애호나 관심 등과 같은 감정을 나타내는 경우에는 "意义"를 쓸 수 없다.

▪ 1195 : 나는 이번 시합이 아주 의미가 있다고 생각한다.
* 这次比赛我觉得是很意义的。
☞ 这次比赛我觉得是很有意义的。

설명 "意义"는 정도부사의 수식을 받지 못하므로 "意义" 앞에 동사를 써 주어야 한다.

◆ 危险 wēixiǎn 988

▪ 1196 : 저 산봉우리는 험해서 올라갈 수 있는 사람이 얼마 되지 않는다.
* 那是一座危险的山峰，很少有人能爬上去。
☞ 那是一座险峻的山峰，很少有人能爬上去。

설명 "危险"은 손해를 입거나 실패할 가능성이 있는 경우를 의미하는데, 산세가 험준하다는 의미를 표시하는 경우에는 "危险"을 쓰지 않는다.

◆ 其中 qízhōng 990

▪ 1197 : 이 손님들 중에서 한 미국인만이 중국어를 할 줄 안다.

* 在这些客人其中只有一个美国人会说汉语。

☞ 在这些客人中只有一个美国人会说汉语。

설명 "其中"은 주어나 관형어로만 쓰이며, 명사 뒤쪽에 쓰일 수 없다.

◆ 本来 běnlái 993

▪ 1198 : 그는 원래 선생님만큼 무섭지는 않다.

* 他没有本来的老师那么厉害。

☞ 他没有原来的老师那么厉害。

설명 사람을 나타내는 명사는 "本来"로 수식할 수 없다.

◆ 改造 gǎizào 994

▪ 1199 : 문예에 종사하는 사람은 끊임없이 자신의 사상 수준을 높여야 한다.

* 文艺工作者要不断改造自己的思想水平。

☞ 文艺工作者要不断提高自己的思想水平。

설명 "改造"는 구체적 사물이나 자연, 사람, 혹은 사람의 사상을 새롭게 바꾸는 것을 의미하고, 사람의 사상 수준을 높이는 경우에는 "改造"를 쓸 수 없다.

▪ 1200 : 노동은 사상을 개조하고 신체를 단련시킬 수 있다.

* 劳动能改造思想和身体。

☞ 劳动能改造思想和锻炼身体。

설명 몸을 튼튼하게 만든다는 의미를 나타낼 경우에는 "改造"를 쓸 수 없다.

◆ 女儿 nǚ'ér 997

▪ 1201 : 그의 부인은 한번에 남자아이와 여자아이를 낳았다.
＊ 他的妻子一胎生了一个男孩儿和一个女儿。
☞ 他的妻子一胎生了一个男孩儿和一个女孩儿。

설명 "女"는 "男"과 함께 사용될 때에는 수식하는 중심어를 일치시켜야 하는데, 앞쪽 문장에서 "男孩儿"이라고 했으므로 뒤쪽 문장에서도 "女孩儿"이라고 해야 한다.

▪ 1202 : 기차에서 내 앞쪽에 앉은 사람은 열일곱 살 정도 되는 아가씨였다.
＊ 在火车上坐在我面前的是一个十七岁左右的女儿。
☞ 在火车上坐在我面前的是一个十七岁左右的姑娘。

설명 일반적인 입장에서 여자아이나 아가씨를 가리키는 경우에는 "女儿"을 쓰지 않는다.

◆ 难道 nándào 999

▪ 1203 : 우린 아무래도 모르겠어, 대체 문제가 어디에 있는거야?
＊ 我们怎么也不明白，问题难道在哪里呢?
☞ 我们怎么也不明白，问题究竟在哪里呢?

설명 "难道"는 강하게 반문하는 语气를 나타내며, 문장 끝에는 "吗"나 "不成"을 함께 써 준다. 보다 깊게 캐묻는 의미를 나타내는 경우에는 "难道"를 쓸 수 없다.

빈도순 1001~1050

◆ 按 àn 1002

▪ 1204 : 여러 사람이 그를 잡으려 했지만 어떻게 해도 잡히지 않았다.

* 好几个人按按着他, 可就是按不住。

☞ 好几个人按着他, 可就是按不住。

설명 "按"이 진행중인 동작을 나타낼 때는 중첩하여 쓸 수 없다. 그러므로 위 문장에서 중첩되어 있는 "按按"은 "按"으로 고쳐야 한다.

▪ 1205 : 안내원이 우리를 데리고 작은 길을 따라서 산에 올랐다.

* 向导领着我们按小路爬上了山。

☞ 向导领着我们顺小路爬上了山。

설명 "…를 따라서(沿着)"의 의미를 나타낼 때는 "按"을 쓸 수 없다. 그러므로 위 문장에서 "按"은 "顺"으로 고쳐야 한다.

◆ 介绍 jièshào 1004

▪ 1206 : 나와 许雁이 산보하다가 우연히 옛 친구들을 만나게 되어, 나는 그들에게 "여기는 许雁으로, 내가 새로 사귄 친구야."라고 소개하였다.

* 我和许雁散步时, 遇到了几个老同学, 我介绍他们说, "这是许雁, 我新结识的朋友"。

☞ 我和许雁散步时, 遇到了几个老同学, 我向他们介绍说, "这是许雁, 我新结识的朋友"。

설명 "介绍"의 목적어는 반드시 受事이어야 한다. "…에게 …를 소개하다"라고 할 경우에는 "向谁介绍谁"라고 말해야 한다. 위 문장에서는 "介绍"의 목적어가 잘못 되었으므로 이를 고쳐주어야 한다.

◆ 初 chū 1005

▪ 1207 : 올 음력 정월 초나흘에 우리는 北京으로 돌아왔는데 그때 고향에 돌아온 느낌이었다.

* 今年阴历正月四日我们回到北京, 那时有回到故乡的感觉。

☞ 今年阴历正月初四我们回到北京, 那时有回到故乡的感觉。

설명 매월 첫째 날에서 열흘째까지는 음력과 양력의 말하는 법에 차이가 있다. 음력으로 말할 때는 반드시 "初…"라고 해야 한다. 그러므로 위 문장에서 "四日"는 "初四"라고 해야 한다.

▪ 1208 : 작년 여름 초에 날씨가 '이보다 더 더울 수 없다'할 정도로 더워, 밤에 많은 학우들이 잠을 이루지 못했었다.

* 去年夏天初, 天气热得不能再热了, 夜里许多同学都睡不着觉。

☞ 去年夏初, 天气热得不能再热了, 夜里许多同学都睡不着觉。

설명 계절이나 시간을 나타내는 말이 단음절로 쓰이는 경우에만 뒤에 "初"를 붙일 수 있다. 그러므로 위 문장에서는 "初" 앞의 "夏天"을 "夏"로 고쳐야 한다.

▪ 1209 : 그녀는 이곳의 최초의 의사이다.

* 她是这里最初的医生。

☞ 她是这里最早的医生。

설명 "가장 이른"의 의미를 나타낼 경우에는 "早"를 써야 한다. 따라서 위 문장에서 "最初"는 "最早"로 고쳐야 한다.

▪ 1210 : 내가 北京에 막 왔을 때는 고향이 무척 그리웠다.

* 我初来到北京的时候, 很想念我的家乡。

☞ 我刚来到北京的时候, 很想念我的家乡。

설명 "初"가 "막 …을(를) 시작하다"의 의미로 쓰일 때, 동사가 이음절인 경우에는 주로 "初次"를 쓴다. 위 문장에서 동사가 이음절이므로 그 앞에 "初"를 쓸 수 없다. 여기서는 "初"대신 "刚"을 써 주어야 한다.

◆ 教 jiāo 1006

▪ 1211 : 아버지는 그에게 말 기르는 법을 가르쳐 주셨다.
* 父亲给他教养马的方法。
☞ 父亲教给他养马的方法。

설명 "教"는 "给…" 뒤에 놓일 수 없다. 위 문장에서는 "教"의 위치가 틀렸으므로 "教"를 "给" 앞으로 옮겨주어야 한다.

◆ 中心 zhōngxīn 1011

▪ 1212 : 나는 아프리카 중부 지역 사람이다.
* 我是非洲中心的人。
☞ 我是非洲中部的人。

설명 "中心"은 "人"의 관형어로 쓰일 수 없다. 그러므로 위 문장에서 "中心"은 "中部"로 고쳐야 한다.

◆ 奇怪 qíguài 1016

▪ 1213 : 이 때, 나는 매우 이상한 느낌이 들었다.
* 这时候, 我有一个很奇怪的感动。
☞ 这时候, 我有一个很奇怪的感觉。

설명 "奇怪"는 형용사로서 보통 명사를 수식하는 관형어로 쓰이며 동사를 수식할 수 없다. 위 문장에서 "奇怪"와 중심어 "感动"은 배합이 어울리지 않으므로 "感动"을 "感觉"로 고쳐야 한다.

▪ 1214 : 나는 그의 행동에 대해 좀 이상하다고 느꼈다.
* 我有点奇怪他。
☞ 我对他的行动感到有点奇怪。

설명 "奇怪"가 "이해하기 어렵다", "의아해 하다" 등의 의미로 쓰일 때, 주로 술어, 부사어, 목적어 등으로 쓰인다. 위 문장에서는 "奇怪"가 동사로 쓰여 목적어 "他"를 취하고 있어 옳지 않으므로 고쳐 주어야 한다.

◆ 感情 gǎnqíng 1017

▪ 1215 : 그는 노인의 손을 잡고서 감격하여 말하기를 "대단히 감사드립니다!"라고 하였다.

* 他握住老人的手, 很感情地说 : "太谢谢您了!"。

☞ 他握住老人的手, 很感激地说 : "太谢谢您了!"。

설명 상대방의 도움을 얻은 데 대해서 감사의 마음을 나타내고자 할 때는 "感情"을 쓸 수 없다. 그러므로 위 문장에서 "感情"은 "感激"로 고쳐야 한다.

◆ 内容 nèiróng 1027

▪ 1216 : 우리는 2대 3의 스코어로 상대방에게 졌다.

* 我们以2 : 3的内容输给了对方 。

☞ 我们以2 : 3的比分输给了对方 。

설명 "内容"은 점수(스코어)를 나타낼 수 없다. 따라서 위 문장에서 "内容"은 "比分"으로 고쳐야 한다.

◆ 样 yàng 1028

▪ 1217 : 우리는 또 다른 민족이지만 그래도 매우 낙관적이다.

* 我们是另一样民族, 但也很乐观。

☞ 我们是另一种民族, 但也很乐观。

설명 사물의 성질과 작용을 강조할 때는 "样"을 쓸 수 없다. 위 문장에서는 형상이나 모양을 말하려는 것이 아니라 다른 종류를 나타내고자 하는 것이므로 여기서의 "样"은 "种"으로 고쳐야 한다.

◆ 引起 yǐnqǐ 1032

▪ 1218 : 그는 일을 대단히 열성적으로 해서 사람들의 칭찬을 받았다.

* 他工作非常热情，引起人们的称赞。

☞ 他工作非常热情，受到人们的称赞。

설명 "称赞"은 "引起"의 목적어로 쓰일 수 없다. 위 문장에서는 동사와 목적어의 배합이 어울리지 않으므로, "引起"를 "受到"로 고쳐주어야 한다.

◆ 重新 chóngxīn 1034

▪ 1219 : 우리는 颐和园을 크게 한 바퀴 돌고 나서 颐和园 문 밖으로 걸어나왔다.

* 我们在颐和园转了一大圈之后，重新走出了园门。

☞ 我们在颐和园转了一大圈之后，走出了园门。

설명 또 다른 행동을 나타내는 동사 앞에 "重新"을 쓸 수 없다. 그러므로 위 문장에서는 "重新"을 빼야 한다.

◆ 懂得 dǒngde 1035

▪ 1220 : 일의 경위에 대해서는 그가 가장 정확하게 알고 있다.

* 事情的来龙去脉，他懂得得最清楚。

☞ 事情的来龙去脉，他了解得最清楚。

설명 "懂得"는 보어를 동반할 수 없다. 그러므로 위 문장에서 "懂得"는 "了解"로 고쳐야 한다.

◆ 空 kōng 1043

▪ 1221 : 이것은 공허한 문장이라 아무도 보고 싶어 하지 않는다.

* 这是篇空的文章, 谁也不愿意看。

☞ 这是篇空洞的文章, 谁也不愿意看。

설명 "空"은 "내용이 없다"라는 의미의 형용사로서 관형어, 술어, 보어 등으로 쓰인다. 관형어로 쓰일 때는 보통 "的"가 붙는다. 그러나 "空"이 문장 내용이 공허하다는 의미를 나타낼 때는 관형어로 쓰일 수 없다. 그러므로 위 문장에서 "空"은 "空洞"으로 고쳐주어야 한다.

◆ 建筑 jiànzhù 1045

▪ 1222 : 그들은 四个现代化의 실현을 위해 굳건한 기초를 다졌다.

* 他们为实现四个现代化建筑了稳定的基础。

☞ 他们为实现四个现代化打下了稳定的基础。

설명 동사 "建筑"는 집, 도로, 교량 등의 명사와만 배합을 이룬다. 그러므로 위 문장에서는 "建筑"를 적당한 다른 동사로 바꾸어야 한다.

◆ 静 jìng 1046

▪ 1223 : 도서관이 조용하여 말하는 사람이 아무도 없다.

* 图书馆里很静静的, 没一个人说话。

☞ 图书馆里静静的, 没一个人说话。

설명 "静"은 중첩된 다음 관형어, 술어, 부사어 등으로 쓰인다. 관형어, 술어로 쓰일 경우에는 반드시 "的"를 붙여주어야 하고, 부사어로 쓰일 경우에는 "地"를 붙여주어야 한다. 중첩된 다음에 다시 정도부사의 수식을 받을 수 없다. 그러므로 위 문장에서 "静" 앞의 "很"은 빼야 한다.

◆ 救 jiù 1049

▪ 1224 : 당신들이 최대한 빨리 저의 지금의 어려움을 해결해 주십시오.

* 请你们尽快救救我现在的困难。

☞ 请你们尽快解决我现在的困难。

설명 동사 "救"는 "困难"과 배합을 이룰 수 없다. 그러므로 위 문장에서 "救救"는 동사 "解决"로 고쳐야 한다.

빈도순 1051~1100

◆ 制造 zhìzào 1051

▪ 1225 : 작년에 그가 새 집으로 이사한 후에 나는 그에게 가구들을 만들어 주었다.

* 去年他搬进新居之后，我给他制造了一些家具。

☞ 去年他搬进新居之后，我给他制作了一些家具。

설명 "制造"는 "制作"와 의미가 비슷한데, 작은 물건인 경우에 일반적으로 "制作"가 쓰인다. 위 문장에서 "制造"와 목적어가 서로 배합되지 않으므로 "制造"는 "制作"로 고쳐주어야 한다.

▪ 1226 : 이러한 사회는 모두가 돈 있는 사람을 위한 것이다.

* 制造这样的社会是为有钱人的。

☞ 这样的社会，一切都为了有钱人。

설명 "社会"는 "制造"의 목적어로 쓰일 수 없다. 위 문장에서 동사와 목적어의 배합이 맞지 않으므로 이를 고쳐주어야 한다.

◆ 利益 lìyì 1052

▪ 1227 : 그는 이제껏 자신의 이익을 추구해 본 적이 없다.

＊ 他从来没有追求过利益。

☞ 他从来没有追求过个人利益。

설명 "利益"가 주어나 목적어로 쓰일 경우, 반드시 수식성분이 동반되어야 한다. 위 문장에서는 "利益"가 수식하는 성분이 빠져 있으므로 이를 보충해 주어야 한다.

◆ 能力 nénglì 1053

▪ 1228 : 이밖에도 그녀는 사물을 관찰하는 능력이 아주 뛰어난데, 이것은 우리들이 따라갈 수 없는 것이다.

＊ 还有, 她观察事物的能力特别大, 这是我们比不上的。

☞ 还有, 她观察事物的能力特别强, 这是我们比不上的。

설명 "能力"는 일반적으로 "大"로 수식하지 않는다. 따라서 위 문장에서 "大"는 "强"으로 고쳐야 한다.

◆ 按照 ànzhào 1054

▪ 1229 : 선생님, 제가 아파서 시간에 맞춰 숙제를 내지 못하겠습니다.

＊ 老师, 我病了, 不能按照时交作业了。

☞ 老师, 我病了, 不能按时交作业了。

설명 "按照"는 단음절명사를 목적어로 취할 수 없다. 그러므로 위 문장에서 "按照"는 "按"으로 고쳐주어야 한다.

◆ 犯 fàn 1055

▪ 1230 : 날씨가 추울 때는 감기에 걸리는 사람이 많다.

＊ 天冷时, 犯感冒的人很多。

☞ 天冷时, 得感冒的人很多。

설명 만성질환 등이 다시 발작을 일으킬 경우, 주로 동사 "犯"을 써서 나타낸다. 그러나 "感冒"와 같은 류의 질병은 만성질환에 속하지 않으므로 동사 "犯"을 쓸 수 없다. 위 문장에서 "犯"은 "得"로 고쳐야 한다.

▪ 1231 : 나의 중국어는 수준이 낮아서, 말할 때 자주 어법적인 잘못을 저지른다.
* 我的汉语水平很低，说话的时候常犯语法错误。
☞ 我的汉语水平很低，说话的时候常出现语法错误。

설명 동사 "犯"은 위 문장에서 어조를 지나치게 무겁게 하므로 사용하지 않는 것이 좋다. 여기서는 "出现"으로 고쳐주는 것이 좋겠다.

◆ 借 jiè 1059

▪ 1232 : 사장이 말하기를 "내가 너에게 돈은 빌려 줄 수 있지만, 한 달 이후에 꼭 갚아야 한다."라고 하였다.
* 老板说 : "我可以给你借钱，但一个月以后必须还"。
☞ 老板说 : "我可以借给你钱，但一个月以后必须还"。

설명 "给…"는 "借" 앞에 올 수 없다. 위치가 바뀌면 두 가지 의미가 발생하므로 "给"를 "借" 뒤로 옮겨주어야 한다.

◆ 封建 fēngjiàn 1060

▪ 1233 : 그녀의 시아버지는 봉건적인 사상을 가지고 계신다.
* 她公公有封建社会思想。
☞ 她公公有封建思想。

설명 "封建思想"이라는 단어에 이미 "봉건사회사상"이라는 의미가 내포되어 있으므로 위 문장에서 "社会"는 빼 주어야 한다.

◆ 反映 fǎnyìng 1063

▪ 1234 : 나는 모두의 요구를 교장에게 전달하였다.
* 我把大家的要求向校长反映反映了。
☞ 我把大家的要求向校长反映了反映。

설명 동사를 중첩한 후에 "了"의 위치는 동사를 중첩한 사이에 와야 한다. 그러므로 위 문장에서 "了"는 "反映"의 사이로 옮겨주어야 한다.

◆ 大概 dàgà 1064

▪ 1235 : 시간이 부족하니, 내가 대충 얘기할 수밖에 없겠다.
* 时间不够了，我只能很大概地讲讲。
☞ 时间不够了，我只能大概地讲讲。

설명 "大概"는 "很"·"十分"·"太"·"特别" 등 정도부사의 수식을 받을 수 없다. 따라서 위 문장에서 "大概" 앞의 "很"은 빼주어야 한다.

▪ 1236 : 네가 이렇게 대충 소개를 하니, 누가 들어도 만족스럽지 못할 것이다.
* 你介绍得这么大概，谁听了也不满意。
☞ 你介绍得这么概括，谁听了也不满意。

설명 "大概"는 보어로 쓰일 수 없다. 그러므로 위 문장에서 "大概"는 "概括"로 고쳐야 한다.

◆ 成立 chénglì 1066

▪ 1237 : 그들은 사회가 그들 두 조직이 공개적으로 관계를 맺는 것을 틀림없이 허락하지 않을 것이라는 것을 안다.
* 他们知道社会肯定不允许他们两个组织公开成立关系。
☞ 他们知道社会肯定不允许他们两个组织公开建立关系。

설명 "关系"는 "成立"의 목적어로 쓰일 수 없다. 그러므로 위 문장에서 "成立"는 "建立"로 고쳐야 한다.

◆ 缺点 quēdiǎn 1071

▪ 1238 : 그는 작업 중 잘못을 저지른 것 때문에 회사의 처분을 받았다.

* 因他工作中犯了缺点, 受到了公司的处分。

☞ 因他工作中犯了错误, 受到了公司的处分。

설명 정확하지 못함을 나타내는 경우에는 "缺点"을 쓸 수 없다. 위 문장에서 나타내고자 하는 바는 "착오"이므로 "缺点"은 "错误"로 고쳐주어야 한다.

◆ 另外 lìngwài 1072

▪ 1239 : 그들 둘은 한 학교에서 공부하는데, 하나는 3학년이고 또 하나는 1학년이다.

* 他们两个在一所学校学习, 一个上三年级, 另外上一年级。

☞ 他们两个在一所学校学习, 一个上三年级, 另外一个上一年级。

설명 "的"와 수량사 뒤의 명사는 모두 생략할 수 있으나 수량사는 생략할 수 없다. 위 문장에서 "另外" 뒤에 수량사 "一个"가 빠져 있으므로 이를 보충해 주어야 한다.

▪ 1240 : 홍콩에서 우리 둘은 옷을 사기가 매우 힘들었는데, 우리 둘은 키가 너무 컸고, 그들에게는 이렇게 큰 옷이 없었기 때문이다.

* 在香港, 我们俩买衣服很困难, 因为我们俩个子很高, 另外他们没有这么大的衣服。

☞ 在香港, 我们俩买衣服很困难, 因为我们俩个子很高, 而他们没有这么大的衣服。

설명 전환관계를 나타낼 때는 "而"을 써야 하며, "另外"에는 이러한 용법이 없다. 따라서 위 문장에서 "另外"는 "而"로 고쳐야 한다.

◆ 盖 gài 1073

▪ 1241 : 이슬라마바드는 새로 세운 도시이다.

＊ 伊斯兰堡是一座新盖的城市。

☞ 伊斯兰堡是一座新建的城市。

설명 "盖"가 "건축하다"라는 의미를 나타낼 때, 그 대상물은 가옥을 나타내는 말에만 한정되어 진다. 그러므로 위 문장에서 "盖"는 "建"으로 고쳐야 한다.

◆ 决心 juéxīn 1074

▪ 1242 : 柯군은 결심하여 말하기를 "어쨌든 지간에 이번 구기시합은 이겨야 한다"고 하였다.

＊ 小柯决心地说，无论怎样，也要打胜这场球。

☞ 小柯下决心说，无论怎样，也要打胜这场球。

설명 "决心"은 주어, 목적어, 관형어로 쓰이지만, 부사어로는 쓰일 수 없다. 따라서 위 문장에서 "决心地"는 "下决心"으로 고쳐야 한다.

◆ 含 hán 1076

▪ 1243 : 나는 헤어지기 섭섭한 마음을 가지고 大连을 떠났다.

＊ 我含着依依不舍的心情离别了大连。

☞ 我怀着依依不舍的心情离别了大连。

설명 "含"은 어떤 생각이나 느낌 등을 가지고 있다는 의미를 나타내는 동사로, "心情"을 목적어로 취할 수는 없다. 그러므로 위 문장에서 "含"은 "怀"로 고쳐야 한다.

◆ 集中 jízhōng 1077

▪ 1244 : 그래서 나는 그가 있는 힘을 다하여 鸣凤을 高씨 집에서 구해낼 것이라고 생각했다.

* 所以我想, 他会集中他的力量把鸣凤从高家救出来。

☞ 所以我想, 他会不遗余力地把鸣凤从高家救出来。

설명 "集中"은 분산된 사람이나 사물, 힘 등을 한데 모은다는 의미로, 한 사람이 자신의 모든 힘을 다한다는 의미를 나타낼 경우에는 "集中力量"이라는 표현을 쓸 수 없다. 그러므로 위 문장에서 "集中力量"은 "不遗余力地"로 바꿔주어야 한다.

◆ 管理 guǎnlǐ 1078

▪ 1245 : 올 여름 방학에 어느 선생님께서 우리의 여행업무를 관장하십니까?

* 今年寒假去外地旅行, 哪位老师管理我们?

☞ 今年寒假, 哪位老师管理我们的旅行事务?

설명 "管理"의 대상은 어떤 작업이나 일이 되며, 사람은 될 수 없다. 위 문장에서는 "管理"의 목적어가 잘못 쓰였으므로 이를 바로잡아야 한다.

▪ 1246 : 할머니는 중풍에 걸린 지 5년이 되셨는데, 엄마는 퇴직 후에 줄곧 집에서 할머니를 돌보셨다.

* 奶奶瘫痪五年了, 妈妈退休后一直在家里管理她。

☞ 奶奶瘫痪五年了, 妈妈退休后一直在家里照顾她。

설명 위 문제에서와 마찬가지로 "管理"의 목적어로 사람이 쓰였다. "管理"의 대상은 어떤 구체적인 사람이 될 수 없으므로, 위 문장에서 "管理"는 "照顾"로 고쳐주어야 한다.

◆ 美丽 měilì 1082

▪ 1247 : 내 고향은 정말 아름다운 곳이다.
* 我的家乡真是一个美丽地方。
☞ 我的家乡真是一个美丽的地方。

설명 "美丽"는 관형어, 술어, 보어 등으로 쓰이는데, 관형어로 쓰일 때는 반드시 "的"를 붙여야 한다. 위 문장에서 "美丽"는 "地方"을 수식하는 관형어로 쓰이고 있는데, "的"가 빠져 있으므로 이를 보충해 주어야 한다.

◆ 道理 dàoli 1086

▪ 1248 : 어제 마리는 수업에 오지 않았는데, 날씨가 좋지 않아서였다고 하지만 이것은 이유가 되지 않는다.
* 昨天玛丽没来上课, 说天气不好, 这不成为一个道理。
☞ 昨天玛丽没来上课, 说天气不好, 这不成为一个理由。

설명 "道理"는 "사물의 이치"이라는 의미를 나타내며, "成为"의 목적어로 쓰일 수 없다. 위 문장에서 동사 "成为"는 "道理"와 어울리지 않으므로 "道理"는 "理由"로 고쳐야 한다.

◆ 指导 zhǐdǎo 1092

▪ 1249 : 우리 학교 중국어 선생님은 학생들의 발음에서 잘못을 지적했다.
* 我们学校的中文教师指导学生发音上的错误。
☞ 我们学校的中文教师指出了学生发音上的错误。

설명 "错误"는 "指导"의 목적어로 쓰일 수 없다. 위 문장에서 "指导"는 목적어와 배합이 어울리지 않으므로, "指出"로 고쳐주어야 한다.

◆ 达到 dádào 1094

▪ 1250 : 공장의 생산은 매달 늘 초과액을 달성했다.
* 厂里的生产任务, 月月都超额达到。
☞ 厂里的生产任务, 月月都超额完成。

설명 "达到"는 어떤 목표나 정도에 도달한다는 의미로서, "任务"와 배합을 이룰 수 없다. 따라서 위 문장에서 "达到"는 "完成"으로 고쳐야 한다.

▪ 1251 : 그의 다리가 잘린 이후로는 정말 방법이 없어서 그야말로 구걸하는 지경에까지 이르게 되었다.
* 他的腿被打断了以后, 真没有办法了, 简直达到了讨饭的地步。
☞ 他的腿被打断了以后, 真没有办法了, 简直到了讨饭的地步。

설명 "地步"는 좋지 않은 상황을 나타내는 말이므로 "达到"와 배합을 이룰 수 없다. 그러므로 위 문장에서 "达到"는 "到"로 고쳐야 한다.

▪ 1252 : 2월 7일, 나와 아내는 비행기를 타고 홍콩 공항에 도착했다.
* 二月七日, 我和爱人坐飞机达到了香港机场。
☞ 二月七日, 我和爱人坐飞机到达了香港机场。

설명 "达到"는 장소목적어를 동반할 수 없다. 위 문장에서 "达到"는 "到达"로 고쳐야 한다.

▪ 1253 : 기준을 그렇게 높게 정해놓고서, 네가 도달할 수 있겠니?
* 标准定得那么高, 你能达到达到吗?
☞ 标准定得那么高, 你能达到吗?

설명 "达到"는 중첩할 수 없다. 그러므로 위 문장에서 "达到达到"는 "达到"로 고쳐야 한다.

◆ 讨论 tǎolùn 1096

▪ 1254 : 나는 친구와 상의하고서 오늘 저녁에 영화를 보러가기로 결정했다.
* 我和朋友讨论了一下儿, 决定今晚去看电影。
☞ 我和朋友商量了一下儿, 决定今晚去看电影。

설명 "讨论"은 의견을 교환하거나 변론한다는 의미를 나타내므로 영화를 볼지 안 볼지를 결정하는 데 사용하기에는 적당하지 않다. 따라서 위 문장에서 "讨论"은 "商量"으로 고쳐야 한다.

◆ 养 yǎng 1099

▪ 1255 : 저곳에 그가 공들여 키운 나무가 있다.
* 那里有他精心养的树木。
☞ 那里有他精心栽培的树。

설명 화초 이외에 묘목을 키운다는 의미를 나타낼 경우에는 "养"을 쓸 수 없다. 그러므로 위 문장에서 "养"은 "栽培"로 고쳐야 한다.

◆ 戴 dài 1100

▪ 1256 : 안나는 자신이 짠 모자를 쓰고 있다.
* 安娜穿着她自己织的帽子。
☞ 安娜戴着她自己织的帽子。

설명 "모자를 쓰다"라는 의미의 동사로는 "戴"를 쓰지 "穿"을 쓰지 않는다. 위 문장에서 동사와 목적어의 배합이 어울리지 않으므로 "穿"은 "戴"로 고쳐야 한다.

▪ 1257 : 늙은 농민들은 머리에는 밀짚모자를 쓰고, 발에는 짚신을 신고 있었다.
* 老农民头上戴着草帽, 脚上戴着草鞋。
☞ 老农民头上戴着草帽, 脚上穿着草鞋。

설명 의복이나 신발에는 "戴"를 쓸 수 없다. 위 문장에서 "戴"는 "穿"으로 고쳐야 한다.

빈도순 1101~1150

◆ 目前 mùqián 1103

▪ 1258 : 나는 중국에 막 왔으므로 지금은 말하는 것을 배우는 것이 제일 중요하다.

＊ 我刚来中国, 现在目前学习口语最重要。

☞ 我刚来中国, 目前学习口语最重要。

설명 위 틀린 문장에서는 "现在"와 "目前"의 의미가 중복되므로 앞의 "现在"를 빼야 한다.

◆ 发表 fābiǎo 1112

▪ 1259 : 좌담회에서 나는 曲阜에 가 언어실습을 했던 상황을 소개하였다.

＊ 在座谈会上, 我发表了去曲阜语言实习的情况。

☞ 在座谈会上, 我介绍了去曲阜语言实习的情况。

설명 어떤 상황을 다른 사람에게 들려줄 때, "发表"를 쓰지 않는다.

◆ 进步 jìnbù 1113

▪ 1260 : 그는 매일같이 밭에 가서, 밭의 모 싹이 자랐는지를 본다.

＊ 他每天都到地里看一看, 看田里的禾苗有没有进步。

☞ 他每天都到地里看一看, 看田里的禾苗长没长。

설명 "进步"는 동식물의 성장을 표시할 때는 사용할 수 없다.

▪ 1261 : 작문수업은 나의 중국어 공부를 크게 향상시켰다.

＊ 写作课对我学习汉语有很大的进步。

☞ 写作课使我的学习汉语有很大的进步。

설명 "进步"가 술어나 목적어로 쓰일 때, 문장의 주어는 반드시 "进步"의 대상이 되어야 한다.

▪ 1262 : 그들 국가의 공업은 비교적 발달되었다.

＊ 他们国家的工业比较进步。

☞ 他们国家的工业比较发达。

설명 어떤 일이 충분히 발전되었음을 가리킬 때, "进步"를 쓰지 않는다.

▪ 1263 : 이 글은 죄를 지은 한 아이가 모범적인 노동자로 변해 가는 과정을 진술하였다.

＊ 这篇文章讲述了一个犯罪的孩子变成进步工作者的经过。

☞ 这篇文章讲述了一个犯罪的孩子变成先进工作者的经过。

설명 "先进工作者"는 고정형식으로 쓰인다.

◆ 互相 hùxiāng 1114

▪ 1264 : 서로 간에 이해가 있어야만 비로소 좋은 친구가 될 수 있다.

＊ 只有做到互了解，才能成为好朋友。

☞ 只有做到互相了解，才能成为好朋友。

설명 "互相"과 "互"는 같은 뜻이지만 "互"는 단음절 동사만 수식한다. 그러므로 이음절 동사 "了解"는 "互相"으로 수식해야 한다.

▪ 1265 : 처음 만나서 그들은 각기 자신의 신분을 숨겼다.
* 初次见面, 他们互相隐瞒了自己的身份。
☞ 初次见面, 他们各自隐瞒了自己的身份。

설명 각자 스스로 어떤 동작을 하는 것을 표시할 때, "互相"을 쓸 수 없다.

▪ 1266 : 마을 부근에 와서 그들은 헤어졌다.
* 到了村子附近, 他们互相告别了。
☞ 到了村子附近, 他们告别了。

설명 동사, 동사구나 절 속에 이미 "서로"라는 의미를 가지고 있을 때, 다시 "互相"을 써서 수식할 수 없다.

▪ 1267 : 모두들 노래하고 춤추고 있다.
* 大家互相唱着, 跳着。
☞ 大家唱着, 跳着。

설명 양쪽이 서로간에 영향을 줄 수 있는 동작이 일어나지 않을 경우 "互相"을 쓸 수 없다.

▪ 1268 : 이 협정에 대해 양국의 대표단은 모두 동의한다.
* 对这个协定, 两国代表团互相同意。
☞ 对这个协定, 两国代表团都同意。

설명 쌍방이 모두 동일한 동작을 할 경우, "互相"을 쓸 수 없다.

▪ 1269 : 지난번 말다툼 이후로 나는 줄곧 그와 말하지 않는다.
* 自从那次吵架后, 我一直不跟他互相说话。
☞ 自从那次吵架后, 我一直不跟他说话。

설명 한 쪽에서만 어떤 행동을 보일 때, "互相"을 쓸 수 없다.

▪ 1270 : 서로 무시하는 것은 완전히 잘못된 것이다.
＊ 互相看不起别人, 是完全错误的。
☞ 互相看不起, 是完全错误的。

설명 "互相"의 수식을 받는 동사는 다시 목적어를 가질 수 없다.

◆ 套 tào 1117

▪ 1271 : 나는 목이 긴 양말 한 켤레를 잃어버렸다.
＊ 我丢了一套长筒袜。
☞ 我丢了一双长筒袜。

설명 "套"는 "양말"을 세는 양사로 쓰이지 않는다.

◆ 火车 huǒchē 1122

▪ 1272 : 그녀는 기차에서 또 이 남자를 만났다.
＊ 她在火车又看到了这个小伙子。
☞ 她在火车上又看到了这个小伙子。

설명 "火车"는 보통명사이므로 전치사로 이루어진 전치사구와 장소를 표시할 때, 뒤에 반드시 방위사가 와야 한다.

◆ 关心 guānxīn 1128

▪ 1273 : 이 두 집안은 관계가 매우 돈독하다.
＊ 这两家的关系很关心。
☞ 这两家的关系很密切。

설명 "관계"가 밀접하고 소원한 것을 설명할 때, "关心"을 쓰지 않는다.

◆ 合作 hézuò 1131

▪ 1274 : 각자의 직업에서 함께 협력하는 것이 四个现代化를 조기에 실현시킬 수 있다.

* 各行各业齐心合作, 使四化早日实现。

☞ 各行各业齐心协力, 使四化早日实现。

설명 "合作"는 형용사 "齐心"과 어울려 쓰일 수 없다.

◆ 即使 jíshǐ 1132

▪ 1275 : 모두 무슨 일이든 王씨와 상의하기를 원한다.

* 大家即使有什么事都愿意和老王商量。

☞ 大家无论有什么事都愿意和老王商量。

설명 "即使"는 가정 겸 양보의 의미를 표시하므로, 가정이나 양보의 의미를 포함하지 않는 문장에서는 "即使"를 쓸 수 없다.

▪ 1276 : 만약 어떤 친구라도 가지 않는다면, 선생님께 말씀드려라.

* 即使哪位同学不去, 请和老师说一下。

☞ 如果哪位同学不去, 请和老师说一下。

설명 가정의 의미만 내포할 뿐, 양보의 의미를 갖지 않는 문장에서는 "即使"를 쓸 수 없다.

◆ 到处 dàochù 1133

▪ 1277 : 이 선생님은 항상 우리에게 관심을 갖고 계시고, 어떤 부분이든 우리를 고려하신다.

＊ 李老师时时关心我们, 到处为我们着想。

☞ 李老师时时关心我们, 处处为我们着想。

설명 여러 방면을 표시할 때, “到处”는 쓰지 않는다.

▪ 1278 : 여름방학 때 나는 각지를 둘러볼 생각이다.

＊ 暑假我要去到处看看。

☞ 暑假我要去各个地方看看。

설명 “到处”는 목적어로 쓰일 수 없다.

▪ 1279 : 얼굴에, 손에, 옷에 모두 피가 묻었다.

＊ 脸上, 手上, 衣服上都是血到处。

☞ 脸上, 手上, 衣服上到处都是血。

설명 “到处”가 부사어로 쓰일 때 동사 앞에만 올 수 있다.

◆ 引 yǐn 1134

▪ 1280 : 그는 매우 열심히 일을 해서 사람들의 칭찬을 받는다.

＊ 他工作非常热情, 引人们称赞。

☞ 他工作非常热情, 受到人们称赞。

설명 어떤 일을 받아들이는 것을 표시할 때는 “引”을 쓰지 않는다.

▪ 1281 : 매번 나로 하여금 다르게 느끼도록 한다.
* 每次都引我觉得不一样。
☞ 每次都使我觉得不一样。

설명 어떤 감정이 일어나게 할 때, “引”을 쓰지 않는다.

◆ 搬 bān 1136

▪ 1282 : 우리는 들 것을 찾아서 누나를 산 아래로 들어 옮겼다.
* 我们找来一副担架把姐姐搬下了山。
☞ 我们找来一副担架把姐姐抬下了山。

설명 “搬”은 사람에게 쓰지 않는다.

▪ 1283 : 이전에는 우리 둘이 같은 반이 아니었는데, 이번 학기부터 내가 그들의 반으로 옮겼다.
* 以前我们俩不在一个班, 从这个学期开始我搬到他们班来了。
☞ 以前我们俩不在一个班, 从这个学期开始我调到他们班来了。

설명 사람의 이동이나 교체, 분배에는 “搬”을 쓰지 않는다.

◆ 左右 zuǒyòu 1139

▪ 1284 : 은행에 돈을 맡긴 사람들은 매달 이자를 탈 수 있다.
* 在银行存款的人, 每月左右都能得到利息。
☞ 在银行存款的人, 每月都能得到利息。

설명 시작과 끝이 있음을 표시하거나, 확실한 시간을 가리킬 때, “左右”를 쓸 수 없다.

▪ 1285 : 孔乙己는 약 50살 정도의 사람이다.

* 孔乙己是一个左右五十岁的人。

☞ 孔乙己是一个五十岁左右的人。

설명 "左右"는 반드시 수량사 뒤에 와야 한다.

◆ 保证 bǎozhèng 1140

▪ 1286 : 기술을 개선하여 품질이 좋아졌고, 기업의 신망도 유지되고 보호되었다.

* 改进技术, 提高产品质量, 保证企业的信誉。

☞ 改进技术, 提高产品质量, 维护企业的信誉。

설명 "信誉"는 "保证"의 목적어가 될 수 없다.

◆ 家庭 jiātíng 1143

▪ 1287 : 두 시간을 찾아서야 비로소 내 친구의 집을 찾았다.

* 找了两个小时才找到我的朋友的家庭。

☞ 找了两个小时才找到我的朋友的家。

설명 주소를 표시할 때, "家庭"을 쓸 수 없다.

빈도순 1151~1200

◆ 以来 yǐlái 1152

▪ 1288 : 그녀의 남편은 몇 년 전에 죽었는데, 그녀에게 많은 돈을 남겨주었다.
* 她的丈夫几年以来死了，留给她很多钱。
☞ 她的丈夫几年以前死了，留给她很多钱。

설명 지금보다 이른 시간을 나타낼 때는 “以来”를 쓸 수 없다.

▪ 1289 : 그녀는 피로가 겹쳐 병이 나서 며칠 전 이미 입원을 했다.
* 她因疲劳过度病倒了，前几天以来已经住院。
☞ 她因疲劳过度病倒了，前几天已经住院。

설명 “以来”와 “已经”이 같이 쓰여 시간의 표시가 중복되었으므로 “以来”를 빼야 한다.

▪ 1290 : 산을 나온 후 40㎞ 길이 가장 재미없었다. 큰 길 양쪽에는 볼 것도 없었고, 우리는 힘도 없었으므로 자전거 속도가 점점 느려졌다.
* 出山以来的四十公里路程，是最没意思的，马路的两边没有看头，而且我们都没劲儿了，越骑越慢。
☞ 出山以后的四十公里路程，是最没意思的，马路的两边没有看头，而且我们都没劲儿了，越骑越慢。

설명 “以来”는 단지 과거의 어떤 시간으로부터 말하는 시간까지를 표시하므로 어떤 한 시간의 이후를 표시할 때는 쓸 수 없다.

▪ 1291 : 1966년부터 1976년까지 그녀는 여러 차례 시골에 가서 순회의료활동을 하였다.

* 从一九六六年到一九七六年以来, 她多次下乡搞巡回医疗。

☞ 从一九六六年到一九七六年, 她多次下乡搞巡回医疗。

설명 앞에 구체적인 시간이 명시되었을 때, 뒤에 다시 "以来"를 쓸 수 없다.

◆ 合 hé 1153

▪ 1292 : 그들 두 사람의 관계가 좋다.

* 他们两个人的关系合得来。

☞ 他们两个人的关系融洽。

설명 "关系"는 동사 "合"로 설명할 수 없다. 그러므로 형용사 "融洽"로 표현하여야 한다.

▪ 1293 : 돈이 있는 사람과 없는 사람은 결합될 수 없다.

* 有钱的人跟没钱的人不能合起来。

☞ 有钱的人跟没钱的人联合不起来。

설명 사람과 사람사이에 밀접한 관계가 생겨 나눌 수 없음을 표시할 때, "合"를 쓸 수 없다.

▪ 1294 : 그는 영어를 하는 외국인과 사귀었는데, 그들과 매우 쉽게 어울렸다.

* 他跟讲英语的外国人交朋友, 很容易合得来他们。

☞ 他跟讲英语的外国人交朋友, 跟他们很容易合得来。

설명 "合"는 대체사 목적어를 가질 수 없다. 그러므로 위의 틀린 문장에서는 사람을 가리키는 대체사 목적어가 전치사 "跟" 앞에 와야 한다.

◆ 关 guān 1154

▪ 1295 : 외할머니께서는 천천히 눈을 감으시고 세상과 작별하셨다.

* 姥姥慢慢地关上了眼睛, 与世上辞了。

☞ 姥姥慢慢地闭上了眼睛, 与世上辞了。

설명 눈을 감는 동작은 "关"으로 표시하지 않는다.

◆ 无论 wúlùn 1158

▪ 1296 : 네가 아무리 다시 어떻게 잘 설명하더라도 우리는 믿지 않는다.

* 无论你解释得再清楚, 我们也不相信。

☞ 无论你解释得再怎样清楚, 我们也不相信。

설명 위의 틀린 문장에서는 조건을 나타내는 의문대체사 "怎样"을 써 주어 뒤의 "也"와 호응되게 해야 한다.

◆ 消灭 xiāomiè 1159

▪ 1297 : 그들 둘은 선입견을 버리고 다시 단결하기 시작했다.

* 他们俩消灭了成见, 又团结起来了。

☞ 他们俩消除了成见, 又团结起来了。

설명 선입견 등은 "消灭"의 대상이 되지 않는다. 그러므로 동사를 "消除"로 바꾸어 써야 한다.

◆ 挺 tǐng 1160

▪ 1298 : 복도에 대나무 장대 여섯 개가 있어 모기장을 지탱하기에 충분했다.

* 楼道里有六挺竹杆儿, 足够支一顶蚊帐了。

☞ 楼道里有六根竹杆儿, 足够支一顶蚊帐了。

설명 "竹杆"의 양사로 "挺"을 쓸 수 없다.

◆ 艰苦 jiānkǔ 1162

▪ 1299 : 张씨는 비록 수입은 많지만 생활은 오히려 검소하여 통 먹는 것이나 입는 것에 신경 쓰지 않는다.

* 老张的收入虽然很高, 但生活却非常艰苦, 从不讲吃讲穿。

☞ 老张的收入虽然很高, 但生活却非常俭扑, 从不讲吃讲穿。

설명 검소하고 소박한 것을 표시할 때, "艰苦"는 쓰지 않는다.

◆ 显得 xiǎnde 1165

▪ 1300 : 몇 년 못 본 사이에, 그는 더 늙은 것처럼 보였다.

* 几年不见, 他显得老。

☞ 几年不见, 他显得老多了。

설명 "显得"가 형용사 목적어를 가질 경우, 목적어 앞에 정도부사 "很"이 오거나, 뒤에 보어나 "了"가 온다.

◆ 同样 tóngyàng 1166

▪ 1301 : 형제 둘이 완전히 다르게 생겼다.

* 兄弟俩长得完全不同样。

☞ 兄弟俩长得完全不一样。

설명 "同样"은 부정부사 "不"의 수식을 받을 수 없다.

▪ 1302 : 우리 둘의 점수는 같다.
* 我们俩的分数同样。
☞ 我们俩的分数一样。

설명 "同样"은 술어나 보어로 쓰일 수 없다.

▪ 1303 : 두 건물의 설계가 완전히 같다.
* 两座楼的设计很同样。
☞ 两座楼的设计完全相同。

설명 "同样"은 정도부사의 수식을 받을 수 없다.

◆ 形式 xíngshì 1168

▪ 1304 : 나는 중국식의 웃옷을 한 벌 샀다.
* 我买了一件中国形式的上衣。
☞ 我买了一件中国式样的上衣。

설명 옷의 모양을 얘기할 때, "形式"를 써서 표현하지 않는다.

◆ 坚决 jiānjué 1169

▪ 1305 : 鲁迅 잡문은 힘 있게 적을 공격하는데, 그의 확고한 무산계급적 입장을 표현하였다.
* 鲁迅杂文有力地打击了敌人, 表现了他的坚决的无产阶级的立场。
☞ 鲁迅杂文有力地打击了敌人, 表现了他的坚定的无产阶级的立场。

설명 입장 등이 확고함을 표시할 때, "坚决"를 쓰지 않는다.

- 1306 : 전체 사회가 부녀자와 아동을 해치는 행위에 대한 규탄을 단호하게 요구한다.

* 全社会都坚决对残害妇女·儿童的行为予以谴责。

☞ 全社会都坚决要求对残害妇女·儿童的行为予以谴责。

설명 "坚决"가 부사어로 쓰일 때는 반드시 동사 앞에 와야 한다. 위의 틀린 문장에서는 "坚决" 뒤에 동사가 빠져 있다.

- 1307 : 두 세 번 더 생각해 봤지만 나는 여전히 내 의견을 고집한다.

* 经再三考虑, 我仍坚决我的意见。

☞ 经再三考虑, 我仍坚持我的意见。

설명 "유지하다"라는 뜻을 표시할 때, "坚决"를 쓸 수 없다.

◆ 记得 jìde 1172

- 1308 : 나는 이런 일이 있었음을 기억하지 못한다.

* 我没记得有这回事。

☞ 我不记得有这回事。

설명 "记得" 앞에 올 수 있는 부정사는 "不" 밖에 없다.

◆ 号 hào 1175

- 1309 : 네 편지는 사서함 44번이 아니라 14번에 있다.

* 你的信在信箱十四号里, 不是在信箱四十四号里。

☞ 你的信在十四号信箱里, 不是在四十四号信箱里。

설명 관형어는 수식하는 명사 앞에 와야 한다. 그러므로 수사와 "号"는 명사 "信箱" 앞에서 수식해야 한다.

▪ 1310 : 上海에 간 지 며칠 지나서 연이어 이틀 동안 눈이 내렸다.
* 到上海去了几号, 那儿连续下了两天雪。
☞ 到上海去了几天, 那儿连续下了两天雪。

설명 하루 24시간의 시간을 표시할 때, "号"는 쓸 수 없다.

▪ 1311 : 정월 보름이 지나도 그는 그녀를 고용하지 않았다.
* 过了正月十五号, 他还没雇下她。
☞ 过了正月十五, 他还没雇下她。

설명 "正月十五" 뒤에는 "号"를 쓸 필요가 없다.

◆ 如此 rúcǐ 1178

▪ 1312 : 이것이 바로 중급 법원의 심리 의견이다.
* 中级人民法院的审理意见如此。
☞ 这就是中级人民法院的审理意见。

설명 만약 앞에 어떤 상황을 구체적으로 설명하는 것이 없다면 뒤에 "如此"를 써서 대체할 수 없다.

◆ 保护 bǎohù 1182

▪ 1313 : 해방군 전사들은 조국의 국경을 지킨다.
* 解放军战士保护着祖国的边防。
☞ 解放军战士保卫着祖国的边防。

설명 "保护"와 "边防"이 어울리지 않는다. 그러므로 동사를 "保卫"로 바꾸어야 한다.

◆ 昨天 zuótiān 1183

▪ 1314 : 어제 선생님께서 우리에게 집에 놀러오라고 하셨다.
＊ 老师请我们到她家去玩儿了昨天。
☞ 昨天老师请我们到她家去玩儿了。

설명 "昨天"이 부사어로 쓰일 때, 동사 앞이나 문장의 맨 앞에 와야 한다.

◆ 渐渐 jiànjiàn 1186

▪ 1315 : 나는 그가 점점 멀어져 가는 것을 보고 있다.
＊ 我渐渐地看着他远去。
☞ 我看着他渐渐地远去。

설명 주술구가 목적어로 쓰일 때, "渐渐"은 수식받는 동사 앞에 와야 한다.

◆ 男 nán 1190

▪ 1316 : 젊은 부부가 말다툼을 할 때, 남자는 누군가 올거라고 생각했다.
＊ 小两口吵架的时候, 男想可能来人了。
☞ 小两口吵架的时候, 男的想可能来人了。

설명 "男"은 보통 단독으로 주어가 되지 못한다.

▪ 1317 : 이 매는 수놈이냐 아니면 암놈이냐?
＊ 这只雀鹰是男的, 还是女的?
☞ 这只雀鹰是公的, 还是母的?

설명 "男"과 "女"는 사람의 성별을 표시할 때만 쓰인다. 동물의 암수를 구별할 때는 쓸 수 없다.

◆ 天气 tiānqì 1192

▪ 1318 : 나는 사시사철이 봄과 같은 중국 남방의 기후를 매우 좋아한다.

＊ 我非常喜欢中国南方的天气, 四季如春。

☞ 我非常喜欢中国南方的气候, 四季如春。

설명 어떤 지역의 기상상태를 개괄할 때, "天气"를 쓰지 않는다.

◆ 报告 bàogào 1193

▪ 1319 : 이 친구가 우리에게 아주 재미있는 얘기를 하나 해 주었다.

＊ 这个朋友给我们报告了一个很有意思的故事。

☞ 这个朋友给我们讲了一个很有意思的故事。

설명 "故事"는 "报告"의 목적어가 될 수 없다. 그러므로 동사를 "故事"와 어울리는 "讲"으로 바꾸어야 한다.

◆ 选 xuǎn 1194

▪ 1320 : 모범 노동자 李文仲이 백성의 대표로 뽑혔다.

＊ 劳动模范李文仲选上人民代表了。

☞ 劳动模范李文仲被选上人民代表了。

설명 受事 주어가 사람인 문장에서 술어동사 앞에는 항상 "被"가 와야 한다. 그렇지 않으면 受事 주어는 施事者로 오해되기 쉽다.

▪ 1321 : 스님으로 분장하고 공연했던 연기자가 우수 조연으로 뽑히리라고는 아무도 예상하지 못했다.

＊ 谁也没有料到, 扮演和尚的那个演员被选优秀配角了。

☞ 谁也没有料到, 扮演和尚的那个演员被选上优秀配角了。

설명 "被"자문에서 술어동사 뒤에는 항상 결과보어가 와서 受事 주어가 처치된 결과를 표시한다.

◆ 赶快 gǎnkuài 1197

▪ 1322 : 만약 마님께서 觉慧와 鸣凤의 관계를 아셨다면 곧 鸣凤더러 高씨 집안을 떠나라고 하실 것이다.

＊ 如果太太知道了觉慧和鸣凤的关系, 太太会赶快让鸣凤离开高家。

☞ 如果太太知道了觉慧和鸣凤的关系, 太太会马上让鸣凤离开高家。

설명 "赶快"는 명령문에만 쓰일 뿐 다른 형식의 문장에서는 쓰이지 않는다.

◆ 饿 è 1198

▪ 1323 : 너는 배고프니?

＊ 你有饿吗?

☞ 你饿吗?

설명 "饿" 앞에 "有"가 올 수 없다. "饿" 자체로 술어가 될 수 있다.

◆ 接受 jiēshòu 1199

▪ 1324 : 나는 친구의 전보를 받았는데, 나더러 역으로 그를 마중 나오라고 했다.

＊ 我接受了朋友的一封电报, 让我去车站接他。

☞ 我接到了朋友的一封电报, 让我去车站接他。

설명 우체국을 통해 보낸 물품은 "接受"의 지배를 받지 않는다. 그러므로 동사를 바꾸어야 한다.

▪ 1325 : 그 날 깊은 밤에 나는 갑자기 집에서 걸려온 누나의 전화를 받았다.
* 那天深夜，我突然接受了姐姐从家里打来的电话。
☞ 那天深夜，我突然接到了姐姐从家里打来的电话。

설명 전화 받는 것을 표시할 때, "接受"를 쓸 수 없다.

▪ 1326 : 모두 정부의 호소에 호응하여 한 아이만 낳는다.
* 大家都接受政府的号召，只生一个孩子。
☞ 大家都响应政府的号召，只生一个孩子。

설명 어떤 호소나 건의에 찬성하거나 지지함을 표시할 때 "接受"를 쓸 수 없다.

◆ 脱 tuō 1200

▪ 1327 : 안경을 벗어 안경집에 넣었다.
* 把眼镜脱下来，放在眼镜盒里。
☞ 把眼镜摘下来，放在眼镜盒里。

설명 안경은 "脱"의 목적어로 쓰이지 않는다. 그러므로 동사를 바꾸어야 한다.

빈도순 1201~1250

◆ 加强 jiāqiáng 1202

▪ 1328 : 우리는 중국어 회화 능력을 높이려고 한다.
* 我们要加强汉语会话的能力。
☞ 我们要提高汉语会话的能力。

설명 어떤 동사나 명사는 "加强"과 어울려 쓰일 수 없는 것이 있다. 중국어 실력을 높이는 것을 표현할 때는 동사 "加强"을 쓰지 않는다.

◆ 感觉 gǎnjué 1203

▪ 1329 : 이 일에 대해 나는 李군과 의견이 같다.
* 对这件事情的感觉我跟小李一样。
☞ 对这件事情的看法我跟小李一样。

설명 객관적인 사물에 대해 의견을 피력할 때, "感觉"를 쓰지 않는다.

▪ 1330 : 8호간의 열차승무원이 내게 매우 좋은 인상을 남겼다.
* 8号车厢的列车员留给我的感觉很好。
☞ 8号车厢的列车员留给我的印象很好。

설명 객관사물이 머릿속에 자취나 흔적을 남긴 것을 표시할 때, "感觉"를 쓰지 않는다.

▪ 1331 : 기차에서 나는 길을 따라 농민들이 묵묵히 일을 하는 것을 보고 매우 깊은 감명을 받았다.
* 在火车上, 我看到沿途农民默默地劳动, 我感觉很深。
☞ 在火车上, 我看到沿途农民默默地劳动, 我感受很深。

설명 정신적으로 혹은 정서적으로 받은 영향을 표시할 때는 "感觉"를 쓰지 않는다.

◆ 度 dù 1207

▪ 1332 : 나와 남동생은 아르바이트해서 번 돈을 모아 어머니께서 즐거운 생신을 보내시도록 해 드렸다.
* 我和弟弟作临时工赚来的钱都存了起来, 留着给妈妈度一个愉快的生日。
☞ 我和弟弟作临时工赚来的钱都存了起来, 留着给妈妈过一个愉快的生日。

설명 "度"는 시간이 지나감을 표시하지만, 생일을 축하할 때는 "度"를 쓰지 않는다.

◆ 玩 wán 1211

▪ 1333 : 우리가 기차에 있는 시간 동안 그는 줄곧 그 아이와 놀았다.
* 我们在火车上的这段时间他一直跟那个小孩子玩儿玩儿。
☞ 我们在火车上的这段时间他一直跟那个小孩子玩儿。

설명 일정한 시간 내에 진행된 활동을 표시할 때, "玩"은 중첩할 수 없다.

◆ 那儿 nàr 1212

▪ 1334 : 나는 그쪽 사람들이 어떻게 생각하는지 몰라, 무엇을 하든 늘 느리니까.
* 我不知道那儿人怎么想的, 干什么都慢腾腾的。
☞ 我不知道那儿的人怎么想的, 干什么都慢腾腾的。

설명 "那儿"이 관형어로 쓰일 때는 뒤에 반드시 "的"가 와야 한다.

▪ 1335 : 내가 마침 그를 만나러 갈 생각이었는데, 뜻밖에 그가 내 쪽으로 왔다.
* 我正准备去看他, 不料他到我那儿来了。
☞ 我正准备去看他, 不料他到我这儿来了。

설명 비교적 가까운 곳을 가리킬 때는 "那儿"을 사용할 수 없다.

▪ 1336 : 广州에 갈 때마다 나는 친구가 있는 곳에 머문다.
* 每次去广州, 我都住在朋友。
☞ 每次去广州, 我都住在朋友那儿。

설명 만약 인칭대체사나 사람을 가리키는 명사가 목적어로 쓰여 비교적 멀리 있는 곳을 가리킬 때, 이러한 단어들 뒤에 반드시 "那儿"을 써야 한다.

◆ 共同 gòngtóng 1214

▪ 1337 : 우리는 같은 교재를 사용해서 수업한다.

* 我们使用共同的教材上课。

☞ 我们使用相同的教材上课。

설명 "共同"은 주로 추상적인 사물, 예를 들면 "목표", "이상", "사업", "기호" 등에 많이 쓰이고, 서로 일치하거나 다름이 없음을 나타내는 데는 쓰이지 않는다.

◆ 一边…一边… yībiān…yībiān… 1216

▪ 1338 : 그녀는 막 연극을 보러 가려고 하는데 갑자기 어미돼지가 새끼를 낳으려는 것을 보고, 한편으로 화가 나면서도 또 한편으로는 기뻤다.

* 她正要去看戏, 忽然发现母猪要下崽儿, 她一边生气, 一边高兴。

☞ 她正要去看戏, 忽然发现母猪要下崽儿, 她既生气, 又高兴。

설명 어떤 사람이 두 가지 상태를 겸하는 것을 표시할 때는 "一边…一边…"을 쓸 수 없다.

◆ 结果 jiéguǒ 1217

▪ 1339 : 이 일을 만약 시간에 맞춰 처리하지 못하면 모든 결과는 네 책임이다.

* 这件事如果不及时处理, 一切结果由你负责。

☞ 这件事如果不及时处理, 一切后果由你负责。

설명 인위적으로 매우 좋지 못한 결과를 표시할 때 "结果"를 쓸 수 없다.

▪ 1340 : 나는 네가 올 여름에 중국에 와서 우리가 함께 중국 남방을 여행하기를 희망한다.

* 我希望你今年夏天来中国, 结果我们一起去中国南方旅行。

☞ 我希望你今年夏天来中国, 然后我们一起去中国南方旅行。

설명 "结果"가 부사어로 쓰였을 때는 이 절이 나타내는 의미가 앞에 나온 절의 동작이 발전된 마지막 상태임을 표시하지만, 이런 관계를 포함하지 않을 때는 "结果"를 쓸 수 없다.

▪ 1341 : 설득한 후에 결국 그들은 그를 놓아주었다.

* 经过劝说, 他们结果放了他。

☞ 经过劝说, 结果他们放了他。

설명 "结果"가 부사어로 쓰일 때는 반드시 절 맨 앞에 와야 한다.

▪ 1342 : 그들의 연구는 마침내 풍성하고 알찬 결실을 맺었다.

* 他们的研究终于结出了丰硕的结果。

☞ 他们的研究终于结出了丰硕的果实。

설명 수확의 뜻을 표시할 때는 "结果"를 쓰지 않는다.

◆ 越来越 yuèláiyuè 1218

▪ 1343 : 갈수록 그의 팔의 통증이 심해졌다.

* 越来越他的胳膊疼得厉害。

☞ 他的胳膊疼得越来越厉害。

설명 "越来越"는 부사어로 쓰여 형용사를 수식할 때는 형용사 앞에 쓰인다.

▪ 1344 : 장기적인 통화팽창으로 인해 물가가 갈수록 올라갔다.
* 长期的通货膨胀, 使物价越来越抬高了。
☞ 长期的通货膨胀, 使物价越来越高了。

설명 "越来越"가 동사를 수식할 때는 단지 심리활동류의 동사만을 수식한다. 위의 틀린 문장에서는 "越来越"와 수식 받는 동사가 어울리지 않는다.

▪ 1345 : 매일 여기에 놀러 오는 사람이 매우 많다.
* 每天来这里玩的人越来越多。
☞ 每天来这里玩的人很多。

설명 "越来越"는 "每天"과 어울려 쓰일 수 없다.

▪ 1346 : 그에 대한 선생님의 사랑이 갈수록 깊어졌다.
* 老师对他的爱越来越大。
☞ 老师对他的爱越来越深。

설명 사랑의 정도를 형용할 때 "大"를 쓸 수 없다. 위의 틀린 문장에서는 "越来越"가 수식하는 형용사와 주어가 서로 어울리지 않는다.

▪ 1347 : 선생님의 꾸지람을 들은 후에 그의 공부는 갈수록 좋아졌다.
* 受到老师批评以后, 越来越他学习好了。
☞ 受到老师批评以后, 他学习越来越好了。

설명 "越来越"는 수식하는 형용사 앞에 와야 한다. 그리고 주어 앞에 올 수 없다.

◆ 根本 gēnběn 1220

▪ 1348 : 나는 미국에 가본 적이 아예 없는데, 네가 미국에서 어떻게 나를 만날 수가 있었겠니?

* 根本我就没去过美国, 你怎么会在美国见到过我?

☞ 我根本就没去过美国, 你怎么会在美国见到过我?

설명 부사 "根本"은 수식하는 동사 앞에 와야 한다. 만약 이 동사 앞에 다른 부사어가 있다면 그 부사어 앞에 놓여야 한다.

◆ 求 qiú 1222

▪ 1349 : 네 요구에 따라 지금 네게 내 상황을 소개해 주겠다.

* 按照你的求, 我现在给你介绍一下我的情况。

☞ 按照你的要求, 我现在给你介绍一下我的情况。

설명 "求"는 단독으로 목적어가 될 수 없다.

◆ 早晨 zǎochén 1224

▪ 1350 : 나는 도저히 잠을 자지 못하다가 새벽 5시가 되어서야 비로소 조금 잤다.

* 我怎么睡都睡不着, 一直到五点早晨才睡了一会儿。

☞ 我怎么睡都睡不着, 一直到早晨五点才睡了一会儿。

설명 "早晨"이 관형어로 쓰일 때는 반드시 중심어 앞에 와야 한다.

◆ 硬 yìng 1225

▪ 1351 : 우리는 한 곳에 살지만 우리의 관계는 매우 경직되어 있다.
＊ 我们住在一个地方，可是我们的关系非常硬。
☞ 我们住在一个地方，可是我们的关系非常僵。

설명 관계가 좋지 않고 함께 지내기 어려움을 표시할 때, "硬"을 쓸 수 없다.

▪ 1352 : 그의 마음씨는 갈수록 나빠졌다.
＊ 他的心眼越来越硬了。
☞ 他的心眼越来越坏了。

설명 사람의 마음 씀씀이가 좋지 않음을 가리킬 때 "硬"을 쓸 수 없다.

◆ 冒 mào 1227

▪ 1353 : 그는 좋은 사람인 척 가장하고 한 농가에 숨어 있다.
＊ 他冒了好人，躲在了一个农民家里。
☞ 他冒充好人，躲在了一个农民家里。

설명 "冒"가 "속이다", "사칭하다"라는 뜻으로 쓰일 때는 단지 "名"이나 "牌"와 같은 소수의 단음절 명사만을 목적어로 취한다. 위의 틀린 문장에서는 이음절 "好人"이 나왔으므로 "冒"를 "冒充"으로 바꾸어야 한다.

◆ 亲自 qīnzì 1228

▪ 1354 : 오늘 나는 매우 피곤하게 느껴진다.
＊ 今天我亲自觉得很累。
☞ 今天我觉得很累。

설명 자신의 어떤 감정이나 느낌을 표시할 때는 "亲自"를 쓸 수 없다.

◆ 丢 diū 1229

▪ 1355 : 편지를 웃옷 주머니에 넣어 두면 절대 잃어버리지 않을거야.
* 信放在上衣口袋里决不丢。
☞ 信放在上衣口袋里决不会丢。

설명 "不"와 동사 "丢"사이에 조동사가 빠져 있다.

▪ 1356 : 그는 도끼를 강속에 빠뜨렸다.
* 他把斧子丢在了河里。
☞ 他把斧子丢进了河里。

설명 어떤 물건이 어떤 장소에 방치됨을 표시할 때, "丢" 뒤에는 반드시 방향을 표시하는 단어가 보어로 쓰여야 한다. 위의 틀린 문장에서는 "丢" 뒤에 보어가 잘못 쓰였다.

◆ 目的 mùdì 1234

▪ 1357 : 너와 내가 중국어 수업을 선택했던 장면이 생각났다.
* 我想起了你和我选汉语课目的的情景。
☞ 我想起了你和我选汉语课的情景。

설명 "目的"는 "情景"을 수식할 수 없다.

◆ 睡觉 shuìjiào 1235

▪ 1358 : 부지불식간에 우리 둘은 날이 밝을 때까지 잠을 잤다.
* 不知不觉我们两个睡觉到天亮了。
☞ 不知不觉我们两个睡到天亮了。

설명 "睡觉"는 "동사+목적어"로 이루어진 구조이므로 그 뒤에 보어를 취할 수 없다.

▪ 1359 : 나는 나중에 어떻게 할 것인가를 생각하다 보니 나도 모르는 사이에 잠들어 버렸다.

＊ 我想着以后怎么办，不知不觉地睡觉了。

☞ 我想着以后怎么办，不知不觉地睡着了。

설명 "睡觉"는 "不知不觉"의 수식을 받을 수 없다.

◆ 从前 cóngqián 1241

▪ 1360 : 옛날에 어떤 젊은이가 있었는데, 小明이라고 불렀다.

＊ 从前从前，有个年轻人，他叫小明…。

☞ 从前，有个年轻人，他叫小明…。

설명 "从前"은 중첩하여 쓸 수 없다.

◆ 心情 xīnqíng 1244

▪ 1361 : 집에서 온 편지를 받고 나서야 내 마음이 좋아졌다.

＊ 接到家里的来信以后，我才有了好心情。

☞ 接到家里的来信以后，我的心情才变好。

설명 "心情"은 동사 "有"의 목적어가 될 수 없다. 그러므로 "心情"은 마땅히 주어로 바꾸어 써야 한다.

◆ 师傅 shīfu 1245

▪ 1362 : 우리는 갈림길에서 경찰에게 길을 물어보았다.

＊ 我们在路口，向一个警察师傅问道儿。

☞ 我们在路口，向一个警察问道儿。

설명 소년이나 아동, 그리고 잘 아는 친구나 친척을 호칭할 때 및 공식적인 경우에는 "师傅"를 쓰지 않는다.

◆ 实行 shíxíng 1247

▪ 1363 : 중국인민은 공업, 농업, 과학기술과 국방의 현대화를 이룩해야 한다.

＊ 中国人民要实行工业，农业，科学技术和国防的现代化。

☞ 中国人民要实现工业，农业，科学技术和国防的现代化。

설명 계획이나 의견 등을 통해 이루어진 어떤 일을 표시할 때, "实行"은 쓰지 않는다.

◆ 剥削 bōxuē 1248

▪ 1364 : 林씨 가게가 도산하기 전날 밤, 그들은 부근의 도시와 읍 면 등의 경제에 대해 심각한 손해를 입혔다.

＊ 林家铺子倒闭前夕，他们对附近的城镇经济进行了严重的剥削。

☞ 林家铺子倒闭前夕，他们对附近的城镇经济进行了严重的破坏。

설명 "剥削"의 동작은 단지 사람만을 대상으로 할 뿐, 다른 사물은 대상으로 삼을 수 없다.

◆ 替 tì 1250

▪ 1365 : 王씨가 안 왔는데, 내가 그를 대신해서 안내할 수 있을까?

＊ 老王没有来，我能领给他吗?

☞ 老王没有来，我能替他领吗?

설명 위의 문장은 "대체"의 의미를 표시하고 있으므로 마땅히 "给"대신 "替"를 써야 한다.

빈도순 1251~1300

◆ 挑 tiāo 1255

▪ 1366 : 이 광주리의 귤은 매우 좋으니 더 이상 고르지 마라.
＊ 这筐桔子多好，不要再挑挑了。
☞ 这筐桔子多好，不要再挑了。

설명 중첩된 동사의 부정형식은 보통 의문문이나 반문문에 쓰이거나, 혹은 가정이나 조건을 표시하는 긴축문에 쓰인다. 그러므로 위의 틀린 문장에서는 "挑"를 중첩할 수 없다.

◆ 片 piàn 1262

▪ 1367 : 우리 같이 하자, 너는 밥을 찌고, 나는 채소를 썰고.
＊ 我们一起干吧，你蒸饭，我片菜。
☞ 我们一起干吧，你蒸饭，我切菜。

설명 세로로 자르거나 깎는 것이 아닐 때는 "片"을 쓸 수 없다. 동사 "片"의 목적어로는 주로 "肉"가 쓰인다.

◆ 同意 tóngyì 1268

▪ 1368 : 내가 그를 가장 잘 아는데, 그는 반드시 동의할 것이다.
＊ 我最了解他，他一定会同意同意的。
☞ 我最了解他，他一定会同意的。

설명 "同意"는 중첩할 수 없다.

▪ 1369 : 백성들은 간부의 일을 옹호하고 지지한다.
＊ 老百姓同意和支持干部的工作。
☞ 老百姓拥护和支持干部的工作。

설명 "同意"의 목적어로 "工作"나 "政策" 등이 쓰일 수 없다. 그러므로 위의 틀린 문장에서는 "工作"에 어울리는 동사로 바꾸어 써야 한다.

◆ 执行 zhíxíng 1270

▪ 1370 : 무릇 사상인식상의 잘못에 속하는 것은 비평과 자아비판의 전개를 통해, 정치사상을 강화함으로써 해결해야 한다.
＊ 凡属思想认识上的错误, 要通过执行批评和自我批评, 加强政治思想工作来解决。
☞ 凡属思想认识上的错误, 要通过开展批评和自我批评, 加强政治思想工作来解决。

설명 "批评"은 "执行"의 목적어가 될 수 없다. 그러므로 동사를 바꾸어야 한다.

◆ 宣传 xuānchuán 1271

▪ 1371 : 그 날 선생님께서 내게 《汉语词典》이 새로 출판되었다고 말씀하셨다.
＊ 那天, 老师宣传我说 : "新出版了一本 《汉语词典》。
☞ 那天, 老师对我说 : "新出版了一本 《汉语词典》。

설명 어떤 일을 다른 사람에게 말할 때, "宣传"을 쓰지 않는다. 또한 "宣传"은 대체사 목적어를 가질 수 없다.

◆ 批判 pīpàn 1276

▪ 1372 : 徐芳은 에둘러서 나를 한 바탕 꾸짖었다.

* 徐芳拐弯抹角地批判了我一通。

☞ 徐芳拐弯抹角地批评了我一通。

설명 어떤 사람의 결점이나 잘못된 점을 날카롭게 지적할 때 "批判"을 쓰지 않는다.

◆ 支持 zhīchí 1277

▪ 1373 : 만약 그녀가 할머니를 부축하지 않았다면, 할머니는 틀림없이 넘어지셨을 것이다.

* 如果她不支持老太太的话，老太太肯定会摔倒。

☞ 如果她不扶持老太太的话，老太太肯定会摔倒。

설명 "支持"에는 "부축하다"라는 뜻이 없다.

◆ 行动 xíngdòng 1281

▪ 1374 : 운동회에서 선생님들의 방송체조시합이 있었는데, 나는 한 선생님의 동작이 매우 어색한 것을 보았다.

* 运动会上，有一个项目是老师们的广播体操比赛，我看有一个老师的行动很不熟练。

☞ 运动会上，有一个项目是老师们的广播体操比赛，我看有一个老师的动作很不熟练。

설명 "行动"은 구체적인 동작을 가리키는 것이 아니라 사람이나 조직의 행위를 가리키는 추상명사이다. 그러므로 위의 틀린 문장에서는 "行动"을 "动作"로 바꾸어야 한다.

◆ 彻底 chèdǐ 1286

▪ 1375 : 그 강도들은 모두 체포되었다.
* 那些强盗彻底落网。
☞ 那些强盗全部落网。

설명 각 부분의 종합을 표시할 때, "彻底"를 쓰지 않는다. 그러므로 위의 틀린 문장에서는 부사 "全部"로 바꾸어 써야 한다.

▪ 1376 : 教学의 질을 높이기 위해서는 教学方法을 깊이 연구해야 한다.
* 为了提高教学质量, 就要彻底研究教学法。
☞ 为了提高教学质量, 就要深入研究教学法。

설명 한 걸음 더 나아감을 표시할 때 "彻底"를 쓰지 않는다.

◆ 仔细 zǐxì 1288

▪ 1377 : 나는 北京大学에 반드시 상세한 자료가 매우 많을 거라고 생각한다.
* 我想北京大学一定有很多仔细的资料。
☞ 我想北京大学一定有很多详细的资料。

설명 주도면밀하게 완비되었음을 표시할 때 "仔细"를 쓰지 않는다.

◆ 巩固 gǒnggù 1290

▪ 1378 : 이 사람은 어떤 때는 기뻐서 노래하기도 하고 춤을 추기도 하며, 어떤 때는 의기소침하여 3일 동안 사람을 상대하지 않기도 하는 등, 정서가 매우 불안정하다.
* 这个人有时候高兴得又是唱又是跳, 有时候低沉得三天不理人, 情绪很不巩固。

☞ 这个人有时候高兴得又是唱又是跳，有时候低沉得三天不理人，情绪很不稳定。

설명 한 사람의 정서가 기복이 심한 것을 표시할 때, "巩固"를 쓰지 않는다.

◆ 据 jù 1291

- 1379 : 상급 기관의 규정에 따르면 건국 기념일은 이틀만 쉬게 되어 있다.

* 据上级的规定，国庆节只放假两天。

☞ 根据上级的规定，国庆节只放假两天。

설명 "据"는 명사 앞에 쓰일 수 없다.

- 1380 : 모두의 요구에 따라 정부는 하반기에 다시 보너스 지급 문제를 고려하기로 했다.

* 据大家要求，政府在下半年将重新考虑奖金发放问题。

☞ 根据大家要求，政府在下半年将重新考虑奖金发放问题。

설명 "据"가 이끄는 전치사구는 반드시 독립적이어야 하며 주어의 지배를 받지도 않는다. 또한 주술구의 동사를 수식할 수도 없다.

◆ 落后 luòhòu 1296

- 1381 : 우리는 청년들에 뒤떨어져 있다.

* 我们落后青年人。

☞ 我们落后于青年人。

설명 동사 "落后"는 목적어를 가질 수 없다. 그러므로 뒤에 전치사 "于"를 써주어야 한다.

- 1382 : 그 총각의 생각은 매우 뒤떨어져 있어, 다른 사람을 도우려고 하지 않는다.

* 那个小伙子的品质很落后, 他不愿意帮助别人。

☞ 那个小伙子的思想很落后, 他不愿意帮助别人。

설명 "落后"는 "성격", "특징", "품질" 등을 형용할 수 없다. 위의 틀린 문장에서는 동사 "落后"와 중심어 혹은 주어가 어울리지 않는다.

◆ 宽 kuān 1297

- 1383 : 중국에 온 지 1년 동안 나는 매우 많은 지식을 배우게 되었다.

* 来中国一年, 我学到了很宽的知识。

☞ 来中国一年, 我学到了很多的知识。

설명 수량이 많음을 표시할 때 "宽"을 쓰지 않는다.

- 1384 : 지도자의 도량이 매우 커서 어떤 일이든 마음에 두지 않는다.

* 当领导的度量就很宽, 不能什么事都往心里记。

☞ 当领导的度量就很大, 不能什么事都往心里记。

설명 "度量"은 "宽"으로 형용할 수 없다. 그러므로 "宽" 대신 "度量"에 어울리는 "大"를 써야 한다.

빈도순 1301~1350

◆ 原因 yuányīn 1303

▪ 1385 : 그의 학습성적이 특히 우수한 주요원인은 그가 진지하게 강의를 듣는다는 것이다.

* 他之所以学习成绩优异, 主要原因是因为他认真听讲。

☞ 他之所以学习成绩优异, 主要原因是他认真听讲。

설명 "原因"과 "因为"는 의미가 중복되므로 함께 쓸 수 없다. 그러므로 위 문장에서 "原因" 뒤에 쓰인 "因为"는 빼주어야 한다.

◆ 骑 qí 1305

▪ 1386 : 나는 역시 말을 타고 가기로 결정했는데, 이렇게 하면 훨씬 빠를 것이다.

* 我还是决定骑骑马去, 这样更快些。

☞ 我还是决定骑马去, 这样更快些。

설명 "骑马"가 부사어로 쓰일 때, "骑"는 중첩할 수 없다. 그러므로 위 문장에서 "骑骑"는 "骑"로 고쳐야 한다.

◆ 升 shēng 1306

▪ 1387 : 해가 뜰 때, 해변은 더욱 놀기 좋다.

* 太阳起来的时候, 海边尤其好玩。

☞ 太阳升起来的时候, 海边尤其好玩。

설명 위 문장에서는 방향보어 "起来" 앞에 주요동사가 빠져 있다. 여기서는 "(태양이)뜨다"라는 의미를 지닌 동사가 와야 하므로 "起来" 앞에 동사 "升"을 써 주어야 한다.

▪ 1388 : 내가 잠에서 깼을 때, 침대에서 일어나 시계를 보니, 겨우 3시였다.
* 我从睡梦中醒了，从床上升起来，一看表，才三点钟。
☞ 我从睡梦中醒了，从床上爬起来，一看表，才三点钟。

설명 침대에서 일어난다는 의미를 나타낼 때는 "升"을 쓰지 않는다. 그러므로 위 문장에서 "升"은 "爬"로 고쳐야 한다.

◆ 粉碎 fěnsuì 1309

▪ 1389 : 한 노인이 1942년 7월 외국 침략군이 그들의 마을을 불살랐었다고 말했다.
* 一位老人说，一九四二年七月，外国侵略军曾经粉碎过他们的村庄。
☞ 一位老人说，一九四二年七月，外国侵略军曾经烧毁过他们的村庄。

설명 "粉碎"는 적의 파괴활동에는 쓰일 수 없고 다만 정의로운 일이 정의롭지 않은 일에 행해질 경우에만 쓰일 수 있다. 또한 "村庄"에 대해서도 "粉碎"를 쓸 수 없다. 그러므로 위 문장에서 "粉碎"는 "烧毁"로 고쳐야 한다.

▪ 1390 : 땅에 떨어진 유리컵이 깨졌다.
* 落在地下的玻璃杯很粉碎。
☞ 落在地下的玻璃杯摔碎了。

설명 형용사 "粉碎"는 문장에서 일반적으로 술어로 쓰이지 않으며, 정도부사 "很", "非常" 등의 수식을 받지 않는다. 그러므로 위 문장에서 "粉碎"는 "摔碎了"로 고쳐야 한다.

▪ 1391 : 우리 군은 적의 보루를 산산조각 나게 폭파하였다.
* 我军把敌人的碉堡炸得很粉碎。
☞ 我军把敌人的碉堡炸得粉碎。

설명 위 문장에서 설명한 바와 같이 "粉碎"는 정도부사 "很"의 수식을 받을 수 없으므로 "很"을 빼주어야 한다.

◆ 从此 cóngcǐ 1310

▪ 1392 : 네가 보낸 편지를 보고 나는 팔짝팔짝 뛸 정도로 기뻐서, 곧 종이를 가져다 너에게 이 편지를 쓴다. 여기에서 나는 너의 안부를 묻고 또 너에게 중국에서의 나의 생활상을 소개할게.

* 看到你的来信我忍不住跳起来，我马上去拿纸给你写这封信，从此我向你问候，并给你介绍一下我在中国生活的情况。

☞ 看到你的来信我忍不住跳起来，我马上去拿纸给你写这封信，在这里我向你问候，并给你介绍一下我在中国生活的情况。

설명 "从此"는 시간을 나타내는 부사로 "여기에서"라는 의미는 없다. 그러므로 위 문장에서 "从此"는 "在这里"로 고쳐야 한다.

◆ 大约 dàyuē 1318

▪ 1393 : 내일 몇 시에 갈 건지 대략적인 시간을 말해봐.

* 明天几点去，你说个大约的时间。

☞ 明天几点去，你说个大概的时间。

설명 "大约"는 문장 안에서 부사어로 쓰이며, 명사 앞에서 관형어로는 쓰일 수 없다. 그러므로 위 문장에서 "大约"는 "大概"로 고쳐야 한다.

◆ 效果 xiàoguǒ 1321

▪ 1394 : 우리는 언어실험실에서 회화수업을 하는데 효과가 매우 크다.

* 我们在语言实验室上口语课，效果很高。

☞ 我们在语言实验室上口语课，效果很好。

설명 "效果"는 주로 "好"·"坏"·"大"·"小" 등의 형용사와 배합을 이루어 쓰이며, "高"·"低"를 사용하여 설명할 수 없다. 위 문장에서는 주어와 술어의 배합이 옳지 않으므로 "高"는 "好"로 고쳐야 한다.

◆ 进一步 jìnyībù 1324

▪ 1395 : 다음 학기에 周교수는 계속해서 여기서 교육을 담당하실 것이다.
＊ 下个学期, 周教授将进一步在这里任教。
☞ 下个学期, 周教授将继续在这里任教。

설명 "끊어지지 않고 계속해서"의 의미를 나타낼 때는 "进一步"를 쓸 수 없다. 그러므로 위 문장에서 "进一步"는 "继续"로 고쳐야 한다.

◆ 醒 xǐng 1328

▪ 1396 : 7시가 다 되어서야 깼다.
＊ 都七点了, 才醒起来。
☞ 都七点了, 才醒。

설명 "醒" 뒤에는 결과보어나 복합방향보어가 올 수 없다. 그러므로 위 문장에서 "醒" 뒤에 쓰인 "起来"는 빼주어야 한다.

◆ 充满 chōngmǎn 1329

▪ 1397 : 北京의 거리들은 행인으로 가득하다.
＊ 北京的一些街道充满着行人。
☞ 北京的一些街道充满行人。

설명 "充满" 뒤에는 "着"가 올 수 없다. 그러므로 위 문장에서는 "着"를 빼야 한다.

◆ 内部 nèibù 1331

▪ 1398 : 이 일은 우리 아버지 회사 내부 사람만 잘 안다.
＊ 这件事只有我爸爸他们公司中间的人才清楚。
☞ 这件事只有我爸爸他们公司内部的人才清楚。

설명 “内部”는 “어떤 범위 내”의 의미를 나타낸다. 여기서는 문장의 의미면에서 볼 때, “内部”가 정확한 표현이므로 위 문장에서 “中间”은 “内部”로 고쳐야 한다.

◆ 成绩 chéngjì 1332

▪ 1399 : 나는 지난번 시험을 잘 못 봤지만 나중에 성적이 갈수록 좋아졌다.
* 我那次考得不好, 可是后来成绩越来越提高。
☞ 我那次考得不好, 可是后来成绩越来越好。

설명 성적을 평가할 때는 주로 “好”나 “坏”를 써서 표현한다. 따라서 위 문장에서 “提高”는 “好”로 고쳐야 한다.

◆ 眼泪 yǎnlèi 1346

▪ 1400 : 그는 옛날의 고통을 생각하기만 하면 저절로 눈물이 흘러내렸다.
* 他一想起过去的痛苦, 就不由得眼泪流下来了。
☞ 他一想起过去的痛苦, 眼泪就不由得流下来了。

설명 “不由得”는 부사어로서 감정을 주체할 수 없음을 나타내며, 그 위치는 반드시 주어 뒤나 동사 앞에 와야 한다. 위 문장에서 주어로 쓰인 “眼泪”는 위치가 잘못되었으므로 “不由得”의 앞으로 옮겨주어야 한다.

▪ 1401 : 나의 몇몇 친구들은 모두 울었고 나도 눈물이 쏟아졌다.
* 我的几个朋友都哭了, 我也眼泪涌了出来。
☞ 我的几个朋友都哭了, 我眼泪也涌了出来。

설명 부사 “也”는 명사 “眼泪”를 수식할 수 없다. 위 문장에서 “眼泪” 앞의 “也”는 위치가 옳지 않으므로 “眼泪” 뒤로 옮겨주어야 한다.

◆ 课 kè 1348

▪ 1402 : 나는 매주 20 여 시간의 수업이 있다.
* 我每周有二十多课。
☞ 我每周有二十多节课。

설명 위 문장에서는 수업시간을 세는 양사 "节"가 빠져 있으므로 이를 보충해 주어야 한다.

빈도순 1351~1400

◆ 涌 yǒng 1354

▪ 1403 : 지금 내 병은 이미 나았고, 기력도 생겼다.
* 现在我的病已经好了，精神也涌出来了。
☞ 现在我的病已经好了，精神也来了。

설명 "원기가 있다"는 의미를 나타낼 경우에는 "涌"을 쓸 수 없다. 그러므로 위 문장에서 "涌出来"는 "来"로 고쳐야 한다.

◆ 改革 gǎigé 1358

▪ 1404 : 우리나라 수도로 향하는 비행기 시간이 바뀌었기 때문에, 나는 오늘 北京을 떠나지 않았다.
* 由于飞机飞向我国首都的时间改革了，所以我今天没离开北京。
☞ 由于飞机飞向我国首都的时间改变了，所以我今天没离开北京。

설명 "改革"의 의미는 비교적 무겁기 때문에 시간의 변화를 나타낼 때는 "改革"를 쓸 수 없다. 위 문장에서 "改革"는 잘못 쓰였으므로 "改变"으로 고쳐주어야 한다.

◆ 摔 shuāi 1359

▪ 1405 : 동생은 돌 한 덩이를 들어다가 단지를 산산조각 내버렸다.
* 弟弟拿起一块石头，把坛子摔得粉碎。
☞ 弟弟拿起一块石头，把坛子砸得粉碎。

설명 무거운 물건으로 다른 어떤 물건에 충격을 가할 때는 "摔"를 써서 나타낼 수 없다. 그러므로 위 문장에서 "摔"는 "砸"로 고쳐야 한다.

▪ 1406 : 멍청이가 바위 위에서 단지를 부쉈다.
* 二虎在石头上把坛子碎了。
☞ 二虎在石头上把坛子摔碎了。

설명 "把"자문에서는 보어 앞에 반드시 술어동사를 써주어야 한다. 위 문장에서는 보어 앞에 술어가 빠져 있으므로 이를 보충해 주어야 한다.

◆ 属于 shǔyú 1361

▪ 1407 : 초등학교 시절에 그는 축구팀에 있었는데, 그는 운동을 무척 좋아한다.
* 在小学的时候，他属于足球队，他爱运动。
☞ 在小学的时候，他参加过足球队，他爱运动。

설명 일찍이 어떤 단체나 조직 등에 참가했었다는 의미만을 나타내는 경우에는 "属于"를 쓸 수 없다. 그러므로 위 문장에서 "属于"는 "参加过"로 고쳐주어야 한다.

◆ 挨 āi 1363

▪ 1408 : 7층과 8층은 통해 있지 않다.
* 七楼和八楼没挨。
☞ 七楼和八楼没挨着。

설명 "挨"는 단독으로 술어로 쓰일 수 없다. 위 문장에서는 "着"가 빠져 있으므로 이를 보충해 주어야 한다.

◆ 温度 wēndù 1364

▪ 1409 : 나는 오늘 체온이 39.5도였다.
* 我今天的温度是三十九度五。
☞ 我今天的体温是三十九度五。

설명 "温度"는 사람의 체온을 나타내는 경우에는 쓸 수 없다. 위 문장에서 "温度"는 "体温"으로 고쳐야 한다.

▪ 1410 : 나는 이곳의 겨울은 무지 추워서 기온이 자주 영하로 내려간다고 들었다.
* 我听说这儿的冬天非常冷，气温常常在零下温度。
☞ 我听说这儿的冬天非常冷，气温常常在零下。

설명 "温度"는 춥고 더운 정도를 나타내는 단위로 쓰일 수 없다. 그러므로 위 문장에서 "温度"는 빼주어야 한다.

◆ 充分 chōngfèn 1366

▪ 1411 : 北京 초등학교의 학우들은 모두 햇볕이 충만한 교실에서 수업을 한다.
* 北京小学的同学们都在阳光充分的教室里上课。
☞ 北京小学的同学们都在阳光充足的教室里上课。

설명 "充分"은 보통 추상사물에 쓰이는 형용사로, "阳光"에 쓰는 것은 적합하지 않다. 그러므로 위 문장에서 "充分"은 "充足"로 고쳐야 한다.

◆ 沿 yán 1369

▪ 1412 : 관광객들은 사진기를 가지고 北京 王府井 거리의 상가를 따라 구경하며 사진을 찍었다.
* 游客带着照相机，沿着北京王府井这条商业街。
☞ 游客带着照相机，沿着北京王府井这条商业街参观拍照。

설명 "沿"으로 구성된 전치사구는 술어로 쓰일 수 없다. 위 문장에서는 술어가 빠져 있으므로 이를 보충해 주어야 한다.

◆ 程度 chéngdù 1374

▪ 1413 : 그의 사회적 지위는 낮지만 그러나 사상의 경지는 높다.
* 他的社会地位低, 但思想程度高。
☞ 他的社会地位低, 但思想境界高。

설명 "思想"이 나타내는 고도는 "程度"를 써서 나타낼 수 없다. 따라서 위 문장에서 "程度"는 "境界"로 고쳐야 한다.

◆ 粗 cū 1376

▪ 1414 : 잠깐 방심하여 땅에 떨어졌는데, 다리에 큰 상처가 나서 많은 피가 났다.
* 一不小心摔倒在地上, 腿上划了一个很粗的口子, 流了一地血。
☞ 一不小心摔倒在地上, 腿上划了一个很大的口子, 流了一地血。

설명 "상처"는 "粗"로 수식할 수 없다. 위 문장에서 "粗"는 잘못 쓰였으므로 "大"로 고쳐야 한다.

◆ 躲 duǒ 1377

▪ 1415 : 그는 은을 땅 속에 숨기려고 한다.
* 他想把银子躲在地下。
☞ 他想把银子藏在地下。

설명 "躲"의 施事와 受事는 처치관계가 아니므로 "把"자문이나 피동문에 쓰일 수 없다. 위 문장에서 "躲"는 잘못 쓰였으므로, "藏"으로 고쳐야 한다.

◆ 阶段 jiēduàn 1381

▪ 1416 : 이 단계에서 우리 둘은 자주 李씨를 방문하러 간다.
＊ 在这个月的阶段, 我俩经常去拜访李先生。
☞ 在这个阶段, 我俩经常去拜访李先生。

설명 "阶段"의 관형어는 시간사일 수 없다. 위 문장에서 "阶段"의 관형어가 옳지 않으므로 이를 고쳐주어야 한다.

◆ 标准 biāozhǔn 1384

▪ 1417 : 그는 우리가 배워야할 본보기이다.
＊ 他是我们学习的标准。
☞ 他是我们学习的榜样。

설명 "배워야할 모범(본보기)"라는 의미를 나타낼 경우에는 "标准"을 쓸 수 없다. 그러므로 위 문장에서 "标准"은 "榜样"으로 고쳐야 한다.

◆ 人口 rénkǒu 1385

▪ 1418 : 뉴질랜드에서 스키를 타는 사람은 많지 않다.
＊ 在新西兰滑雪的人口不多。
☞ 在新西兰滑雪的人不多。

설명 종사하는 활동이나 운동 등에 따라 구분한 사람 수를 나타내는 경우에는 "人口"를 쓸 수 없다. 따라서 위 문장에서 "人口"는 "人"으로 고쳐야 한다.

▪ 1419 : 그들 국가의 인구는 150만 밖에 안 된다.
＊ 他们国家的人只有一百五十万。
☞ 他们国家的人口只有一百五十万。

설명 위 문장에서는 당연히 "人" 대신 "人口"를 써야 한다.

◆ 年代 niándài 1389

▪ 1420 : 나는 대학교 때 매우 많은 소설을 읽었다.
* 我在大学的年代读了很多小说。
☞ 我在大学的时候读了很多小说。

설명 구체적인 시간의 양이나 개인의 인생 중의 어떤 시기를 나타낼 때는 “年代”를 쓸 수 없다. 그러므로 위 문장에서 “年代”는 “时候”로 고쳐야 한다.

▪ 1421 : 50년대 초에 그들 국가는 모두 합해 80만대의 절삭기계를 가지고 있었다.
* 五十年初, 他们国家共有八十万台机床。
☞ 五十年代初, 他们国家共有八十万台机床。

설명 위 문장에서는 “年”대신 “年代”를 써 주어야 한다.

◆ 提供 tígōng 1391

▪ 1422 : 이러한 조사재료는 연구센터에 에이즈를 연구하는 근거를 제공하였다.
* 这些调查材料提供了研究中心研究爱滋病的依据。
☞ 这些调查材料向研究中心提供了研究爱滋病的依据。

설명 “提供”은 이중목적어를 가질 수 없다. 간접목적어는 전치사 “给”·“为”·“向” 등으로 이끌어 내어 전치사구를 이루어, 부사어가 되게 해야 한다. 위 문장에서는 “提供”의 간접목적어 앞에 전치사가 빠져 있으며, 위치 또한 옳지 않으므로 이를 바로 잡아주어야 한다.

◆ 恢复 huīfù 1396

▪ 1423 : 그의 병은 조만간 완쾌될 것이다.
* 他的病早晚会恢复。
☞ 他的病早晚会痊愈。

설명 "伤"·"病" 등에는 "恢复"를 쓸 수 없다. 그러므로 위 문장에서 "恢复"는 "痊愈"로 고쳐야 한다.

▪ 1424 : 지도자는 지식인들이 적극성을 발휘하도록 주의를 기울여야 한다.

* 领导要注意恢复知识分子的积极性。

☞ 领导要注意发挥知识分子的积极性。

설명 내재해 있는 능력을 표현해 냄을 나타낼 경우, "恢复"를 쓸 수 없다. 따라서 위 문장에서 "恢复"는 "发挥"로 고쳐야 한다.

▪ 1425 : 큰어머니는 병원측이 그녀에게 맛있는 것을 만들어 주고 그녀가 조속한 시일 내에 건강을 회복하도록 보살피게 하였다.

* 大妈让医院给她做好吃的, 照顾她恢复。

☞ 大妈让医院给她做好吃的, 照顾她早日恢复健康。

설명 "恢复"는 단독으로 술어로 쓰일 수 없다. 위 문장에서는 "恢复"의 앞뒤에 기타 성분이 빠져 있으므로 이를 보충해 주어야 한다.

◆ 滚 gǔn 1397

▪ 1426 : 비행기가 움직이기 시작했을 때, 나는 창문너머로 나를 배웅 나오신 아버지, 어머니를 보고 눈물을 흘리지 않을 수 없었다.

* 飞机滚起来, 我隔窗看见为我送行的父亲·母亲, 不禁落下了眼泪。

☞ 飞机起动的时候, 我隔窗看见为我送行的父亲·母亲, 不禁落下了眼泪。

설명 비행기가 움직이지 않는 상태에서 움직이게 될 때를 나타낼 때, "滚起来"를 써서 나타낼 수 없다. 위 문장에서 "滚起来"는 옳지 않으므로 고쳐주어야 한다.

◆ 尤其 yóuqí 1399

▪ 1427 : 내가 막 왔을 때는 주로 내 방을 정리하느라고 바빴다.
＊ 我刚来的时候, 尤其忙于整理我的房间。
☞ 我刚来的时候, 主要忙于整理我的房间。

설명 "尤其"는 전체 중에서 또는 다른 사물과 비교해서 특히 두드러지는 의미를 나타낼 경우에 쓰인다. "한층 더하다"라는 의미를 지니고 있지 않을 때는 "尤其"를 쓸 수 없다. 그러므로 위 문장에서 "尤其"는 "主要"로 고쳐야 한다.

◆ 确实 quèshí 1400

▪ 1428 : 학교의 규정에 대해서 우리 유학생들은 성실하게 실천해야 한다.
＊ 对于学校的规定, 我们留学生要确实执行。
☞ 对于学校的规定, 我们留学生要切实执行。

설명 확실하게 어떤 일을 한다는 의미를 나타낼 때, "确实"를 쓸 수 없다. 위 문장에서 "确实"는 잘못 쓰였으므로 바로 잡아야 한다.

빈도순 1401~1450

◆ 究竟 jiūjìng 1401

▪ 1429 : 그는 퇴원했니?
＊ 他究竟出院了吗?
☞ 他出院了吗?

설명 "究竟"이 의문문에 쓰이면 추궁하는 의미를 나타내면서 语气를 한층 강조하는 작용을 한다. 이 경우 "究竟"이 있는 문장에는 반드시 의문대체사나 의문부사가 있어야 하며, 의문대체사나 의문부사가 없는 문장인 경우에는 반드시 선택의문문으로 써야 한다. 의문을 나타내는 "吗"가 있는 문장에서는 "究竟"을 쓸 수 없다.

▪ 1430 : 오늘 날씨가 좋지 않아서, 도대체 그가 올 수 있을 지 없을 지 나도 잘 모르겠다.

＊ 今天天气不好, 他究竟能来, 我也不清楚。

☞ 今天天气不好, 他究竟能不能来, 我也不清楚。

설명 "究竟"이 진술문에 쓰이는 경우, 문장 내에 의문대체사가 없다면 반드시 正反 의문문으로 써줘야 한다.

▪ 1431 : 그는 여태껏 지각해본 적이 없는데, 오늘은 뜻밖에도 늦게 왔다.

＊ 他从来没迟到过, 今天究竟迟到了。

☞ 他从来没迟到过, 今天竟迟到了。

설명 뜻밖이라는 의미를 나타내는 경우에는 "究竟"을 쓸 수 없다.

▪ 1432 : 그녀는 어떻게 하면 좋을지 몰라 마음이 너무 조급해져서, 결국 어쩔 수없이 울기 시작했다.

＊ 她不知怎么办好, 心里很着急, 究竟无可奈何地哭了起来。

☞ 她不知怎么办好, 心里很着急, 终于无可奈何地哭了起来。

설명 각종 변화를 겪거나 무엇인가를 기다린 후에 출현한 상황을 가리킬 때는 "究竟"을 쓸 수 없다.

◆ 地位 dìwèi 1406

▪ 1433 : 그의 아빠는 지위가 낮기 때문에 사람들에게 무시를 당한다.

＊ 他爸爸地位很弱, 被人看不起。

☞ 他爸爸地位很低, 被人看不起。

설명 "地位"는 "大", "小", "强", "弱"와 함께 쓰일 수 없다. "地位"의 높고 낮음을 나타내는 경우에는 "高", "低"를 써야 한다.

◆ 人物 rénwù 1410

▪ 1434 : 어제 저녁 모임에서 우리 반은 열 다섯 명이 공연에 참가했다.

* 在昨天的晚会上，我们班有十五个人物参加了演出。

☞ 在昨天的晚会上，我们班有十五个人参加了演出。

설명 "人物"는 어떤 방면에 대표성을 띤 인물이나 두드러진 특징을 지닌 사람을 가리킨다. 대표성이 없거나 두드러진 특징이 없는 일반적인 사람을 가리킬 때는 "人物"를 쓰지 못한다.

◆ 眼光 yǎnguāng 1411

▪ 1435 : 누군가 그의 별명을 불렀더니 그는 표독스런 눈빛으로 사람들을 몇 번 노려보았다.

* 有人叫他的外号，他就用狠狠的眼光瞪人家几眼。

☞ 有人叫他的外号，他就用恶狠狠的眼光瞪人家几眼。

설명 "眼光"은 부사의 수식을 받을 수 없다.

◆ 发挥 fāhuī 1418

▪ 1436 : 다음 학기에 난 장점을 발휘하고 단점을 극복하여 공부를 더 잘 하려고 한다.

* 下学期我要发挥优点，克服缺点，把学习搞得更好。

☞ 下学期我要发扬优点，克服缺点，把学习搞得更好。

설명 "发挥"는 사람이나 사물이 지니고 있는 능력이나 특징, 역할을 표현해 내거나, 어떤 이치나 의미를 충분히 표현해 내는 것을 의미한다. 한편, "优点"을 드날린다는 의미를 표현하는 경우에는 "发挥"를 쓸 수 없다.

▪ 1437 : 중국의 연해도시는 여행사업을 발전시켜야 한다.

* 中国的沿海城市应该发挥旅游事业。

☞ 中国的沿海城市应该发展旅游事业。

설명 사업의 규모를 확대한다는 의미를 나타내는 경우에는 “发挥”를 쓸 수 없다.

◆ 可怜 kělián 1421

▪ 1438 : 그의 생활은 점점 더 어려워졌다.
＊ 他可怜的生活越来越穷。
☞ 他的生活越来越穷。

설명 “可怜”은 불쌍하다는 의미를 나타내는 형용사로, “可怜”이 관형어로 쓰이는 경우에는 사람이나 동물 명사만을 수식할 수 있을 뿐, 사물은 수식할 수 없다.

◆ 举行 jǔxíng 1425

▪ 1439 : 오후에 우리들은 서예 수업을 듣는다.
＊ 下午, 我们举行书法课。
☞ 下午, 我们上书法课。

설명 “举行”의 명사목적어나 명사주어는 “集会”나 “仪式” 등에 한정된다.

▪ 1440 : 회견은 친근하고 우호적인 분위기 속에서 진행되었다.
＊ 会见是在亲切友好的气氛中举行的。
☞ 会见是在亲切友好的气氛中进行的。

설명 “举行”의 동사목적어나 동사주어는 “比赛”, “会谈”, “游行” 등에 한정된다.

◆ 意识 yìshí 1426

▪ 1441 : 그녀가 의식적으로 애교를 부린 것은 아니지만, 다른 사람에게 그녀는 확실히 불가사의하게 사람을 끄는 표정을 지니고 있다.

* 她虽然不是意识地撒娇, 但对别人她的确有一种不可思议的迷人的神气。

☞ 她虽然不是有意识地撒娇, 但对别人她的确有一种不可思议的迷人的神气。

설명 "意识"는 반드시 동사 "有"와 함께 "有意识"로 써야만 부사어가 될 수 있다.

▪ 1442 : 그녀는 그제서야 문득 크게 깨닫고 자신의 신분을 의식하게 되었다.

* 她这才恍然大悟, 意识自己的身分。

☞ 她这才恍然大悟, 意识到自己的身分。

설명 "意识"는 "깨닫다, 알아차리다"라는 의미로, 직접 목적어를 수반할 수는 없고 "到"와 함께 써야 한다.

▪ 1443 : 혁명에 대한 그녀의 인식은 그다지 분명하지 않다.

* 她对革命的意识不太清楚。

☞ 她对革命的认识不太清楚。

설명 위 문장은 "그녀가 혁명이란 무엇이다"라고 확정할 수 없음을 나타낸다. 이처럼 "무엇이다"라고 확정할 수 있거나 확정할 수 없음을 가리킬 때는 "意识"를 쓸 수 없다.

◆ 作风 zuòfēng 1434

▪ 1444 : 그 곳의 사회 분위기는 좋지 못하다.

* 那地方的社会作风很不好。

☞ 那地方的社会风气很不好。

설명 "作风"은 사상이나 일, 생활에서 드러나는 태도나 행위를 가리키는 명사이므로, 사회에 유행되고 있는 기호나 습관 등을 나타내는 경우에는 "风气"를 써야 한다.

◆ 纪念 jìniàn 1435

▪ 1445 : 지금 나는 매일 그를 그리워하느라 잠도 제대로 못 자고 밥도 맛있는 줄 모르겠다.

＊ 现在我天天纪念他, 觉睡不好, 饭吃不香。

☞ 现在我天天想念他, 觉睡不好, 饭吃不香。

설명 "纪念"은 죽은 사람이나 과거에 있었던 사건에 대해 직접적인 행동으로 그리움을 표시하는 것이다. 그저 마음속으로 그리워만 하고 어떤 특별한 행동을 하지 않는다면 "纪念"을 쓸 수 없다.

◆ 全面 quánmiàn 1436

▪ 1446 : 그의 일에 대해 나는 전부 말했다.

＊ 他的事我全面说了。

☞ 他的事我全说了。

설명 "全面"은 각 방면의 총합을 의미하는 것으로 "片面"과 상대되는 의미이다. 총괄의 의미를 나타내는 경우에는 "全面" 대신 "全"이나 "都"를 써야 한다.

◆ 保持 bǎochí 1438

▪ 1447 : 다들 이 상품들을 잘 보호하여 비에 젖지 않게 할 방법을 생각해야 한다.

＊ 大家要想办法把这些货物保持好, 不要让雨淋了。

☞ 大家要想办法把这些货物保护好, 不要让雨淋了。

설명 "保持"는 원상태를 유지하는 것으로, 주로 추상적인 대상에 사용되므로 "货物"와 같은 구체적인 사물은 "保持"의 목적어가 될 수 없다.

◆ 忘记 wàngjì 1440

▪ 1448 : 몇 년간 쓰지 않아서 배웠던 불어를 깡그리 다 잊어버렸다.

＊ 多年不用, 学过的法语都忘记光了。

☞ 多年不用, 学过的法语都忘光了。

설명 "忘记"는 잊어버린다는 의미로, 주로 글말에 사용된다. 명사와 동사, 구를 목적어로 취할 수 있고 "了", "过"를 수반할 수 있지만, 중첩할 수는 없다. 또한 "忘记掉", "忘记不了"처럼 보어를 수반할 수 있지만, "光" 같은 몇몇 결과보어 앞에는 사용할 수 없다.

◆ 复杂 fùzá 1443

▪ 1449 : 기말시험 문제가 어려웠기 때문에 난 합격하지 못했다.

＊ 期末考试的题目很复杂, 我没有及格。

☞ 期末考试的题目很难, 我没有及格。

설명 "复杂"는 사물의 종류나 단서 등이 많고 복잡한 것을 가리킨다. 구체적인 사물에도 사용할 수 있고, 사회관계나 사람의 사상 등에도 사용할 수 있다. 하지만 무엇인가 할 때 힘이 들고 어렵다는 의미를 나타내는 경우에는 "复杂"로 표현하지 않는다.

◆ 包括 bāokuò 1444

▪ 1450 : 우리 반에는 여덟 사람이 있다.

＊ 我们班包括八个人。

☞ 我们班有八个人。

설명 "包括"는 포함한다는 의미로 전체 속에 어떤 한 부분이 포함되어 있는 경우에 사용된다. 그러나 "领属(…에 속해있다)"나 "具有(…을 가지고 있다)"의 의미를 나타내는 경우에는 "包括"를 쓰지 못한다.

◆ 包 bāo 1445

▪ 1451 : 우리들은 영화 복사본을 빌리러 또 가야 하니까 너희들이 보고 싶은 영화가 있으면 계획을 앞당겨 알려 주어야 한다.

* 你们想看什么电影必须提前报计划, 因为我们还要去包电影拷贝。

☞ 你们想看什么电影必须提前报计划, 因为我们还要去租电影拷贝。

설명 "包"에는 "대절하다, 전세내다"라는 의미가 있다. 그러나 일반적으로 빌린다는 의미를 표현하는 경우에는 "包"를 쓸 수 없다.

◆ 广泛 guǎngfàn 1446

▪ 1452 : 양국 지도자는 공통 관심 문제에 대해 광범위하게 의견을 교환했다.

* 两国领导人就共同关心的问题交换了广泛的意见。

☞ 两国领导人就共同关心的问题广泛地交换了意见。

설명 "广泛"은 공간적인 의미에서의 광범위함, 폭넓음을 의미하는 형용사이다. 따라서 다양한 의견을 제시하고, 다방면에 대해 언급하는 경우에는 "广泛的意见"이라고 할 수 없다. 그러나 "广泛"이 "交换"의 부사어로 쓰이는 것은 가능하다.

◆ 深刻 shēnkè 1450

▪ 1453 : 그는 책을 열심히 본다.

* 他看书很深刻。

☞ 他看书很认真。

설명 "深刻"는 문제나 사건의 본질까지 와 닿는 것을 의미하므로, "看书"와 같은 구체적인 동작을 설명하는 데는 사용할 수 없다.

▪ 1454 : 우리 사이의 깊은 우정을 나는 평생 잊지 못할 것이다.

* 我们之间的深刻的友谊, 我是一辈子忘不了的。

☞ 我们之间的深厚的友谊, 我是一辈子忘不了的。

설명 감정의 정도가 깊음을 나타내는 경우 "深刻"를 쓸 수 없다.

- 1455 : 봉건사회의 계급격차와 尊卑관념은 그의 몸에 이미 깊게 뿌리박혀 있다.

* 封建社会的阶级界限和尊卑观念已经深刻地在他身上扎下根。

☞ 封建社会的阶级界限和尊卑观念已经深深地在他身上扎下根。

설명 "深刻"는 구체적인 사물의 "깊은" 정도를 나타내는 경우에는 쓸 수 없다.

빈도순 1451~1500

◆ 厉害 lìhai 1452

- 1456 : 상황이 심각하다.

* 情况很厉害。

☞ 情况很严重。

설명 "厉害"는 "심하다, 사납다, 무섭다, 굉장하다" 등의 의미를 지닌 형용사로, 관형어, 술어, 보어로 쓰일 수 있다. "厉害"는 "困难", "情况", "天气" 등이 주어인 경우 술어가 될 수 없다.

- 1457 : 비가 많이 온다.

* 雨下得厉害。

☞ 雨下得很大。

설명 "厉害"는 "心跳得厉害(심장이 심하게 뛰다)", "风刮得厉害(바람이 심하게 불다)", "疼得厉害(심하게 아프다)", "天闷得厉害(날이 몹시 무덥다)"의 문장에서는 보어로 쓰이지만 "雨"나 "雪" 등의 자연현상을 묘사할 때 동사 "下"의 보어로는 쓰이지 않는다.

◆ 湿 shī 1453

▪ 1458 : 날이 너무 더워서 옷이 땀에 완전히 젖었다.
＊ 天气太热, 衣服被汗浇了。
☞ 天气太热, 汗水湿透了衣服。

설명 땀에 의해 옷이 젖게 된 경우에는 반드시 "湿"를 써야 한다.

◆ 考虑 kǎolǜ 1454

▪ 1459 : 중국에 온지 1년이 되어서, 난 자꾸만 엄마가 보고 싶다.
＊ 来中国一年了, 我常常考虑我的妈妈。
☞ 来中国一年了, 我常常想念我的妈妈。

설명 "考虑"는 어떤 문제에 대해 곰곰히 생각하여 결정을 내리는 행위를 가리킨다. "그리워한다"라는 의미를 나타낼 때는 "考虑"를 쓸 수 없다.

◆ 逐渐 zhújiàn 1461

▪ 1460 : 어느 정도 시간 동안의 모색을 통해 나는 학습 방법을 점차 개선시켰다.
＊ 通过一段时间的摸索, 我逐渐改进了学习方法。
☞ 通过一段时间的摸索, 我逐步改进了学习方法。

설명 "逐渐"은 정도나 수량이 느린 속도로 변화되는 것을 말하는데, 주로 자연적인 변화가 천천히 진행되는 것을 의미한다. 의도적으로 변화를 시도하여 변화가 발생된 경우에는 "逐渐"을 쓸 수 없다.

◆ 调查 diàochá 1462

▪ 1461 : 나는 공원에서 "내 친구가 연애 중"이라는 비밀을 알았다.
＊ 有一次, 我在公园里调查了一个秘密 : 我的朋友在谈恋爱呢。
☞ 有一次, 我在公园里发现了一个秘密 : 我的朋友在谈恋爱呢。

설명 "调查"는 상황을 이해하기 위해 그와 관련된 현장 등을 조사하는 것을 가리킨다. 단순히 어떤 사실을 발견한 경우에는 "调查"를 쓸 수 없다.

▪ 1462 : 한 젊은 노동자가 전선을 검사하다가 그녀를 발견했다.
＊ 一个年轻工人在调查电线的时候, 发现了她。
☞ 一个年轻工人在检查电线的时候, 发现了她。

설명 구체적인 사물은 "调查"의 목적어가 될 수 없다.

▪ 1463 : 여름방학에 난 농촌에 가서 조사를 좀 한 후 작년과 비교를 한 번 해 보려고 한다.
＊ 暑假我还想到农村去调调查查, 然后和去年作一次比较。
☞ 暑假我还想到农村去调查调查, 然后和去年作一次比较。

설명 "调查"의 중첩형식은 "调查调查"이다.

◆ 掏 tāo 1468

▪ 1464 : 손에 가시가 박혔어요, 뽑는 걸 도와주세요.
＊ 手上有个刺儿, 帮我掏出来。
☞ 手上有个刺儿, 帮我挑出来。

설명 "掏"는 어떤 물체 속으로 손이나 도구를 넣어 물건을 끄집어내거나 무엇인가 파내는 동작을 가리킨다. 가늘고 긴 물건을 이용하여 무엇인가 뽑아낼 때는 "掏" 대신 "挑"를 쓴다.

◆ 严肃 yánsù 1469

▪ 1465 : 그의 이런 진지한 감정은 날 깊이 감동시켰다.
＊ 他这种严肃的感情, 深深地打动了我。
☞ 他这种真挚的感情, 深深地打动了我。

설명 "严肃"는 표정, 태도, 분위기 등이 진지하고 엄숙한 것을 가리킨다. 사람의 감정을 형용하는 경우에는 "严肃"를 쓸 수 없다.

◆ 减少 jiǎnshǎo 1474

▪ 1466 : 화학섬유제품의 가격이 이전보다 내렸다.
* 化纤产品的价格比过去减少了。
☞ 化纤产品的价格比过去低了。

설명 "减少"는 "增加"와 반대되는 말로, 어느 한 부분이 줄어든 것을 의미하는데, 제품의 가격이 "减少"했다고는 말할 수 없다.

◆ 啥 shá 1478

▪ 1467 : 나는 그가 어떤 사람인지 모른다. 난 그저 그가 아이들에게 잘한다는 것을 알고 있을 뿐이다.
* 我不知道他是啥人, 我只知道他对孩子们很好。
☞ 我不知道他是什么样的人, 我只知道他对孩子们很好。

설명 "啥"는 구어에서 사용되는 단어로, "什么"의 의미만 있고 "什么样"의 의미는 없다.

◆ 中学 zhōngxué 1481

▪ 1468 : 그는 내 고등학교 시절 가장 좋은 친구이다.
* 他是我高中学时代最好的朋友。
☞ 他是我高中时代最好的朋友。

설명 "高级中学"는 "高中"으로 줄여서 말한다.

▪ 1469 : 나는 중고등학교에서 가르치는 일을 하고 있다.
* 我在中学院教书。
☞ 我在中学教书。

설명 "中学"를 "中学院"이라고 말할 수 없다.

◆ 上级 shàngjí 1483

▪ 1470 : 우리가 이처럼 많은 의견을 제기했음에도 불구하고 윗사람은 전혀 아랑곳하지 않는다.
* 我们提了这么多意见, 上方连理都不理。
☞ 我们提了这么多意见, 上级连理都不理。

설명 "上级"은 동일한 조직 체계 중 등급이나 지위가 비교적 높은 조직이나 사람을 가리킨다. 위 문장에서 "上方"은 "上级"나 "上面"으로 바꿔야 한다.

▪ 1471 : 일본의 관습에 따르면 윗사람과 얘기할 때에는 예의를 좀 지켜야 한다.
* 按照日本的习惯, 跟上级人说话应该客气一点儿。
☞ 按照日本的习惯, 跟上级说话应该客气一点儿。

설명 "上级" 자체에 이미 지위가 높은 사람이라는 의미가 포함되어 있기 때문에 다시 "人"을 쓸 필요가 없다.

▪ 1472 : 일본의 상류사회 사람들의 생활은 아주 호사스럽다.
* 日本上级社会的人们的生活很豪华。
☞ 日本上层社会的人们的生活很豪华。

설명 "社会"는 "上级"과 함께 쓰일 수 없다.

◆ 架 jià 1484

▪ 1473 : 北京에 오자마자 나는 자전거 한 대를 샀다.
* 刚到北京我就买了一架自行车。
☞ 刚到北京我就买了一辆自行车。

설명 "자전거"와 "자동차"의 양사는 "架"가 아니라 "辆" 이다.

◆ 习惯 xíguàn 1485

▪ 1474 : 그는 지금까지도 이 습관을 계속 지켜나가고 있다.
* 他至今还继续着这个习惯。
☞ 他至今还保持着这个习惯。

설명 "习惯"은 "继续"의 목적어가 될 수 없다.

▪ 1475 : 아이들은 이미 이 아줌마에 익숙하다.
* 孩子们已经习惯这位阿姨了。
☞ 孩子们已经熟悉这位阿姨了。

설명 사람은 "习惯"의 목적어가 될 수 없다.

▪ 1476 : 그는 금새 유럽의 상황을 상세히 파악했다.
* 他很快就习惯了欧洲的情况。
☞ 他很快就熟悉了欧洲的情况。

설명 상황을 상세히 파악한다는 의미를 나타낼 때는 "习惯"을 쓸 수 없다.

◆ 观察 guānchá 1486

▪ 1477 : 우리는 万里长城에 가는 기차를 타고 아름다운 경치를 감상하고 있다.
* 我们坐在去长城的火车上观察着美丽风景。
☞ 我们坐在去长城的火车上感赏着美丽风景。

설명 "观察"는 객관적인 사물이나 현상을 주의깊게 살피는 것으로, 풍경을 감상하거나 바라보는 경우에는 "观察"를 쓸 수 없다.

▪ 1478 : 林业大学에서는 두 명의 교수를 海南岛에 파견하여 열대삼림의 재배기술을 시찰하게 했다.
* 林业大学派两名教授去海南岛观察热带森林栽培技术。
☞ 林业大学派两名教授去海南岛考察热带森林栽培技术。

설명 문제를 연구하거나 고찰하는 경우에는 "观察" 대신 "考察"를 쓴다.

◆ 生长 shēngzhǎng 1490

▪ 1479 : 내가 자란 환경은 줄곧 이랬기 때문에 지금까지도 난 늘 주변이 시끌벅적하면 할수록 좋다고 생각했다.
* 因为我生育的环境一直是这样, 所以直到现在我总是觉得周围越热闹越好。
☞ 因为我生长的环境一直是这样, 所以直到现在我总是觉得周围越热闹越好。

설명 "生育"은 낳아 기르는 것을 의미한다. 위 문장은 태어나 자란 환경을 말하는 것이므로 "生育"이 아니라 "生长"을 써야 한다.

◆ 规模 guīmó 1492

▪ 1480 : 매년 겨울방학과 여름방학 전에 학교에서는 모든 학과목에 대해 전면적인 시험을 실시한다.
* 每年寒假和暑假之前, 学校都要进行大规模的考试。
☞ 每年寒假和暑假之前, 学校都要对每个学科进行全面的考试。

설명 "规模"는 사업이나 기구, 공정, 활동 등의 범위를 가리킨다. 학기말시험은 정상적인 교육 활동에 속하는 것으로 무슨 "活动"이나 "运动"이 아니므로 "大规模"라는 말로 표현할 수 없다.

◆ 运用 yùnyòng 1500

▪ 1481 : 건설할 때 부녀자들의 힘을 동원해야 한다.
* 在建设中要把妇女的力量运用起来。
☞ 在建设中要把妇女的力量动员起来。

설명 "运用"은 사물의 특성을 잘 이용하는 것을 가리킨다. 사람을 어떤 활동에 참가시키는 경우에는 "运用"을 쓸 수 없다.

빈도순 1501~1550

◆ 亩 mǔ 1501

▪ 1482 : 해방 전에 그는 1묘의 땅도 없었다고 한다.
* 听说解放前他没有亩地。
☞ 听说解放前他没有一亩地。

설명 "亩" 앞에는 반드시 수사나 지시대체사, 의문대체사 등이 와야 한다. 위 문장에서는 "亩" 앞에 수사가 빠져 있다.

◆ 开展 kāizhǎn 1502

▪ 1483 : 요 몇 년 동안 우리나라의 보험사업에는 큰 발전이 있었다.
* 近几年来, 我国的保险事业有很大的开展。
☞ 近几年来, 我国的保险事业有很大的发展。

설명 "事业"은 "开展"이라는 말로써 설명할 수 없다. 위 문장에서는 "开展"이 잘못 쓰였다.

◆ 逃 táo 1503

▪ 1484 : 너처럼 이렇게 일에서 도망치는 것은 옳지 않아.
＊ 像你这样逃工作就不对了。
☞ 像你这样逃避工作就不对了。

설명 "逃"는 이음절어와 함께 쓰이는 일이 매우 드물다. 위 문장에서는 "逃"가 잘못 쓰였다.

◆ 帽子 màozi 1504

▪ 1485 : 그는 늘 자신이 짠 모자를 쓰고 있다.
＊ 他经常穿着自己编织的帽子。
☞ 他经常戴着自己编织的帽子。

설명 "帽子"는 동사 "戴"와 함께 쓰인다. 위 문장에서는 동사와 목적어의 배합이 잘못 되었다.

◆ 刮风 guāfēng 1505

▪ 1486 : 내일 바람이 분다면, 나는 万里长城에 가지 않을 것이다.
＊ 如果明天有刮风, 我就不去长城。
☞ 如果明天有风, 我就不去长城。

설명 "刮风"은 한 낱말이 아니라, 동목구조이므로, "有"의 목적어로 쓰일 수 없다. 위 문장에서는 "刮"를 빼야 한다.

◆ 差不多 chàbùduō 1508

▪ 1487 : 그들은 일어를 거의 일본인처럼 유창하게 한다.
＊ 他们日语说得跟日本人差不多那么流利。
☞ 他们日语说得跟日本人差不多一样流利。

설명 "差不多" 뒤에는 늘 형용사 "一样"이 오며, 직접적으로 지시대체사 "这么", "那么" 와 함께 쓰일 수 없다. 위 문장에서는 "那么"를 "一样"으로 바꾸어야 한다.

◆ 达 dá 1511

▪ 1488 : 목적을 달성하지 않으면, 그만 두지 않을 것을 다짐한다.
* 不达了目的, 誓不罢休。
☞ 不达目的, 誓不罢休。

설명 "达"는 "실현하다"는 의미로, 오로지 "目的" 만이 그 목적어로 쓰일 수 있다. 또한 "了", "着", "过"는 "达" 뒤에 올 수 없고 중첩하지 않는다. 따라서 위 문장에서는 "了"를 빼야 한다.

▪ 1489 : 이 밧줄은 2m밖에 안된다.
* 这条绳子短达只有两米。
☞ 这条绳子只有两米。

설명 "达"는 "浅", "低", "短", "窄" 등의 형용사 뒤에 쓸 수 없다.

◆ 失败 shībài 1513

▪ 1490 : 全县 경기 때, 우리는 마침내 그들을 물리쳤다.
* 在全县比赛的时候, 我们终于失败了他们。
☞ 在全县比赛的时候, 我们终于打败了他们。

설명 "失败"는 목적어를 가질 수 없으며, 상대방에게 승리를 거두었다고 말할 때는 "失败"라고 할 수 없다.

◆ 微笑 wēixiào 1515

▪ 1491 : 얼굴에 미소를 띠고 있는 이 사진은 언제 찍은 것인지 잘 모르겠다.
* 这张微笑的照片, 不知道何时拍的。
☞ 这张面带微笑的照片, 不知道何时拍的。

설명 "照片"의 관형어로는 "微笑"가 올 수 없다. 위 문장은 관형어와 중심어의 배합이 잘못 되었다.

◆ 先进 xiānjìn 1521

▪ 1492 : 그는 이번 학기에 많이 좋아져서, 각 과목의 성적이 모두 우수하다.
* 他这个学期先进了，各科成绩都是优势。
☞ 他这个学期进步了，各科成绩都是优势。

설명 이전보다 좋아졌다는 의미로는 "先进"을 쓸 수 없다.

◆ 秘密 mìmì 1522

▪ 1493 : 나는 그가 나가는 것을 보고는, 곧 몰래 그의 집을 떠났다.
* 我见他出去了，便秘密地离开了他家。
☞ 我见他出去了，便偷偷地离开了他家。

설명 남이 부주의한 틈을 타 하는 동작임을 나타내는 경우에는 "秘密"라는 말로 수식할 수 없다. 위 문장에서 "秘密"는 잘못 쓰인 것이다.

◆ 奋斗 fèndòu 1523

▪ 1494 : 우리는 모든 적들과 끝까지 투쟁할 것이다.
* 我们要跟一切的敌人奋斗到底。
☞ 我们要跟一切的敌人斗争到底。

설명 "奋斗"는 사람이 목적이나 대상이 될 수 없다. 위 문장에서 "奋斗"는 잘못 쓰인 것이다.

◆ 赶紧 gǎnjǐn 1527

▪ 1495 : 그 사람이 방송에서 나에게 전화 받으러 가라고 하는 말을 듣고 나는 재빨리 아래층으로 뛰어 내려갔다.

＊ 听到那个人在广播里让我去接电话，我非常赶紧跑下楼去了。

☞ 听到那个人在广播里让我去接电话，我赶紧跑下楼去了。

설명 "赶紧"은 정도부사의 수식을 받을 수 없다. 위 문장에서는 "非常"을 빼야 한다.

◆ 牺牲 xīshēng 1528

▪ 1496 : 鲁迅 선생은 세상을 뜨기 전날 밤에도 창작을 하고 계셨다.

＊ 鲁迅先生直到牺牲前夕还在搞创作。

☞ 鲁迅先生直到逝世前夕还在搞创作。

설명 병이나, 굶주림, 박해 등으로 죽는 것은 "牺牲"이라 말하지 않는다.

▪ 1497 : 적 2개 대대가 왔지만, 결국 태반이 죽었다.

＊ 敌人来了两个营，结果牺牲了一大半。

☞ 敌人来了两个营，结果死亡了一大半。

설명 정의를 위해 죽어야 "牺牲"이라고 한다. 적의 죽음을 가리켜서는 "牺牲"이라고 하지 않는다.

◆ 射 shè 1529

▪ 1498 : 두 형제는 활로 기러기를 쏘려고 준비는 마쳤으나, 어떻게 먹어야 할지에 대한 다툼은 그치질 않았다.

＊ 兄弟俩准备好了箭想打大雁，可是又为如何吃法争论不休。

☞ 兄弟俩准备好了箭想射大雁，可是又为如何吃法争论不休。

설명 "활로 쏘다"는 반드시 "射"라고 해야 한다.

◆ 干净 gānjìng 1532

▪ 1499 : 선생님이 칠판을 닦고 계신다.
* 老师在干净黑板。
☞ 老师在擦黑板。

설명 "干净"은 목적어를 가질 수 없다.

▪ 1500 : 눈 온 뒤의 哈尔滨은 경치가 더욱 아름답다.
* 雪后的哈尔滨, 风景尤其干净。
☞ 雪后的哈尔滨, 风景尤其美丽。

설명 "风景"은 "干净"으로 묘사할 수 없다. 위 문장은 주어와 술어의 배합이 잘못 되었다.

▪ 1501 : 그의 노임 300원은 착취자 나으리에게 뜯겨서 홀라당 날아가 버렸다.
* 他的三百块工钱被剥皮老爷扣了干净。
☞ 他的三百块工钱被剥皮老爷扣了个干净。

설명 동작이 이미 완성되었을 때는, 동사와 정태보어 사이를 구조조사 "个"로써 연결해야 한다. 위 문장에서는 "干净" 앞에 "个"가 빠져 있다.

◆ 成功 chénggōng 1535

▪ 1502 : 그는 의사가 되고 싶어하나, 그의 희망이 이루어질는지 누가 알겠는가.
* 他想当一个大夫, 可是谁知道他的希望会不会成功。
☞ 他想当一个大夫, 可是谁知道他的希望会不会实现。

설명 "成功"은 "希望"의 술어가 될 수 없다.

▪ 1503 : 그는 이 임무를 꼭 완수할 것이다.
＊ 他一定会成功这个任务。
☞ 他一定会完成这个任务。

설명 "成功"은 목적어를 가질 수 없다.

◆ 扩大 kuòdà 1536

▪ 1504 : 우리 반은 이번 학기에 또 두 학우가 늘었다.
＊ 我们班这个学期又扩大了两个同学。
☞ 我们班这个学期又增加了两个同学。

설명 수량의 증가를 나타낼 때는 "扩大"라고 하지 않는다.

▪ 1505 : 일기를 꾸준히 쓰면, 글짓기 실력을 빨리 향상시킬 수 있다.
＊ 坚持写日记, 写作水平就能迅速提高和扩大。
☞ 坚持写日记, 写作水平就能迅速提高。

설명 수준의 향상을 나타낼 때는 "扩大"라고 하지 않는다. 위 문장에서는 "和扩大"를 빼야 한다.

◆ 进入 jìnrù 1538

▪ 1506 : 비가 오자, 그들은 서둘러 정원의 복숭아 몇 광주리를 큰 천막 안으로 옮겼다.
＊ 下雨了, 他们赶紧把院子里的几筐桃子进入了大棚里。
☞ 下雨了, 他们赶紧把院子里的几筐桃子搬进了大棚里。

설명 "进入"은 "把"자문에 쓰일 수 없다.

◆ 商量 shāngliang 1541

▪ 1507 : 우리는 선생님과 의논할 일이 있다.
* 我们有件事要跟老师讨论。
☞ 我们有件事要跟老师商量。

설명 구체적인 일에 대해 정식으로 의견을 교환하는 것이 아닐 때는 보통 "商量"이라고 한다.

◆ 瓶 píng 1542

▪ 1508 : 우유 한 병 주세요.
* 请给我一牛奶瓶。
☞ 请给我一瓶牛奶。

설명 "瓶"은 반드시 수사 뒤에, 수식되는 명사 앞에 와야 한다.

◆ 解 jiě 1545

▪ 1509 : 아버지가 안 계셔서, 우리 가족은 살아갈 도리가 없게 되었는데, 이러한 이치는 내가 다 자란 후에야 알게 되었다.
* 没有父亲，我们一家人就无法生活，这个道理我长大以后才解。
☞ 没有父亲，我们一家人就无法生活，这个道理我长大以后才理解。

설명 단독으로 사용될 때, "解"는 부정문에서만 사용될 수 있다.

◆ 相当 xiāngdāng 1548

▪ 1510 : 이 두 축구팀의 실력은 차이가 극명해서, 이 시합은 보기에 재미가 없다.

* 这两个足球队的实力不相当, 他们的这场比赛看着没意思。

☞ 这两个足球队的实力相差悬殊, 他们的这场比赛看着没意思。

설명 "실력 차이가 서로 많이 난다"라는 의미로는 "不相当"을 쓸 수 없다.

빈도순 1551~1600

◆ 一致 yīzhì 1551

▪ 1511 : 나는 그의 견해에 완전히 동의할 수 없다.

* 我不能一致同意他的看法。

☞ 我不能完全同意他的看法。

설명 "完全"이라는 의미로는 "一致"를 쓸 수 없다.

▪ 1512 : 그들의 표현은 늘 다르지만, 의견은 완전히 똑 같다.

* 他们无非说法不同, 但意见一致一样。

☞ 他们无非说法不同, 但意见一模一样。

설명 "一模一样"은 고정구로, "一致一样"이라고 하지 않는다. 위 문장에서는 "致"가 잘못 쓰였다.

◆ 扔 rēng 1552

▪ 1513 : 둘째 언니, 칼을 내게 건네줘. 내가 야채를 자를게.

＊ 二姐, 你把刀扔给我, 我来切菜。

☞ 二姐, 你把刀递给我, 我来切菜。

설명 "물건을 다른 사람의 손으로 보내다"라는 의미로는 "扔"을 쓸 수 없다. 따라서 위 문장에서는 "扔"이 잘못 쓰였다.

◆ 情形 qíngxing 1553

▪ 1514 : 태양이 산으로 저무는 광경은 무척 아름답다.

＊ 太阳落山的情形非常美。

☞ 太阳落山的景色非常美。

설명 "情形"은 "사물이 드러나는 모양"으로, "美"나 "有意思"로 설명할 수 없다. 위 문장에서는 "情形"이 잘못 쓰였다.

◆ 加以 jiāyǐ 1554

▪ 1515 : 우리는 네가 제출한 건의에 따라 일을 진행시킬 것이다.

＊ 我们要按照你提的建议加以工作。

☞ 我们要按照你提的建议进行工作。

설명 "工作", "同意" 등의 동사는 "加以"와 함께 쓰일 수 없다. 위 문장에서는 "加以"가 잘못 쓰였다.

▪ 1516 : 马군의 의견은 반드시 고려해 봐야 한다.

＊ 应该加以考虑小马的意见。

☞ 小马的意见应该加以考虑。

설명 "加以"의 동사 목적어 뒤에는 다시 목적어가 나올 수 없다. 위 문장은 구조가 잘못 되었다.

◆ 既然 jìrán 1556

▪ 1517 : 기왕 가기로 결정했으면, 빨리 가봐라.

＊ 既然决定去了，快走吧。

☞ 既然决定去了，就快走吧。

설명 뒤 절이 만일 의문문이나 반문문이 아니라면, 문장 속에 반드시 "既然"과 서로 호응하는 부사가 나와야 한다.

▪ 1518 : 그는 비록 몸이 좋지 않지만, 매일 꾸준히 수업에 나간다.

＊ 他既然身体不好，但是每天仍坚持上课。

☞ 他虽然身体不好，但是每天仍坚持上课。

설명 "既然"은 전환절에는 쓰이지 않는다.

▪ 1519 : 张씨는 경력이 다양하기 때문에 경험이 풍부하다.

＊ 既然老张阅历广，所以经验丰富。

☞ 因为老张阅历广，所以经验丰富。

설명 "既然"은 "所以"와 함께 쓰여 인과관계를 나타내는 절을 이룰 수 없다.

◆ 代替 dàitì 1557

▪ 1520 : 그들은 나를 취하게 하려고, 나에게 브랜디 반 근을 따라주었지만, 나는 도리어 종업원에게 사이다로 바꿔달라고 하였다.

＊ 他们想把我灌醉，给我倒了半斤白兰地，但是我却请服务员代替一杯汽水了。

☞ 他们想把我灌醉，给我倒了半斤白兰地，但是我却请服务员用一杯汽水代替了。

설명 "어떠한 것을 다른 것으로 대체하다"라는 의미로는 "用…代替" 형식을 쓰는 것이 보통이다. 그러므로 "代替" 다음에 바로 대체하는 사물을 나타내는 명사가 올 수 없다.

◆ 依靠 yīkào 1563

▪ 1521 : 우리는 산꼭대기에 오르자 피곤해져, 곧 큰 나무 아래에 앉아 나무에 기대 쉬었다.

* 我们登上了山顶, 感到很累, 便坐在一棵大树下, 背依靠着树休息。

☞ 我们登上了山顶, 感到很累, 便坐在一棵大树下, 背靠着树休息。

설명 "몸을 어떠한 물체에 기대다"라는 의미로 "依靠"라고 하지는 않는다.

▪ 1522 : 钱正兴은 아버지가 세도가인 것을 믿고서, 도처에서 제멋대로 날뛰며 남을 우롱한다.

* 钱正兴依靠他父亲是个绅士, 到处横行霸道, 欺悔他人。

☞ 钱正兴依仗他父亲是个绅士, 到处横行霸道, 欺悔他人。

설명 "다른 사람의 세력이나 유리한 상황에 의지하다" 라는 의미로는 "依靠"라고 하지 않는다.

▪ 1523 : 『城南日报』의 내용은 한 소녀의 눈을 통해 표현해 낸 것이다.

* 『城南日报』 的内容是依靠一个小女孩的眼睛表现出来的。

☞ 『城南日报』 的内容是通过一个小女孩的眼睛表现出来的。

설명 "사람이나 사물을 매개로 하거나 수단으로 하여 어떠한 목적에 도달하다"라고 할 때는 "依靠"라고 하지 않는다.

▪ 1524 : 도시에 사는 것이 좋은지, 산간지대에 사는 것이 좋은지는 각자의 상황에 따라야 한다.

* 住在城里好, 还是住在山区好, 这要依靠各人的情况。

☞ 住在城里好, 还是住在山区好, 这要依据各人的情况。

설명 어떠한 사물이 언어나 행동의 기초가 됨을 나타낼 때, "依靠"라고 하지 않는다.

◆ 透 tòu 1572

▪ 1525 : 문을 꽉 닫지 않으면, 바람이 심하게 들어온다.
* 门关不严, 风透得很厉害。
☞ 门关不严, 透风透得很厉害。

설명 위 문장에서 "风"은 "透"의 목적어이므로, "风" 앞에 동사 "透"를 넣어야 한다.

◆ 顿 dùn 1573

▪ 1526 : 여러 번의 질책으로 마침내 나는 분명히 알게 되었다.
* 一顿顿的批评, 终于使我明白过来了。
☞ 一次次的批评, 终于使我明白过来了。

설명 "顿"을 비판, 질책, 꾸중 등의 회수를 나타낼 때는 쓸 수 없고, 중첩하여 사용할 수도 없다.

◆ 以外 yǐwài 1574

▪ 1527 : 이번에 간 남방여행에서는 각지의 여러 가지 독특한 맛의 음식을 먹게 된 것 말고도, 각지의 아름다운 풍경까지 감상하였다.
* 这次去南方旅行, 既吃到了各种地方风味的饭菜以外, 还欣赏了各地优美的风景。
☞ 这次去南方旅行, 除吃到了各种地方风味的饭菜以外, 还欣赏了各地优美的风景。

설명 "以外"는 "既"와는 함께 쓰이지 않는다. 위 문장은 "除…以外"로 나타내야 하므로, "既"를 "除"로 고쳐야 한다.

◆ 担心 dānxīn 1575

▪ 1528 : 시내에 자전거를 타고 갈 때는 특히 조심하고 부딪히지 마라.
＊ 上街骑车要特别担心，别碰着了。
☞ 上街骑车要特别小心，别碰着了。

설명 "担心"에는 주의를 기울인다는 의미가 없다. 위 문장에서는 "担心"을 쓸 수 없다.

◆ 当做 dàngzuò 1576

▪ 1529 : 鸣凤은 觉慧의 하녀가 되기를 원했다.
＊ 鸣凤愿意当做觉慧的丫头。
☞ 鸣凤愿意做觉慧的丫头。

설명 어떠한 직무를 맡기를 원한다는 의미를 나타낼 때는 "当做"를 쓸 수 없다.

▪ 1530 : 어머니는 朱德가 혁명 사업에 참가하는 것을 반대하지 않았다.
＊ 母亲不反对朱德当作革命工作。
☞ 母亲不反对朱德参加革命工作。

설명 어떠한 활동에 참가함을 나타낼 때는 "当做"라고 하지 않는다.

◆ 吸 xī 1577

▪ 1531 : 큰비가 지나간 후, 고인 물은 점점 땅으로 스며들었다.
＊ 大雨过后，积水渐渐地吸进地面。
☞ 大雨过后，积水渐渐地渗进地面。

설명 "액체가 천천히 땅으로 침투하다"라는 의미로는 "吸"라고 하지 않는다.

- 1532 : 외출할 때는 옷을 많이 입어야 감기에 걸리지 않는다.

* 出去要多穿衣服, 免得吸凉。

☞ 出去要多穿衣服, 免得着凉。

설명 "날씨가 추워 찬바람을 쐬어 감기에 들다"라고 할 때는 "吸凉"이라고 하지 않는다.

◆ 少数 shǎoshù 1578

- 1533 : 아빠는 농장의 땅을 삼촌에게 조금 주셨다.

* 爸爸把农场的田地给了叔叔少数。

☞ 爸爸把农场的田地给了叔叔一小部分。

설명 "전체 중 일부분"이라는 의미를 나타낼 때는 "少数"라고 하지 않는다.

◆ 平均 píngjūn 1581

- 1534 : 이 가구 세트의 착색은 균일하지 않다.

* 这套家具的着色不够平均。

☞ 这套家具的着色不够均匀。

설명 분포나 간격이 균일하다는 것을 나타낼 때는 "平均"이라고 하지 않는다.

◆ 小伙子 xiǎohuǒzi 1582

- 1535 : 그 젊은이는 荷花 낭자를 사랑하게 되었다.

* 那个男子爱上了荷花姑娘。

☞ 那个小伙子爱上了荷花姑娘。

설명 "姑娘"과 상대되어 남자 청년을 부를 때는 보통 "小伙子"라고 한다.

◆ 遇到 yùdào 1587

▪ 1536 : 이번이 나의 첫 번째 외국 시찰로, 새로운 환경에 접해보았고 새로운 경험을 배웠다.

* 这是我第一次到国外去考察, 接触到了新的环境, 遇到了新经验。

☞ 这是我第一次到国外去考察, 接触到了新的环境, 学到了新经验。

설명 "经验"은 "遇到"의 목적어가 될 수 없다.

▪ 1537 : 2년 후, 그들 두 사람은 다시한번 마주쳤다.

* 两年以后, 他们两人遇到再一次。

☞ 两年以后, 他们两人再一次遇到。

설명 부사어는 동사 앞에 와야 한다. 위 문장에서는 "遇到"의 부사어인 "再一次"의 위치가 잘못 되었다.

◆ 克服 kèfú 1590

▪ 1538 : 나는 감기에 걸린 지 여러 날이 되었는데도, 치료가 되지 않았다.

* 我感冒好几天了, 就是克服不了。

☞ 我感冒好几天了, 就是治不好。

설명 질병치료는 "克服"라고 할 수 없다. 위 문장에서는 "克服"가 잘못 쓰였다.

◆ 随便 suíbiàn 1596

▪ 1539 : 우리 조부님은 말씀을 너무 아무렇게나 하신다.

* 我祖父太随便说话。

☞ 我祖父说话太随便。

설명 "随便"은 정도부사의 수식을 받은 다음에는 부사어로 쓰일 수 없으며, 술어로만 쓸 수 있다. 위 문장에서는 "太随便"의 위치가 잘못 되었다.

◆ 设计 shèjì 1598

▪ 1540 : 우리 아빠는 건축사라서 늘 중요한 건축을 위해 도면을 설계하신다.

* 我爸爸是个建筑师, 他常为重要建筑写图样。

☞ 我爸爸是个建筑师, 他常为重要建筑设计图样。

설명 "도면을 그리다"라는 의미를 나타낼 때는 "写"라고 하지 않는다. 위 문장에서는 "写"를 "设计"로 바꾸어야 한다.

빈도순 1601~1650

◆ 往往 wǎngwǎng 1603

▪ 1541 : 네가 있는 곳에서 가까우니까 자주 놀러오길 바래.

* 你离我这儿这么近, 希望你能往往来。

☞ 你离我这儿这么近, 希望你能常常来。

설명 "往往"은 일정한 규칙성이 있는 상황에 대한 총결이다. 단순히 동작의 중복을 나타낼 때는 "往往"을 쓸 수 없으므로 "常常"으로 바꾸어야 한다.

◆ 洋 yáng 1608

▪ 1542 : 그는 서양 놈과 수입한 서양 물건을 싫어한다.
* 他恨洋鬼子和洋进口的东西。
☞ 他恨洋鬼子和进口的洋东西。

설명 "洋"은 부사어로 쓰여 동사를 수식할 수 없는데, 틀린 문장에서는 "洋"이 "进口"를 수식하고 있으므로 잘못된 것이다.

◆ 渡 dù 1609

▪ 1543 : 林老远은 멀리 바다를 건너 와 식구들과 한 자리에 모였다.
* 林老远度重洋, 来和家人团聚。
☞ 林老远渡重洋, 来和家人团聚。

설명 "물을 건너다"라는 의미를 나타낼 경우에는 "度"가 아니라 "渡"를 써야 한다.

◆ 教训 jiàoxùn 1613

▪ 1544 : 刘군이 그녀에게 한 마디 하자, 그녀는 울기 시작했다.
* 小刘教训了她一句, 她便哭起来了。
☞ 小刘说了她一句, 她便哭起来了。

설명 "教训"의 목적어는 사람을 가리키는 명사나 대체사이어야 한다.

▪ 1545 : 아버지께서 나에게 좋은 만년필을 선물하시면서 열심히 공부하라고 나를 격려해 주셨다.
* 父亲送给我一支精致的钢笔, 教训我努力学习。
☞ 父亲送给我一支精致的钢笔, 鼓励我努力学习。

설명 훈계의 의미가 없을 때는 "教训"을 쓸 수 없다. 틀린 문장의 의미는 아버지께서 열심히 공부하라고 용기를 북돋아 주시기 위해서 선물을 해주신 것이므로 "教训"은 쓸 수 없다.

◆ 联合 liánhé 1615

▪ 1546 : 독후감을 쓸 때는 자신의 생각과 연관시켜야 한다.

* 写读后感要联合自己的思想。

☞ 写读后感要联系自己的思想。

설명 "联合"의 대상은 구체적인 사람이나 국가, 기업, 단위 등이어야 한다. 추상적인 명사는 목적어로 동반할 수 없는데, "思想"은 추상적인 명사이므로 "联合" 대신에 "联系"를 써야 한다.

◆ 普遍 pŭbiàn 1619

▪ 1547 : 胡선생님께서는 학생들에게 수업 이외의 서적을 두루 읽을 것을 장려하신다.

* 胡老师鼓励他的学生普遍阅读课外书籍。

☞ 胡老师鼓励他的学生广泛阅读课外书籍。

설명 관련된 면이 넓음을 강조할 때는 "普遍"을 쓸 수 없다.

◆ 因而 yīn'ér 1620

▪ 1548 : 朝阳门 지하철역에서 지하철이 아직 안 와서 우리들은 잠시 의자에 앉아 기다리고 있다.

* 在朝阳门地铁站, 因而车还没来, 我们暂时坐在椅子上等着。

☞ 在朝阳门地铁站, 因为车还没来, 我们暂时坐在椅子上等着。

설명 "因而"은 원인을 나타내는 절에 쓸 수 없다. 복문에서 원인을 나타내는 절에는 "因为"를 써야 한다.

◆ 强烈 qiánglliè 1630

▪ 1549 : 아이들은 밖에서 떠들썩하게 논다.
＊ 孩子们在外边玩得很强烈。
☞ 孩子们在外边玩得很热闹。

설명 "强烈"는 감정, 의지 혹은 색, 광선 등을 형용할 때 많이 사용되는 형용사이다. "学习"나 "玩儿" 등에는 "强烈"를 쓸 수 없다. "学习"는 "紧张"으로, "玩儿"은 "热闹"로 형용하는 경우가 많다.

◆ 念 niàn 1631

▪ 1550 : 네가 내 편지를 읽으면 '겨울이 이렇게 추운데 중국사람은 어떻게 생활할까?'라는 생각을 틀림없이 하게 될거야.
＊ 你念我的话，一定会想冬天这样冷，中国人怎么生活呢?
☞ 你念我的信，一定会想冬天这样冷，中国人怎么生活呢?

설명 "话"는 "念"의 목적어가 될 수 없다.

◆ 连忙 liánmáng 1633

▪ 1551 : 밖에 비가 많이 오니까 얼른 들어와라.
＊ 外面雨大，连忙进来吧。
☞ 外面雨大，赶快进来吧。

설명 "连忙"은 명령문에 쓸 수 없다.

◆ 尽管 jǐnguǎn 1635

▪ 1552 : 어려움이 있으면 얼마든지 마음놓고 말해.
＊ 有困难尽管你说。
☞ 有困难你尽管说。

설명 "尽管"이 "얼마든지"의 의미를 가진 부사로 쓰일 때는 주어 앞에 놓일 수 없다.

- 1553 : 나는 책 보는데만 정신이 팔려 밥이 타는 것도 몰랐다.

* 我尽管看书, 饭烧糊了都不知道。

☞ 我只顾看书, 饭烧糊了都不知道。

설명 오로지 어떤 한 가지 일에만 열중한다는 의미를 나타낼 때는 "尽管"을 쓸 수 없다.

- 1554 : 모두들 어떤 문제든지 그를 찾아가 도움을 바란다.

* 大家尽管有什么问题, 都愿意找他帮忙。

☞ 大家不管有什么问题, 都愿意找他帮忙。

설명 어떤 조건 하에서도 변함없이 어떤 행위를 한다는 의미를 나타낼 경우에는 "尽管"을 쓰지 않고 "不管"이나 "无论" 등을 써야 한다.

◆ 应用 yìngyòng 1636

- 1555 : 그는 자주 버스를 타고 대사관에 영화를 보러 간다.

* 他常应用公共汽车去大使馆看电影。

☞ 他常乘公共汽车去大使馆看电影。

설명 교통수단은 "应用"의 목적어로 쓰일 수 없다. 교통수단을 가리키는 단어를 목적어로 동반할 수 있는 동사로는 "上", "坐", "乘", "骑" 등이 있다.

◆ 实验 shíyàn 1639

- 1556 : 그는 자신에 대한 아내의 사랑이 진짜인지 아닌지를 한 번 시험해 보려고 한다.

* 他想实验一下他妻子对他的爱情是不是真的。

☞ 他想检验一下他妻子对他的爱情是不是真的。

설명 검사해서 검증함을 나타낼 때는 "实验"을 쓰지 않고 "检验"을 쓴다.

◆ 有关 yǒuguān 1642

▪ 1557 : 이 문제는 장차 우리가 어떤 길을 가야 할지에 관련되어 있으므로 반드시 진지하게 대처해야 한다.

* 这个问题有关我们将来要走什么路。

☞ 这个问题有关我们将来要走什么路，必须严肃对待。

설명 "有关"이 술어부분의 주요동사일 경우에는 일반적으로 인과를 나타내는 복문 중 원인을 나타내는 절에 "有关"을 써야 하고 그 뒤에 결과를 나타내는 절을 써야 한다. 틀린 문장에서는 결과를 나타내는 절이 빠져 있으므로 보충해주어야 한다.

◆ 号召 hàozhào 1646

▪ 1558 : 아버지께서는 편지를 보내 공부에 전념하고 집을 그리워하지 말라고 나에게 용기를 북돋아 주셨다.

* 父亲来信号召我安心学习，不要想家。

☞ 父亲来信鼓励我安心学习，不要想家。

설명 "号召"의 대상이 되는 목적어는 사람일 수 없다. "我"는 "号召"의 대상이 될 수 없으므로 의미가 비슷한 다른 동사로 바꾸어야 한다.

◆ 撞 zhuàng 1648

▪ 1559 : 그녀를 친 차는 트럭이므로 王宝가 몰고 다니는 차와는 다르다.

* 她撞的汽车是一辆卡车，跟王宝开的车不一样。

☞ 撞她的汽车是一辆卡车，跟王宝开的车不一样。

설명 "她"는 "撞"의 목적어이므로 "撞" 뒤에 놓여야 한다.

◆ 贡献 gòngxiàn 1650

▪ 1560 : 이 과학자는 중국에 크게 공헌했다.
* 这位科学家对中国非常贡献。
☞ 这位科学家对中国的贡献很大。

설명 "贡献"은 정도부사의 수식을 받을 수 없으므로 "贡献"을 주어 위치에 놓고 형용사 "大"를 술어 위치에 놓아야 한다.

▪ 1561 : 이 열 여덟 명의 용사는 자신의 모든 것을 중국의 혁명사업에 바쳤다.
* 这十八位勇士把自己的一切都贡献了中国的革命事业。
☞ 这十八位勇士把自己的一切都贡献给了中国的革命事业。

설명 "贡献"의 행위를 받는 객체는 전치사 "给"를 써서 이끌어 내야 하는데, 틀린 문장에서는 "给"가 빠져 있다.

빈도순 1651~1700

◆ 聪明 cōngmíng 1651

▪ 1562 : 그는 교묘하게 그녀의 질문에 대답하고 있다.
* 他聪明地回答着她的问题。
☞ 他巧妙地回答着她的问题。

설명 "聪明"은 부사어로 쓰이지 않는다.

◆ 交通 jiāotōng 1653

▪ 1563 : 홍콩의 도로에는 사람이 많아 차가 지나가기 어려워서 홍콩 정부는 자동차가 다니는 몇몇 길을 결정했다.

＊ 香港的路上人很多，汽车难以通过，所以香港政府决定一些路段停止交通。

☞ 香港的路上人很多，汽车难以通过，所以香港政府决定一些路段汽车通行。

설명 "交通"을 목적어로 동반할 수 있는 동사술어는 몇 개 안되는데, "影响", "阻碍", "妨碍" 등만이 가능하다.

◆ 发明 fāmíng 1654

▪ 1564 : 요리사는 감자 요리를 하는 새로운 방법을 생각해냈다.

＊ 厨师发明了一个做土豆的新方法。

☞ 厨师想出了一个做土豆的新方法。

설명 "发明"은 의의가 비교적 크거나 가치가 비교적 높은 물건에 활용되는 단어이다. 틀린 문장의 "做土豆的方法" 정도는 "发明"이라고 할 수 없다.

◆ 戏 xì 1656

▪ 1565 : 우리가 선생님과 같이 중국어 프로그램을 연습하면 우리들의 중국어 수준을 향상시킬 수 있다.

＊ 我们跟老师一起练习戏，可以提高我们的汉语水平。

☞ 我们跟老师一起练习汉语节目，可以提高我们的汉语水平。

설명 가르치는 수단으로 채택하는 말하기, 노래하기, 연극하기 등의 형식 중에는 희극이 아닌 것도 있다. "戏"는 일반적으로 "演", "唱", "听", "看" 등과 같은 단음절 동사의 목적어로만 사용된다.

◆ 观点 guāndiǎn 1657

▪ 1566 : 당신네 나라와 우리나라는 중대한 수많은 국제 문제에서 관점이 서로 달라서 외교관계가 수립되지 않았다.

* 你们国家跟我们国家的观点不同, 所以没建立外交关系。

☞ 你们国家跟我们国家在许多重大国际问题上的观点不同, 所以没建立外交关系。

설명 "观点"을 쓰려면 어떤 방면의 관점인지를 명확하게 밝혀야 하는데, 틀린 문장에서는 어떤 관점을 가리키는지가 불분명하다.

◆ 共 gòng 1658

▪ 1567 : 매일 방세는 1원 50전이니까 석 달 방세는 모두 합쳐서 135원이 된다.

* 每天房费一块五, 共三个月房费一百三十五元。

☞ 每天房费一块五, 三个月房费共一百三十五元。

설명 "共"은 그것이 수식하는 수량사 바로 앞에 놓여야 한다.

◆ 势力 shìlì 1663

▪ 1568 : 당시에 그녀의 남편은 의원이었는데 세력이 매우 컸다.

* 当时她丈夫是个议员, 力量很大。

☞ 当时她丈夫是个议员, 势力很大。

설명 정치 방면의 힘을 가리킬 때는 "力量"을 쓰지 않고 "势力"를 쓴다.

◆ 现实 xiànshí 1666

▪ 1569 : 네가 실제적인 가능성에 근거해 여름방학 여행계획을 세우려면 시간 안배 면에서 여유를 남겨두어야만 할거야.

* 你要现实地制定署假旅游计划, 时间安排上要留有余地才行。

☞ 你要根据实际可能制定署假旅游计划, 时间安排上要留有余地才行。

설명 "现实"는 일반적으로 부사어로 쓰이지 않는다.

◆ 可爱 kěài 1667

▪ 1570 : 그는 요즘 기분이 아주 좋다.

* 他最近的心情很可爱。

☞ 他最近的心情很好。

설명 사람의 기분이 좋음과 나쁨을 형용할 때는 "可爱"를 쓸 수 없다.

◆ 脑子 nǎozi 1672

▪ 1571 : 이발사는 조심하지 않아 그의 머리에 상처를 내놓았다.

* 理发员不小心把他的脑子弄破了。

☞ 理发员不小心把他的脑袋弄破了。

설명 신체에서 머리부분을 가리킬 때는 "脑子"를 쓸 수 없다.

▪ 1572 : 그는 마치 머리가 나쁜 사람처럼 흐리멍덩하다.

* 他像一个没脑袋的人, 糊里糊涂。

☞ 他像一个没脑子的人, 糊里糊涂。

설명 틀린 문장은 그가 실제로 머리부분이 없다는 의미가 아니고 "머리가 나쁘다"는 의미인데, 이럴 경우에는 "脑袋"를 쓰지 않고 "脑子"를 쓴다.

◆ 培养 péiyǎng 1674

▪ 1573 : 刘선생님께서는 학생 스스로 존엄하게 생각하고 스스로 자신을 사랑하도록 가르치신다.

* 刘老师常常培养学生自尊自爱。

☞ 刘老师常常教育学生自尊自爱。

설명 "가르쳐서 이끌고 깨닫게 하다"라는 의미를 나타낼 때는 "培养"을 쓰지 않는다.

◆ 制定 zhìdìng 1680

▪ 1574 : 나는 汉语学院에서 학점제를 시행한다고 들었다.

* 我听说汉语学院制定了学分制。

☞ 我听说汉语学院实行了学分制。

설명 행동을 해서 실현한다는 의미를 나타낼 때는 "制定"을 쓰지 않고 "实行"을 써야 한다.

◆ 增长 zēngzhǎng 1681

▪ 1575 : 지각하는 횟수가 계속 늘어서 일주일에 다섯 번이나 된다.

* 迟到的次数不断地增长，一周竟高达五次。

☞ 迟到的次数不断地增加，一周竟高达五次。

설명 "次数"는 "增长"의 주어가 될 수 없다.

▪ 1576 : 태극권을 연습해서 내 체력을 증강시켰다.

* 练太极拳增长了我的体质。

☞ 练太极拳增强了我的体质。

설명 "점점 강해진다"는 의미를 나타낼 때는 "增长" 대신 "增强"을 써야 한다.

▪ 1577 : 내가 관찰한 바에 의하면 北京 사람은 예전보다 예의에 더욱 신경을 쓴다.

* 据我观察北京人在礼貌方面比以前增长多了。

☞ 据我观察北京人比以前更讲礼貌了。

설명 "增长"은 "礼貌"를 설명하는데 사용하지 않는다.

◆ 大伙儿 dàhuǒr 1683

▪ 1578 : 선생님들께서는 모두 우리를 열심히 가르치신다.

* 老师大伙儿都很认真地教我们。

☞ 老师们都很认真地教我们。

설명 "大伙儿"은 명사 뒤에 쓰여 복수를 나타낼 수 없다. 그러나 "我们", "你们", "他们" 등 복수를 나타내는 인칭대체사 뒤에는 "大伙儿"을 쓸 수 있다.

◆ 毕业 bìyè 1686

▪ 1579 : 그는 上海에서 졸업했다.

* 他毕业上海。

☞ 他毕业于上海。

설명 졸업한 장소나 졸업한 시간을 나타낼 때는 "于+시간/장소"의 전치사구가 "毕业"의 보어로 쓰인다.

▪ 1580 : 그는 집이 가난해서 초등학교를 졸업하자마자 일을 하였다.

* 他家里很穷, 刚毕业小学就去工作了。

☞ 他家里很穷, 小学刚毕业就去工作了。

설명 "小学", "中学", "大学" 등의 명사는 "毕业" 뒤에서 목적어로 쓰일 수 없다. "小学毕业", "中学毕业", "大学毕业"라고 써야 한다.

▪ 1581 : 그녀는 北京语言文化大学을 막 졸업했다.

* 她刚刚毕业于北京语言文化大学。

☞ 她刚刚从北京语言文化大学毕业。

설명 "毕业" 앞에 시간부사가 있을 때 장소를 나타내는 명사는 "于"와 결합되어 보어로 쓰일 수 없다. 이런 경우에는 "从"과 함께 전치사구를 이루어 부사어의 위치에 놓여야 한다.

◆ 痛苦 tòngkǔ 1688

▪ 1582 : 그녀의 딸은 배우가 되지 못해 마음이 매우 아팠다.

* 她的女儿没当演员，心里很痛了苦。

☞ 她的女儿没当演员，心里很痛苦。

설명 "痛苦"는 한 단어이므로 그 사이에 어떠한 단어나 구도 집어넣을 수 없다.

▪ 1583 : 그곳의 일은 매우 힘들다.

* 那里的工作十分痛苦。

☞ 那里的工作十分艰苦。

설명 어려움이 크다는 의미를 나타낼 때는 "痛苦" 대신 "艰苦"를 써야 한다.

◆ 老实 lǎoshi 1690

▪ 1584 : 그의 성격은 온화하다.

* 他的性格很老实。

☞ 他的性格很温和。

설명 성격은 "老实"로 형용할 수 없다. "他很老实"라고는 말할 수 있으나 "性格很老实"라고는 할 수 없다.

◆ 情绪 qíngxù 1691

▪ 1585 : 모두들 기분이 가라앉아 있어 기운을 차릴 수가 없다.
* 大家心情很沉重，打不起情绪来。
☞ 大家心情很沉重，打不起精神来。

설명 "情绪"는 "심리상태"와 관계가 있는 단어이므로 "打"의 목적어가 될 수 없다.

◆ 户 hù 1696

▪ 1586 : 성탄절 전에 집집마다 전나무 한 그루를 사서 거실에 놓아둔다.
* 圣诞节之前，每户家都要买一棵枞树，把它放在客厅里面。
☞ 圣诞节之前，每家都要买一棵枞树，把它放在客厅里面。

설명 "家"는 그 자체가 양사의 역할을 할 수 있는 단어이므로 따로 양사를 쓸 필요가 없다.

◆ 承认 chéngrèn 1699

▪ 1587 : 법원은 국민이 법률을 준수하지 않는 것을 허락하지 않는다.
* 法院不承认公民不遵守法律。
☞ 法院不允许公民不遵守法律。

설명 "承认"에는 "허락"의 의미가 내포되어 있지 않다.

빈도순 1701~1750

◆ 停止 tíngzhǐ 1701

▪ 1588 : 내 남편은 홍콩에서 하루도 묵지 않고 급히 나를 보러 北京에 왔다.

＊ 我爱人在香港一天也没停止，就急急忙忙来了北京看我。

☞ 我爱人在香港一天也没停留，就急急忙忙来了北京看我。

설명 어떤 곳에서 잠시 머무른다는 의미를 나타낼 때는 "停止"를 쓰지 않고 "停留"를 쓴다.

▪ 1589 : 공연이 끝난 후에 우리들은 무대 뒤쪽에 가서 배우들과 얘기를 나누었다.

＊ 演出停止后，我们到后台跟演员们座谈。

☞ 演出结束后，我们到后台跟演员们座谈。

설명 어떤 활동이 마지막까지 진행되고 끝이 났다는 의미를 나타낼 때는 "停止"를 쓰지 않는데, "停止"는 중간에 활동을 멈춘다는 의미이기 때문이다.

▪ 1590 : 내가 중국에 온 이후 나와 남자친구의 관계는 끝났다.

＊ 我来中国以后，我和男朋友的关系停止了。

☞ 我来中国以后，我和男朋友的关系中断了。

설명 관계가 끝났다는 의미를 나타낼 때는 "停止"를 쓰지 않는다.

◆ 回头 huítóu 1703

▪ 1591 : 그의 딸은 결혼하자마자 다른 곳으로 가서 내내 돌아오지 않았다.
* 他的女儿一结婚就到别的地方去了，一直没有回头。
☞ 他的女儿一结婚就到别的地方去了，一直没有回来。

설명 다른 곳으로 가서 원래 장소로 돌아온다는 의미를 나타낼 때는 "回头"를 쓸 수 없다.

◆ 海洋 hǎiyáng 1711

▪ 1592 : 배는 인도양에서만 운항하고 있다.
* 船只行驶在印度海洋。
☞ 船只行驶在印度洋。

설명 구체적인 바다를 가리키는 명사 뒤에는 "海洋"을 쓸 수 없다.

◆ 数 shǔ 1718

▪ 1593 : 우리 반에서는 爱华의 발음이 최고로 손꼽힌다.
* 我们班爱华发音数最好。
☞ 我们班数爱华发音最好。

설명 서열이나 석차 등이 가장 앞이거나 수준이 두드러짐을 나타낼 때 사용하는 "数"는 명사, 대체사, 수사, 절 등을 목적어로 동반할 수 있다. 틀린 문장에서는 "数"의 위치가 잘못되었다.

▪ 1594 : 우리의 이번 작문은 알리가 제일 잘 썼다.
* 我们这次的作文数了阿里写得好。
☞ 我们这次的作文数阿里写得好。

설명 서열이나 석차 등이 가장 앞이거나 수준이 두드러짐을 나타낼 때 사용하는 "数"는 "了", "着", "过"를 동반할 수 없다.

◆ 沉重 chénzhòng 1719

- 1595 : 아우가 잡혔다는 소식을 듣고 그는 마음이 좀 무거워졌다.

* 听了弟弟被捕的消息, 他有些沉重。

☞ 听了弟弟被捕的消息, 他心情有些沉重。

설명 술어로 쓰이는 "沉重"은 단지 "心情", "感情" 등 소수의 명사 주어와 결합할 수 있을 뿐이다. 틀린 문장에서는 "沉重"의 주어가 될 만한 단어가 빠져 있다.

- 1596 : 비행기 사고가 나는 것을 보고 모두들 마음이 무거워져 고개를 떨구었다.

* 目睹飞机失事, 大家都沉重地低下了头。

☞ 目睹飞机失事, 大家都心情沉重地低下了头。

설명 "沉重"은 단독으로 부사어가 될 수 없다.

◆ 闭 bì 1720

- 1597 : 엄마는 나를 방에 가두고 나가지 못하게 하셨다.

* 妈妈把我闭在屋子里, 不让我出去。

☞ 妈妈把我关在屋子里, 不让我出去。

설명 "안에 가두다"라는 의미를 나타낼 때는 "闭"를 쓰지 않고 "关"을 쓴다.

◆ 采用 cǎiyòng 1721

- 1598 : 다른 사람의 비평에 대해서 그는 항상 아랑곳하지 않는 태도를 보였다.

* 对于别人的批评, 他经常采用不理睬的态度。

☞ 对于别人的批评, 他经常采取不理睬的态度。

설명 "采用"의 의미는 중점이 "사용하다"에 있고, "采取"의 의미는 중점이 "선택하다"에 있다. 틀린 문장에는 여러 가지 태도 중에서 하나를 골라서 취한다는 의미이므로 "采取"를 써야 한다.

▪ 1599 : 广州에 가니까 사람들이 모두 广东말을 해서 나는 조금도 알아들을 수가 없었다.

* 到了广州, 人们都辨用广东话, 我一点也听不懂。

☞ 到了广州, 人们都说广东话, 我一点也听不懂。

설명 "话"는 "辨用"의 목적어가 될 수 없다.

◆ 事物 shìwù 1722

▪ 1600 : 이것은 내가 영원히 잊을 수 없는 일이다.

* 这是我永远忘不了的一件事物。

☞ 这是我永远忘不了的一件事情。

설명 "事物"는 동사 "忘"의 목적어로 쓰일 수 없다. 만약에 물건을 잃어버렸다는 의미를 나타내려면 동사 "丢"를 써야 한다.

◆ 年纪 niánjì 1730

▪ 1601 : 유아원에 견학 갔을 때, 내가 한 어린 여자아이에게 "너 몇 살이니?" 라고 물었다.

* 参观幼儿园的时候, 我问一个小女孩 : "你多大年纪了?"

☞ 参观幼儿园的时候, 我问一个小女孩 : "你几岁了?"

설명 "年纪"는 비교적 나이가 든 사람의 나이를 물을 때 쓰는 단어이다. 어린아이의 나이를 물을 때는 "几岁"를 써야 한다.

▪ 1602 : 선생님, 제가 연세를 여쭤봐도 될까요?
* 老师, 我可以问一下你的年纪吗?
☞ 老师, 我可以问一下你的年龄吗?

설명 "年纪"는 단독으로 "问"의 목적어가 될 수 없다.

▪ 1603 : 관중은 대개 노인이거나 중년이었고 젊은 사람은 적었다.
* 观众都是老人或者中年纪人, 青年人很少。
☞ 观众都是老人或者中年人, 青年人很少。

설명 사람을 연령별로 몇 단계로 나눌 때는 "年纪"를 쓸 수 없다.

▪ 1604 : 그의 아버지와 어머니는 이미 연세가 많으시다.
* 他父亲母亲的年纪已经都老了。
☞ 他父亲母亲的年纪已经都大了。

설명 "年纪"의 형용사 술어가 될 수 있는 것은 "大"와 "小" 밖에 없다.

◆ 故意 gùyì 1732

▪ 1605 : 내가 이 사전을 사러 특별히 시내에 간 것이 아니고, 대사관에 가는 길에 산 것이다.
* 我不是故意进城去买这本词典, 是借去大使馆的机会顺便买的。
☞ 我不是特意进城去买这本词典, 是借去大使馆的机会顺便买的。

설명 "오로지 어떤 일만을 하러 가다"라는 의미를 나타낼 때는 "故意"를 쓰지 않고 "特意"를 써야 한다.

◆ 兴趣 xìngqu 1735

▪ 1606 : 나는 이 과목에 흥미가 없다.
＊ 我不兴趣这门课。
☞ 我对这门课不感兴趣。

설명 "兴趣"는 명사이므로 목적어를 동반할 수 없다.

▪ 1607 : 나는 철학 과목에 흥미가 없다.
＊ 我不感兴趣哲学课。
☞ 我对哲学课不感兴趣。

설명 "感兴趣"는 동목구로 목적어를 동반할 수 없다. "兴趣"가 "感", "有", "发生" 등의 동사 목적어가 될 경우에는 동사 앞에 "对"로 이루어진 전치사구가 부사어로 쓰인다. 그래서 "어떤 방면에 흥미를 느낀다"는 표현은 "对……感兴趣"라고 해야 하고, "어떤 방면에 흥미가 있다"는 표현은 "对……有兴趣"라고 해야 하며, "어떤 방면에 흥미가 생겼다"는 표현은 "对……发生兴趣"라고 해야 한다.

▪ 1608 : 어떤 유학생들은 중국의 경극에 매우 흥미를 느낀다.
＊ 有些留学生在中国的京剧很有感兴趣。
☞ 有些留学生在中国的京剧很感兴趣。

설명 "感兴趣"는 동목구이므로 그 앞에 동사 "有"를 쓸 수 없다.

▪ 1609 : 나는 老子에 매우 흥미를 느낀다.
＊ 对于老子, 我非常兴趣。
☞ 对于老子, 我非常感兴趣。

설명 "兴趣"는 술어가 될 수 없고 정도부사의 수식을 받을 수도 없으므로 "兴趣" 앞에 동사를 넣어주어야 한다.

◆ 趟 tàng 1736

▪ 1610 : 나는 331번 차를 타고 학교에 왔습니다.
* 我是坐331趟汽车到学校的。
☞ 我是坐331路汽车到学校的。

설명 버스의 노선을 나타낼 때는 "趟"을 쓰지 않고 "路"를 쓴다.

◆ 连 lián 1737

▪ 1611 : 나는 오늘 영화 세 편을 연이어 봐서 지금 피곤하다.
* 我今天连连看了三个电影, 现在感觉很累。
☞ 我今天连看了三个电影, 现在感觉很累。

설명 "连连" 뒤에는 수량구를 쓸 수 없다.

▪ 1612 : 이 호텔의 종업원은 영어는 한 단어도 말할 줄 모른다.
* 这个饭店的服务员连一个英文单词不会说。
☞ 这个饭店的服务员连一个英文单词都不会说。

설명 "……조차도"의 의미를 나타낼 때는 "连……也/都"의 형식을 써야 하는데 "也/都"가 빠져 있다.

▪ 1613 : 막 수업을 시작했을 때, 나는 중국어의 발음기호인 汉语拼音도 몰랐다.
* 刚开始上课的时候, 我汉语拼音也不会。
☞ 刚开始上课的时候, 我连汉语拼音也不会。

설명 "……조차도"의 의미를 나타낼 때는 "连……也/都"의 형식을 써야 하는데 "连"이 빠져 있다.

▪ 1614 : 어제 표 사는데 하마터면 한 장도 사지 못할 뻔 했다.
＊ 昨天买票我连一张差一点儿都买不到。
☞ 昨天买票我差一点儿连一张都买不到。

설명 "……조차도"의 의미를 나타낼 때는 "连……"과 "也/都"는 바짝 붙여서 써야 하는데 틀린 문장에서는 중간에 "差一点儿"이 들어가 있어서 위치를 바꾸어야 한다.

◆ 钢铁 gāngtiě 1740

▪ 1615 : 이 몇 개의 식기들은 알루미늄으로 만든 것이 아니고 모두 스테인레스로 만든 것이다.
＊ 这几件餐具都是钢铁的，不是铝的。
☞ 这几件餐具都是不锈钢的，不是铝的。

설명 식기가 어떻게 강철로 만들어 질 수 있겠는가? "钢铁"로 만들어진 것이 아니라 "不锈钢"으로 만들어진 것이다.

◆ 措施 cuòshī 1742

▪ 1616 : 우리는 화장실에 줄을 하나 매어서 이 방법으로 옷을 말리는 문제를 해결했다.
＊ 我们在卫生间拴了一根绳子，用这个措施解决了晾衣服的问题。
☞ 我们在卫生间拴了一根绳子，用这个办法解决了晾衣服的问题。

설명 "措施"는 서면어에 많이 쓰이고 비교적 큰 일에 쓰인다. 따라서 이런 경우에는 사용할 수 없다.

▪ 1617 : 지금 중국은 경제개혁 중이다.
＊ 现在中国正在进行着经济改革措施。
☞ 现在中国正在进行着经济改革。

설명 "措施"는 "进行"의 목적어가 될 수 없다. "经济改革"만으로도 문장의 의미가 충분하므로 "措施"는 빼야 한다.

▪ 1618 : 그들은 또 농업기술을 널리 보급하여 기술혁신을 이루었다.
* 他们还措施了农业技术, 搞了技术革新。
☞ 他们还推广了农业技术, 搞了技术革新。

설명 "措施"는 동사로 쓰일 수 없다.

◆ 悄悄 qiāoqiāo 1744

▪ 1619 : 그녀는 마음속으로 은근히 그에게 탐복하였다.
* 她心里悄悄地佩服他。
☞ 她心里暗暗地佩服他。

설명 심리활동을 설명할 때는 "悄悄"를 쓸 수 없다.

◆ 爆发 bàofā 1746

▪ 1620 : 최근 우리 반에 이상한 일이 하나 일어났다.
* 我们班最近爆发了一件奇怪的事情。
☞ 我们班最近发生了一件奇怪的事情。

설명 "爆发"는 큰 사건에 쓰는 단어로 일반적인 일에는 "爆发"를 쓸 수 없다.

◆ 坑 kēng 1748

▪ 1621 : 그는 여러 번 아내의 팔찌를 속여서 빼앗으려 했으나 성공하지 못했다.
* 他多次想坑妻子的手镯, 但没有坑成。
☞ 他多次想骗妻子的手镯, 但没有骗成。

설명 일반적으로 사물을 나타내는 명사는 "坑"의 목적어가 될 수 없다. 손해를 끼친다는 의미를 나타낼 때, "坑"의 목적어로는 주로 "人"이나 "国家" 등이 쓰인다.

◆ 距离 jùlí 1749

▪ 1622 : 그는 나에게 약을 사주려고 먼 길을 뛰어갔다.
* 他为了给我买药, 跑了很远的距离。
☞ 他为了给我买药, 跑了很远的路。

설명 "距离"는 동작동사의 목적어가 될 수 없다.

▪ 1623 : 나는 그가 요즘 왜 모두와 일정한 거리를 두는지 모르겠다.
* 我不明白他最近为什么总和大家距离。
☞ 我不明白他最近为什么总和大家保持一定的距离。

설명 "距离"는 술어가 될 수 없으므로 술어가 될 수 있는 단어를 넣어주어야 한다.

◆ 大小 dàxiǎo 1750

▪ 1624 : 너의 상자 말이야, 넌 그것의 크기를 아직 모르겠니?
* 你的箱子, 你还不知道它的大大小小?
☞ 你的箱子, 你还不知道它的大小?

설명 "大小"는 중첩시킬 수 없다.

빈도순 1751~1800

◆ 出发 chūfā 1751

▪ 1625 : 이번에는 내가 처음으로 혼자 여행을 하는 것이라서 北京을 출발할 때 긴장되었다.

* 这是我头一次独自旅行, 所以出发北京的时候我很紧张。

☞ 这是我头一次独自旅行, 所以从北京出发的时候我很紧张。

설명 출발지점을 가리키는 말이 “出发”의 목적어로 쓰일 수 없으므로 전치사 “从”을 써서 “出发” 앞으로 이끌어 내야 한다.

▪ 1626 : 새벽에 그는 그 마을로 출발했다.

* 早晨, 他朝那个村子出发了。

☞ 早晨, 他出发去那个村子了。

설명 출발하여 어떤 장소로 간다는 말을 할 경우에는 “出发” 뒤에 동사 “去”나 “到……去”를 써서 표현해야지 전치사 “朝”로 이루어진 전치사구를 부사어의 위치에 놓아서는 안된다.

▪ 1627 : 나는 12월 20일에 귀국한다.

* 我十二月二十日出发回国。

☞ 我十二月二十日回国。

설명 만약에 문장에서 이미 떠난다는 의미를 나타내고 있을 경우에는 “出发”를 쓸 필요가 없다.

▪ 1628 : 내가 귀국했을 때 중국에서의 일이 생각난다면 틀림없이 万里长城부터 떠오를거야.

* 我回国的时候想起中国的事情来, 一定从了解长城出发。

☞ 我回国的时候想起中国的事情来, 一定首先想起长城来。

설명 어떤 것이 제일 먼저 떠오른다는 의미를 나타낼 때는 “出发”를 쓸 수 없다.

◆ 保卫 bǎowèi 1753

▪ 1629 : 두려워 말아라. 내가 너를 보호해 줄 테니까. 누구도 너를 감히 업신여길 수 없어.

* 不要怕, 有我保卫你, 谁也不敢欺负你。

☞ 不要怕, 有我保护你, 谁也不敢欺负你。

설명 “保卫”의 대상이 사람을 가리킬 때는 반드시 국가의 원수나 중요한 인물이어야 한다.

◆ 添 tiān 1757

▪ 1630 : 겨우 반달만에 체중이 80kg까지 불었어, 정말 겁이 나.

* 仅半个月体重就添到八十公斤, 太可怕了。

☞ 仅半个月体重就增加十公斤, 太可怕了。

설명 체중이 늘었다는 의미를 말하고자 할 때는 “添”을 쓸 수 없다.

◆ 披 pī 1758

▪ 1631 : 나는 그가 땔나무 한 더미를 패는 것을 도왔다.

* 我帮他披了一大堆劈柴。

☞ 我帮他劈一大堆劈柴。

설명 도끼로 쪼갠다는 의미를 나타낼 때는 “披”를 사용할 수 없다.

◆ 安排 ānpái 1761

▪ 1632 : 우리들 생활의 어려움에 대해 학교는 적당한 해결책을 제공해 주었다.

* 对我们生活上的困难, 学校都给予了适当的安排。

☞ 对我们生活上的困难, 学校都给予了适当的解决。

설명 문제를 처리하여 결과가 있음을 나타낼 때는 "安排"를 쓸 수 없다.

◆ 打算 dǎsuàn 1762

▪ 1633 : 우리들이 이 깡패집단의 의도만 잘 파악하면 그들을 부숴버릴 수 있을거야.

* 只要我们弄清了这伙流氓集团的打算, 我们就能粉碎他们。

☞ 只要我们弄清了这伙流氓集团的企图, 我们就能粉碎他们。

설명 "打算"은 "弄"의 목적어가 될 수 없다.

▪ 1634 : 모든 장소의 구체적인 계획을 정하려면 그곳의 상황을 고려해야 한다.

* 打算每一个地方的具体计划, 要考虑当地的情况。

☞ 制定每一个地方的具体计划, 要考虑当地的情况。

설명 "打算"은 명사목적어를 동반할 수 없다.

▪ 1635 : 나는 한참동안 생각했지만 좋은 방법을 생각해내지 못했다.

* 我打算了半天, 也没有想出好办法来。

☞ 我考虑了半天, 也没有想出好办法来。

설명 "사고(思考)"를 나타낼 때는 "打算"을 쓰지 않는다.

◆ 拼命 pīnmìng 1763

▪ 1636 : 나는 어머니를 좀 일찍 만나 뵙기를 바란다.
＊ 我拼命希望早点见到母亲。
☞ 我非常希望早点见到母亲。

설명 "希望"은 심리활동을 나타내는 비동작동사인데 "拼命"은 비동작동사를 수식할 수 없다.

▪ 1637 : 그는 증조할머니 댁에 와서 증조할머니께서 딸이 돌아오기를 초조하게 기다리고 계신 것을 보았다 .
＊ 他来到老奶奶家，看到老奶奶正在拼命地等着女儿回来。
☞ 他来到老奶奶家，看到老奶奶正在焦急地等着女儿回来。

설명 매우 초조함을 형용할 때는 "拼命"을 쓸 수 없다.

◆ 有效 yǒuxiào 1767

▪ 1638 : 이 중대한 사고는 교통안전 교육의 중요성을 강력하게 설명해준다.
＊ 这一严重事故有效地说明交通安全教育的重要性。
☞ 这一严重事故有力地说明交通安全教育的重要性。

설명 힘이 있거나 무게가 있음을 나타낼 때는 "有效"를 쓸 수 없다.

◆ 捧 pěng 1769

▪ 1639 : 앉자마자 李선생님께서 우리 먹으라고 땅콩 한 접시를 들고 오셨다.
＊ 刚坐下，李老师便捧过来一盘花生米让我们吃。
☞ 刚坐下，李老师便端过来一盘花生米让我们吃。

설명 "손으로 기구를 들다"라는 의미를 나타낼 때는 "捧"을 쓸 수 없다.

◆ 舒服 shūfu 1774

- 1640 : 비록 피곤하지만 마음은 상쾌하다.

* 虽然很累, 但心情很舒服。

☞ 虽然很累, 但心情很舒畅。

설명 기분이 상쾌하고 즐거움을 나타낼 때는 "舒服"를 쓰지 않고 "舒畅"을 쓴다.

◆ 时刻 shíkè 1775

- 1641 : 내가 막 중국에 왔을 때, 늘 병원에 입원하신 아빠를 생각했다.

* 我刚到中国, 每一会儿都想着住院的爸爸。

☞ 我刚到中国, 时时刻刻都想着住院的爸爸。

설명 "언제나 끊임없이"의 의미를 나타낼 때는 "时刻"를 써야 한다.

◆ 令 lìng 1784

- 1642 : 곧 시험을 볼텐데 그는 아직도 신나게 놀아대니, 정말 사람 걱정시키는구나.

* 快考试了, 他还一个劲儿地玩, 令人对他担心。

☞ 快考试了, 他还一个劲儿地玩, 令人担心。

설명 "令人" 뒤에 다른 전치사구를 동반할 수 없으므로 "对他"는 빼야 한다.

▪ 1643 : 이러한 정신승리법은 사람을 정말 기운 빠지게 한다.
* 这样的精神胜利法令人很泄气。
☞ 这样的精神胜利法令人泄气。

설명 "令人" 뒤에 부사 "很"이 쓰일 수 없다.

◆ 品种 pǐnzhǒng 1785

▪ 1644 : 王씨가 심은 국화는 십여 종이다.
* 老王种的菊花有十几品种。
☞ 老王种的菊花有十几种。

설명 "品种"은 양사로 쓰일 수 없으므로 양사로 쓰일 수 있는 "种"으로 바꾸어야 한다.

◆ 主 zhǔ 1786

▪ 1645 : 오늘 저녁 모임에서 그는 사회를 정말 잘 보았다.
* 今天的晚会, 他主得真不错。
☞ 今天的晚会, 他主持得真不错。

설명 "主"는 이음절 목적어를 동반할 수 없으며 목적어를 전치시킬 수도 없다.

◆ 朵 duǒ 1789

▪ 1646 : 그는 호수에 크고 아름다운 연꽃 한 송이가 있는 것을 보았다.
* 他看见湖中有一个又大又美的荷花。
☞ 他看见湖中有一朵又大又美的荷花。

설명 "花儿"의 양사로는 "个"를 쓰지 않고 "朵"를 쓴다.

◆ 见面 jiànmiàn 1793

▪ 1647 : 나는 오전 8시에 北海公园 입구에서 그와 만나기로 했다.
* 上午八点, 我在北海公园门口见面他。
☞ 上午八点, 我在北海公园门口和他见面。

설명 "见面"은 동목구조로 이루어진 단어이므로 뒤에 다시 목적어를 동반할 수 없다. "누구와 만나다"라는 표현은 "跟谁见面"이나 "和谁见面"이라고 해야 한다.

▪ 1648 : 어제 영화관에서 张군을 보았다.
* 昨天在电影院我见面小张了。
☞ 昨天在电影院我看见小张了。

설명 어떤 사람이나 사물을 보았을 때는 동사 "看见", "见"을 쓸 수 있고, 때때로 "见到"를 쓸 수도 있으나 "见面"은 쓸 수 없다.

▪ 1649 : 아무리 바빠도 나는 오늘 그를 좀 봐야겠다.
* 无论多忙, 今天我也要见面他。
☞ 无论多忙, 今天我也要见见他。

설명 "만나보다"의 의미를 나타낼 때는 동사 "见"을 써야지 "见面"을 쓸 수 없다.

▪ 1650 : 刘珍은 나더러 내일 그녀의 여동생을 한번 만나보라고 했다.
* 刘珍让我明天跟她妹妹见面一下。
☞ 刘珍让我明天跟她妹妹见一下面。

설명 "见面"은 동목구조로 이루어진 단어이므로 수량사는 "见"과 "面" 사이에 와야 한다.

▪ 1651 : 예전에 우리들은 北京호텔에서 만난 적이 있다.
* 以前，我们在北京饭店见面过。
☞ 以前，我们在北京饭店见过面。

설명 경험을 나타내는 동태조사 "过"는 동사 바로 뒤에 붙여 써야 한다. "见面"은 동사 "见"과 목적어 "面"으로 이루어진 구조이므로 조사 "过"는 "见" 뒤에 바짝 붙여서 써야 한다.

◆ 铺 pū 1795

▪ 1652 : 그 새 양탄자를 깔아 봐라.
* 把那个新地毯铺起来吧。
☞ 把那个新地毯铺上吧。

설명 "铺"가 "把"자문에 쓰일 때는 방향보어를 동반할 수 없다.

◆ 解释 jiěshì 1796

▪ 1653 : 그들은 우리가 짐 드는 것을 도와주었고, 우리들에게 友谊商店에 어떻게 가는지도 말해주었다.
* 他们帮助我们拿行李，并解释我们去友谊商店怎么走。
☞ 他们帮助我们拿行李，并告诉我们去友谊商店怎么走。

설명 "설명"의 의미가 포함되어 있지 않고, 단지 다른 사람에게 말해서 알려줄 때 "解释"를 쓸 수 없다. 또 "解释"는 인칭대체사를 목적어로 동반할 수도 없는 동사이다.

◆ 主意 zhǔyi 1797

▪ 1654 : 여러분께서 방법을 좀 생각해 주셨으면 해서 오늘 여러분을 초대한 것입니다.
* 今天请大家来，就是请大家谈各自的主意。
☞ 今天请大家来，就是请大家出出主意。

설명 "说"는 "主意"를 목적어로 동반할 수 있는 동사가 아니다. 이런 경우에는 "出"를 써야 한다.

◆ 一时 yīshí 1798

▪ 1655 : 그들은 손님께서 드실 밥 한 끼를 금방 준비했다.
* 他们一时准备好了一顿饭给客人吃。
☞ 他们很快准备好了一顿饭给客人吃。

설명 속도가 빨라 동작이 짧은 시간 내에 완성되었음을 나타낼 때는 "一时"를 쓸 수 없다.

빈도순 1801~1850

◆ 重量 zhòngliàng 1802

▪ 1656 : 우리 물건은 모두 무겁다.
* 我们的东西都是很重量的。
☞ 我们的东西都是很重的。

설명 명사는 부사로 수식할 수 없다. 위 문장에서는 "重量"이 잘못 쓰였다.

◆ 逐步 zhúbù 1806

▪ 1657 : 날이 점점 어두워졌다.
* 天逐步黑了。
☞ 天渐渐黑了。

설명 "逐步"는 형용사를 수식할 수 없다. 위 문장에서는 "逐步"가 잘못 쓰였다.

◆ 脑袋 nǎodài 1808

▪ 1658 : 그는 마치 머리가 없는 사람 같다.
* 他像一个没有脑袋的人。
☞ 他像一个没有头脑的人。

설명 "脑袋"는 주어로만 쓰일 수 있으며, 목적어로는 쓰일 수 없다.

◆ 今后 jīnhòu 1816

▪ 1659 : 이 일은 조금 있다가 회의를 열어 한 번 의논해 보고 나서 다시 이야기합시다.
* 这件事等今后开会商量一下再说吧。
☞ 这件事等以后开会商量一下再说吧。

설명 "今后"는 현재부터 시작되는 시간을 말한다. 장래의 어느 때를 가리킬 때는 "今后"라고 하지 않는다. 위 문장에서는 "今后"가 잘못 쓰였다.

◆ 避免 bímiǎn 1819

▪ 1660 : 국내에서 일어난 동란을 피하기 위해, 그들은 조국을 떠나 외국으로 가 정착하였다.
* 为了避免国内发生的动乱, 他们离开了祖国, 来到国外定居。
☞ 为了躲避国内发生的动乱, 他们离开了祖国, 来到国外定居。

설명 "회피하거나, 비키다"라는 의미로는 "避免"이라고 할 수 없다. 위 문장에서는 "避免"이 잘못 쓰였다.

◆ 谈话 tánhuà 1820

▪ 1661 : 저는 선생님을 찾아와 이야기를 좀 나누고 싶은데요. 선생님, 그래도 될까요?

* 我很想找老师谈话谈话, 老师, 可以吗?

☞ 我很想找老师谈谈话, 老师, 可以吗?

설명 "谈话"는 동목구조이지 하나의 동사가 아니다. 위 문장에서는 중첩형식이 잘못 되었다.

▪ 1662 : 王군은 말을 할 수 있게 되었다.

* 小王可会谈话了。

☞ 小王可会说话了。

설명 어떤 사람이 혼자서 말로 의사를 표현한다고 할 때는 "谈话"라고 하지 않는다. 위 문장에서는 "谈话"가 잘못 쓰였다.

▪ 1663 : 룸메이트와 내가 한참 왁자지껄하게 이야기를 나누고 있는데, 전화 벨이 울리기 시작하였다.

* 同屋和我谈话得正热闹, 电话铃响起来了。

☞ 同屋和我谈得正热闹, 电话铃响起来了。

설명 위 문장에서는 "谈话"를 동사로 잘못 사용하였다.

◆ 待 dài 1822

▪ 1664 : 선생님께서는 우리에게 잘 대해 주신다.

* 老师待了我们很好。

☞ 老师待我们很好。

설명 "待"는 보어나 "了"를 수반할 수 없다. 위 문장에서는 "了"를 빼야 한다.

▪ 1665 : 누가 나에게 잘 해줬는지, 나는 잘 안다.
* 谁待待我好, 我十分清楚。
☞ 谁待我好, 我十分清楚。

설명 "待"는 중첩할 수 없다.

▪ 1666 : 차를 기다리는 것은 사람을 가장 조급하게 한다.
* 待车最让人着急了。
☞ 等车最让人着急了。

설명 단지 "기다리다"라는 의미로는 "待"를 쓰지 않는다. 위 문장에서는 "待"가 잘못 쓰였다.

◆ 趁 chèn 1823

▪ 1667 : 어제 선생님이 나를 보러 오셔서, 나는 그 틈에 몇 가지 문제를 여쭈어 보았다.
* 昨天老师来看我, 我趁势问了他几个问题。
☞ 昨天老师来看我, 我趁便问了他几个问题。

설명 "趁势"는 유리한 형세를 이용하는 것이지만, 구체적인 방편이나 조건을 이용하는 것은 아니다. 위 문장에서는 "趁势"를 "趁便"으로 바꾸어야 한다.

◆ 战略 zhànlüè 1825

▪ 1668 : 이 곳은 세계에서 전략적으로 가장 의미 있는 항구 중의 하나이다.
* 这里是世界上最战略意义的港口之一。
☞ 这里是世界上最具有战略意义的港口之一。

설명 명사 "战略"는 부사로 수식 받을 수 없다. 위 문장은 "战略" 앞의 "最" 뒤에 동사가 빠져 있다.

◆ 密切 mìqiè 1826

- 1669 : 중국 학생과 외국 학생의 친목으로 그들간의 우의가 깊어졌다.

* 中外学生联欢, 密切了他们之间的友谊。

☞ 中外学生联欢, 加深了他们之间的友谊。

설명 "友谊"는 "密切"라고 하지 않는다. 위 문장에서는 동사와 목적어가 어울리지 않는다.

◆ 伤 shāng 1831

- 1670 : 白씨의 다리는 상처를 입었는데, 상처가 매우 심해서 걸을 수가 없다.

* 老白的腿受了伤, 病得很厉害, 不能走路。

☞ 老白的腿受了伤, 伤得很厉害, 不能走路。

설명 상처 입었음을 나타낼 때는 "病"이라고 하지 않는다. 위 문장에서 "病"은 "伤"으로 고쳐야 한다.

- 1671 : 그는 비수로 상대방의 팔에 찰과상을 입혔다.

* 他用匕首伤了对手的胳膊。

☞ 他用匕首扎伤了对手的胳膊。

설명 어떠한 기구로 사람을 다치게 한 경우라면, "伤"은 구체적인 동작을 나타내는 동사의 보어가 된다.

- 1672 : 그 소설은 여자의 마음을 슬프게 하였다.

* 那篇小说伤心女儿。

☞ 那篇小说伤了女儿的心。

설명 "伤心"은 동목구조이므로 뒤에 또 목적어가 올 수 없다.

◆ 如今 rújīn 1836

▪ 1673 : 너 시합 보러 간다고 했는데, 내일 가는 거니 아니면 오늘 가는 거니?
* 你说去看比塞, 是明天去, 还是如今去?
☞ 你说去看比塞, 是明天去, 还是今天去?

설명 "如今"이 나오는 문장은 늘 일종의 변화가 있음을 나타낸다. 그러나 위 문장에는 그러한 의미가 없으므로 "如今"은 잘못 쓰인 것이다.

◆ 值得 zhíde 1840

▪ 1674 : 자기 아이의 장래를 고려하여, 그녀는 1만여 원 어치의 재산을 사들였다.
* 为自己孩子的将来着想, 她购置了值得一万多元的财产。
☞ 为自己孩子的将来着想, 她购置了价值一万多元的财产。

설명 "值得"는 명사 목적어를 가질 수 없다. 위 문장에서는 "值得"의 사용이 잘못 되었다.

▪ 1675 : 이 날은 잊을 수 없다.
* 这一天值得难忘的。
☞ 这一天是难忘的。

설명 동작, 행위를 강조하기 위해서는 "是…的" 형식을 써야 한다. 위 문장에서는 "值得"의 사용이 잘못 되었다.

▪ 1676 : 이러한 범죄 행위는 반드시 엄벌에 처해야 한다.
* 这种犯罪行为值得严惩。
☞ 这种犯罪行为必须严惩。

설명 "이렇게 하지 않으면 안된다"라고 할 때는 "值得"라 할 수 없다.

- 1677 : 오늘 영화는 매우 볼만하다.

* 今天的电影很值得要看。

☞ 今天的电影很值得看。

설명 "值得"와 "要"는 의미가 중복되므로 위 문장에서는 "要"를 빼야 한다.

◆ 明确 míngquè 1844

- 1678 : 선생님이 말씀하시는 이 단어의 의미를 나는 제대로 알아듣지 못했다.

* 老师讲的这个词的意思我没听明确。

☞ 老师讲的这个词的意思我没听明白。

설명 "明确"은 "听"의 보어가 될 수 없다.

◆ 拣 jiǎn 1848

- 1679 : 너는 어째서 늘 싸디 싼 달걀만 골라 사먹니 ?

* 你怎么总是拣便宜的鸡蛋。

☞ 你怎么总是拣便宜的鸡蛋买。

설명 "拣"은 늘 연동문의 첫 번째 동사로 쓰이지만, 말의 의미는 뒤에 나오는 동사에 치중되어 있다. 따라서 만일 앞에 미리 말해 두지 않았다면, 뒤쪽의 동사는 생략할 수 없다. 위 문장에서는 동사가 빠져 있다.

◆ 处 chǔ 1850

- 1680 : 한 달여 후, 그들 둘은 친구가 되었고 약혼까지 하였다.

* 一个多月以后，他俩处成了朋友，并订了婚。

☞ 一个多月以后，他俩成了朋友，并订了婚。

설명 "处"는 뒤에 결과보어가 나오면, 목적어를 가질 수 없다. 위 문장에서는 "处"를 빼야 한다.

▪ 1681 : 법원은 교육을 강조하지만, 교육을 강조한다는 것이 범인을 처벌하지 않는다는 것은 아니다.

* 法院强调教育，但强调教育不等于不处犯人。

☞ 法院强调教育，但强调教育不等于不处治犯人。

설명 "处"는 사람을 나타내는 목적어를 가질 수 없다.

빈도순 1851~1900

◆ 语言 yǔyán 1853

▪ 1682 : 브뤼셀에는 두 가지 정식 언어인 프랑스어와 네델란드어가 있다.

* 比利时有两种正式的言语：法语和荷兰语。

☞ 比利时有两种正式的语言：法语和荷兰语。

설명 "语言"은 추상적 사유 인식 체계지만, "言语"는 일종의 구두어를 체득한 사람들이 쓰는 말의 행위이다. 위 문장의 "言语"는 "语言"으로 고쳐야 한다.

◆ 限制 xiànzhì 1854

▪ 1683 : 큰길에서 걷는 것은 마땅히 제한을 받아야 한다.

* 在马路上行走就应该受限制自由。

☞ 在马路上行走就应该受限制。

설명 "限制"는 동사 "受" 뒤에 올 때 다시 목적어를 가질 수 없다. 위 문장에서는 "限制" 뒤의 목적어를 빼야 한다.

◆ 期间 qījiān 1855

- 1684 : 50여일 동안, 나는 많은 곳을 갔다.

* 五十多天的期间, 我去了很多地方。

☞ 五十多天的时间, 我去了很多地方。

설명 "期间"은 어떤 시기 내임을 특별히 가리키는 말로, 구체적인 시간을 나타내는 것은 아니다. 위 문장에서는 "期间"이 잘못 쓰였다.

- 1685 : 내가 오랫동안 네게 편지를 쓰지 못했는데, 용서해 줘.

* 我很长期间没给你写信了, 请原谅。

☞ 我很长时间没给你写信了, 请原谅。

설명 "지금까지 줄곧 계속된 어떤 시간"을 의미할 때는 "期间"이라고 하지 않는다.

◆ 必 bì 1859

- 1686 : 실습 전에 모두들 필요한 물건을 준비하였다.

* 实习前, 大家都准备了必需要的东西。

☞ 实习前, 大家都准备了必要的东西。

설명 "必"는 이음절 동사를 수식할 수 없다.

◆ 反而 fǎnér 1860

- 1687 : 이 작은 산은 봄에는 마치 한 폭의 그림처럼 아름답고, 여름에는 초목이 무성하게 자라 경치가 더욱 아름답다.

* 这座小山春天像一幅画一样美丽, 反而夏天草木长得茂盛, 景色更优美。

☞ 这座小山春天像一幅画一样美丽, 而夏天草木长得茂盛, 景色更优美。

설명 "反而"은 "한층 더하다"라는 의미의 문장은 연결시키지 못한다.

◆ 调整 tiáozhěng 1861

▪ 1688 : 牛영감은 가축을 잘 관리할 줄 안다.
* 牛爷爷很会调整牲口。
☞ 牛爷爷很会调理牲口。

설명 "调整"에는 "돌보다, 관리하다"라는 의미가 없다.

▪ 1689 : 그의 병은 막 좋아진 것이니, 아직 좀 더 잘 조리할 필요가 있다.
* 他的病刚好, 还需要好好调整一下儿。
☞ 他的病刚好, 还需要好好调理一下儿。

설명 "调整"에는 "몸조리하다, 돌보다"라는 의미가 없다.

▪ 1690 : 목화 종자가 부족할 때는 두 마을이 조절을 해 볼 수 있다.
* 棉花种儿不够时, 两村可以调整一下。
☞ 棉花种儿不够时, 两村可以调剂一下。

설명 "调整"에는 "있는 것과 없는 것을 서로 융통하다"라는 의미가 없다.

◆ 梦 mèng 1865

▪ 1691 : 어젯밤 나는 꿈에서 여러 해 보지 못했던 친한 친구를 만나 정말 기뻤다.
* 昨天晚上我梦一个多年未见的知心朋友, 真高兴。
☞ 昨天晚上我梦见一个多年未见的知心朋友, 真高兴。

설명 "梦"은 직접적으로 목적어를 수반할 수 없다. 위 문장에서는 "梦" 뒤에 결과보어가 빠져 있다.

◆ 主张 zhǔzhāng 1868

▪ 1692 : 그들은 刘宝의 형기가 너무 길다고 여겼다.
* 他们主张刘宝的刑期太长了。
☞ 他们认为刘宝的刑期太长了。

설명 "사람이나 사물에 대한 견해를 확정하여 어떠한 판단을 내리다"라는 의미는 "主张"이라고 하지 않는다.

◆ 行为 xíngwéi 1869

▪ 1693 : 재난 상황의 보고를 접하고, 그들은 매우 민첩하게 행동하여 반시간 만에 현장에 도착하였다.
* 接到灾情的报告后, 他们行为非常敏捷, 只半个小时便赶到了现场。
☞ 接到灾情的报告后, 他们行动非常敏捷, 只半个小时便赶到了现场。

설명 "行为"는 "敏捷"와 배합되지 않는다.

▪ 1694 : 많은 사람들은 일본사람이 왜 늘 허리를 굽혀 인사하는지 잘 모르는데, 나는 허리를 굽혀 하는 인사가 보편적인 것으로, 모든 사람이 반드시 신경 써야 할 예절이라고 생각한다.
* 许多人不明白日本人为什幺常常要鞠躬, 我认为鞠躬是普通的, 每个人都应讲究的行为。
☞ 许多人不明白日本人为什幺常常要鞠躬, 我认为鞠躬是普通的, 每个人都应讲究的礼节。

설명 구어에서는 "握手", "鞠躬" 등을 가리켜 "行为"라고 하지 않는다.

▪ 1695 : 그 나라 사람의 일 처리 태도는 하고 싶으면 하고 말고 싶으면 마는 것이다.

＊ 那个国家的人的行为是想干就干，不想干就不干。

☞ 那个国家的人处事的态度是想干就干，不想干就不干。

설명 사람의 행동거지를 가리키는 것이 아니라 일종의 사상, 관념을 나타낼 때는 "行为"라고 하지 않는다.

◆ 适应 shìyìng 1870

▪ 1696 : 몇 년 사이 적지 않은 건물들이 지어졌고, 이곳에 적지 않은 변화가 생겨 내가 막 왔을 때 샀던 지도조차 맞지 않는다.

＊ 近年来建了不少楼房，这里有不少变化，连我刚来时买的地图也不适应了。

☞ 近年来建了不少楼房，这里有不少变化，连我刚来时买的地图也不适用了。

설명 "사용에 적합하다"라는 의미를 나타낼 때는 "适应"이라고 하지 않는다.

◆ 成就 chéngjiù 1873

▪ 1697 : 두 번의 시험에 모두 좋은 성적을 거두지 못했다.

＊ 两次考试都没取得好的成就。

☞ 两次考试都没取得好的成绩。

설명 "학습이나 운동 방면의 수확"은 "成绩"라고 해야 한다. 위 문장에서는 "成就"가 잘못 쓰였다.

◆ 满意 mǎnyì 1876

▪ 1698 : 나는 그의 요구를 만족시킬 수 없다.

＊ 我不能满意他的要求。

☞ 我不能满足他的要求。

설명 "满意"는 "要求"라는 말과 함께 쓰이지 않으므로, 위 문장에서 "满意"는 잘못 쓰인 것이다.

◆ 顾 gù 1877

▪ 1699 : 중국에 온 첫 해에, 나는 매일 중국어 공부만 하느라 신체 단련은 생각도 못했다.

＊ 来中国的第一年, 我每天只是学习汉语, 不能顾锻炼身体。

☞ 来中国的第一年, 我每天只是学习汉语, 顾不上锻炼身体。

설명 "어떠한 일을 할 시간이나 정력이 없다"라고 할 때는 "顾不上…"이라는 표현을 쓴다. 위 문장에서는 "顾"의 부정형식이 잘못 사용되었다.

▪ 1700 : 그는 매일 공장 일만 돌보고 집안 형편은 돌보지 않는다.

＊ 他每天顾厂里的事, 不顾家里的事情。

☞ 他每天只顾厂里的事, 不顾家里的事情。

설명 "주의를 강조하거나 어떠한 일을 돌보다"라고 할 때는 "顾" 앞에 늘 "只"를 붙여주어야 한다. 위 문장에서는 "只"가 빠져 있다.

◆ 疼 téng 1881

▪ 1701 : 손이 아팠다 다리가 아팠다 어쩔 도리가 없다.

＊ 一会儿疼手, 一会儿疼脚, 真没办法。

☞ 一会儿手疼, 一会儿脚疼, 真没办法。

설명 "疼"은 대체사 목적어를 수반할 수 있지만, 목적어 앞에 반드시 결과보어가 함께 나와야 한다. 그러므로 위 문장과 같이 "疼" 뒤에 직접 목적어가 나와서는 안된다.

▪ 1702 : 나는 치통이 심하다.

＊ 我的牙疼得不能再疼了。

☞ 我的牙疼得厉害。

설명 "疼"은 "……得不能再……了"의 형식 속에서 쓰일 수 없다.

▪ 1703 : 그는 약을 먹고 나자 조금도 아프지 않게 되었다.
* 他吃了药，一点疼也没有了。
☞ 他吃了药，一点也不疼了。

설명 "疼"은 명사로는 쓰이지 않는다. 위 문장에서는 "疼"의 쓰임이 잘못 되었다.

◆ 那边 nàbiān 1882

▪ 1704 : 우리가 서로 다툴 때，그녀는 계속 내 쪽에 서 있었다.
* 在我们双方争论时，她总是站在我那边。
☞ 在我们双方争论时，她总是站在我这边。

설명 비교적 가까운 곳을 가리킬 때는 "那边"이라고 하지 않는다.

◆ 推动 tuīdòng 1884

▪ 1705 : 이 정책이 그의 적극성을 이끌어 냈다.
* 这项政策推动了他的积极性。
☞ 这项政策调动了他的积极性。

설명 "推动"에는 "모으고 동원하다"라는 의미가 없다.

▪ 1706 : 우리나라의 과학 기술을 꼭 새로운 수준으로 이끌어 나가겠다.
* 一定要把我国的科学技术推动到一个新的水平。
☞ 一定要把我国的科学技术推进到一个新的水平。

설명 "推动"은 결과보어를 가질 수 없다.

◆ 是否 shìfǒu 1885

▪ 1707 : 나는 北京大学에 있을 때 중국 청년 하나를 알게 되었는데, 그가 그 대학교의 학생이었는지는 아직도 모르겠다.

＊ 我在北京大学认识了一个中国青年, 他是否那个大学的学生, 我还不清楚。

☞ 我在北京大学认识了一个中国青年, 他是不是那个大学的学生, 我还不清楚。

설명 "是否" 뒤에는 명사성 성분이 나올 수 없다. 위 문장에서는 "是否"가 잘못 쓰였다.

◆ 之中 zhīzhōng 1891

▪ 1708 : 그녀와 열 달 동안 사귀면서, 우리는 좋은 친구가 되었다.

＊ 跟她打了十个月的交道之中, 我们成了好朋友。

☞ 跟她打了十个月的交道, 我们成了好朋友。

설명 "之中"은 동목구조의 뒤에 올 수 없다. 위 문장에서는 "之中"을 빼야 한다.

◆ 相同 xiāngtóng 1893

▪ 1709 : 이 두 형제는 똑같이 생겼다.

＊ 这兄弟俩长得完全相同。

☞ 这兄弟俩长得一模一样。

설명 사람의 생김새를 나타낼 때는 "相同"이나 "不相同"과 같은 말을 쓰지 않는다. 위 문장에서는 "相同"이 잘못 쓰인 것이다.

◆ 砍 kǎn 1894

▪ 1710 : 수건을 제게 던져주세요.

＊ 请把毛巾给我砍过来。

☞ 请把毛巾给我扔过来。

설명 "물건을 던져 다른 사람에게 건네주다"라는 뜻을 나타낼 때는 "砍"이라 할 수 없다.

◆ 看来 kànlái 1896

▪ 1711 : 그는 책을 훔치는 것은 도둑질이 아니라고 여긴다.

＊ 他看来窃书不算偷。

☞ 他以为窃书不算偷。

설명 사람이나 사물에 대해 이미 확정된 견해를 표시할 때 "看来"는 쓰지 않는다.

◆ 接近 jiējìn 1897

▪ 1712 : 北京과 东京 간의 항로 개설 이후, 중국과 일본 사이의 거리가 단축되었다.

＊ 北京和东京通航以后，中国和日本之间的距离好像接近了。

☞ 北京和东京通航以后，中国和日本之间的距离好像缩短了。

설명 시간, 길이, 거리 등을 나타낼 때는 "接近"이라 하지 않는다.

빈도순 1901~1950

◆ 当前 dāngqián 1901

▪ 1713 : 노인은 막 세상을 뜨기 직전 아들들을 침대 곁으로 불러서 그들에게 몇 마디를 하였다.

* 老头儿临去世当前，把儿子们叫到床边，对他们说了几句话。

☞ 老头儿临去世之前，把儿子们叫到床边，对他们说了几句话。

설명 과거의 어떤 사건이 발생했을 때를 표시하는 경우에는 "当前"을 쓸 수 없다. 어떤 사건이 막 일어나는 과거의 한 시점을 나타내는 경우에는 "临+동사+前(之前，的时候)" 등으로 쓴다.

▪ 1714 : 적이 눈앞에 닥쳤는데 누가 감히 뒷걸음질치겠는가!

* 大敌当前了，谁敢退缩。

☞ 大敌当前，谁敢退缩。

설명 "当前"은 명사와 동사로 사용되는데, 동사로 사용되는 경우에는 "닥치다, 직면하다"라는 의미를 나타낸다. 이 경우 주어는 항상 "大敌"만이 올 수 있으며, 목적어나 보어 및 "了", "着", "过" 등을 수반할 수 없고, 중첩될 수도 없다.

◆ 薄 báo 1909

▪ 1715 : 어제 내가 산 천은 아주 얇다.

* 昨天，我买的布非常薄极了。

☞ 昨天，我买的布非常薄。

설명 "薄"가 정도부사의 수식을 받는 경우, 그 뒤에는 다시 정도보어를 수반할 수 없다. "非常"이나 "极了" 중 하나만 써야 한다.

◆ 虽 suī 1911

▪ 1716 : 비록 돈이 많지는 않지만, 빌리고서 갚지 않을 수는 없다.
＊ 虽钱不多, 但不能借了不还。
☞ 钱虽不多, 但不能借了不还。

설명 "虽"는 주어 앞에 쓰일 수 없고, 반드시 주어 뒤에 써야 한다.

◆ 深入 shēnrù 1912

▪ 1717 : 우리 아버지는 회사 사장인데 지사를 자주 들러보러 가신다.
＊ 我父亲是公司经理, 经常深入到分公司看看。
☞ 我父亲是公司经理, 经常到分公司看看。

설명 "深入"는 사물의 내부나 중심부분까지 깊이 파고들어 가는 것을 의미한다. 단지 어떤 곳에 들러본다는 의미를 표현하는 경우에는 "深入"를 쓸 수 없다.

◆ 身边 shēnbiān 1913

▪ 1718 : 우리들이 길을 가는데, 한 중국 청년이 우리 곁으로 다가와 영어로 얘기를 나누었다.
＊ 我们在街上走着, 一个中国青年走到我们的身体, 用英语谈话。
☞ 我们在街上走着, 一个中国青年走到我们的身边, 用英语谈话。

설명 "身体"는 장소명사가 아니므로 "走到"의 목적어가 될 수 없다. "身体" 대신 장소를 나타낼 수 있는 "身边"을 써 주어야 한다.

◆ 命运 mìngyùn 1915

▪ 1719 : 그는 운이 나쁘다.
＊ 他没有命运。
☞ 他命运不好。

설명 "命运"은 "운", "운명"을 의미하는데, 한국어에서처럼 "운이 없다"는 식으로 표현하지 않고 "운이 나쁘다"라는 식으로만 표현한다.

▪ 1720 : 周虹은 운이 좋아, 대학에 합격했다.
＊ 周虹很有命运, 她考上了大学。
☞ 周虹很有运气, 她考上了大学。

설명 "命运"이 행운의 의미를 나타낼 때에는 사용하지 못한다. "运气"로 바꾸어 주어야 한다.

◆ 调 diào 1917

▪ 1721 : 다들 학습시간 조정에 찬성했다.
＊ 大家都同意调调学习。
☞ 大家都同意调调学习时间。

설명 "调"는 동사목적어를 수반할 수 없다.

◆ 不论 bùlùn 1918

▪ 1722 : 작업 중 어려움에 직면하더라도 그는 여전히 낙관적이다.
＊ 不论工作中遇到了困难, 他还是那么乐观。
☞ 尽管工作中遇到了困难, 他还是那么乐观。

설명 '不论"은 조건이나 상황이 다르더라도 결과는 똑같다는 의미를 나타낸다. "不论" 뒤쪽에는 가정된 상황이 와야지 확정된 사실이 올 수는 없다.

◆ 暗 àn 1921

▪ 1723 : 방안에 촛불을 켜면 빛이 흐릿해서 색다른 정취가 있다.
＊ 屋内点上蜡烛, 光线暗暗, 别有情趣。
☞ 屋内点上蜡烛, 光线暗暗的, 别有情趣。

설명 "暗"이 중첩되면 그 뒤에 반드시 "的"를 수반해야 한다.

◆ 脾气 píqi 1923

▪ 1724 : 그의 아내는 성격이 아주 좋다.
* 他的爱人脾气特别温纯。
☞ 他的爱人脾气特别好。

설명 "脾气"는 "温纯", "温柔" 등의 단어와 함께 쓰이지 못한다.

◆ 改善 gǎishàn 1927

▪ 1725 : 나는 열심히 공부해서 학업 성적을 계속 높이려고 한다.
* 我要努力学习, 不断改善我的学习成绩。
☞ 我要努力学习, 不断提高我的学习成绩。

설명 "改善"은 원래의 상황을 좀 더 좋게 만드는 것을 의미한다. 학습 성적이나 생산품의 품질을 좋게 하는 경우에는 "改善" 대신 "提高"를 써야 한다.

▪ 1726 : 학습 방법을 개선한 후 내 학습 성적이 많이 향상되었다.
* 改善了学习方法以后, 我的学习成绩提高了不少。
☞ 改进了学习方法以后, 我的学习成绩提高了不少。

설명 진보를 위해 원래의 상황을 바꾸는 경우에는 "改善"을 쓸 수 없다.

▪ 1727 : 국민들의 생활수준이 계속 높아지고 있다.
* 人民的生活水平不断改善。
☞ 人民的生活水平不断提高。

설명 생활수준이 높아지는 경우에는 "改善"을 쓸 수 없다.

◆ 匹 pǐ 1928

▪ 1728 : 刘兰兰과 그녀의 개가 입구에서 날 맞이했다.

* 刘兰兰和她的一匹狗在门口迎接我。

☞ 刘兰兰和她的一条狗在门口迎接我。

설명 "匹"는 말, 노새, 낙타를 세는 양사로만 사용되고, 그 밖의 동물은 각기 특정한 양사가 사용된다.

◆ 接触 jiēchù 1932

▪ 1729 : 난 그저 조심하지 않아 그와 좀 부딪힌 것뿐이지 결코 일부러 그와 부딪힌 것은 아니다.

* 我只是不小心接触了他一下，并不是故意撞他。

☞ 我只是不小心碰了他一下，并不是故意撞他。

설명 두 사람이 짧은 시간 내에 갑자기 부딪힌다는 의미를 나타내는 경우에는 "接触"를 사용할 수 없다.

◆ 健康 jiànkāng 1933

▪ 1730 : 몇 년이 지난 후 그들의 몸은 전부 망가져 버렸다.

* 过了几年，他们的健康全垮了。

☞ 过了几年，他们的身体全垮了。

설명 "健康"은 "건강하다"라는 의미의 형용사로, "好", "坏", "垮" 등의 형용사 술어와 함께 쓰지 않는다.

◆ 本领 běnlǐng 1934

▪ 1731 : 3년을 나가 있으면서 그는 다섯 가지 재주를 익혔다.
＊ 出去三年, 他掌握了五个本领。
☞ 出去三年, 他掌握了五种本领。

설명 "本领"은 "솜씨, 재능, 능력, 재주" 등을 의미하는 명사로, 양사는 "个"가 아니라 "种"을 쓴다.

◆ 遇 yù 1935

▪ 1732 : 어떤 젊은이가 강가에서 한 노인과 만났다.
＊ 有一个小伙子, 在河边跟一个老人遇面。
☞ 有一个小伙子, 在河边跟一个老人相遇。

설명 "遇"는 "만나다, 마주치다"라는 의미의 동사로, "사람과 만나다"라는 의미를 나타내는 경우에는 "面"을 목적어로 수반하여 "遇面"이라고 하지 않고, 대신 "跟……相遇", "遇见", "遇到" 등의 표현을 사용한다.

▪ 1733 : 버스에서 나는 王선생님을 만났다.
＊ 在公共汽车上我遇了王老师。
☞ 在公共汽车上我遇见了王老师。

설명 위 문장은 사람과 만난다는 의미이므로 "遇" 뒤에 "见"이나 "到"를 보충해주어야 한다.

◆ 对付 duìfù 1938

▪ 1734 : 그는 학생에게 마치 자기 형제 자매를 대하는 것처럼 한다.
＊ 他对付学生像对付自己的兄弟姐妹一样。
☞ 他对待学生像对待自己的兄弟姐妹一样。

설명 "对付"는 사람이나 사건에 대해 모종의 방법을 선택하여 대처하는 것을 의미하므로, 사람에 대한 적극적인 태도를 나타내는 경우에는 "对付"를 쓸 수 없다.

▪ 1735 : 이 임무는 중요하기 때문에 그저 대처만 할 수는 없다.
* 这个任务很重要, 不能只是对对付付着做。
☞ 这个任务很重要, 不能只是对付对付。

설명 "对付"에는 크게 두 가지 의미가 있는데, 하나는 "사람이나 사건에 대해 어떤 방법으로 조치하다"이고, 하나는 "그럭저럭 해나가다"라는 의미이다. 전자의 의미인 경우 중첩형식은 "对付对付"로만 써야 하고, 후자의 경우 중첩형식은 "对对付付"로만 써야 한다. 또한 "对付对付"라는 중첩형식을 쓰는 경우에는 부사어가 될 수 없다.

◆ 谢谢 xièxie 1939

▪ 1736 : 张선생님께서 나를 도와 짐을 가지고 귀가하셨기 때문에 나는 그에게 고맙다는 인사를 해야 한다.
* 张老师把行李帮我带回家了, 我应该好好谢谢一下人家。
☞ 张老师把行李帮我带回家了, 我应该好好谢一下人家。

설명 "谢谢"는 "고마워하다", "고마움의 인사를 표시하다"라는 의미인데, 그 뒤쪽에 보어를 취할 수 없으므로, 의미는 동일하되 보어를 취할 수 있는 "谢"로 바꾸어야 한다.

▪ 1737 : 내가 방금 운전기사에게 고맙다고 했으니 너는 갈 필요가 없어.
* 我刚才已经谢谢过司机师傅了, 你就不用去了。
☞ 我刚才已经谢过司机师傅了, 你就不用去了。

설명 "谢谢"는 "过"를 수반할 수 없지만, "谢"는 수반할 수 있다.

▪ 1738 : 이건 제가 당연히 해야 할 일이니 괜찮습니다!
* 这是我应该做的, 不用谢谢!
☞ 这是我应该做的, 不用谢!

설명 의문문, 반문문 및 가정을 표시하는 긴축문에서만 "谢谢"의 부정형식을 쓸 수 있다.

빈도순 1951~2000

◆ 呼吸 hūxī 1951

▪ 1739 : 나는 차에 뛰어올라 힘껏 숨을 내쉬고 들이쉬고 했다.
* 我跳上了车, 使劲儿呼呼吸吸。
☞ 我跳上了车, 使劲儿呼吸呼吸。

설명 "呼吸"의 중첩형식은 "呼吸呼吸"이다.

◆ 夺 duó 1952

▪ 1740 : 어서 그의 수중에 있는 약을 빼앗아라, 그 약에는 독이 있어!
* 快把他手中的药夺夺下来, 那药有毒。
☞ 快把他手中的药夺下来, 那药有毒。

설명 "夺"는 "빼앗다"라는 의미로 방향보어를 수반하는 경우에는 중첩형식으로 쓸 수 없다.

◆ 理解 lǐjiě 1954

▪ 1741 : 나는 여름방학이 되면 여행을 다니며 중국을 이해할 생각이다.
* 我打算放暑假的时候去旅行, 去理解中国。
☞ 我打算放暑假的时候去旅行, 去了解中国。

설명 "理解"는 무엇인가 깨닫는다는 의미가 강하고, "了解"는 안다는 의미가 강하다. 또한 "了解"에는 돌아다니며 물어보고 조사하여 알게된다는 의미도 지니고 있다. 따라서 위 문장에서는 "了解"를 써 주어야 맞다.

◆ 割 gē 1955

▪ 1742 : 지난달만 해도 그곳 길가에 양쪽으로 버드나무가 여전히 자라고 있었는데, 어제 보니 버드나무가 모두 베어져 있었다. 듣자하니 길을 넓히기 위해서 그런 것이라고 했다.

* 上个月, 那里的路边还长着两行杨树, 昨天一看, 杨树都割倒了, 听说是为了加宽路面。

☞ 上个月, 那里的路边还长着两行杨树, 昨天一看, 杨树都伐倒了, 听说是为了加宽路面。

설명 "割"는 "자르다, 베다"라는 의미이다. 풀을 벤다고 하는 경우에는 "割草"로 쓰지만, 나무를 벤다는 의미인 경우에는 "割"를 쓰지 않고 "伐"를 쓴다.

◆ 信心 xìnxīn 1956

▪ 1743 : 그는 자신감을 가지고 열심히 그림을 배워 끝내 결국 유명한 화가가 되었다.

* 他信心地努力学画, 最后终于成了有名的画家。

☞ 他很有信心地努力学画, 最后终于成了有名的画家。

설명 "信心"은 명사이기 때문에 직접 동사를 수식할 수 없다. 따라서 반드시 전치사구조 혹은 주술구조를 이루어야만 부사어가 되어 동사를 수식할 수 있게 된다.

▪ 1744 : 그는 스무 살이 될 때까지 줄곧 넘쳐흐르는 자신감을 가지고 열심히 그림을 그렸다.

* 他到二十岁, 一直信心地努力画画。

☞ 他到二十岁, 一直信心十足地努力画画。

설명 위 문장 역시 전치사구조나 주술구조를 이루어야만 동사를 수식할 수 있게 된다. 따라서 "信心"을 주어로 하는 술어를 보충해 주면 맞는 문장이 된다.

▪ 1745 : 나는 중국어를 마스터하기로 결심했다.

* 我下信心学好汉语。

☞ 我下决心学好汉语。

설명 "信心"은 동사 "下"의 목적어로 쓰일 수 없다.

▪ 1746 : 학우들은 중국어 프로그램을 잘 공연할 수 있을 것이라는 자신감이 강해졌다.

* 同学们提高了演好汉语节目的信心。

☞ 同学们增强了演好汉语节目的信心。

설명 "信心"은 "提高"의 목적어로 쓰이지 않는다.

▪ 1747 : 우리들에게는 국민을 위해 봉사한다는 생각이 있으므로 어려움을 이겨낼 수 있다.

* 我们有为人民服务的信心, 能克服困难。

☞ 我们有为人民服务的思想, 能克服困难。

설명 "为人民服务"는 "信心"을 수식하는 성분이 될 수 없다.

▪ 1748 : 나는 매우 자신 있다.

* 我信心得不得了。

☞ 我非常有信心。

설명 "信心"은 주어나 목적어로만 쓰일 수 있는 명사로, 보어를 수반할 수 없다.

▪ 1749 : 나는 자신감이 생겼어, 오늘부터 열심히 공부할거야.
* 我信心了，今后要努力学习。
☞ 我有了信心了，今后要努力学习。

설명 "信心"은 술어로 쓰일 수 없으므로 "信心" 앞에 동사술어를 보충해 주어야 한다.

▪ 1750 : 나는 우리 세 사람이 좋은 남매라고 믿는다.
* 我信心我们三个人是很好的兄妹。
☞ 我相信我们三个人是很好的兄妹。

설명 "信心"은 동사로 쓰여 목적어를 수반할 수 없다.

◆ 显 xiǎn 1957

▪ 1751 : 이 한약을 나는 네 제나 먹었는데 아직도 효과가 나타나지 않는다.
* 这种中药我吃了四剂了，可是还没显效果。
☞ 这种中药我吃了四剂了，可是还没显出效果来。

설명 "显"은 "드러내다, 나타내다"라는 의미로 어떤 사물이 숨겨져 있다가 나타나는 경우에는 일반적으로 동사 뒤에 복합방향보어를 수반한다.

◆ 投 tóu 1958

▪ 1752 : 나는 자전거를 빨리 몰아서, 금방 동행을 멀리 뒤로 따돌렸다.
* 我骑车骑得很快，不一会儿就把同伴远远地投到后边去了。
☞ 我骑车骑得很快，不一会儿就把同伴远远地抛到后边去了。

설명 "投"는 "던지다"라는 의미로 거리가 점점 멀어지는 경우에는 사용할 수 없다.

▪ 1753 : 문에 들어가서 보니까 신발이며 양말이며 옷이 바닥 한가득 내팽개쳐져 있었다.

＊ 进门一看, 鞋 · 袜子 · 衣服投了一地。

☞ 进门一看, 鞋 · 袜子 · 衣服扔了一地。

설명 제멋대로 어지럽게 내던지는 경우에는 "投"를 쓸 수 없다.

◆ 热烈 rèliè 1959

▪ 1754 : 선생님 댁에서 학우들은 따뜻한 대접을 받았다.

＊ 在老师家中, 同学们受到了热烈的款待。

☞ 在老师家中, 同学们受到了热情的款待。

설명 "热烈"는 토론, 논쟁, 발표 등에서의 뜨거운 분위기를 의미하는데, 사람과 사람 사이의 감정을 표현하는 경우에는 "热烈"를 쓸 수 없다.

▪ 1755 : 이제 아침저녁으로는 그런 대로 선선한 편이지만 한낮에는 태양 빛이 아주 강렬하다.

＊ 现在, 早晨 · 晚上还比较凉快, 但中午的时候, 太阳光特别热烈。

☞ 现在, 早晨 · 晚上还比较凉快, 但中午的时候, 太阳光特别强烈。

설명 태양 빛을 형용하는 경우에는 "热烈"를 쓸 수 없다.

◆ 少爷 shàoye 1962

▪ 1756 : 하지만 셋째 도련님은 그녀를 전혀 발견하지 못했다.

＊ 可是三少爷爷并没发现她。

☞ 可是三少爷并没发现她。

설명 "少爷"는 옛날 봉건제 사회에서 지주 집안의 하인들이 주인댁 아들이나 다른 지주 집안의 젊은이들을 부를 때 쓰던 호칭으로 "少爷" 자체가 하나의 단어이므로 "爷"를 중첩해서 쓸 수 없다.

◆ 正常 zhèngcháng 1968

▪ 1757 : 내 중국어 수준은 반에서 보통이다.

* 我的汉语水平在班上很正常。

☞ 我的汉语水平在班上很一般。

설명 "正常"은 일반적인 규율이나 상황에 부합되는 것을 의미하며, 특별하지 않고 보통이라는 의미를 나타내는 경우에는 "正常" 대신 "一般"을 써야 한다.

▪ 1758 : 시험을 0점 맞는 것이 정상이지. 누가 그에게 컨닝하라고 했나.

* 考试得了个零分，这很正正常常，谁让他作弊呢。

☞ 考试得了个零分，这很正常，谁让他作弊呢。

설명 "正常"은 중첩형식을 쓸 수 없다.

◆ 就是说 jiùshìshuō 1970

▪ 1759 : 그녀는 과일사탕 먹는 것을 좋아할 뿐만 아니라 단 것이라면 뭐든지 좋아한다.

* 她不仅喜欢吃水果糖，就是说什么甜的都喜欢吃。

☞ 她不仅喜欢吃水果糖，什么甜的都喜欢吃。

설명 "就是说"는 "다시 말해서"라는 의미로 뒤 절의 시작 부분에 쓰여 앞 절의 내용에 대해 보충 설명하는 작용을 한다. 앞 뒤 두 절이 구체적인 내용에서 일반적인 내용으로 전환되는 경우에는 "就是说"를 쓸 수 없다.

◆ 不住 bùzhù 1974

▪ 1760 : 날이 갈수록 더워진다.

* 天不住的热了。

☞ 天越来越热了。

설명 "不住"는 동사 뒤에서는 보어로 쓰여 "지탱하다, 견고하다, 계속되다" 등의 의미를 나타내고, 동사 앞에서는 "끊임없이"라는 의미의 부사어로 쓰인다. "不住"는 형용사를 수식할 수 없다.

◆ 软 ruǎn 1977

▪ 1761 : 宋선생님의 마음이 점점 약해지기 시작했다.

* 宋老师的心眼渐渐地软起来。

☞ 宋老师的心渐渐地软起来。

설명 여기서 "软"은 쉽게 감동되거나 동요되는 것, 즉 마음이 여린 것을 의미한다. 이 때, "心"이나 "心肠"만이 "软"의 대상이 될 수 있다.

◆ 绕 rào 1981

▪ 1762 : 유아원의 꼬마들이 작은 목마를 빙빙 돌며 놀고 있다.

* 幼儿园的小朋友在绕玩儿小木马。

☞ 幼儿园的小朋友绕着小木马玩儿。

설명 "绕"는 무엇인가를 감거나, 혹은 원을 그리며 움직이는 것을 의미하는데, 목적어로 명사만 취할 수 있고, 동사 앞에는 쓸 수 없다.

◆ 相互 xiānghù 1988

▪ 1763 : 중국에 와서 중국어를 배우면서 나는 항상 모든 기회를 이용해 중국 친구와 이야기를 나눈다.

* 来中国学习汉语，我总是利用一切机会跟中国朋友相互谈话。

☞ 来中国学习汉语，我总是利用一切机会跟中国朋友谈话。

설명 "谈话"는 그 자체에 "相互"의 의미가 있기 때문에 그 앞에 "相互"를 다시 쓰지 않는다.

◆ 一边 yībiān 1989

▪ 1764 : 그는 내 선생님이자 내 친구이기도 하다.
＊ 他一边是我的老师，一边是我的朋友。
☞ 他既是我的老师，又是我的朋友。

설명 "一边"은 동사 "是"와 형용사를 수식할 수 없다.

▪ 1765 : 이번 여행은 재미있을 뿐만 아니라 나에게는 중요하기도 하다.
＊ 这次旅行，一边很有意思，一边对我来说也很重要。
☞ 这次旅行，不但很有意思，而且我来说也很重要。

설명 점층적인 의미를 나타내는 경우에는 "一边"을 쓸 수 없다.

▪ 1766 : 王宝는 이상하다고 느꼈지만 묻지 않았다.
＊ 王宝一边觉得奇怪，一边没有问。
☞ 王宝觉得奇怪，但没有问。

설명 전환 관계를 나타내는 경우에는 "一边"을 쓸 수 없다.

◆ 半天 bàntiān 1990

▪ 1767 : 그들은 꽤 오래 토론했는데도 제대로 토론하지 못했다.
＊ 他们半天讨论了，也没讨论清楚。
☞ 他们讨论了半天，也没讨论清楚。

설명 동사 뒤쪽에 "了가 있는 경우, "半天"은 동사와 "了"의 뒤에 놓여 보어로 쓰인다.

◆ 愉快 yúkuài 1996

▪ 1768 : 그는 너무 기쁜 나머지 덩실덩실 춤을 추기 시작했다.
* 他愉快得手舞足蹈起来了。
☞ 他高兴得手舞足蹈起来了。

설명 "愉快"는 "很"과 같은 몇몇 정해진 보어를 제외하고는 다른 보어를 수반할 수 없다.

▪ 1769 : 요즘 北京은 날씨가 좋다.
* 最近北京的天气很愉快。
☞ 最近北京的天气很好。

설명 "愉快"는 "天气"와 함께 쓰일 수 없다.

▪ 1770 : 내 마음이 아주 즐겁다.
* 我的心情十分高兴。
☞ 我的心情十分愉快。

설명 "心情"은 "高兴"을 써서 형용할 수 없다. "心情"이 주어일 경우에는 "愉快"를 써야 한다.

▪ 1771 : 우리들은 보통 내키지 않는 마음으로 역사 수업을 듣는다.
* 我们一般很不愉快上历史课。
☞ 我们一般很不乐意上历史课。

설명 기꺼이 무언가 하려는 마음을 나타내는 경우에는 "愉快"를 쓸 수 없다.

◆ 唯一 wéiyī 1997

▪ 1772 : 음력 섣달 그믐날 저녁, 나는 호텔에 묵은 유일한 손님이었다.
＊ 大年三十晚上，我是住在饭店的唯一。
☞ 大年三十晚上，我是住在饭店的唯一的房客。

설명 "唯一"는 목적어로 쓰일 수 없고 관형어로만 쓰인다.

◆ 手段 shǒuduàn 1998

▪ 1773 : 그의 부모는 수단과 방법을 다하여 그를 구하려 한다.
＊ 他父母用各种手段救他。
☞ 他父母想方设法救他。

설명 "手段"은 어떤 목적을 이루기 위해 사용하는 구체적인 방법을 가리키므로, 방법을 모색한다는 의미를 나타내는 경우에는 "手段"을 쓸 수 없다.

▪ 1774 : 나는 각종 방법을 동원하여 그녀에게 접근했다.
＊ 我用各种各样的手段去接近她。
☞ 我用各种各样的方法去接近她。

설명 사람을 대하는 태도나 처세술 등의 의미로 쓰이는 경우 "手段"은 정당하지 못한 수단방법을 가리키게 된다. 위 문장은 어떤 악의를 가지고 사람에게 접근하는 것이 아니므로 "手段"을 쓰면 어색하다.

◆ 凭 píng 1999

▪ 1775 : 나는 12월에 태어났는데 유럽의 점성술에 따르면 나는 여행자의 운명이라고 한다.
＊ 我生在十二月，凭欧洲的星占学说，我是一个旅行者。
☞ 我生在十二月，根据欧洲的星占学说，我是一个旅行者。

설명 "凭"은 "…에 근거하여, …에 의지하여"라는 의미를 지닌 전치사인데, 이 경우 "凭"의 목적어는 반드시 그 주어가 지니고 있는 사물이나 능력 등이어야 한다.

빈도순 2001~2050

◆ 光辉 guānghuī 2001

▪ 1776 : 내 방은 동쪽으로 향해 있어 햇볕이 언제나 가장 먼저 내 방을 비춘다.
* 我的房间面朝东, 光辉总是首先照进我的房间。
☞ 我的房间面朝东, 阳光总是首先照进我的房间。

설명 위 문장에서 "光辉"는 "태양의 빛"을 의미하는 것이 분명하므로 여기서는 "阳光"을 써서 나타내야 한다.

◆ 认 rèn 2005

▪ 1777 : 王씨는 혼자서 도기를 만드는 것이 너무 바빠서 张宝宝를 제자로 받아들였다.
* 老王一个人做陶器忙不过来, 认张宝宝作了徒弟。
☞ 老王一个人做陶器忙不过来, 收张宝宝作了徒弟。

설명 원래 아무 관계가 없던 사람과 어떤 관계를 맺는다는 의미를 나타낼 때 "认"을 쓰는데, 주로 후배가 선배에 대해서 이런 관계를 맺는 경우에 많이 쓰인다. 위 문장에서 "认"은 용법이 옳지 않으므로 고쳐주어야 한다.

◆ 确定 quèdìng 2008

▪ 1778 : 전문가들이 제품의 질을 평가하였다.
* 专家们对产品的质量进行了确定。
☞ 专家们对产品的质量进行了鉴定。

설명 어떤 물건의 질이나 성능을 평가하는 것을 나타내는 경우에는 "确定"을 쓸 수 없다. 그러므로 위 문장에서 "确定"은 "鉴定"으로 고쳐야 한다.

◆ 毒 dú 2013

▪ 1779 : 바람이 갈수록 거세진다.

* 风越刮越毒。

☞ 风越刮越猛。

설명 바람, 비, 눈 등의 자연현상을 묘사할 때에는 "毒"를 쓰지 않는다. 위 문장에서 "毒"는 "猛"으로 고쳐야 한다.

◆ 人才 réncái 2014

▪ 1780 : 나는 그의 딸을 본적이 있는데, 그의 딸은 그런대로 아름답고 단정한 모습을 지닌 편이었다.

* 我见过他的女儿, 他女儿有人才。

☞ 我见过他的女儿, 他女儿有几分人才。

설명 "人才"가 목적어로 쓰일 때, 일반적으로 관형어를 동반한다. 위 문장에서는 "人才" 앞에 관형어가 빠져 있으므로 이를 보충해 주어야 한다.

◆ 符合 fúhé 2017

▪ 1781 : 그는 비교적 통역에 잘 어울린다.

* 他比较符合当翻译。

☞ 他比较适合当翻译。

설명 어떤 사람의 상황이 어떤 작업이나 필요한 상황과 서로 잘 맞고 어울릴 경우를 나타낼 때는 "符合"를 쓰지 않는다. 위 문장에서 "符合"는 잘못 쓰였으므로 고쳐주어야 한다.

▪ 1782 : 이번에 전근해 온 사람은 杨씨의 요구에 맞지 않는다.
* 这次调来的人不符合老杨的思想。
☞ 这次调来的人不符合老杨的要求。

설명 "符合"는 주로 "要求", "条件", "标准", "利益" 등과 배합을 이루어 쓰인다. 위 문장에서는 동사와 목적어의 배합이 옳지 않으므로 고쳐주어야 한다.

▪ 1783 : 생산발전의 수요에 맞추기 위해서 공장에서는 최근 새 설비를 수입했다.
* 为了符合生产发展的需要, 厂里最近进口了一套新设备。
☞ 为了适应生产发展的需要, 厂里最近进口了一套新设备。

설명 조건이나 상황의 변화에 따라 상응하는 변화를 표시하는 경우에는 "符合"를 쓸 수 없다. 위 문장에서 "符合"는 잘못 쓰였으므로 고쳐야 한다.

◆ 对象 duìxiàng 2018

▪ 1784 : 내가 중국어를 공부하는 목적은 앞으로 통역사가 되기 위해서이다.
* 我学习汉语的对象是为了将来当翻译家。
☞ 我学习汉语的目的是为了将来当翻译家。

설명 "对象"은 행위나 사고, 관찰을 할 때 목표가 되는 사람이나 사물을 나타내므로 행위동작이 도달해야 하는 결과를 나타낼 때는 "对象"을 쓸 수 없다. 위 문장에서 "对象"은 "目的"로 고쳐주어야 한다.

◆ 显然 xiǎnrán 2021

▪ 1785 : 그는 말하고, 웃고, 노래하고, 뛰는 것을 가장 좋아하는데, 이전과 비교해 보면 확실한 변화가 일어난 것이다.
* 他最爱说爱笑爱唱爱跳, 跟以前比较, 起了显然的变化。
☞ 他最爱说·爱笑·爱唱·爱跳, 跟以前比较, 起了明显的变化。

설명 "显然"은 관형어로 쓰일 수 없다. 위 문장에서 "显然"은 잘못 쓰였으므로 고쳐 주어야 한다.

◆ 鼓舞 gǔwǔ 2024

▪ 1786 : 듣자하니 우리의 개혁프로젝트가 최우수상을 받았다고 하여 우리 모두는 매우 고무되었다.

＊ 听说我们的革新项目得了一等奖，我们都非常鼓舞。

☞ 听说我们的革新项目得了一等奖，我们都受鼓舞。

설명 명사 "鼓舞"는 술어로 쓰일 수 없으며, 또한 정도부사의 수식도 받을 수 없다. 위 문장에서는 동사가 빠져 있으므로 이를 보충해 주어야 한다.

▪ 1787 : 이 과학연구 성과는 부문 최우수상을 받을 수 있는데, (이것은) 우리를 북돋아 줄뿐만 아니라 너희도 북돋아 줄 것이다.

＊ 这项科研成果能得到部级一等奖，不仅鼓舞我们，也鼓舞你们。

☞ 这项科研成果能得到部级一等奖，不仅鼓舞着我们，也鼓舞着你们。

설명 "鼓舞"와 대체사 목적어 사이에는 일반적으로 "了"나 "着"가 온다. 위 문장에서는 "着"가 빠져 있으므로 이를 보충해 주어야 한다.

◆ 怪 guài 2025

▪ 1788 : 이 중요한 일을 그가 사람들에게 알리는 것을 잊자, 사람들은 모두 그를 탓했다.

＊ 这件重要的事情他忘记告诉大家了，大家都怪他得很。

☞ 这件重要的事情他忘记告诉大家了，大家都怪他。

설명 형용사와 심리활동을 나타내는 동사 뒤에만 정도보어가 올 수 있으며, 동사 "怪" 뒤에는 정도보어가 올 수 없다. 그러므로 위 문장에서는 "怪" 뒤에 쓰인 보어를 빼야 한다.

▪ 1789 : 张선생님은 나를 1년 간 가르치셨는데, 나에게 매우 관심을 기울이셔서 나는 그에게 매우 감사한다.

* 张老师教我一年了，对我很关心，我怪感谢他的。

☞ 张老师教我一年了，对我很关心，我很感谢他。

설명 "怪"는 부사로서 "매우"의 의미를 나타내는데, 이런 용법은 구어에서만 쓰인다. 이 때 "怪" 뒤의 동사는 반드시 심리상태를 나타내는 것이어야 한다. 위 문장에서 "怪"는 잘못 쓰였으므로 "很"으로 고쳐야 한다.

◆ 相反 xiāngfǎn 2031

▪ 1790 : 내가 이 도시가 매우 좋다고 하자 그는 오히려 나를 반박하며 "이건 도시 같지 않고 매우 촌스럽다."라고 말하였다.

* 我说这个城市很好，他却相反地说："它不像城市，很土气"。

☞ 我说这个城市很好，他却反驳我说："它不像城市，很土气"。

설명 "相反"은 부사어로 쓰일 수 없다. 위 문장에서 "相反"은 잘못 쓰였으므로 고쳐주어야 한다.

◆ 浅 qiǎn 2032

▪ 1791 : 이 그릇은 특히 얕아서 국을 얼마 담지 못하겠다.

* 这个碗特别浅得很，盛不了多少汤。

☞ 这个碗特别浅，盛不了多少汤。

설명 "浅"이 술어로 쓰일 때 보어를 동반할 수 있지만, 정도부사의 수식을 받고 있는 경우라면 보어를 동반할 수 없다. 그러므로 위 문장에서는 "浅" 뒤에 쓰인 보어 "得很"을 빼야 한다.

◆ 对不起 duìbuqǐ 2038

▪ 1792 : 당신을 번거롭게 했군요, 죄송합니다.

* 麻烦你了，对你不起。

☞ 麻烦你了，对不起。

설명 “对不起” 사이에는 어떤 다른 단어도 삽입될 수 없다. 그러므로 위 문장에서 “对你不起”는 “对不起”로 고쳐야 한다.

◆ 满足 mǎnzú 2040

▪ 1793 : 주인어른께서 祥林 아주머니의 일에 만족하지 않으셨기 때문에 곧 그녀를 떠나 보냈다.

* 因为老爷对祥林嫂的工作不满足, 便让她走了。

☞ 因为老爷对祥林嫂的工作不满意, 便让她走了。

설명 “满足”는 “工作”와 배합을 이룰 수 없다. 위 문장에서 “满足”는 잘못 쓰였으므로 “满意”로 고쳐야 한다.

◆ 以下 yǐxià 2043

▪ 1794 : 인재의 국외유출을 해결하는 방법은 아래와 같다.

* 解决人才外流的办法是以下的。

☞ 解决人才外流的办法如下。

설명 “以下”는 “是……的”구조 사이에서 술어로 쓰일 수 없다. 위 문장에서 “以下”는 잘못 쓰였으므로 고쳐야 한다.

◆ 广播 guǎngbō 2047

▪ 1795 : 中央人民 방송국은 매일 여러 차례 뉴스와 신문의 요점만을 간추려 내보내는 프로그램을 방송한다.

* 中央人民广播电台每天好几次广播新闻和报纸摘要节目。

☞ 中央人民广播电台每天广播好几次新闻和报纸摘要节目。

설명 위 문장에서는 동량보어 “好几次”의 위치가 틀렸다. 동사 “广播” 뒤로 옮겨주어야 한다.

◆ 访问 fǎngwèn 2048

▪ 1796 : 우리가 중국에 온 첫날 저녁, 선생님께서 바로 우리를 보러 기숙사로 오셨다.

* 我们来中国的第一天晚上，老师就来宿舍访问我们了。

☞ 我们来中国的第一天晚上，老师就来宿舍看望我们了。

설명 "访问"은 일반적으로 어느 정도 예의를 갖춘 정규활동을 의미한다. 사람과 사람 사이의 평범한 방문을 나타내는 경우에는 "访问"을 쓰지 않는다. 그러므로 위 문장에서 "访问"은 "看望"으로 고쳐야 한다.

빈도순 2051~2100

◆ 食 shí 2051

▪ 1797 : 내일부터 너는 그의 집에 가서 소를 치거라. 거기가면 네 밥벌이는 할 수 있을 거다.

* 从明天起，你到他家去放牛，到那儿你会有食吃。

☞ 从明天起，你到他家去放牛，到那儿你会有饭吃。

설명 "食"는 일반적으로 단독으로 쓰이지 않는다. 위 문장에서 "食"는 "饭"으로 고쳐야 한다.

◆ 骗 piàn 2053

▪ 1798 : 버스를 탔을 때, 누군가가 내 돈을 훔쳐가서 나는 절도 피해자가 되었다.

* 坐公共汽车时，我的钱被人偷了，我成了一个受骗者。

☞ 坐公共汽车时，我的钱被人偷了，我成了一个被盗者。

설명 "受骗"은 속임을 당했다는 의미로, 물건을 남에게 도둑맞았을 때는 "受骗"을 쓸 수 없다. 따라서 위 문장에서 "受骗"은 "被盗"로 고쳐야 한다.

◆ 好处 hǎochu 2054

▪ 1799 : 그의 단점만 보지 말고, 그의 장점도 좀 봐야 한다.
＊ 别只看他的缺点，还要看到他的好处。
☞ 别只看他的缺点，还要看到他的优点。

설명 "缺点"과 반대되는 말은 "优点"이다. 그러므로 위 문장에서 "好处"는 "优点"으로 고쳐야 한다.

▪ 1800 : 그는 자기의 생활에서 도대체 무슨 즐거움이 있나 생각하게 되었다.
＊ 他想到自己的生活，到底有什么好处。
☞ 他想到自己的生活，到底有什么乐趣。

설명 사람에게 즐거움을 느끼게 한다는 의미를 나타낼 때는 "好处"를 쓸 수 없다. 위 문장에서 "好处"는 잘못 쓰였으므로 고쳐야 한다.

▪ 1801 : 白씨의 도움으로 保군은 살아남았다.
＊ 由于老白的好处，小保得救了。
☞ 由于老白的帮助，小保得救了。

설명 남을 위해 힘을 다하는 것을 나타낼 때는 "好处"를 쓸 수 없다. 위 문장에서 "好处"는 잘못 쓰였으므로 고쳐야 한다.

◆ 背 bēi 2055

▪ 1802 : 백마가 2백여 근이 나가는 물건을 등에 지고 나는 듯이 뛰었다.
＊ 白马背着二百多斤重的东西奔跑如飞。
☞ 白马驮着二百多斤重的东西奔跑如飞。

설명 동물이 물건을 등에 지는 경우에는 "背"를 쓸 수 없다. 위 문장에서 "背"는 "驮"로 고쳐야 한다.

◆ 不必 bùbì 2058

▪ 1803 : 내가 만약 알아들을 수 있다면 굳이 당신에게 통역을 부탁할 필요가 있겠습니까?

* 我要是能听懂, 不必请你翻译呢?

☞ 我要是能听懂, 何必请你翻译呢?

설명 반문의 어기를 사용하여 그럴 필요가 없음을 나타낼 때는 "不必"를 쓰지 않는다. 그러므로 위 문장에서는 "不必"를 "何必"로 고쳐야 한다.

◆ 勇敢 yǒnggǎn 2059

▪ 1804 : 어머니의 성격은 매우 강직하시다.

* 母亲的性格很勇敢。

☞ 母亲的性格很刚强。

설명 "性格"은 "勇敢"을 써서 묘사할 수 없다. 위 문장에서 "勇敢"은 잘못 쓰였으므로 고쳐야 한다.

◆ 毛病 máobìng 2060

▪ 1805 : 鲁迅은 小栓의 죽음으로 清代 사회의 병폐를 설명하였다.

* 鲁迅用小栓的死来说明清代社会的毛病。

☞ 鲁迅用小栓的死来说明清代社会的弊病。

설명 작업상 빈틈이 있어 공익에 해를 끼치는 일이 발생한 경우에는 "毛病"을 쓸 수 없다. 위 문장에서 "毛病"은 잘못 쓰였으므로 고쳐주어야 한다.

▪ 1806 : 중국은 개혁 기간 중 몇몇 문제들의 발생을 피하기가 어려웠으나 대체적으로 개혁은 잘 된 것이다.

* 中国在改革中难免出现一些毛病, 但改革的主流是好的。

☞ 中国在改革中难免出现一些问题, 但改革的主流是好的。

설명 사고나 의외의 일을 나타낼 경우에는 "毛病"을 쓸 수 없다. 위 문장에서 "毛病"은 잘못 쓰였으므로 "问题"로 고쳐주어야 한다.

◆ 当中 dāngzhōng 2061

▪ 1807 : 고향의 중고등학교에서 공부할 때, 자주 농촌봉사활동에 참가했었다.
* 在故乡的中学当中, 经常参加田间劳动。
☞ 在故乡的中学学习时, 经常参加田间劳动。

설명 어떤 시간이나 시기를 나타날 때에는 "当中"을 쓸 수 없다. 위 문장에서 "当中"은 잘못 쓰였으므로 고쳐야 한다.

◆ 改进 gǎijìn 2066

▪ 1808 : 최근 몇 년간 정부는 국민의 생활을 개선하기 위해 최대한 노력하였다.
* 最近几年政府为改进人民的生活作了最大的努力。
☞ 最近几年政府为改善人民的生活作了最大的努力。

설명 국민의 생활을 보다 높은 수준으로 향상시킴을 나타내는 경우에는 "改进"을 쓸 수 없다. 그러므로 위 문장에서 "改进"은 "改善"으로 고쳐야 한다.

▪ 1809 : 만약 우리에게 결점이 있다면 단호히 시정해야 한다.
* 如果我们有缺点, 就应该坚决改进。
☞ 如果我们有缺点, 就应该坚决改正。

설명 사람의 결점을 고쳐야 하는 경우에는 "改进"을 쓸 수 없다. 위 문장에서 "改进"은 "改正"으로 고쳐야 한다.

◆ 呆 dāi 2069

▪ 1810 : 동생은 항상 집에서 빈둥거리면서 아무 일도 하지 않는다.

* 弟弟总在家里呆呆着，什么活儿也不干。

☞ 弟弟总在家里呆着，什么活儿也不干。

설명 "呆"가 늘 하는 동작이나 그런 상태를 나타낼 때에는 중첩할 수 없다. 위 문장에서 "呆"의 중첩형식은 잘못 쓰인 것이므로 고쳐야 한다.

◆ 节约 jiéyuē 2076

▪ 1811 : 그는 대단히 검소하게 생활해서 이제껏 한 푼도 헛되이 쓴 적이 없다.

* 他生活十分节约，从来不乱花一分钱。

☞ 他生活十分节俭，从来不乱花一分钱。

설명 어떤 방면에서 절약한다는 것을 강조하는 것이 아니라, 다만 생활이 검소함을 설명하고자 하는 것이라면 "节约"를 쓸 수 없다. 위 문장에서 "节约"는 잘못 쓰였으므로 고쳐야 한다.

◆ 适合 shìhé 2083

▪ 1812 : 이런 방면의 발전은 아직 부족하여 수도라는 요구조건에 부응할 수 없다.

* 这些方面的发展还不够，不能适合首都的需要。

☞ 这些方面的发展还不够，不能适应首都的需要。

설명 "供"과 "求"사이의 관계를 나타낼 때에는 "适合"를 쓸 수 없다. 위 문장에서 "适合"는 잘못 쓰였으므로 고쳐야 한다.

▪ 1813 : 나는 北京 생활에 잘 적응하였다.

* 我对北京的生活很适合了。

☞ 我对北京的生活很适应了。

설명 어떤 사람이 어떤 생활에 "적합하다"라고는 말할 수 없다. 위 문장에서 "适合"는 "适应"으로 고쳐야 한다.

◆ 非…不可 fēibùkě 2086

▪ 1814 : 이 기계를 수리하는 데 왜 王기사가 아니면 안 되니?
* 修理这台机器为什么非王师傅?
☞ 修理这台机器为什么非王师傅不可?

설명 "非…不可"는 긴축문 형식의 하나로, "非" 뒤에 오는 성분이 만약 동사가 아니라면 "不可"는 일반적으로 생략할 수 없다. 위 문장에서는 "非"뒤에 "不可"가 빠졌으므로 이를 보충해 주어야 한다.

▪ 1815 : 우리는 万里长城의 최고봉까지 올라가지 않으면 안 된다.
* 非我们爬到长城的最高峰不可。
☞ 我们非爬到长城的最高峰不可。

설명 위 문장에서는 "非"의 위치가 틀렸으므로 고쳐야 한다.

◆ 要紧 yàojǐn 2087

▪ 1816 : 그의 병은 대단치 않고, 감기가 좀 든 것 뿐이니 모두 안심하세요.
* 他的病不重, 无非有点感冒, 请大家不要紧吧。
☞ 他的病不重, 无非有点感冒, 请大家放心吧。

설명 우려하거나 걱정하지 말라는 의미를 나타낼 경우에는 "不要紧"을 쓸 수 없다. 위 문장에서 "不要紧"은 잘못 쓰였으므로 고쳐야 한다.

▪ 1817 : 李군의 병은 매우 위중하다.
* 小李病得很要紧。
☞ 小李病得很严重。

설명 "要紧"은 "심각하다"라는 의미로 술어로 쓰인다. 주로 부정문에 많이 쓰이며 중첩할 수 없다. "要紧"은 보어로는 쓰일 수 없으므로 위 문장에서 "要紧"은 "严重"으로 고쳐야 한다.

◆ 严格 yángé 2088

▪ 1818 : 刘宝의 부모는 법원의 판결이 너무 호되다고 생각했다.
＊ 刘宝的父母觉得法院的判决太严格了。
☞ 刘宝的父母觉得法院的判决太严厉了。

설명 심하다(매섭다)라는 의미를 나타낼 때는 "严格"를 쓸 수 없다. 위 문장에서 "严格"는 잘못 쓰였으므로 고쳐야 한다.

▪ 1819 : 哈尔滨의 겨울은 비교적 추운 편이다.
＊ 哈尔滨的冬天比较严格。
☞ 哈尔滨的冬天比较寒冷。

설명 날씨는 "严格"로 설명할 수 없다. 위 문장에서 "严格"는 "寒冷"으로 고쳐야 한다.

◆ 等待 děngdài 2090

▪ 1820 : 제가 당신을 모시고 北京호텔에 가려고 합니다. 차가 입구에서 기다리고 있습니다.
＊ 我陪你去北京饭店, 汽车在门口等待着。
☞ 我陪你去北京饭店, 汽车在门口等着。

설명 "等待"의 주어는 사람이어야만 하며 사물일 수 없다. 따라서 위 문장에서 "等待"는 "等"으로 고쳐야 한다.

◆ 生意 shēngyi 2095

▪ 1821 : 아버지 회사가 도매업을 하게 되어 아버지는 매우 기뻐하신다.
* 我爸爸的公司生意成一大批货，他很高兴。
☞ 我爸爸的公司做成了一大批货的生意，他很高兴。

설명 "生意"는 동사로 쓰일 수 없다. 위 문장에서 "生意"는 잘못 쓰였으므로 고쳐야 한다.

◆ 企图 qǐtú 2098

▪ 1822 : 그는 올해 대학에 합격하기를 희망했지만 합격하지 못했다.
* 他企图今年考上大学，但没考上。
☞ 他希望今年考上大学，但没考上。

설명 자신이나 자신이 속해있는 집단의 계획이나 예정을 나타낼 때는 "企图"를 쓸 수 없다. 위 문장에서 "企图"는 잘못 쓰였으므로 고쳐야 한다.

◆ 成果 chéngguǒ 2099

▪ 1823 : 이 일로 생길 좋지 않은 결과까지도 충분히 생각해야 한다.
* 要充分估计到这个事件所产生的不良成果。
☞ 要充分估计到这个事件所产生的不良后果。

설명 "成果"는 "不良"과 배합을 이룰 수 없다. 위 문장에서 "成果"는 잘못 쓰였으므로 고쳐야 한다.

▪ 1824 : 이번 운동회를 잘 치루어 기대했던 목표를 이루었다.
* 这次运动会开得很好，达到了预期的成果。
☞ 这次运动会开得很好，达到了预期的目的。

설명 "成果"는 동사 "达到"의 목적어로 쓰일 수 없다. 위 문장에서 "成果"는 "目的"로 고쳐주어야 한다.

빈도순 2101~2150

◆ 逼 bī 2101

▪ 1825 : 날이 저물어서야 송아지는 어미 소를 따라 돌아간다.

* 天黑了，牛娃才把牛往回逼。

☞ 天黑了，牛娃才把牛往回赶。

설명 동물을 몰 때는 "逼"를 쓰지 않는다.

◆ 減 jiǎn 1206

▪ 1826 : 王군은 이러한 방법으로 孙广의 콧대를 꺾었다.

* 小王用这种办法减了孙广的威风。

☞ 小王用这种办法煞了孙广的威风。

설명 능동적으로 방법을 강구하여 약화시키는 것을 표시할 때, "减"을 쓰지 않는다.

▪ 1827 : 이 일로 그의 위신이 떨어졌다.

* 这件事使他的威信减了。

☞ 这件事使他的威信降低了。

설명 "减"과 다른 단어의 배합은 보통 고정적이다. 위의 틀린 문장에서 "减"과 "威信"은 어울리지 않는다.

◆ 失 shī 2112

▪ 1828 : 12월 4일 식당 입구에서 돈지갑을 주웠으니, 분실자는 앞으로 나와서 찾아가십시오.

* 十二月四日在食堂门口我拾到了一个钱包, 请失的同志前来认领。

☞ 十二月四日在食堂门口我拾到了一个钱包, 请失主前来认领。

설명 "失"는 단독으로 "的"를 더하여 관형어로 쓰일 수 없다.

◆ 扫 sǎo 2113

▪ 1829 : 그 낭자는 계속해서 마당을 쓸고 있다.

* 那位姑娘不停地扫扫院子。

☞ 那位姑娘不停地扫着院子。

설명 동작의 지속을 표시할 때, "扫"는 중첩형식을 쓸 수 없다.

◆ 光明 guāngmíng 2115

▪ 1830 : 다른 기숙사는 모두 소등했는데, 오로지 알리의 방만 아직 불이 켜져 있다.

* 别的宿舍到熄灯了, 只有阿里的房间还光明。

☞ 别的宿舍到熄灯了, 只有阿里的房间还亮着灯。

설명 위의 틀린 문장은 알리의 방이 아직 불을 끄지 않은 것을 말하는 것이지 그의 방이 밝은 지를 묘사하는 것이 아니다. 그러므로 "光明"은 쓸 수 없다.

◆ 反复 fǎnfù 2117

▪ 1831 : 나는 다시는 과거의 잘못을 되풀이하지 말아야겠다고 생각했다.
* 我认为再不要反复过去的错误了。
☞ 我认为再不要重犯过去的错误了。

설명 "反复"는 목적어를 가질 수 없다. 그러므로 동사를 "重犯"으로 바꾸어야 한다.

▪ 1832 : 선생님께서는 여러 차례 내 발음이 정확하다고 칭찬하셨다.
* 老师反复赞扬我发音清楚。
☞ 老师多次赞扬我发音清楚。

설명 부사 "反复"는 심리상태를 표시하는 동사 "赞扬"이나 "希望", "喜欢" 등을 수식하지 않는다. 그러므로 부사를 "多次"로 바꾸어야 한다.

◆ 始终 shǐzhōng 2118

▪ 1833 : 큰 눈이 계속해서 3일 밤낮을 내렸다.
* 大雪始终下了三天三夜。
☞ 大雪一直下了三天三夜。

설명 "始终"이 수식하는 동사 뒤에는 시간사가 올 수 없다.

▪ 1834 : 통역 일은 내가 계속 해나가려고 한다.
* 翻译工作我想始终干下去。
☞ 翻译工作我想一直干下去。

설명 "始终"은 장래에 일어날 일을 나타낼 수 없다.

◆ 热闹 rènao 2119

▪ 1835 : 우리를 위해 운전하던 기사는 매우 친절해서 좀 알게 되자마자 좋은 친구가 되었다.

＊ 为我们开车的司机很热闹, 刚认识一会儿就成了好朋友。

☞ 为我们开车的司机很热情, 刚认识一会儿就成了好朋友。

설명 "热闹"는 사람을 형용하는데 쓰이지 않는다.

▪ 1836 : 모두들 너도나도 한 마디씩 하며 열렬하게 시장의 보고에 대해 토론하고 있다.

＊ 大家你一言我一语, 热闹地讨论着市长的报告。

☞ 大家你一言我一语, 热烈地讨论着市长的报告。

설명 비교적 엄숙한 경우에는 "热闹"를 쓰지 않는다.

◆ 平静 píngjìng 2120

▪ 1837 : 이 방에는 나 혼자 뿐이어서 매우 조용하다.

＊ 这屋里就我一个人, 很平静。

☞ 这屋里就我一个人, 很安静。

설명 어떠한 소리도 없음을 형용할 때, "平静"을 쓸 수 없다.

◆ 漂亮 piàoliang 2121

▪ 1838 : 나는 일찍이 그녀를 만난 적이 있는데, 그 때 그녀는 매우 예뻤다.

＊ 我早就见过她的漂亮。

☞ 我早就见过她, 那时, 她很漂亮。

설명 형용사 “漂亮”은 동사 “见”의 목적어로 쓰일 수 없다.

▪ 1839 : 비가 멎은 뒤 공기가 맑아졌다.
* 雨停之后，空气很漂亮。
☞ 雨停之后，空气很新鲜。

설명 “漂亮”은 “空气”와 어울리지 않는다. 그러므로 형용사를 “新鲜”으로 바꾸어야 한다.

◆ 可惜 kěxī 2122

▪ 1840 : 그들 집은 생활이 매우 곤란해서 먹을 것과 입을 것이 부족하다. 그래서 나는 그녀를 매우 가엽게 여긴다.
* 他们家生活很困难，缺吃少穿，我真可惜她。
☞ 他们家生活很困难，缺吃少穿，我真可怜她。

설명 연민을 표시할 때, “可惜”를 쓸 수 없다.

◆ 微微 wēiwēi 2124

▪ 1841 : 王兰이 따라 잡았기에 그녀의 등을 가볍게 두들겨 주었다.
* 王兰赶上来，在她背上微微打了一下。
☞ 王兰赶上来，在她背上轻轻打了一下。

설명 “微微”는 동사 “打”를 수식할 수 없다.

◆ 纷纷 fēnfēn 2131

▪ 1842 : 홍콩의 무술 배우 李小龙의 죽음에 대해서 의견이 눈분하다.
* 关于香港武术明星李小龙之死, 众说纷纷。
☞ 关于香港武术明星李小龙之死, 众说纷纭。

설명 "纷纭"이 "众说"와 어울려 쓰일 수 있다. "纷纷"은 "众说"와 어울리지 않는다.

◆ 输 shū 2137

▪ 1843 : 나는 우리 팀이 그들에게 지리라고는 전혀 생각지 못했다.
* 我万万没想到, 我们的球队被他们输了。
☞ 我万万没想到, 我们的球队被他们赢了。

설명 "输"는 피동문에서 술어동사로 쓰일 수 없다.

◆ 首 shǒu 2142

▪ 1844 : 나는 친목회에서 시 한 수를 읊을 예정이다.
* 我要在联欢会朗诵一个诗。
☞ 我要在联欢会朗诵一首诗。

설명 "诗"를 세는 양사로는 "首"가 쓰인다.

◆ 强调 qiángdiào 2143

▪ 1845 : 孙양은 자신이 착취 받은 과정을 하소연하였다.
* 孙小姐强调了她受剥削的经过。
☞ 孙小姐诉说了她受剥削的经过。

설명 "经过"는 동사 "强调"와 어울리지 않는다. 그러므로 동사를 "诉说"로 바꾸어야 한다.

◆ 辛苦 xīnkǔ 2148

▪ 1846 : 산간지대에서의 생활은 역시 힘들다.
* 山区的生活还是很辛苦的。
☞ 山区的生活还是很艰苦的。

설명 "生活"는 "辛苦"로 형용할 수 없다.

◆ 散 sàn 2150

▪ 1847 : 그날은 상가에 사람이 유달리 많아서 우리 셋은 들어가자마자 밀려서 흩어지고 말았다.
* 那天商场里的人格外多, 我们三个一进去就挤丢了。
☞ 那天商场里的人格外多, 我们三个一进去就挤散了。

설명 동사 "挤" 뒤에는 "散"이 보어로 와야 한다.

빈도순 2151~2200

◆ 凉 liáng 2152

▪ 1848 : 올 겨울방학에 나는 얼음의 도시 哈尔滨으로 가는데, 그곳은 北京보다 훨씬 춥다.
* 今年寒假我去冰城哈尔滨, 那里比北京凉多了。
☞ 今年寒假我去冰城哈尔滨, 那里比北京冷多了。

설명 온도가 매우 낮음을 표시할 때, "凉"을 쓸 수 없다.

◆ 开辟 kāipì 2153

▪ 1849 : 학교에서 우리를 위해 중국어 교육반을 개설하였다.

＊ 学校为我们开辟了一个汉语学习班。

☞ 学校为我们办了一个汉语学习班。

설명 "개설"의 의미로 "开辟"를 쓸 수는 없다.

◆ 鼓励 gǔlì 2156

▪ 1850 : 선생님의 말씀이 내게 큰 격려가 되었다.

＊ 老师的话很鼓励我。

☞ 老师的话是对我很大的鼓励。

설명 "鼓励"는 정도부사의 수식을 받을 수 없다.

◆ 忍 rěn 2159

▪ 1851 : 생활이 아무리 어려워도 오로지 남편의 부탁을 떠올리기만 하면 그녀는 이런 어려움도 감내하며 남편이 돌아오기만을 기다릴 수 있었다.

＊ 不管生活多么艰难, 只要一想起丈夫的嘱咐, 她就能忍这种困苦, 等待丈夫归来。

☞ 不管生活多么艰难, 只要一想起丈夫的嘱咐, 她就能忍受这种困苦, 等待丈夫归来。

설명 "忍" 뒤에는 직접 목적어로 단음절 명사, 동사, 형용사만이 올 수 있다.

▪ 1852 : 방안이 이렇게 추워도, 너는 견딜 수 있지만 나는 못 견디겠다.
* 屋里这么冷, 你忍, 我不忍。
☞ 屋里这么冷, 你能忍, 我不能忍。

설명 위의 틀린 문장에서처럼 "忍" 하나만 쓸 수는 없다. 앞뒤에 반드시 다른 단어를 쓰거나 중첩해서 사용해야 한다. 그러므로 문맥상 동사 "忍" 앞에 조동사 "能"을 써 주어야 한다.

◆ 公 gōng 2162

▪ 1853 : 공장장은 매일 8시간 근무한다.
* 厂长每天办公八个小时。
☞ 厂长每天办八个小时公。

설명 "办公"은 동목구조로 이루어진 단어이다. 문장에 수량보어가 있을 때는 "公"이 보통 수량보어 뒤에 위치한다.

◆ 缺乏 quēfá 2164

▪ 1854 : 우리 교실에는 선풍기 한 대가 모자란다.
* 我们的教室缺乏一台电扇。
☞ 我们的教室缺少一台电扇。

설명 목적어가 수량사를 가질 때 "缺乏"를 쓸 수 없다.

◆ 浓 nóng 2167

▪ 1855 : 그녀는 부주의하여 이미 울창한 숲 속으로 들어갔다.
* 她没注意已经进了浓森林。
☞ 她没注意已经进了浓密的森林。

설명 식물이 빽빽함을 표시할 때, "浓"을 쓰지 않는다.

▪ 1856 : 香山은 가장 짙은 北京의 가을빛을 드러냈다.

∗ 香山显示了北京最浓浓的秋色。

☞ 香山显示了北京最浓的秋色。

설명 "浓"이 중첩되어 사용될 때, 앞에 정도부사가 올 수 없다.

◆ 创作 chuàngzuò 2173

▪ 1857 : 许汉成이 약을 하나 개발했는데, "云南白药"라고 한다.

∗ 许汉成创作了一种药, 叫"云南白药"。

☞ 许汉成创造了一种药, 叫"云南白药"。

설명 "创作"는 주로 문화예술작품을 표시하는 목적어를 동반한다. 그러므로 위의 틀린 문장에서는 단순히 약을 새로 만든 것이므로 "创作" 보다는 "创造"가 어울린다.

◆ 成熟 chéngshú 2178

▪ 1858 : 方平은 이미 능숙하게 컴퓨터의 조작방법을 익혔다.

∗ 方平已成熟地掌握了计算机的操作方法。

☞ 方平已熟练地掌握了计算机的操作方法。

설명 "成熟"는 부사어로 쓰이지 않는다. 그러므로 같은 의미의 다른 부사어로 바꾸어야 한다.

◆ 骄傲 jiāo'ào 2182

▪ 1859 : 여자들이 세계 1위를 차지했다는 소식을 듣고, 나는 기뻐서 눈물이 나왔다.

∗ 听说女儿得了世界冠军, 我骄傲得流出了眼泪。

☞ 听说女儿得了世界冠军, 我高兴得流出了眼泪。

설명 "骄傲"는 보어를 가질 수 없다. 그러므로 다른 형용사로 바꾸어 써야 한다.

◆ 寄 jì 2183

▪ 1860 : 나는 이 문제들을 편지로 그에게 알려서 도움을 받고자 한다.

* 我想寄这些问题给他, 请他帮助。

☞ 我想把这些问题写信告诉他, 请他帮助。

설명 "寄"의 목적어는 반드시 사물명사가 와야 한다. 그렇지 않으면 "寄"를 쓸 수 없다.

◆ 吃惊 chījīng 2187

▪ 1861 : 모두 매우 놀라서 어떻게 해야 할지 몰랐다.

* 大家吃惊, 不知怎麽办才好。

☞ 大家非常吃惊, 不知怎麽办才好。

설명 "吃惊"이 술어로 쓰일 때는 가운데 다른 성분이 오거나, 앞에 정도부사가 와서 수식해야 한다. 위의 틀린 문장에서는 "吃惊" 앞에 정도부사가 빠져 있다.

▪ 1862 : 나는 한 바탕 크게 놀랐다.

* 我吃了大惊。

☞ 我吃了大一惊。

설명 "吃了一惊"과 "大吃一惊"은 고정된 형식으로 쓰이므로 마음대로 바꿀 수 없다.

▪ 1863 : 나는 매우 놀랐다.

* 我大吃了一惊。

☞ 我大吃一惊。

설명 위의 틀린 문장에서는 "了"를 빼야 한다.

◆ 通讯 tōngxùn 2195

▪ 1864 : 귀국한 후에 우리 꼭 편지하자.
＊ 回国以后，我们一定通讯。
☞ 回国以后，我们一定通信。

설명 편지로 서로 소식을 왕래할 때, "通讯"을 쓰지 않는다. "通讯"은 무선통신이나 뉴스, 기사를 얘기할 때 쓴다.

◆ 帮忙 bāngmáng 2198

▪ 1865 : 그녀는 자주 미용실에 오는데, 때로는 일을 돕기도 한다.
＊ 她常来美容院，有时帮忙工作。
☞ 她常来美容院，有时帮助工作。

설명 "帮忙" 뒤에 다시 목적어가 올 수 없다.

발음색인

발음색인

D

H

S

Z

편역자

김현철 ■ 연세대학교 중문학과 교수(중국어법학)
유성은 ■ 우송대 중국학과 교수(중국어법학)
김시연 ■ 연세대 중문학과 박사(중국문자학)
강수연 ■ 중국 중산대학 중문하과 박사과정(중국어휘학)
박미정 ■ 연세대 중문하과 박사(중국어법학)

中国语文章
중국어문장 바로쓰기 Ⅲ

1판 1쇄 찍음 • 1998년 8월 20일
1판 3쇄 펴냄 • 2019년 1월 30일

편 역 자 • 김현철·유성은·김시연·강수연·박미정
발 행 인 • 정 현 걸
발　　행 • 신 아 사
인　　쇄 • 대명프린팅
출판등록 • 1956년 1월 5일 (제9-52호)
주　　소 • 서울특별시 은평구 통일로 59길 4(2F)
전　　화 • (02)382-6411 • 팩스 (02)382-6401
홈페이지 • www.shinasa.co.kr
E-MAIL • shinasa@daum.net

ISBN: 978-89-8396-583-7(93720)

정가 *17,000*원